信用评级

主　编　王淋鑫
副主编　万双琦　寇玉典

扫码申请更多资源

南京大学出版社

图书在版编目(CIP)数据

信用评级 / 王淋鑫主编. —— 南京：南京大学出版社，2024.6
ISBN 978-7-305-27807-5

Ⅰ.①信… Ⅱ.①王… Ⅲ.①信用评级－高等学校－教材 Ⅳ.①F830.5

中国国家版本馆 CIP 数据核字(2024)第 089071 号

出版发行　南京大学出版社
社　　址　南京市汉口路 22 号　　邮　编　210093
书　　名　信用评级
　　　　　XINYONG PINGJI
主　　编　王淋鑫
责任编辑　武　坦　　　　　编辑热线　025-83592315
照　　排　南京开卷文化传媒有限公司
印　　刷　常州市武进第三印刷有限公司
开　　本　787 mm×1092 mm　1/16　印张 17.25　字数 420 千
版　　次　2024 年 6 月第 1 版　2024 年 6 月第 1 次印刷
ISBN 978-7-305-27807-5
定　　价　49.80 元

网　　址：http://www.njupco.com
官方微博：http://weibo.com/njupco
微信服务号：njuyuexue
销售咨询热线：(025)83594756

* 版权所有，侵权必究
* 凡购买南大版图书，如有印装质量问题，请与所购
　图书销售部门联系调换

前　　言

信用（Credit）一词起源于拉丁文"Credio"，最早的意思是信任、信誉、相信。而在现在经济社会中，信用多表示为债权人与债务人之间的债权债务关系。

信用评级一般是指由专业的独立机构或部门，根据独立、客观、公正的原则及相关法律、法规、制度与有关标准，利用一套完整的科学综合分析及评价方法，对影响经济主体（主权国家、金融机构、工商企业等）或金融工具（贷款、债券、优先股、资产证券化、商业票据等）的风险因素进行综合考察，从而对这些经济主体或金融工具在特定期间或特定条件下偿付债务的能力和意愿进行综合评价与量化评估。信用评级是资本市场、信贷市场发展到一定阶段的产物，它已经成为提高社会资源配置效率、降低投资风险、保证资本市场有效运行的一项重要的制度性安排措施。

信用评级业务起源于市场经济率先发展的西方国家，最早可以追溯到19世纪上半叶的美国。中国的信用评级产生于20世纪80年代末，经过30多年的发展，信用评级行业已形成了较为稳定的行业格局。

我国国务院在2007年就成立了社会信用体系建设部际联席会议。2014年6月，国务院正式发布了《社会信用体系建设规划纲要（2014—2020）》，作为加快建设社会信用体系、构筑诚实守信经济社会环境的顶层指导性文件，明确到2020年，实现信用基础性法律法规和标准体系基本建立，以信用信息资源共享为基础的覆盖全社会的征信系统基本建成，信用监管体制基本健全，信用服务市场体系比较完善，守信激励和失信惩戒机制全面发挥作用。2019年7月，国务院办公厅印发了《关于加快推进社会信用体系建设 构建以信用为基础的新型监管机制的指导意见》，提出要以加强信用监管为着力点，建立健全贯穿市场主体全生命周期，衔接事前、事中、事后全监管环节的新型监管机制。这意味着，社会信用体系建设工作，已经成为提升社会治理水平的重要支撑。随着信用体系在我国的不断推进，信用评级业也面临新的机遇与挑战。如何更好地加强信用评级管理，真正发挥其积极作用，值得深入研究。

目前，与国外对比来看，我国的信用行业和相关研究仍处于较为初级的阶段。本书正是应目前信用发展的潮流而编写，试图能为众多教育工作者、科研工作者以及行业从业人员所用，为其提供相应的理论技术支持。

上述情况正是本教材编写的大环境。本教材主要阐述信用评级的理论和实务，共十章，大致可以分为两个部分。第一部分包括第一、二、三、四、五章，它们属于信用评级基础,主要介绍了信用评级的概念、特征、评级程序、信用等级设置、评级报告的撰写、评级指标体系的建立及主要的评级方法等;第二部分包括第六、七、八、九、十章,按照评级对象的不同,分别从工商企业、金融机构、金融工具、主权国家和个人信用角度介绍了信用评级的具体运用。

  本书可作为本科院校信用管理专业和其他经管类专业的教材,也可作为相关专业的从业人员、各领域信用管理职员和其他经济管理干部的培训及学习参考用书。本教材由武汉文理学院王淋鑫担任主编,武汉文理学院万双琦、寇玉典担任副主编,各章的作者依次为:王淋鑫(第三章、第四章、第五章、第十章);万双琦(第一章、第二章);寇玉典(第六章、第七章);杨桂龙(第八章、第九章)。最后,由王淋鑫老师负责全书的审定工作,万双琦老师和寇玉典老师负责全书的统稿工作。我们在编写过程中参考了其他作者的文献和资料,在此致谢。同时感谢杨宇、张演龙和鲁方文同学,他们为本书做了大量的资料搜集和整理工作。

  由于时间仓促及编者水平有限,本书中可能会有不少缺点错漏,我们恳请专家及各位读者不吝批评与指教。

编 者

2024 年 2 月

目　　录

第一章　信用评级概述 ··· 001
　　第一节　信用及信用风险 ··· 001
　　第二节　信用评级的概念和分类 ·· 004
　　第三节　信用评级的作用 ··· 009
　　第四节　信用评级机构 ·· 013
　　第五节　信用评级的等级符号 ··· 019

第二章　信用评级的发展与监管 ·· 028
　　第一节　国际信用评级的发展历程 ··· 028
　　第二节　国内信用评级的发展历程 ··· 033
　　第三节　国内信用评级行业发展现状 ·· 037
　　第四节　信用评级行业的监管 ··· 040

第三章　信用评级的原则、程序和信用评级报告 ································ 047
　　第一节　信用评级的原则 ··· 047
　　第二节　信用评级的流程 ··· 052
　　第三节　信用评级报告 ·· 061

第四章　信用评级的方法与模型 ·· 068
　　第一节　因素分析法 ·· 068
　　第二节　信用风险分析模型 ·· 084

第五章　信用评级指标体系 ·· 105
　　第一节　信用评级指标体系概述 ·· 105
　　第二节　信用评级指标体系的构建 ··· 108
　　第三节　层次分析法在信用评级体系中的应用 ··································· 123

第六章　工商企业信用评级 ·· 133
　　第一节　工商企业评级概述 ·· 134
　　第二节　工商企业信用评级的方法 ··· 139

第七章　金融机构信用评级 ········· 159
第一节　商业银行信用评级 ········· 159
第二节　保险公司信用评级 ········· 169
第三节　证券公司信用评级 ········· 178

第八章　金融工具信用评级 ········· 186
第一节　债券信用评级 ········· 186
第二节　股票信用评级 ········· 202
第三节　基金信用评级 ········· 209

第九章　主权信用评级 ········· 216
第一节　主权信用评级概述 ········· 216
第二节　主权信用评级的方法 ········· 220
第三节　国际评级机构主权信用评级 ········· 233

第十章　个人信用评级 ········· 242
第一节　个人信用评级概述 ········· 242
第二节　个人信用评级的内容 ········· 245
第三节　个人信用体系 ········· 253
第四节　个人信用评级的方法 ········· 257

参考文献 ········· 267

第一章

信用评级概述

【开篇导读】

2020年10月,江西省某县级国有企业主体信用AA级评级成功的新闻发布会在当地顺利举行。此评级结果是由国内一家独立的第三方信用评级机构评级委员会审定,评级展望为稳定,并最终向其出具信用评级报告,给予该企业主体信用等级AA级的评定。在新闻发布会上,该县县长指出,这是当地发展建设的标志性事件,是具有里程碑意义的大事、喜事。从此当地的国有企业都有了底气,投融智创也有了依托,未来该县将以一个全新的信用形象站在市场的面前,争取为全市甚至全省做出更大的贡献。

在现代经济社会中,信用不仅仅是一种道德规范,也是能够为企业带来经济效益的重要资源,在一定程度上甚至比物质资源和人力资源更为重要。在任何时候任何市场环境下,企业只有拥有良好的信用,才会有长远的发展。反之,信用不良要承担应有的后果。

本章通过介绍信用评级的概念和分类、信用评级的作用与意义、国内外知名的信用评级机构,以及信用评级的方法体系和等级符号,让读者初步认识信用评级,并为之后的章节学习奠定坚实的理论基础。

【专业名词】

信用　信用风险　信用评级　被动评级　主动评级　外部评级　内部评级　信用评级机构　信用评级等级符号

【本章学习目标】

- 掌握信用评级的定义、特点和信用评级的分类;
- 了解国际和国内主要的信用评级机构;
- 了解信用评级的等级符号;
- 熟悉信用等级的相关标识和行为。

第一节　信用及信用风险

一、信用概述

(一)信用的概念

信用(Credit)一词起源于拉丁文"Credio",意思是信任、信誉、相信。早在古罗马时期,就出现了富人放贷的现象,而这种借贷交易产生的基础就是信用。

信用有着多种含义。《韦氏词典》中将信用一词解释为:"一种买卖双方间不需立即付款或财产担保而进行经济价值交换的制度";在《现代汉语词典》中,信用包含三种含义:一是能够履行跟人约定的事情而取得的信任;二是不需要提供物资保证并可以按时偿付;三是银行借贷或商业上的赊销、赊购。

在现在市场经济条件下,信用主要是从西方纯经济学中引入的狭义上的概念,根据《现代经济词典》的解释,狭义的信用,是指以偿还和付息为条件所形成的商品或货币的借贷关系。它表示的是债权人与债务人之间的债权债务关系;从广义上看,信用又包含经济和社会道德层面上的含义;从经济学层面来看,信用是一个经济范畴,是以偿还本息为条件的价值的单方面运动;而在社会道德层面,信用则是一种伦理道德约束,具体表现为公众对社会规则或人群间约定的自觉遵守。

(二) 信用的形式

信用是以偿还为条件的价值运动的特殊形式。在商品经济的发展初期,信用主要以高利贷的形式存在。最早的高利贷信用出现于原始公社末期的第一次社会大分工后,由于出现了私有制和贫富差距的现象,穷人在缺乏必要的生产资料和生活资料后,不得不向富人进行借贷并被迫接受支付高额利息,从而促使了高利贷信用的形成。

在现代市场经济系统中,信用的形式已日渐多样化。以信用主体为标准,信用可以分为商业信用、银行信用、国家信用、消费信用和国际信用等。商业信用是企业在正常进行经营活动和商品交易中,由于延期付款或预收账款所形成的一种信贷关系。

其中,商业信用是现代信用制度的基础,其主要形式包括赊购商品、商业汇票及预收货款。银行信用是现代信用中最重要的种类,起着主导的作用,主要是由银行、货币资本所有者和其他专门的信用机构以贷款的形式提供给厂商的信用。银行等信用机构一般是以货币的形式提供信用,克服了商业信用在提供数量与方向上的限制条件,成为现代信用中最重要的种类。国家信用是以国家和地方政府作为债务人的一种信用形式,包括国内信用和国外信用,它的基本形式主要包括公债、国库券、专项债券、财政透支或借款。消费信用是由企业、银行或其他金融机构向消费者提供的信用,其主要形式为赊销、消费信贷以及分期付款。消费信用对于刺激产品生产、改善社会消费结构及提高资本的使用率都起到了一定的积极作用。国际信用则是一种国际间的借贷关系,其债务人和债权人分别为不同国家的法人,基本形式主要包括以赊销商品形式提供的国际商业信用、以银行贷款形式提供的国际银行信用、政府间相互提供的信用以及国际金融机构对成员提供的信用。

(三) 信用的影响

信用风险是指在信用交易的过程中,由于交易的一方不能履行偿付责任而给另一方造成损失的可能性,又被称为违约风险、失信风险。

因此,信用状况的好坏直接对企业的生产经营产生影响。若信用记录不良,对上市公司来说,在增发新股、配股、发行可转债等方面将遭遇更大的困难;对发行企业债券来说,将增加企业的发债成本,并很难获得发债额度;对企业申请贷款及担保业务来说,贷款率或担保费将更高甚至较难获得贷款或担保;对企业投标来说,会降低企业的竞争力;对企业的商业往来来说,供货商将由此提高现金结算的比例,直接增加企业的经营成本。因此,不管是从区域经济发展的角度还是企业自身利益的角度,企业信用的价值必然会受到重视。

二、信用风险概述

(一)信用风险的概念

信用风险与信用活动相伴而生,只要有信用活动就会有信用缺失,因此也就产生了信用风险。信用风险是指在信用交易过程中,由于交易的一方不能履行偿付责任而给另一方造成损失的可能性,又被称为违约风险、失信风险。在信用交易中,如果一方有意欺骗对方,或者从交易起始就没有准备履约,由此给对方造成损失的就属于主观违约风险。这种由恶意欺骗、道德缺失引起的风险,又称道德信用风险。对于不属于主观恶意,而是因为其他种种诸如经济周期变化、宏观经济政策变化等非主观原因无法履约而给对方造成的风险,属于非主观违约信用风险。

(二)信用风险的成因

1. 信息不对称

在经济活动中,受信者会对自己的经营状况及信贷资金的配置风险等真实情况有比较清楚的认识,而授信者则较难了解对方的经济实力、企业诚信文化等"私有信息",他们之间的信息是不对称的,其中必然存在风险。由于信息不对称,信用合约签订之前,可能会产生信用市场交易中的逆向选择,由此导致信用风险;在信用合约签订之后,占有信息优势的一方可能发生道德风险行为,同样导致信用风险。

2. 法律不健全

经济主体的违约概率取决于违约成本,当违约的预期收益超过守信成本或从事正常经营活动带来的收益时,经营者容易选择违约,给交易对手带来信用风险。如果没有健全的法律法规来约束违约者,没有配套的惩戒机制来加大违约成本,打击失信行为,就不能保护和激励守信者。法律应加重违约者的责任,对社会意识起到一种导向作用,这样有利于营造良好的信用氛围和市场秩序,减小信用风险。

3. 信用观念淡薄

经济利益的重要性日益显著,人们在短期利益的驱动下做出各种失信行为。社会价值观发生了重大变化,更重视经济的发展,忽视了对人们信用意识和商业道德的教育,信用文化整体缺失,失信者得到了社会的宽容则更变本加厉,这一错误行为得到了放大和扩散,导致了更多信用风险的发生。

4. 宏观经济因素

信用风险是随着宏观经济的波动而变化的,当经济扩张时,总需求上升,企业的盈利水平上升,导致偿还能力增强,违约概率下降,信用风险减小;反之,经济衰退时信用风险加大。与此同时,市场利率、汇率的波动以及通货膨胀等因素,加之宏观经济政策的变动,如紧缩货币、增加税收等,都有可能导致信用风险的增加。

(三)信用风险的类型

按照受险主体划分,信用风险可以分为企业信用风险、金融机构信用风险、个人信用风险和国家信用风险。

1. 企业信用风险

企业作为受险主体,在信用活动中通常面临交易对手失信而带来的风险,一般由三种情况引起:客户拖欠、客户赖账和客户破产。客户拖欠是主观上承认做出的承诺,由于能力或其他原因暂时不能履行承诺。客户赖账是完全否认了做出的承诺。客户破产是不论主观上是否承认要履行承诺,在现实中已完全丧失了履行承诺的能力。

2. 金融机构信用风险

金融机构信用风险又分为银行业金融机构风险和非银行金融机构风险。银行的信用风险从来源上划分为交易对手风险和发行者风险。前者产生于商业银行的贷款和金融衍生交易中;后者主要和债券发行相联系。从组成上看,一部分是违约风险,指交易一方不愿或无力履行约定致使银行遭受风险;二是履约能力变化风险,指由于履约能力的变化引起金融产品价格变化而导致的风险。

非银行金融机构主要包括证券公司、保险公司等。证券公司的风险来自信用交易,如期货交易的买空卖空。保险公司的风险主要来自道德风险,如投保人在投保时隐瞒主要事实,故意制造保险事故等。

3. 个人信用风险

个人作为受险主体时面临的主要信用风险来源于金融投资和民间借贷。金融投资的信用风险包括违约风险和履约能力变化风险,而民间借贷信用风险的主要形式就是违约风险。

4. 国家信用风险

国家信用风险是一国政府在跨国信用活动中遭受的信用风险,主要是债务国发生重大事件,使其拒绝或无法偿还债务,从而给债权国造成的风险。

第二节 信用评级的概念和分类

一、信用评级的概念

信用评级(Credit Rating)又称作"资信评级",中国人民银行在 2019 年 11 月 27 日发布的《信用评级业管理暂行办法》中是这样定义的:"信用评级,是指信用评级机构对影响经济主体或者债务融资工具的信用风险因素进行分析,就其偿债能力和偿债意愿做出综合评价,并通过预先定义的信用等级符号进行表示。"

信用评级一般会由专业的独立机构或部门,根据独立、客观、公正的原则及相关法律、法规、制度与有关标准,利用一套完整的科学综合分析及评价方法,对影响经济主体(主权国家、金融机构、工商企业等)或金融工具(贷款、债券、优先股、资产证券化、商业票据等)的风险因素进行综合考察,从而对这些经济主体或金融工具在特定期间或特定条件下偿付债务的能力和意愿进行综合评价与量化评估。信用评级的目的是显示受评对象信贷违约风险的大小。

信用评级这一概念最初产生于20世纪初期的美国。早在19世纪初,美国工业化进程的加速带动了货运市场的发展,而货运市场的需求增长则意味着需要筹集大量的资金来修建铁路,因此美国国内开始发行国债、州债以及铁路债券来筹集资金。但由于投资者对于债券发行主体的偿债能力以及信用情况没有一个有效的信息以供评判,所以发行的这些债券在资本市场上并没有获得投资者的足够信任,从而导致修建铁路的困难仍然存在。就在这种契机之下,1841年美国商人路易斯·塔班(Louis Tappan)在纽约建立了第一个商人信用评级机构,旨在帮助商人寻找资信良好的顾客与商业伙伴。1900年,一位叫约翰·穆迪(John Moody)的金融分析师在纽约创建了穆迪公司,穆迪在1902年开始对当时发行的铁路债券进行评级,经过多年的发展,目前其信用评级业务已延伸到多种金融产品及评估对象。

信用评级作为市场经济的主要监督体系,我们可以从以下四个方面来理解。

(一) 信用评级的主体

信用评级的主体,即评级者或评级机构,是指依法设立、主要从事信用评级业务的社会中介机构。信用评级的主体一般为独立且具有审测和评级能力的法人评价单位。

(二) 信用评级的客体

信用评级的客体,即被评级者或评级对象,是指受评的经济主体或者受评的债务融资工具。从国内外信用评价业的活动情况来看,信用评级的客体一般可分为四类:证券评价、企业信用评价、特定信用关系评价和个人信用评价。

(三) 信用评级的内容

信用评级的内容,即对什么进行评价。信用评级的目的在于揭示特定的信用风险。由于经济活动的复杂性和经济主体的多样化,信用评级所评价的内容也是多种多样的,一般分为对评级对象的整体信用情况的评级、对信用工具的评级以及对特定信用关系的评级。

(四) 信用评级的结果

由独立的第三方对评级客体发表的一种专业评价,用来提供相对的信用风险信息。一个信用级别高的债务工具相比一个级别低的债务工具来说,其违约率会更小,但是信用评级的结果不能作为投资者做出投资决策的唯一参考依据。

二、信用评级的特点

(一) 简洁性

信用评级以简洁的字母数字组合符号来揭示企业的资信状况,投资者可以通过这些符号对评级对象进行价值判断,以及了解所评债项的信用风险。

(二) 可比性

由于信用评级种类较多,各信用评级机构的评级体系都有着一套独立的评估系统。但为了更好地揭示受评企业在同行业中的资信地位,不同的评级机构一般会采用相似的信用体系标准,从而使受评对象的评级结果具有可比性。

(三) 公正性

信用评级一般是由专业的信用评级机构做出,这些机构拥有专业的评级人员、配备着一套客观公正的评级制度与程序。评级机构作为独立的第三方,其本身不参与经济或金融活动,从而能最大限度地避免各种干扰因素、保持其评级结果的公正性。

(四) 客观性

评级机构一般会聘用专业的评级人员负责信用信息的收集、信用风险的识别以及信用级别的判断。在整个评级过程中,评级机构必须保障评级的基础数据及资料的真实性和准确性,其评级方法必须严谨、系统,以保证信用评级的客观性。

(五) 广泛性

信用评级的服务对象极为广泛,包括投资者、金融机构、社会公众、与受评对象有经济往来的商业客户、政府以及其他社会组织。

(六) 时效性

由于被评对象所处的经济环境、竞争、财务状况等因素会随着时间的推移而发生变化,因此信用等级的评定只能反映出一段时期内的信用状况。所以评级机构一般会给出信用等级的有效期限,大多期限为一年。

三、信用评级的分类

信用评级种类的复杂性,使得评级结果也出现了多种类别,理论界与实务界根据不同的标准对信用评级进行了不同的分类。

(一) 按评级的方式划分

1. 定性分析评级

定性分析法主要是根据除企业财务报表外的因素,包括企业所处的环境、企业内在素质、企业经营管理制度等对企业信用状况进行的总体评估。

2. 定量分析评级

定量分析评级是以企业财务报表作为主要数据来源,由评级人员依照统计方式进行加工整理,再利用计量模型进行测算,最终得出的企业信用评级。

3. 综合评级

由于有价证券或债务人偿还能力的决定性因素较为复杂,其中像管理水平等因素也无法用数量来加以表示,因此许多信用评级机构会结合定性分析和定量分析两种方法来进行评级,只有这样得出的评级结果才能够将企业的情况真实且全面地反映出来。

(二) 按评级的对象划分

1. 主权评级

主权评级又称"政府评级",是评级机构对一国中央政府或地方政府作为债务人的偿债能力及意愿的评价,反映的是一个国家偿还其全部对外债务的能力。目前涉及主权信用评级业务的机构在国际上主要有三个：惠誉评级、标准普尔和穆迪。

在分析一个国家的主权评级时涉及的影响因素十分广泛，主要包括宏观经济状况、政治结构、政策环境、国际收支状况等。一国政治体制的稳定性、大众参与政治的程度、经济资源、储蓄率及收入分配结构、财政政策和预算的灵活性、货币政策和通货膨胀压力、公共部门和私营部门债务负担及偿债记录、外汇储备规模，以及该国从国际货币基金组织和其他一些国际组织获得资金的能力等均是影响主权评级的重要因素。

主权评级得到的评级结果，反映的不是对政府信用的直接评价，而是该国偿还全部对外债务的能力，包括公共事业和私人的债务。

2. 经济组织评级

经济组织评级是对经济组织的信用程度进行的评价。根据经济组织的性质，可以分为以下三类：

（1）工商企业信用评级。主要分析工业或商业企业在经济往来中的信用状况、资状况、负债偿还能力、企业素质、企业经营管理能力与发展前景等。

（2）金融机构信用评级。主要分析金融机构的资金来源及运用情况、债务负担情况、呆账及贷款损失情况、金融法规政策遵守情况、业务经营及财务盈亏状况等。其中被评级的金融机构包括银行与银行控股公司、证券公司、共同基金、信托投资公司、保险公司等非银行金融机构。

（3）公用事业单位信用评级。主要分析公用事业公司的资金运营状况、财务状况、资产结构和前景展望等。由于在一个国家里，政府信用的级别最高。因此，经济组织的评级一般会比主权评级的级别低。如果某个机构的流动性比政府的更大，那么该机构的资信状况则可能比主权机构的更高。

3. 金融工具评级

金融工具信用评级是指信用评级机构根据科学的指标体系，采用严谨的分析方法，对某种证券（企业债券、商业票据、基金、股票）按时偿付利息、本金、股利的意愿或者是对收益能力进行风险的综合测评，并按照约定符号进行列示的评估活动。

（三）按是否需要委托划分

1. 被动评级

被动评级又称"委托评级"，是指信用评级机构接受被评主体委托而进行的评级。在被评者主动提出评级要求并支付给信用评级机构一定的费用之后，通过密切配合，可以使评级机构获得较为全面、完整、真实的信息，从而做出更准确的评价。

2. 主动评级

主动评级是信用评价机构利用公开信息主动对有价证券或其发行者进行评价，而无须被评对象的委托。主动评级往往是评级机构认为应该向投资者揭示有关风险或应投资者的要求而进行的，但也有信用评级机构是为了使有关主体委托其评级而开展的。

穆迪信用评级公司从1986年开始对主权国家和地区所发行的债券进行主动评级，而不论发行人是否提出过评级的申请。标准普尔公司也为所有在美国境内发行的数额在一千万美元以上的公共事业债券或优先股进行评级,而不管发行单位是否提出申请。但评级结果的公开权属于发行单位,一旦发行单位公开了评级结果,标准普尔公司便拥有等级变化情况的公布权。

(四) 按评级结果的适用范围划分

1. 国内标准评级

国内标准评级一般是在一个国家内对主体或特定债务的相对信用评级。国内标准评级只是在一国可比,不考虑主权风险。

2. 全球标准评级

全球标准评级是对主体发行的以外币计价的债务信用评级。全球标准评级在国际间可进行比较,需要考虑主权风险,如外汇管制等。

(五) 其他

1. 主体评级和债项评级

根据受评对象的不同,信用评级可分为主体评级和债项评级。

主体评级也称债务人评级、发行人评级或企业信用评级等,其评级结果是对受评主体整体信用状况的评价,并不针对某一项特定的债务,主要包括主权国家评级、地方政府评级、工商企业评级、金融机构评级等。评级机构在对主体进行评级时,主要是针对其基本信用质量展开分析,因此主体评级结果揭示的是债务发行人的基本信用级别。

债项评级也称债务评级,主要是对发行主体发行的特定债务工具进行评级,如企业债券、可转换债券、中短期票据、资产支持证券评级等,是对债务主体发行的各种长期和短期债务工具违约的可能性,以及违约发生后的违约损失率的预测和评价。

通常而言,债项评级是在主体信用评级的基础上,对融资主体发行的各种债务工具进行的评级。

2. 本币评级与外币评级

信用工具的计价方式有本币和外币之分,因此信用评级按货币的币种,可分为本币评级和外币评级。一般来说,外币评级比本币评级更为复杂。由于在评级过程中有汇率风险等影响因素,再加上政府对资本控制的压力,要获得较高的外币评级就会相对较难。

3. 短期评级和长期评级

按照评级期限的不同,可分为短期评级和长期评级。短期评级的对象往往在一年之内,如短期存款单、短期融资券、短期企业债券、商业票据等。而长期评级的对象期限则是超过一年,如中期票据、中长期债券、可转换债券、股票等。长期债务工具的信用风险受宏观因素的影响更大,而短期债务工具的信用风险则是受微观因素的影响更大,因此两类评级的侧重点各有不同,评级机构对不同期限的被评对象所用到的评级符号体系也有所差别。

4. 外部评级和内部评级

外部评级是由专业的评级机构对特定债务人的偿债意愿与偿债能力进行评价,评对象比较广泛,包括政府、企事业单位、金融机构等。评级目的是为其他投资者的投资提供参考。

内部评级是金融机构(如商业银行、保险公司)根据自身的内部数据和标准,对客户的信用风险及债项的交易风险进行评估,并估计违约概率及违约损失率,作为信用评级和分类管理的标准。评级的目的主要是为自身投资决策开展的评级。内部评级法是在2006年制定的《新巴塞尔资本协议》中推出,广泛地涵盖信用风险、市场风险和操作风险,当时在整个业界产生了极大的反响。

第三节　信用评级的作用

信用评级机构在国际上一般被视为资本市场的看门人,信用评级在揭示和防范风险、降低交易成本以及协助政府进行金融监管等方面扮演着不可或缺的角色。因此,信用评级的结果无论是对投资者、企业、政府还是银行来说都至关重要。

一、信用评级在经济发展中的地位

信用评级是市场经济发展的必然产物,也是现代市场经济运转中必不可少的一环。"市有信则立,市无信则废",维持和发展信用关系,是保护社会经济秩序的重要前提。市场如果发生社会信用缺失,出现欠债不还、拖欠银行贷款等现象,必然会导致个人和企业所承担的风险增加、成本增大,直接影响经济运行的效率。由于市场机制有一定的滞后性,信用评级的出现,可以起到一个事前引导的作用,帮助社会资金向资信等级高、资金信誉好的企业流动,从而促进社会资金的优化选择、生产要素的合理配置以及国民经济的良性循环。

二、信用评级的作用

(一)信用评级对投资者的作用

1. 给投资者提示风险

投资者是信用评级的主要使用者,投资者服务业务也是信用评级公司的业务核心。信用评级作为投资者在决策过程中的重要工具,其中一个最基本的功能就是增加市场透明度,让投资者更好地判定其投资风险。由于投资者一般会按照风险与收益对等的原则,通过参考信用等级估算出证券违约率及损失程度,之后再结合其他市场因素,对债务工具进行合理定价来作为证券定价、风险与报酬的评估参考,从而做出投资与否的决定。信用评级的出现直接减少了投资者与发债企业之间的信息不对称性,保护了投资者的切实利益,避免投资者由于信息不对称而遭受不必要的损失。

据有关统计,信用评级公司发布的信用等级与债券违约率之间都会存在一个明显的负相关关系,表1-1列出了1981—2010年标准普尔公司不同级别债券的累计违约率。

表1-1 1981—2010年标准普尔公司全球受评发行人的平均累计违约率/%

信用级别	年度														
	1	2	3	4	5	6	7	8	9	10	11	12	13	14	15
AAA	0.00	0.03	0.14	0.26	0.38	0.50	0.56	0.66	0.72	0.79	0.83	0.87	0.91	1.00	1.09
AA	0.02	0.07	0.15	0.26	0.37	0.49	0.58	0.67	0.74	0.82	0.90	0.97	1.04	1.10	1.15
A	0.08	0.19	0.33	0.50	0.68	0.89	1.15	1.37	1.60	1.84	2.05	2.34	2.40	2.55	2.77
BBB	0.25	0.70	1.19	1.80	2.43	3.05	3.59	4.14	4.68	5.22	5.78	6.24	6.72	7.21	7.71
BB	0.95	2.83	5.03	7.14	9.04	10.87	12.48	13.97	15.35	16.54	17.52	18.39	19.14	19.78	20.52
B	4.70	10.40	15.22	18.98	21.76	23.99	25.82	27.32	28.64	29.94	31.09	32.02	32.89	33.70	34.54
CCC/C	27.39	36.79	42.12	45.21	47.64	48.72	49.72	50.61	51.88	52.88	53.71	54.64	55.67	56.55	56.55

资料来源：Standard & Poor's Global Income Research and Standard & Poor Credit pro.

从上表可以看出，在相同年度下，企业债券的信用级别越高，其违约率就越低。因此，在资本市场上，投资者需要权威的信用评级机构通过提供专业的评级意见来揭示市场中的各类信用风险。通过提高投资者对风险的认识与防控以及对投资工具的合理估价，来分散和释放整个资本市场的风险，从而促进资本市场的健康发展。

2. 降低投资者的信息成本

借款方往往会选择一种有利于达到自己筹资目的的方式来进行信息披露，因此资本市场上的交易信息存在广泛且严重的不对称性，一方面，投资者的专业判断能力不足，其精力、渠道和技术等的非专业性决定了他们无法收集到足够有效的信息以供准确判断；另一方面，要准确识别投资过程中的有效信息需要花费一定的成本，包括时间、人力、经济代价等。例如，需要对借款方进行实地考察、评估金融资产的预期现金流、做出投资价值分析、预测借款方的违约概率及违约风险等。

信用评级机构往往会利用技术优势及人才优势，加上专业的知识和经验，对市场公开信息和内部信息进行收集、研究及分析，将复杂的信息转化为简单明了的评级信息。投资者及其所在的公司做投资决策时，就可以直接将权威机构出具的评级结果作为风险信息依据，提高了经济活动主体的信用风险防范及控制能力，保护了投资者的利益。此外，信用评级机构在进行专业的评级服务过程中，通过建立企业信用信息系统和企业数据库，为投资者提供了强大的信息及数据支持。由此可见，信用评级机构在信用信息的收集和分析方面具有较强的优势，可以为投资者节约大量的信息成本。

3. 为机构投资者提供了投资基础

信用级别越高的企业越容易受到投资者的青睐。养老基金作为固定证券的较大购买方，通常会先让自己的分析师对拟购买的证券产品或发行方的信用情况进行分析，之后再依赖外部专业评级机构的分析结果来判定自己分析结果的偏差，因此信用评级为其投资判断提供了参考基础。此外，为了控制机构投资者的风险，一些国家的金融管理部门出台了一系列的投资政策来限制投资对象的信用等级，如会要求机构投资者所选择的信用等级不得低于某个级别,从而来控制总体风险。可以说,信用评级为这些机构投资者提供了投资基础。

4. 有利于投资者进行投资组合

投资者一般会利用信用评级结果来帮助其完成资产配置,当投资对象的信用等级发生变化时,投资者也会根据变化幅度来及时调整投资组合,以均衡风险和收益。

(二) 信用评级对筹资者的作用

1. 为筹资者提供资信等级证明,拓宽融资渠道

目前,信用评级已成为许多企业进入资本市场的重要前提之一。筹资企业通常会通过法定程序采取不同的方式来筹措资金。例如,在美国,企业若要进入资本市场融资,需要由政府有关管理机构认可的五大信用评级机构出具信用评级,且评级结果达到一定的等级方可入市。2004年,中国证监会修订并实施《证券公司债券管理办法》,在办法第11条中也明确规定,"发行人应当聘请证券资信评级机构对本期债券进行信用评级并对跟踪评级做出安排"。对银行来说,信用评级也是银行决定是否发放贷款的一个重要依据。信用评级机构通过为银行等金融机构提供客观专业的资信证明,来为贷款及担保决策提供有效的信息参考。因此,信用评级是筹资者在金融市场上获得融资的通行证。

信用是市场经济运行的基础,信用评级能够让投资者更好地了解筹资者的信用状况。企业的信用级别越高,就可以吸引越多的投资者,有利于扩大融资渠道,稳定企业融资来源。因此,信用等级较好的企业的融资制约相对更少,内部资金的依赖度也会更低,这对于我国中小企业融资难的问题也起到了有效的缓解作用。

2. 降低企业筹资成本,提高证券发行效率

信用等级高不仅有助于企业扩大融资规模,也有助于企业获得地区金融机构的支持,从而降低企业的筹资成本。因此,当越来越多的投资者通过参考信用评级来评估投资价格时,信用评级就能够更好地帮助企业的新债发行节约大量费用。在发行同等金额的债券时,高信用级别的企业比低信用级别的企业的债券发行所需的费用要更少。

3. 促进企业改善经营管理

企业在发行债券时,一般需要在公共平台上公示其资信等级,而投资者基本都会青睐信用级别更高的企业。因此,对筹资者来说,信用评级具有较大的意义,不仅可以帮助筹资者扩大融资,也能降低其筹资成本。

贷款企业的资信等级一般可以通过"银行信贷登记咨询系统"查询,信用评级不高的企业,在进行一些市场活动的时候就会受到限制。因此,这种公示的行为对企业的经营管理也起到了一定的督促作用,贷款企业可以通过信用评级机构专业且客观的评价来有的放矢地进行整改,同时也可以通过横向对比资信状况良好的企业,调整和改善自身的经营管理,从而树立起更好的信用形象。

(三) 信用评级对国家的作用

美国经济学家弗里德曼曾经说过,世界上有两样东西可以毁灭世界,一个是核武器,一个是国际信用评级机构。可见,信用评级从国家层面来看有着它独特的威力。随着市

场经济的发展,信用评级在全球金融市场上有着巨大的影响力。

1. 信用评级可以节约国家成本

信用的缺失会直接导致各国承担大量的经济成本。在国际上,权威的评级机构对一个国家信用等级的变动往往会影响到人们对该国的信心,并引起其金融市场的巨大波动,从而对国家成本造成一定的影响。而信用评级的产生,不仅可以缓解市场经济的运行压力,也能节约国家整体的经济运行成本。

专栏1-1　　　　　主权信用级别下调与一国的融资成本

2011年9月19日,国际评级机构标准普尔公司宣布将意大利长期主权债务评级下调一级(从A+降至A),前景展望为负面。A评级在标普的评级等级中为投资级的第六等,距离投机级仅有两级之遥。标普说,降级的两大原因是意大利政局和债务前景不佳。标普在当天的声明中表示:"意大利脆弱的政治联盟以及国会内部的政策分歧将掣肘政府应对国内外宏观经济挑战的努力",并且,"鉴于意大利融资环境收紧,以及财政紧缩,意大利全国改革方案对改善其经济状况的作用可能十分有限"。评级下调推高了意大利的融资成本。由于投资者越来越不看好意大利国债,2011年9月,意大利财政部发行的65亿欧元的五年期国债的中标利率高达5.6%,创欧元区成立以来同类国债的最高水平。而在2010年4月意大利发行的五年期国债利率只有2.64%。一旦意大利的融资成本大增,欧洲应对债务危机的救助资金将不得不面临短缺的困境。

(资料来源:京报网,2011年10月5日)

---

2. 信用评级可以为政府监管提供依据

目前,信用评级被公认为金融市场上最有效的监督力量之一。由于市场上仍有信息不对称的现象,评级结果可以作为相关部门对企业进行监管的有效依据,通过对评级结果的分析,可以拒绝一些资信较差、质量低劣的证券进入市场,从而减少违约风险,保证证券市场和金融市场的稳定性。此外,信用评级可以为监管机构开展和加强对银行、保险、证券等监管对象的分级、分类管理提供参考依据。

从国际经济的发展趋势来看,信用评级在金融监管中的作用主要是评级金融机构的业绩。很多发达国家都会建立自己的评级体系,一般相关政府部门在制定评级标准的时候,是需要建立在适合本国金融机构的发展方向上并符合实际发展情况,再通过合适自己的评级方法和评级标准对企业的经营状况进行评价。例如,美国监管利用的是"骆驼评级法",其中对监管对象的评价一共分为五个指标:资本充足率、资产质量、管理水平、盈利水平和流动性。

2004年6月,十国集团的央行行长一致通过《资本计量和资本标准的国际协议:修订框架》,即《巴塞尔协议Ⅱ》的最终稿,并于2006年年底开始实施。新协议的基本框架由三大要素组成,俗称《巴塞尔协议Ⅱ》的"三大支柱":最低资本要求、监管部门的监督检查和市场自律。此外,《巴塞尔协议Ⅱ》针对信用风险还给出了两种评级方法以供使用:一是对业务复杂程度较高的银行,可以将其内部评级作为基础,确定其信用资产的风险权重,依此计算资本充足率;二是利用外部评级来确定银行的信用风险权重,并将此作为计算资本充足率的标准。表1-2展示了新协议的标准法中的公司信用评级与风险权重,主要是根据外部评级机构的不同评级结果、赋予的风险权重来计算加权风险资产,是监管银行的资本充足率的有力依据。

表1-2 标准法中的公司信用评级与风险权重

	信用评级	风险权重
1	AAA～AA−	20%
2	A+～A−	50%
3	BBB+～BB−	100%
4	BB−以下	150%
5	无信用评级	100%

资料来源:巴塞尔银行监督委员会,《巴塞尔协议Ⅱ》,2004年6月26日。

3. 信用评级在国家金融安全中具有重要的战略地位

信用评级在国家金融安全中,不仅具有网络效应还有外部经济效应,其对国家金融安全具有重要的意义。信用评级在国家金融安全中的战略地位,主要表现在以下三个方面:国际信用资源配置、国家金融安全和国内金融市场定价权。

第四节　信用评级机构

一、国际信用评级机构

全球主要的国家信用评估机构可以分为五类:政府间国际组织、官方或半官方机构、非政府组织、私人机构(营利性或非营利性机构)和学术研究机构(见表1-3)。

表1-3 国家信用评级的主要机构分类

机构类别	举例
政府间国际组织	经合组织(OECD)、国际货币基金组织(IMF)、世界银行(WB)、联合国贸易发展大会(UNCTAD)等
官方或半官方机构	中国出口信用保险公司、法国COFACE保险公司
非政府组织	透明国际(Transparency International, TI)、世界经济论坛(World Economic Forum, WEF)
商业机构	经济学家情报社、机构投资人、欧洲货币、政治风险集团的国际国家风险指南ICRG、穆迪、标准普尔、惠誉
学术研究机构	美国传统基金会、Fraser研究所

资料来源:郭濂.国际三大信用评级机构的比较研究[J].中南财经政法大学学报,2015(1):36-39,131.

在这些评估机构中，享有最高地位、信誉以及市场占有率的是标准普尔(S&P)、穆迪(Moody's)和惠誉国际(Fitch Ratings)这三大机构，它们垄断了90%的世界信用评级市场。自1975年美国证券交易委员会(SEC)将其认定为"国家认定的评级组织"(NRSRO)后，这三家评级公司就垄断了国际评级行业，成为全球最重要的信用评级机构。

（一）穆迪投资者服务公司

1. 公司历史

穆迪投资者服务公司(Moody's Investors Service)的前身为约翰穆迪公司(John Moody & Company)，是约翰·穆迪(John Moody)于1900年在美国纽约曼哈顿创办，主要为投资者提供债券相关的评级数据。1909年，穆迪通过出版《穆迪美国铁路公司投资分析手册》(Moody's Analysis of Rail Road Investment)，对铁路债券进行信用评级，该手册中阐明了对铁路经营、管理和财务状况的评价分析原则，并采用字母评级法分析了250家公司发行的90种企业债券间的信用风险程度。正是这本手册的出版才使得信用评级与之前的统计分析有了本质上的区别。穆迪成为当时市场上首家对公开发行的证券进行评级的公司，让信用评级业务首次进入证券市场。因此，后来人们普遍认为信用评级起源于穆迪对美国铁路债券的评级，可以说它是美国信用评级业的先驱。1914年7月1日，穆迪投资者服务公司正式挂牌。

1962年，邓白氏公司兼并穆迪公司为其子公司，2001年穆迪公司又被独立出来并在纽约证券交易所上市。如今，穆迪投资者服务公司是穆迪公司(Moody's Corporation, NYSE：MCO)下属的子公司，它们分别有着不同的职责，穆迪公司主要提供信用评级以及关于债务和有价证券的分析和研究，穆迪投资者服务公司则主要提供尖端的数据分析软件、咨询服务以及关于信用、经济、财务风险管理的分析研究。

目前，穆迪投资者服务公司已在12个国家开设了15个分支机构，投资信用评估对象遍布全球。穆迪公司已先后对100多个国家的政府和企业所发行的10万余种证券进行了信用分析与评估。阅读和使用穆迪所发布的各类信息的客户已达1.5万余家，其中有3 000多家客户属于机构投资者，他们管理着全球80%的资本市场。高级雇员总数达1 500人，其中有680人为专业评估分析师。

2. 业务发展

穆迪投资者服务公司是穆迪公司的子公司，主要针对广泛的债务证券提供评级、研究和风险服务，在业务发展过程中，该公司不仅对国内各种债券和股票进行评级，还将评级业务推进到了国际市场。

1909年，穆迪首创对铁路债券进行信用评级。1913年，穆迪开始将信用评级扩展到公用事业和工业债券上，并创立了利用公共资料进行第三方独立信用评级或无经授权的信用评级方式。1914年，又将评级业务拓展到了其他地方政府发行的债券。1918年，开始将评级对象延伸到其他地方政府发行的债券。到了20世纪70年代，穆迪公司开始对商业票据和银行储蓄进行评级。1988年，将结构融资评级纳入公司的评级范围。

穆迪信用评级和研究的对象主要包括在国内和国际资本市场上发行的各类公司和政府债务、机构融资证券和商业票据等。如今,穆迪公司已经超出传统的债券评级范围,包括对证券发行主题、保险公司债务、银行贷款、衍生产品、银行存款和其他银行债以及管理基金和衍生品进行评级。评级分析累计覆盖135个主权国家,涉及约5 000家非金融公司发行人、4 000家金融机构发行人、18 000家公共融资发行人、11 000项结构融资交易以及1 000家基建和项目融资发行人的债务。

3. 信用等级分类及评级方法

(1) 信用等级分类。

穆迪的信用等级分为长期评级和短期评级,长期评级是对有关固定收益债务的相对信用风险评级,债务期限为1年以上。而短期评级是对有关发行人短期融资的债务偿付能力的信用评估,一般债务期限不超过13个月。其中长期评级和短期评级又可分别分为投资级和投机级。投资级一般具有较高的信誉和投资价值,投机级的信用程度则较低、违约风险相对较高。

长期评级共包含九个等级,级别从高到低依次为:Aaa级、Aa级、A级、Baa级、Ba级、Caa级、Ca级、C级。其中前四个为投资级,后五个为投机级。此外,穆迪以Aa级至Caa级为基本等级,在其后面加上修正数字1、2、3来分别代表该债务在所属同类评级中的排名,修正数字1代表该债务在所属同类评级中排名较高,修正数字2代表排名在中间,修正数字3代表排名较低。

短期评级共包含四个等级,级别从高到低依次为:P-1、P-2、P-3、NP,其中前三个为投资级,最后一个为投机级。

(2) 评级方法。

穆迪的评级方法是将定量方法和定性方法相结合来进行的综合评定,评级分析师和评级委员会先与评级对象的负责人对接,全面收集评级资料。穆迪的评价指标体系有三类:定性因素、经济基本面和外债,其中定性因素主要是对社会关系结构的考察,经济基本面主要是对宏观经济管理进行分析,而外债部分主要强调外债对出口和GDP的相对比重。

(二) 标准普尔公司

1. 公司历史

标准普尔的前身为普尔出版公司(Poor's Publishing),由亨利·瓦纳姆·普尔(Henry Varnum Poor)于1860年创立。当时,普尔出版了《铁路历史》及《美国运河》,并以"投资者有知情权"为宗旨率先建立了金融信息业,旨在为投资者提供独立的财务分析信息。1906年,标准统计局(Standard Statistics Bureau)成立,提供在此之前难以获得的美国公司的资金信息。1941年,普尔出版公司与标准统计局合并成为如今知名的标准普尔公司(Standard and Poor's,S&P)。1966年,麦格罗-希尔(McGraw-hill)公司兼并了标准普尔公司,麦格罗-希尔公司成立于1888年,是一家全球信息服务供应商。2011年9月,麦格劳·希尔公司被拆分成两个独立的机构:标准普尔和麦格罗·希尔金融,分别提供信用评级业务及金融信息业务。

现如今,标准普尔为全球最具影响力的信用评级机构,专门提供有关信用评级、风险评估管理、指数编制、投资分析研究、资料处理和价值评估等重要资讯。此外,标准普尔为全球最大的独立证券研究机构,还是通过全球互联网网站提供股市报价及相关金融市场信息的最主要供应商之一。目前,标准普尔在全球共设立18个办事处及7个分支机构,并分布于19个国家,员工总数超过5 000人。其标准普尔1 200指数和标准普尔500指数已经分别成为全球股市表现和美国投资组合指数的基准,标准普尔1 200指数涉及30个市场的证券,约涵盖全球市场资本额度的70%。

2. 业务发展

标准普尔公司是第一家对证券化融资、债券担保交易、信用证、非美国保险公司财务实力、银行控股公司、财务担保公司进行评级的机构,特别在提供基金数据和分析方面处于领先地位。

目前,标准普尔在100多个国家开展了债券评级业务,涉及债务总规模约为32万亿美元。作为全球独立证券研究和组合建议的最大提供商之一,标准普尔向超过1 000家机构(包括顶级证券公司、银行和人寿保险公司)提供其股票、市场和经济研究,并对全球1 900只证券提供基本面证券观点。其中,在亚太地区,标准普尔在16个国家约对1 500家私人部门和公共部门实体进行了评级,在2001—2008年,连续八年被Finance Asia评为亚洲地区最有影响力的评级机构。

3. 信用等级分类及评级方法

(1) 信用等级分类。

标准普尔的信用评级分为长期评级和短期评级,一年以下为短期评级,五年以上为长期评级。

长期评级包含十个等级,级别从高到低依次为:AAA级、AA级、A级、BBB级、BB级、B级、CCC级、CC级、C级、D级。其中前四个为投资级,后六个为投机级。此外,标准普尔公司以AA级至CCC级为基本等级,在其后面可加上符号"＋"或"－",表示评级在各主要评级分类中的相对强度。

短期评级共设六个等级,级别从高到低依次为:A-1级、A-2级、A-3级、B级、C级、D级,短期评级也可另加符号"＋"表示该债券的偿债能力相对较强。

(2) 评级方法。

标准普尔同样采用定性和定量分析相结合的方法对八个类别的国家风险进行评估。定性分析主要是对政治制度有效性和政治风险进行评估,定量分析则是针对国家的宏观经济状况及金融绩效进行测算和评估,包括经济结构、外部流动性、财政负债情况、货币政策稳定性和灵活性等各项指标。此外,标准普尔还将许多可能转化为国家债务的其他因素纳入参考范围,如私人债务及国际流通手段等。

(三) 惠誉国际评级公司

1. 公司历史

惠誉国际信用评级有限公司(Fitch Rating)成立于1913年,是全球三大国际评级机构中唯一的欧资国际评级机构,总部设在纽约和伦敦。其前身是美国惠誉出版公司,由约翰·惠誉(John K. Fitch)创办。惠誉出版公司最初是一家金融统计数据出版商,所服务的对象包括纽约证券交易所。不久后,惠誉就成为业界领先的金融统计数据出版商,主要出版了《惠誉债券手册》(*Fitch Bond Book*)和《惠誉股票和债券指南》(*Fitch Stock and Bond Manual*)。1989年,惠誉通过将一支现代的管理团队进行重组,进入了高速发展阶段。1992年,法国国际商务支持与服务集团的上市公司Fimalac收购惠誉,成为其母公司。1997年,惠誉并购英国IBCA公司。2000年,惠誉收购了总部位于芝加哥的道衡公司(Duff & Phelps),同年又收购了汤姆森集团下的银行观察评级公司(Thomson Bank Watch)。2006年,美国赫斯特出版集团(Hearst Corporation)收购了惠誉集团20%的股权。2008年,惠誉国际收购了联合资信49%的股权。

如今,惠誉国际评级公司在全球设有40多个分支机构和合资公司,拥有1 100多名分析师,是一家领先于全球信用市场并致力于提供及时、准确和前瞻性评级意见的信用评级公司。近十年来,其在机构扩充和战略并购的基础上取得了飞速的发展。在国际著名调查机构Cantwell & Co.的调查报告中,惠誉连续多年被评为全球最佳评级机构。2000年,惠誉评级被国际证券化报告组织ISR评为亚太及欧洲地区年度最佳评级机构,以及美国年度最佳评级机构。2005年,《机构投资者证券化新闻》授予惠誉"年度评级机构"之称。惠誉(北京)信用评级有限公司被评为中国"2007年度十佳金融服务机构",其评级结果得到了各国监管机构和债券投资者的广泛认可。

2. 业务发展

惠誉在2000年进入中国市场,是三大评级公司中最早进入中国市场的评级机构。惠誉国际的评级范围包括企业金融机构、结构融资、市政建设、保险公司和主权国家发行的证券评级,其评级业务在全球的份额比其他两家公司占比要小。成立初期,为了满足对独立金融证券分析的不断增长的需求,1924年惠誉开始对工业债券进行评级,并发明了现在广为人知的AAA级到D级的评级体系,成为进行固定收益投资决策时必备的参考工具。2008年1月,惠誉集团宣布成立惠誉解决方案(Fitch Solutions),专门用来提供数据、分析等业务,并开始更加专注于固定收益相关产品业务。

目前,惠誉国际已对3 500家实体及其发行的债券进行评级、2 000多家企业评级、2 500多家保险公司提供财务实力和债项评级,超过8 600个结构性融资交易受到惠誉的监控,包括1 200个欧洲结构性融资交易和200个亚洲结构性融资交易。此外,惠誉还对超过45 000笔市政建设交易进行监控。

惠誉的金融机构评级部还有为抵押债券等专业证券提供评级的专职团队,其金融机构评级对象包括银行及金融公司、租赁公司、证券公司和基金管理公司等。多数大型投资者都将惠誉的评级纳入其投资指导原则,全球各国监管机构和其他市场参与者也利用惠誉的评级结果为给企业资信做出判断。

3. 信用等级分类及评级方法

(1)信用等级分类。

惠誉运用不同的评级模型进行长期评级和短期评级。短期评级更关注流动资金问题,期限不超过一年。

长期评级共包含十二个等级,级别从高到低依次为:AAA 级、AA 级、A 级、BBB 级、BB 级、B 级、CCC 级、CC 级、C 级、DDD 级、DD 级、D 级。其中前四个为投资级,后八个为投机级。

短期评级共包含六个等级,级别从高到低依次为:F1、F2、F3、B、C、D,其中 F1 后面可以添加符号"+"代表该债务在所属同类评级中的信用排名较高。其中 F1、F2、F3 为投资级,B、C、D 为投机级。表 1-4 列出了三大评级机构的评级期限与等级划分。

表 1-4 三大信用评级机构的评级期限与等级划分

			穆 迪	标准普尔	惠 誉
信用等级数			9	10	12
信用等级	长期	投资	Aaa/Aa/A/Baa	AAA/AA/A/BBB	AAA/AA/A/BBB
		投机	Bb/B/Caa/Ca/C	BB/B/CCC/CC/C/D	BB/B/CCC/CC/C/DDD/DD/D
	短期	投资	P-1/P-2/P-3	A-1/A-2/A-3	F1/F2/F3
		投机	Non-Prime	B/C/D	B/C/D

专栏 1-2　惠誉调降美国主权信用评级　预计未来 3 年美国财政状况恶化

2023 年 8 月 1 日,国际评级机构惠誉(Fitch)将美国长期外币发行人违约评级(IDR)从"AAA"下调至"AA+","负面评级观察"调整为"稳定展望"。

根据惠誉发布的公告,降调评级的直接理由有三个方面:第一,未来 3 年预计财政情况恶化;第二,高额且不断增长的政府债务负担;第三,过去 20 年来(美国财政)治理能力相对于"AA"和"AAA"评级同行的削弱,特别体现在反复出现的债务上限危机以及拖延到最后时刻的解决方案。

(资料来源:中国经营报,2023 年 8 月 14 日)

(2)评级方法。

惠誉的评级方法同样是以定性与定量相结合,在评级调查时,主要是以双方合作的形式展开,对被评国家政府官员以调查问卷的形式开展访谈。目前,惠誉的评价体系包含 14 类参考指标,包括政治、宏观经济、金融与负债、教育、人口等因素。

二、国内信用评级机构

2006 年 11 月,中国人民银行发布了《信贷市场和银行间债券市场信用评级规范》,从评级主体、评级业务与评级业务管理三个角度为行业提供了基本标准。此后,中国证监会、国家发展改革委等各个部门也针对不同的细分品种与市场,在各自的权责范围内出台了多种行业监管法律法规,中国证券业协会等自律组织也开始出台行业自律规则,我国信用评级行业的基础设施逐步得到完善。根据中国人民银行的数据,截至 2022 年 1 月,我国目前已经有 55 家备案法人信用评级机构,其中获得银行间市场与证监会评级资质的评级机构则仅占少数(见表 1-5)。

表 1-5 我国信用评级市场的主要评级机构

序号	公司名称	注册地址	是否取得银行间市场资质	是否取得证监会资质
1	东方金诚国际信用评估有限公司	北京市朝阳区	是	是
2	浙江大普信用评级股份有限公司	浙江省杭州市	否	是
3	上海新世纪资信评估投资服务有限公司	上海市杨浦区	是	是
4	标普信用评级(中国)有限公司	北京市朝阳区	是	是
5	联合资信评估股份有限公司	北京市朝阳区	是	是
6	中证鹏元资信评估股份有限公司	深圳市福田区	是	是
7	大公国际资信评估有限公司	北京市海淀区	是	是
8	安融信用评级有限公司	北京市西城区	是	是
9	中诚信国际信用评级有限责任公司	北京市东城区	是	是
10	远东资信评估有限公司	上海市黄浦区	是	是
11	北京中北联信用评估有限公司	北京市海淀区	否	是
12	上海资信有限公司	上海市黄浦区	否	是
13	中债资信评估有限责任公司	北京市西城区	是	否
14	惠誉博华信用评级有限公司	北京市朝阳区	是	否

数据来源:夏天飞.基于 KMV 模型的我国主体信用评级质量研究[D].北京:中央财经大学,2022.

2020 年 1 月 20 日,中国银行间市场交易商协会和中国证券业协会联合在最新发布的《关于联合公布 2019 年信用评级机构业务市场化评价结果的公告》中显示,银行间市场各机构的评价结果排名(第一到第五名)依次为:中诚信国际信用评级有限责任公司、上海新世纪资信评估投资服务有限公司、联合资信评估有限公司、大公国际资信评估有限公司、东方金诚国际信用评估有限公司。

第五节 信用评级的等级符号

信用评级等级符号是信用评级风险大小的符号标识系统。信用评级方法体系反映了分析信用风险大小的方法选择,信用评级等级符号反映了信用风险大小的结果标识。此外,根据信用评级方法的适用范围的不同,信用评级体系也会有所差异。

一、信用评级的等级符号

(一)信用等级的划分原则

信用等级是信用评级的直观结果,对于信用等级的划分应坚持以下基本原则。

1. 信用等级的符号要求简单明了,便于识别记忆

国内外评级机构的等级符号采用三等九级制的较多。例如,资产支持证券信用等级的划分设置:一等为投资级;二等为投机级;三等为倒闭级。

2. 信用等级符号之间应有清晰的分层性和序列性

国内外评级机构的信用等级符号的三等九级制能给予投资者清晰的分层感和序列感,看到不同的信用等级符号,能够较快地感受到这一信用等级在三等九级中处于什么层次、排在什么位置。与三等九级制相比,一些研究机构或金融机构内部以数字 1、2 等或甲、乙等设置信用等级符号。这种设置的等级符号序列性较强,但是层次感相对较差。

3. 信用等级符号的层级应设置合理

信用等级的符号层级过多或过少,容易造成信用等级之间的区分度问题,不便于投资者进行信用风险组合管理。此外,信用等级的符号层级过多,不容易被识别和记忆;信用等级的符号层次太少,虽然容易被识别和记忆,但是容易造成受评对象的信用风险水平区分度不足。

4. 信用等级有明确的投资级和投机级划分

投资级和投机级的划分,主要是以违约率为依据。在普遍使用的三等九级制中,BBB(含微调的 BBB−)以上级别的均为投资级,BB(含微调的 BB+)以下级别的均为投机级。从 BBB 级到 BB 级通常表现为违约率的快速上升。例如,1981—2016 年标普的全球发行人平均累积违约率中,一年期 BBB 级债券的平均累积违约率为 0.17%,BB 级债券为 0.58%;两年期 BBB 级债券的平均累积违约率为 0.44%,BB 级债券为 1.79%。

5. 信用等级符号的释义要有明确的等级区分度和违约可能性

信用等级符号可以体现出分层性和序列性,而信用等级的区分度如何,需要用信用等级符号的释义进行区分。信用等级符号释义的等级区分度和违约可能性大小,通常通过关键词加以表达,如 AAA 级受外部环境的影响"极低"、违约的可能"极小",AA 级受外部环境的影响"较低"、违约的可能"较低",等等。

6. 长短期信用等级符号之间应有清晰的等级映射关系

国内外评级机构不仅有中长期的信用等级符号,还有短期的信用等级符号,并建立有中长期信用等级符号与短期信用等级符号之间的映射关系。因此,在设置信用等级符号时,既要有中长期信用等级符号,也要有短期信用等级符号,还应该建立中长期信用等级符号与短期信用等级符号之间的映射关系。

7. 信用等级符号中应有违约信用等级符号

设置违约信用等级符号,便于通过符号标识信用风险发生的确定性事实,便于违约率和信用等级迁移率的计算,也为信用风险组合管理提供了基础数据。

(二)国内信用评级机构的信用等级符号

1. 主体和中长期债券信用等级符号

根据《信贷市场和银行间债券市场信用评级规范》及长期信用评级的实践,国内评级

机构制定了主体和中长期债券信用等级符号,以及短期债券信用等级符号。

主体信用评级属于中长期债券信用评级,在信用等级的符号上保持一致(见表1-6)。

但是,主体信用等级并不完全对应该主体发行的债券信用等级,仅表示主体和中长期债券在信用等级上可以使用同一等级。主体信用等级是确定本主体所发行债券信用等级的基础,但是中长期债券的信用等级还取决于债券本身在债务融资工具中的偿还顺序、信用增进措施等债券本身的特征。

表1-6 国内评级机构主体和中长期债券信用等级及其释义

信用等级	释　义
AAA	偿还债务的能力极强,基本不受不利经济环境的影响,违约风险极低
AA	偿还债务的能力很强,受不利经济环境的影响不大,违约风险很低
A	偿还债务能力较强,较易受不利经济环境的影响,违约风险较低
BBB	偿还债务能力一般,受不利经济环境影响较大,违约风险一般
BB	偿还债务能力较弱,受不利经济环境影响很大,违约风险较高
B	偿还债务的能力较大地依赖于良好的经济环境,违约风险很高
CCC	偿还债务的能力极度依赖于良好的经济环境,违约风险极高
CC	在破产或重组时可获得保护较小,基本不能保证偿还债务
C	不能偿还债务

注:除AAA、CCC(含)以下等级外,每一个信用等级可用"+""-"符号进行微调,表示略高或略低于本等级。

2. 短期信用等级符号

短期信用等级符号如表1-7所示。

表1-7 国内评级机构短期债券信用等级及其释义

信用等级	释　义
A-1	还本付息能力最强,安全性最高
A-2	还本付息能力较强,安全性较高
A-3	还本付息能力一般,安全性易受不良环境变化的影响
B	还本付息能力较低,有一定的违约风险
C	还本付息能力很低,违约风险较高
D	不能按期还本付息

注:每一个信用等级均不进行微调。

3. 结构化金融产品信用等级符号

结构化金融产品(Structured Finance Products)是衍生金融的重要内容,也是国内外信用评级监管中日益重视的评级产品。在次贷危机后,国内外评级机构针对结构化金融产品信用评级的特征,制定了专门的信用等级符号和相应的释义,以区别于传统债券的信用等级符号和释义。

国内评级机构针对结构化金融产品信用评级的特征,设置了相应的结构化金融产品信用等级的专门符号和释义。以国内某评级公司为例,结构化金融产品信用等级符号和释义如表1-8所示。

表1-8 结构化金融产品信用等级符号及其释义

信用等级	释 义
AAA_{sf}	结构化金融产品偿还能力极强,违约风险和违约损失风险极低
AA_{sf}	结构化金融产品偿还能力很强,违约风险和违约损失风险很低
A_{sf}	结构化金融产品偿还的能力较强,违约风险和违约损失风险较低
BBB_{sf}	结构化金融产品偿还能力一般,违约风险和违约损失风险一般
BB_{sf}	结构化金融产品偿还能力较弱,违约风险和违约损失风险较高
B_{sf}	结构化金融产品偿还安全性很低,违约风险和违约损失风险很高
CCC_{sf}	结构化金融产品偿还安全性极低,违约风险和违约损失风险极高
CC_{sf}	结构化金融产品基本不能保证偿还债务
C_{sf}	结构化金融产品不能偿还债务

注:除AAA_{sf}、CCC_{sf}(含)以下等级外,每一个信用等级可用"+""-"符号进行微调,表示略高或略低于本等级。

(三)国内外信用等级符号的对应关系

目前,评级机构尚未公开披露国内外信用等级符号之间的对应关系,因此明确界定国内外评级机构等级符号之间的对应关系存在很大难度。但是,根据目前的几个信息,我们可以对国内外信用评级符号之间的对应关系进行初步的推测。

1. 根据国内评级机构给予中国的主权信用等级进行推测

中国国内评级机构给予的主权信用等级符号差异较大,以国内某评级机构为例,给予的中国主权信用等级亦不尽相同。如果以主权信用等级上限原则来进行推测,中国国内信用等级与国外信用评级之间的对应关系大致如表1-9所示。

表1-9 国内信用等级与国外信用评级间的对应关系

国内信用等级	国外信用等级
AAA	AAA_g至AA_g
AA+	$AA+_g$至A_g
AA	AA_g至BBB_g
AA-	$AA-_g$至$BBB-_g$

2. 根据国内评级机构的违约率统计与国外评级机构的违约率进行推测

中国债券市场平均累积违约率(见表1-10)以及标普对全球受评发行人平均累积违约率的对应关系(见表1-11)。

表1-10 中国债券市场平均累积违约率的对应关系

国内信用等级	中国债券市场发行人平均累积违约率(2014—2017年)
AAA级一年期	0.00%
AAA级两年期	0.00%
AAA级三年期	0.00%
AAA级四年期	0.00%
AA级一年期	0.19%
AA级两年期	0.59%
AA级三年期	0.96%
AA级四年期	1.16%

表1-11 标普对全球受评发行人平均累积违约率的对应关系

国内信用等级	标普对全球受评发行人平均累积违约率(1981—2016年)
AAA级一年期	0.00%
AAA级两年期	0.03%
AAA级三年期	0.13%
AAA级四年期	0.24%
BBB级一年期	0.24%
BBB级两年期	0.44%
BBB级三年期	0.69%
BBB级四年期	1.08%

对比上述两个表格的违约率统计可以得出：中国债券市场的AAA级基本可以对应标普的AAA级，中国债券市场的AA级大致可以对应标普的BBB级。考虑到这个对应中，标普的AA级、A级在国内债券市场的等级符号中没有可以大致对应的符号，可以考虑将国内的AAA级中的部分评级向AA级、A级进行扩展，将国内的AA级的部分评级向A级、BBB级进行扩展。同时，中国债券市场违约率统计的历史仅仅4年，样本量数据有限，加上经济增长速度的下降和经济结构的转型等，而标普统计的历史长达三十多年，样本量充足，且根据全球经济经历过多次周期性调整。由此可初步推测出中国国内债券的信用等级符号与标普的等级符号之间形成的大致对应关系。

3. 根据近年国内评级机构零星披露的对中国境内企业境外发行美元债券的信用等级进行推测

近年，中国国内评级机构零星披露的中国境内企业境外发行美元债券的信用等级大多在AA-级以下，这意味着中国国内评级机构对中国境内企业境外发行美元债的信用评级有向国际评级机构给予中国境内企业的信用评级靠近的趋势。若这一趋势形成，意味着中国债券市场的信用等级在境外将对应国际评级机构的给予中国境内企业的信用等级，即国内评级机构的AAA级对应国外AA-级及以下的信用等级。

二、信用等级相关的标识和行为

为了进一步区分不同信用等级对应的信用风险大小，反映不同债务人或债务工具信用风险的发展方向，评级机构会通过评级展望、信用观察、停止评级、撤销评级等标识或行为来表达相应的观点或意见。

（一）评级展望

评级展望是信用评级对未来预期的重要体现。评级机构在预期评级展望时，通常会综合考虑宏观经济、行业或地区信用演变、金融市场的融资难易程度、债务人的经营和财务风险等因素对受评对象信用质量的影响。根据惠誉官网定义，评级展望是指信用评级在1~2年可能的变动方向，反映了财务或者其他方面的趋势还未触动评级变动的程度，但是如果该趋势持续，则评级会向该方向变动。如果评级展望所标识的发展方向在未来没有发生，通常情况下，评级机构将可能将调整评级展望。

评级展望通常可以分为正面、负面、稳定。

1. 正面表示受评对象的信用等级可能被提升

受评对象的等级展望被标识为正面（Positive），意味着受评对象的信用质量可能在未来6~12个月得到提升，信用风险将可能进一步下降。若评级机构所预期的、可能提升受评对象信用质量的单一或多种因素发生，评级机构将上调其信用等级；相反，若这些因素未发生，评级机构可能将其评级展望从正面调整为稳定。

2. 负面表示受评对象的信用等级可能被调降

受评对象的评级展望被标识为负面（Negative），意味着受评对象的信用质量可能在未来6~12个月下降，信用风险将可能进一步增加。若评级机构所预期的、可能引起受评对象信用质量下降的单一或多种因素发生，评级机构将下调其信用等级；相反，若这些因素未发生，评级机构可能将其评级展望从负面调整为稳定。

3. 稳定表示受评对象的信用等级将保持不变

若受评对象的评级展望被标识为稳定（Stable），意味着受评对象的信用质量在未来的6~12个月可能保持不变，信用风险也将保持不变。目前，在评级实践中，大多数企业的评级展望都为稳定，但需要强调的是，即使评级展望为稳定，信用等级也可能被调高或调低。

（二）信用观察

信用观察（Credit Watch）是一种通知类型，表明已经发生或极有可能发生某些因素，这些因素将对个人、企业或其他类型的组织的信用评级产生影响。在信用评级过程中，一些偶然事件的发生与评级机构对受评对象预期的趋势出现差异，评级机构需要通过额外的信息来对当前给予的信用水平重新进行分析或评级时，评级机构会把受评对象的信用质量预期列入信用观察名单。在很多情况下，信用观察作为一种手段，不但可以提醒潜在投资者或债权人，而且可以提醒受评主体需要立即注意的情况，以保护当前的信用评级不受进一步恶化的影响。

信用观察与信用评级展望的不同点在于三个方面：第一，影响受评对象信用质量的事件具有偶然性，这个偶然性将可能对受评对象的短期或中长期信用质量产生影响。第二，这些偶然性事件未能从已有的信用分析中得到预期,且若其发生将可能改变受评对象信用质量的未来发展趋势。第三,信用观察和信用评级展望预期的发展方向发生的概率不同,通常信用评级展望预期的发展方向的发生概率大于信用观察。信用观察与信用评级展望的相同点在于两个方面:第一,尽管信用观察的因素是由偶然性事件引起,但是信用观察与信用评级展望一样,都代表着受评对象信用质量未来可能的发展方向。第二,信用观察和信用评级展望都表示未来的发展方向是一种概率或可能,并不意味着必然会发生。

信用观察也可以分为正面、负面、观望等。

1. 正面信用观察表示受评对象的信用等级可能被提升

受评对象的信用观察被标识为正面,意味着其信用质量在未来可能得到提升,信用风险将可能进一步下降。在评级机构对正面观察的事件做进一步的观察和确认后,如果认为这些因素确实将提升其信用质量,评级机构将上调其信用等级。

2. 负面信用观察表示受评对象的信用等级可能被调降

受评对象的信用观察被标识为负面,意味着受评对象的信用质量在未来可能下降,信用风险将可能进一步上升。在评级机构对负面观察的事件做进一步的观察和确认后,如果认为这些因素确实将降低其信用质量,评级机构将下调其信用等级。

3. 观望信用观察表示受评对象的信用等级可能提升、下降或维持

受评对象的信用观察被标识为观望,意味着发生的偶然性事件对其信用质量的影响处于不确定的状态,无法判定这一事件对其信用质量产生影响的发展方向。在这样的状态下,评级机构需要进一步对这一事件进行跟踪、分析和判定。在评级机构能够确认这一事件对受评对象的信用质量产生影响的发展方向后,评级机构将提升、下降或维持原有评级展望和信用等级。

(三) 停止评级

停止评级是指在评级机构与受评主体或其他委托人签订的服务协议到期不再续约,或债务工具到期不再继续发行的条件下,评级机构对受评主体和债务工具的信用质量不再进行持续或跟踪评级的行为。

(四) 撤销评级

撤销评级是评级机构在无法从受评主体或其他委托方取得足够和有效的信息,或评级服务合同其他条款不再满足的条件下,对已有评级结果撤销的行为。

本章小结

1. 信用是以偿还为条件的价值运动的特殊形式。在现代市场经济系统中,信用的形式已日渐多样化。以信用主体为标准,信用可以分为商业信用、银行信用、国家信用、消费信用和国际信用等。

2. 信用评级按不同的标准有不同的分类,按评级的方式划分,分为定性分析评级、定量分析评级与综合评级;按评级的对象划分,分为主权评级、经济组织评级与金融工具评级;按是否需要委托划分,分为主动评级与被动评级等。

3. 信用评级作为信用管理的重要方法之一,是解决金融市场信息不对称的重要工具。对投资者而言,信用评级可以为其提示风险、降低投资者的信息成本、为机构投资者提供投资基础、利于投资者进行投资组合等。对筹资者而言,信用评级可为其提供资信等级证明、降低筹资企业的成本、拓宽企业融资渠道、提高证券发行的效率、促进企业改善经营管理。对国家而言,信用评级有助于节约国家成本并为政府监管提供依据,在国家金融安全中也具有重要的战略地位。

4. 国际市场上有三大信用评级机构,分别为标准普尔(S&P)、穆迪(Moody's)和惠誉国际(Fitch Ratings)。自1975年美国证券交易委员会(SEC)将其认定为"国家认定的评级组织"(NRSRO)后,这三家评级公司就垄断了国际评级行业,成为全球最重要的信用评级机构。截至2022年1月,我国目前已经有55家备案法人信用评级机构,其中获得银行间市场与证监会评级资质的评级机构则仅占少数。

5. 信用评级等级符号是信用评级风险大小的符号标识系统。信用评级方法体系反映了分析信用风险大小的方法选择,信用评级等级符号反映了信用风险大小的结果标识。此外,根据信用评级方法的适用范围不同,信用评级体系也会有所差异。

思考练习题

一、选择题

1. 信用评级的(　　)特征是指信用评级的结果都是以简洁的字母、数字等的组合符号来揭示被评对象的资信状况。
   A. 简洁性　　　B. 可比性　　　C. 全面性　　　D. 公正性
2. 信用评级的(　　)特征是指各个评级机构在同一时期所做的评估应该大体一致。
   A. 简洁性　　　B. 可比性　　　C. 全面性　　　D. 公正性
3. 投机级公司一般是指在(　　)及以下评级级别的企业与金融机构。
   A. A　　　　　B. BBB　　　　C. BB　　　　　D. B

二、简答题

1. 简述信用评级有哪些特征。
2. 简述主体评级和债项评级之间的关系。
3. 简述内部评级与外部评级的区别。
4. 信用评级对投资者与筹资者的作用有哪些?
5. 目前我国主要的信用评级机构有哪些?

三、论述题

1. 你认为国际评级机构现存的问题有哪些?应该如何改进并促进评级业的发展?谈谈你的想法。
2. 主动评级是天使还是魔鬼?谈谈你的看法。

四、材料分析题

1. **材料一**:"信用"在我国传统文化中多表述为"诚信"。在中国古代,作为伦理准则的诚信,适用于封闭的以血缘和地缘为纽带的"熟人社会"。诚信的实现要依靠"上行下效",依靠榜样的力量。诚信是由社会舆论和个体内心信念保障实施的,如果不履行道德义务(如对君尽忠、对父母尽孝、对朋友诚信等)就会失去面子,不但会受到他人谴责,而且会被人群疏远从而失去在社会关系中的地位。对于背信之人的惩罚,无须借助法律手段。诚信作为立身之本,作为人际交往的基本原则,甚至成为治国之道,是社会正常运转的重要基础。

(资料来源:摘编自王玉花、宋桂红《谈中、西方文化中信用的观念》)

材料二:西方传统信用文化认为个人自由是缔结契约的前提。"信"是适用于"陌生人"之间的原则,是体现社会正义的重要方面,人们普遍认同诚信观念的经济价值。罗马法中已建立了相应的诚信契约制度。在诚信契约中,债务人不仅要承担契约规定的义务,还必须承担诚实、善意的补充义务。建立在契约关系之上的西方信用文化带有法律和秩序的属性,能够起到协调人际关系、净化经济活动运行环境的作用。

(资料来源:摘编自李新庚《信用理论与制度建设研究》)

(1) 根据材料,概括中国与西方在传统"信用"文化上的不同之处。

(2) 根据材料并结合所学知识,说明中西方传统"信用"文化产生的社会背景及其共同的历史价值。

2. **材料一**:三大国际评级机构与中国交往的渊源超过20年,但长期以来低估中国的信用评级、"唱衰"中国的主权债务、企业国际融资。这对中国的国际形象、企业融资成本、金融安全等都造成了一定的负面影响。尽管中国从1992年到2004年,GDP和外汇储备连年高速增长,但标普仍在长达12年里将中国主权信用评级维持在BBB和BBB+之间,即处于"适宜投资"的最低限,2005年才上调为A-。2008年全球金融危机爆发后,标普才将中国信用评级提升至A+,2010年再次上调至AA-。但是,2017年5月和9月,穆迪、标普两家相继调降中国主权信用评级至A+。近年来,在全球经济仍处于弱复苏格局下,中国经济却保持中高速增长,但依然被三大机构调低主权信用评级,这种评级是值得商榷的。

材料二:2010年,被三大机构评级的中国85家海外上市或中资企业中,最高信用等级为A+,最低为CCC-,即便是中石油、中国工商银行这样世界五百强巨型企业的信用等级也只有A+和A-。2011年7月11日,穆迪发布《新兴市场公司的"红旗":中国焦点》的研究报告,导致中资民企股在香港市场全军覆没,被点名的几家"高风险"企业股价出现暴跌。2011年7月18日,惠誉发布报告称中资企业管理存在普遍弱点,导致在美国上市的中国概念股大跌。此外,中国海外上市公司价值被严重低估后,外资机构获益很大。据有关研究表明,仅2006年境外投资者在工、建、中、交等国有银行身上就赚了7 500亿元,外资从中国银行业赚取的利润超过1万亿元。不可否认,这些战略投资者发挥了积极作用,但中国也为此付出了昂贵的代价。

(资料来源:吉富星《国际主权信用评级的功能异化与应对策略》)

根据材料和自己的理解,分析三大评级机构低估我国的信用评级会给我国带来什么负面影响,我国的应对策略有哪些。

第二章

信用评级的发展与监管

■【开篇导读】

　　现代信用评级起源于西方国家,其前身是商业信用机构。根据历史资料记载在1937年的金融风暴后,1841年路易斯·班塔在纽约建立了第一个商人信用评级机构,旨在帮助商人寻找良好的顾客与合作伙伴,为商业合作伙伴提供交易对手的资信情况。1987年,我国也首次提出发展信用评级机构,规范企业债券市场的发展。伴随着债券市场规模的不断扩大,行业外部监管的不断深化,我国信用评级行业经历了从无到有、从小到大的发展历程。信用评级也凭借其客观、公正、独立及专业精神赢得了资本市场的认可,在市场经济的发展中一直发挥着重要的作用。

　　了解国外的评级业发展历程与经验并予以借鉴必然有利于我国的评级业的壮大。本章主要通过介绍信用评级业在国内外的发展历程及现状,让读者掌握我国信用评级业的形成标志和发展特点,并通过案例分析了解信用评级的监管,对我国信用评级业未来发展的机遇和挑战展开有效的思考。

■【专业名词】

　　国际信用评级的发展　　国内信用评级的发展　　债券市场　　信用违约　　信用评级业的监管　　NRSROs制度

■【本章学习目标】

- 了解国际信用评级的发展历程;
- 了解我国信用评级的发展历程;
- 了解我国信用评级行业的发展现状;
- 了解国内外信用评级行业的监管。

第一节　国际信用评级的发展历程

　　信用评级业务起源于市场经济率先发展的西方国家,最早可以追溯到19世纪上半叶的美国。到目前为止,国外信用评级制度的建立已有一百多年,其产生与发展一共经历了四个主要阶段,其中包括信用评级出现后的三个演变阶段:初级阶段(1840—1920年)、发展阶段(1920—1970年)、普及阶段(1970—2007年),以及2008年次贷危机爆发之后的加强监管阶段(2008年至今)。

第二章 信用评级的发展与监管

一、初级阶段(1840—1920年)

早期的评级机构是商业信用机构,主要是对商家偿付金融债务的能力做出评价。19世纪早期,美国工业化进程的加快带动了货运市场的发展,而货运市场需求的增长意味着需要筹集大量的资金来修建铁路,因此美国开始盛行发行国债、州债和铁路债。当时美国的债券市场主要由联邦和地方政府债券组成,由于政府有意愿且有能力来履行其债务,因此很少有投资者需要了解政府所筹集资金的用途以及相关的投资计划。1837年金融风暴的发生使州债倒债事件频频发生,债券投资者开始对与债券违约有关的信息收集与统计分析产生大量需求,希望通过了解债券发行主体的偿债能力以及信用情况来供其评判。因此,债券的发行和债券市场的发展为信用评级提供了物质基础,是信用评级产生的前提。

1841年,美国商人路易斯·塔班(Louis Tappan)在纽约建立起了第一个征信事务所邓白氏公司(Dun & Bradstreet, D&B),主要为客户提供交易对手的资信情况。1849年,邓白氏公司出版了全球第一本商业资信评级参考书,在1900年出版了全球第一本证券手册。

伴随着越来越多的公司债券在市场上出售,信息不对称情况出现得更为频繁。1890年,从事着编写美国公司财务信息手册的约翰·穆迪创办了穆迪评价公司,并首次对铁路债券的信用进行了评级。1909年,穆迪出版了《穆迪美国铁路公司投资分析手册》(Moody's Analysis of Rail road Investment),并发表了对250家铁路公司发行的90种债券的首次评价,开创性地利用简单的评级符号来区分各种债券的信用等级,受到了投资者普遍欢迎,这标志着资信评级首次进入证券市场。此后,穆迪的金融信息手册不断扩大评价的内容和范围,从对铁路公司及其债券的评价扩展到了对工业公司和公用事业公司及他们所发行的债券的评价。1918年以后,穆迪将评价对象又扩大到了外国政府在美国发行的政府债券。

20世纪初,其他一些评级机构也相继出现。1913年年末,惠誉出版公司由约翰·惠誉(John Knowles Fitch)成立。惠誉出版公司最初是一家金融统计数据出版商,所服务的对象包括纽约证券交易所,拥有的主要出版物包括《惠誉债券手册》(Fitch Bond Book)和《惠誉股票和债券指南》(Fitch Stock and Bond Manual)。为了满足市场对独立金融证券分析不断增长的需求,1924年,惠誉发明了目前已广为人知的"AAA"到"D"评级体系,成为进行固定收益投资决策时必备的参考工具。

二、发展阶段(1920—1970年)

伴随着资本扩张速度的加快,越来越多的公司开始利用资本市场来筹集所需资金,债券的发行日渐活跃。由于评级机构自身的独立地位,对信息进行的收集和加工所带来的服务效应开始在市场上建立起了良好的声誉,特别在经历了几次大的金融危机之后,更是让评级观点的准确性和客观性在市场上得到参与者的广泛认可。从发展模式来看,美国的资信评级为典型的市场驱动型,同时政府的政策制度也在行业的发展中起到了重要作用。

20世纪20年代早期,随着评级业务范围的不断扩大,评级机构开始对美国市政建设债券进行评级。1923年,普尔公司开始分析债券的发行。1924年,美国债券市场上几乎所有债券都有了评级。

20世纪30年代,经济大萧条使得大批美国公司破产,投资者购买的债券得不到偿还,遭受了巨大的经济损失,债券倒债事件接连不断。据统计,当时美国资本市场上不能在规定期限内履约的债券比例高达30%以上。同时还有专业人士惊奇地发现,在这些倒债名单中很少有信用级别较高的债券,且被评级机构判定的信用等级越高的债券违约率越低,信用等级越低的债券违约率越高。这个被市场验证的事实极大程度上提高了投资者对评级机构的信任及依赖,因此投资者和监管当局开始确信信用评级可以对投资者带来有效的风险防控。随后债券市场对信用评级产品的需求开始迅速扩张,迎来了美国信用评级业发展的第一个高峰期。

1931年和1936年,美国货币监管局和美联储分别对银行持有的债券做出了信用等级规定。1931年,美国货币审计署(Office of the Comptroller of the Currency)明确规定,如果银行持有的债券按照面值入账,则该债券必须经过至少一家评级机构评级,且公开评级不得低于BBB级别,否则应按照市场价值进行减值,因此导致的账面损失50%冲减银行的资本;1936年,货币审计署和美联储进一步规定,禁止银行持有BBB级别以下的债券,且银行持有的所有债券必须经过至少两家评级机构的公开评级。这类规定后来在很多地区都得到了采纳,并在很大程度上推动了信用评级业的蓬勃发展。1933年,美国颁布的《证券法》中明确规定禁止证券承销公司(主要为投资银行)对有价证券进行评级,该项规定使得评级机构的地位变得更加突出。随后,美国全国保险协会在制订保险公司投资合格证券标准时,也采用了评级机构的评级结果,促进了美国其他评级机构的产生。在这一时期,美国零售服务信用开始迅速发展,一些大型商家企业通过组建各种类型的金融公司,向居民提供消费信贷,为企业提供短期贷款,信用卡在美国开始流行起来,消费信用的普及在很大程度上推动了美国征信业的发展。

1941年,标准统计局与普尔出版公司合并成为标准普尔信用评级公司(S&P)。1940年,标准普尔公司开始市政债券的信用,1966年标准普尔被麦格劳-希尔集团(McGraw Hill)公司收购,随后开始开展商业票据信用评级业务。

三、普及阶段(1970—2007年)

随着20世纪60年代末期美国对越战争的不断升级,美国政府开始大幅增加社会开支,经济随即出现高通货膨胀及高利率现象,债券市场的信用风险也承受着高信用风险。20世纪70年代先后发生了两次石油危机,受此影响美国发生了自20世纪30年代大萧条以来最严重的经济衰退,使得企业违约风险再次爆发,同时投资者对评级产品的需求进一步扩大。

从20世纪80年代开始,以穆迪、标准普尔为代表的美国信用评级机构开始不断地利用各种机会开拓国内评级市场与评级业务。穆迪和标准普尔公司开始大力发展固定利率债务等评价业务,包括债券、商业票据和银行大额存单。20世纪80年代之后,评级机构又开始对越来越多的次级信用债券(即"BB级"以下的债券)进行评级,次级信用债券的风险较高,其投资回报率也相应较高,作为筹措收买企业资金,该类债券引起了人们的广泛重视。

1972年以前,信用评级机构只在美国存在,之后在各国政府的推动下,其他信用评级机构开始陆续诞生。1972年,加拿大债券信用评级公司(CBRS)成立。1975年,日本债券信用评级公司(JBRI)成立。1978年,国际银行评级机构(IBCA)在英国伦敦成立,主要分析除美国之外的银行业。随后,菲律宾(1988年)、韩国(1988年)、印度(1988年)、墨西哥(1989年)、马来西亚(1991年)、阿根廷(1992年)、泰国(1993年)、智利(1994年)、哥伦比亚(1994年)、委内瑞拉(1994年)、印尼(1995年)等国家相继成立信用评级公司。

四、加强监管阶段(2008年至今)

随着穆迪、标准普尔与惠誉公司在全球设立大量分支机构,除美国之外的欧洲及国内市场都开始利用这三大评级机构发行债券,越来越多的投资者利用评级结果进行投资判断。但2008年次贷危机的爆发,暴露出了评级机构在监督及管理上的严重不足,信用评级被一些专业人士认为是危机爆发的重要推手,因此政府开始出台一系列的法律法规加强对该行业的监管(见表2-1)。

表2-1 政府加强监管的措施

时间	标志事件
2008年	4月底,美国参议院举行听证会,提出要对信用评级机构强化监管
	5月,证券交易委员会表示要对三大信用评级机构(穆迪、标准普尔与惠誉)展开调查
	12月,欧盟委员会出台《欧洲议会和欧盟委员会信用评级机构法规》,提出对信用评级机构加强监管,并提议在整个欧盟范围内实施相同的监管方法
2009年	4月,二十国集团领导人在伦敦峰会上明确提出:将制度化监管和注册程序实施于信用评级机构。此外,欧盟和欧洲议会表决通过"信用评级机构一揽子规章",旨在加强对评级机构的监管
	9月,欧洲议会和欧盟理事会通过《信用评级机构监管法》
	11月,欧盟颁布了《信用评级机构监管指令》
2010年	2009年12月与2010年5月,美国众、参两院先后通过了金融监管改革法案
	7月,由美国前总统签署并出台了《多德-弗兰克法案》,该法案建立了一个新的金融监管框架,旨在限制系统性风险,对美国未来金融市场、金融监管体系、危机处置路径等产生了深远的影响,也被认为是20世纪30年代以来美国改革力度最大、影响最为深远的金融监管改革法案
	FSB(金融稳定理事会)于2010年10月发布了《降低依赖外部评级机构评级的原则》,并于2012年设定了降低外部评级依赖的实施路线图。此外,FSB建议各国当局采取综合措施降低对外部评级的过度依赖,加强与市场参与者对话,鼓励金融机构积极开发适合其业务和区域特征的内部评级方法
2011年	5月,在欧债危机愈演愈烈的背景下,欧盟对之前颁布的《信用评级机构监管指令》出台了修订条例,加强对信用评级机构的监管
2012年	11月,欧盟议会通过了针对信用评级机构的新规则,约束主权信用评级行为
2013年	5月,修订通过《信用评级机构监管法》
	7月,ESMA(欧洲证券及市场管理局)根据《欧盟信用评级机构监管法规》第二次修订案的要求,开始起草《欧盟信用评级机构监管技术标准》(RTS)(2014年6月将最终的草案提交欧盟并获得批准,于2015年1月26日开始生效。)RTS涵盖结构化产品的披露要求、欧洲评级平台的建设和信用评级机构收费情况定期报告三个方面

续　表

时　间	标志事件
2014 年	IOSCO（国际证监会组织）在 2014 年 6 月发布《资产管理中减少外部评级依赖的良好实践》的征求意见稿，从金融操作层面降低对信用评级机构的依赖。（2015 年 5 月再次发布《大型中介机构使用信用评级评估信用品质的替代方案》的征求意见稿，推进相关工作。在国家和地区层面，美国、欧洲等发达经济体在危机后颁布的监管法案中，明确提出减少现有监管法规对于外部评级的依赖） 2014 年 7 月 16 日，ESMA 发布了有关信用评级机构定期提交报告的指导纲要草案，其中要求评级机构所提交的报告应包含其注册初始条件发生变动的相关信息以及 ESMA 所需的用于统计信用评级机构市场份额及监管费用的信息。（最终报告已于 2015 年 6 月 23 日正式发布） 2014 年 8 月 27 日，SEC 发布信用评级机构改革新规则，旨在加强对评级机构的监管、防止利益冲突、提高信息的透明度、提高信用评级结果质量、增强评级机构责任等 2014 年 9 月 4 日，SEC 发布 ABS 改革规则，对规范资产支持证券发行程序、信息披露和提交报告的有关规则进行了修订
2015 年	2015 年，ESMA 开始实施信用评级数据报告系统（CREDIT RATINGS DATA REPORTING SYSTEM，RADAR），评级机构需要通过 RADAR 系统提交关于评级行为、评级业务和辅助业务定价和收费等信息，提高了对评级机构的监管效率
2016 年	2016 年 7 月，ESMA 制定并公布了一套验证和审查评级机构评级方法的指南（Validation Guidelines），为评级行业确定了涵盖定性分析和定量分析的基础技术标准，内容包括 ESMA 期望评级机构使用的方法以及评级机构应该考虑补充的措施
2017 年	2017 年 11 月 30 日，SEC（美国证券交易委员会）发布决议，对于境外发行人发行的且仅在境外流通的结构融资产品的信用评级，持续豁免其在网站上向非受雇用的 NRSROs 免费公开所评项目的首次评级及追踪评级资料的规定，免除期限延长至 2019 年 12 月 2 日。（2010 年来首次）
2018 年	2018 年下半年，ESMA 明确要求简化和标准化若干定期报告模板，减轻受监管企业的信息披露负担 2018 年 1 月 11 日，ESMA 发布《关于信用评级机构和交易数据库机构收费的主题报告》，明确未来对信用评级费用的监管将从评级费用透明度、费用定价和成本监控以及评级行业和评级产品供给端三方面展开 ESMA 在 2018 年要求有意留在欧盟地区从事评级业务的英国评级机构对英国无序脱欧的情景预先制定应急计划（Contingency Plan），确保相关评级机构在英国脱欧后能继续留欧从事评级业务
2019 年	2019 年 12 月 5 日，ESMA 发布《评级机构内部控制准则咨询文件》（以下简称《咨询文件》）对评级机构内部控制制度建设工作进行了公开指导，《咨询文件》提出评级机构内部控制的总体框架，并具体阐述了该框架下不同内部控制职能的作用和职责，以防止或减轻可能影响评级机构信用评级独立性的潜在利益冲突
2020 年	2020 年 5 月 13 日，ESMA 发布《欧盟信用评级机构对贷款抵押债券评级的实践和挑战概述主题报告》，主题报告在总结 2019 年 5 月 ESMA 对国际三大评级机构的 CLOs 审查结果的基础之上，对 CLOs 的定义和特点、评级过程、评级方法以及相关风险和主要监管问题进行了说明 2020 年 6 月 1 日，SEC 固定收益市场结构咨询委员会信用评级小组委员会（Credit Ratings Subcommittee of the Fixed Income Market Structure Advisory Committee）建议对 NRSRO 进行一些改革，包括扩大 NRSRO 信息披露范围、加强发行人公司和证券化信息披露以及采用"由债券持有人批准发行方选择的 NRSRO"的方案。（2021 年 7 月 21 日，众议院金融服务委员会举行了听证会，审查了这一针对 NRSRO 的提议）

续　表

时　间	标志事件
2021年	2022年1月31日,ESMA发布《关于初步审查和初步评级披露要求指南》的最终报告。ESMA指出,该指南将为在欧盟注册的信用评级机构提供"初步审查和初步评级"的统一标准,有助于ESMA对信用评级机构采取监管行动,避免发行人要求对主体或债券进行多重评估的情况,并进一步降低投资者评级选购27带来的风险
	2021年5月26日,ESMA发布《关于初步审查和初步评级披露要求指南的咨询文件》,多个指南进一步完善评级机构信息披露要求
2021年	2021年6月21日,ESMA发布《关于ESMA向评级机构收取费用的最终报告技术建议》,完善向信用评级机构收取费用的流程
	2021年9月30日,ESMA发布《关于改进获得和使用信用评级的意见》,ESMA提出应修订《信用评级条例》,改进获取和使用信用评级的方式
2022年	2022年7月,ESMA发布了《修订有关信用评级机构法规范围的指南和建议》和配套答复表。[该文件第一版于2013年7月30日发布,目的是对评级机构法规的范围进行明确。对非公开信用评级(Private Credit Rating)提供明确指导]
	2022年10月28日,ESMA更新了《信用评级机构法规范围指南》,主要增加了非公开信用评级的定义,并把提供非公开信用评级的金融机构纳入指南的适用范围

基于以上行业制度的不断完善,当前美国已经形成以行业自律为基础、NRSRO注册与美国证券交易委员会直接监管相结合的监管体系,信用评级机构受到了更为严格的监管,促进了这一行业在全球范围内的规范化发展。

第二节　国内信用评级的发展历程

信用评级能够为市场提供风险信息,对资本市场的健康发展起着重要的作用。我国信用评级机构并不由债券市场孕育而生,而是由人民银行牵头组建而成,目的是保障企业债券的发行,因此其生存和发展很大程度上是由政府推动的。与国外信用评级业务相比,我国信用评级业无论是发展阶段还是国情环境,目前仍然存在一定的差距。

我国信用评级行业产生于20世纪80年代末,在经历了起步、整顿、探索、调整四个阶段后,信用评级行业的格局才初步形成。作为一种重要的经济活动,信用评级与一国的经济及金融市场的发展紧密相关。随着我国经济体制的深化改革,企业筹资渠道和方式逐渐多样化,商业信用开始兴起。纵观整个发展历程,我国信用评级一共可以分为以下五个阶段。

一、起步阶段(1987—1988年)

我国的信用评级业务最早始于对债券的评级。在1987年前后,在国内债券市场不断发展以及货币借贷关系趋于复杂的形势下,市场对信用管理产生了强烈的需求,中国人民银行在国内多个省市开始设立评级委员会或其他类似的内部信用管理部门。从此,我国的信用评级业务开始了从无到有、从小到大的发展历程。1987年3月,国务院颁布了《企业债券管理暂行条例》，规定企业发行债券必须经过中国人民银行批准，开始对债券进行统一管理，并要求发债企业公布债券的还本付息方式及风险责任。同年，吉林省资信评估公司成立，这是中国最早的信用评级机构。之后，各省市纷纷建立了信用评级机构，这些机构多为中国人民银行各地分行的下属公司，主要依靠行政权力获得评级收入。

在信用评级的初创阶段，无论中央还是地方都为组建信用评级机构创造了必要条件。1988年3月，中国人民银行金融研究所在北京召开了信用评级问题研讨会，针对信用评级的理论、制度、政策、机构、方法等问题进行了较为广泛的探讨，中国第一家独立于金融系统的信用评级机构上海远东资信评估有限公司随即在上海成立。

二、整顿阶段（1989—1990年）

1988年，中国政府为了满足社会固定资产的投资增长要求和解决企业的资金短缺问题，否定了紧缩政策的工作指导方针，从而加剧了经济扩张，物价指数在前一期经济扩张的拉动下开始持续走高，并上升到了改革开放以来的第一个历史高点。针对这一严峻形势，1988年9月，中央提出治理整顿的方针，国务院也开始对金融性公司进行清理整顿。1989年9月，人民银行下达了《关于撤销人民银行设立的证券公司、信誉评级公司的通知》，要求将原来由人民银行和各专业银行设立的评级公司一律撤销，且业务归信誉评级委员会来办理。当时只有沈阳、武汉等地设有评级委员会，其他地区的评级业务则宣告暂时停止，信用评级业发展进入低谷。

三、探索阶段（1990—1992年）

1990年8月，人民银行下发了《关于设立信誉评级委员会有关问题的通知》，对银行内部信用评级的组织体系进行了规定，包括信誉评级委员会的有关归口管理、机构的性质、业务范围等问题。

1991—1992年，全国信誉评级机构联席会召开三次会议，就信用评级的规范化问题展开讨论，并在1992年4月海口市召开的第三次信誉评级委员会联席会议上审定并通过了信誉评级指标体系，形成了《信誉评级办法》，包括《债券资信评级办法》《企业资信评级办法》《金融机构资信评级办法》等，信用评级业务变得更加规范化和制度化。

1992年，信用评级进入了以组建信誉评级委员会为基本模式的阶段，全国信誉评级委员会成立；同年1月，上海远东资信评估有限公司与亚洲开发银行合作举行的中国有价证券资信评估国际研讨会，被认为是中国资信评估业发展史上的里程碑；10月，中国诚信证券评估有限公司经中国人民银行批准成立，这是中国人民银行总行批准的第一家全国性的评级机构；远东资信评估有限公司又牵头主办了全国首届资信评估研讨会，推进了中国资信评估行业的向前发展；12月，国务院下发了《关于进一步加强证券市场宏观管理的通知》，明确了债券信用评级工作应作为债券发行审批的一个必要程序。

由于信用评级机构在债券市场中的地位得到明确，成为信用评级行业发展的巨大推动力。但在此期间，信用评级的业务种类仍比较有限，主要只集中在两个方面：对企业的评级和对债券的评级。因此，信用评级机构在评级经验和评级技术等方面仍处于探索阶段。

四、规范阶段（1993—1996年）

1993年是信用评级行业发展的重要一年，中国人民银行在致函国家工商行政管理局《中国人民银行关于企业资信、证券评估机构审批管理问题的函》中,明确了企业资信、证券评估属金融服务性机构,并由中国人民银行负责审批管理。1993年3月,成立深圳市资信评估公司(后更名为鹏元资信评估有限公司)、厦门金融咨询评信公司;6月,远东资信与亚洲开发银行合作在上海举办"中国有价证券资信评估国际研讨会";8月,国务院颁布《企业债券管理条例》,规定发行债券的企业规模必须达到国家规定的要求,且可以向经认可的债券评信机构申请信用评级,对我国信用评级业起到很大的促进作用;11月,在《中共中央关于建立社会主义市场经济体制若干问题的决定》中提出,资本市场要积极稳妥地发展债券、股票融资,建立发债机构和债券信用评级制度,促进债券市场健康发展。

1994年,大公国际资信评估公司在北京成立。1995年,各地原先附属于银行系统的信誉评级委员会纷纷改制,中国信用评级机构的数量迅速扩展,但在当时具有独立法人资格的只有20家。而国内债券发行量较少,导致评级机构的数量开始下降,近半数评级机构开始转向企业财务顾问与咨询等。

1996年3月,中国人民银行实施《贷款证管理办法》,规定资信评估机构对企业做出的资信等级评定结论,可作为金融机构向企业提供贷款的参考依据。同年5月,发布《上海证券交易所企业债券上市管理规则》和《深圳证券交易所企业债券上市管理规则》,规定申请债券上市的公司,须经本所认可的评估机构评估,且债券信用等级不低于A级;6月,中国人民银行实施《贷款通则》,规定要根据借款人的人员素质、经济实力、资金情况、履约记录、经营效益和发展前景等因素来评定借款人的信用等级,评级可由贷款人独立进行,内部掌握,也可由有权部门批准的评估机构进行;11月,中诚信与上海证券交易所、国泰证券有限公司联合主办"企业债券发行与上市研讨会"。在1993年至1996年,企业债券发行规模逐步扩大,在此期间评级机构也对短期融资券进行评级,参与信用评级的机构数约30家。

五、突破阶段(1997年至今)

中国的信用评级业在经过整顿恢复与重建后,1997年之后开始逐步走向突破。1997年3月,上海贷款企业评级开始试点,并实施了《可转换公司债券管理暂行办法》;12月16日,中国人民银行在发布的547号文件中认可了9家企业债券的信用评级机构,明确规定企业债券发行前主体必须经人民银行总行认可的企业债券信用评级机构进行信用评级。但是,当时国内各银行在信用等级的定义、评级指标体系等方面,与国际信用评级的观念有较大差距。表2-2是从1998年起针对中国信用评级业出台的一系列政策。

表2-2 中国信用评级业相关政策(自1998年)

时间	标志事件
1998年	3月,全国共20多家资信评估机构自愿参加的会员制协作组织——中华资信评估联席会成立
	9月,中国第一家中外合资评级公司——中诚信国际信用评级有限责任公司成立,外方股东包括国际金融公司和国际三大评级机构之一的惠誉国际

续　表

时　间	标志事件
1999年	4月,《上海市"贷款证"企业资信等级评估暂行办法》公布,人民银行上海市分行正式推行贷款企业评级
	7月,人大常委会通过的《证券法》开始施行;大公和穆迪也开始进行了为期三年(到2002年8月)的技术合作,这对我国信用评估业接轨国际、走向世界具有重要意义
1999年	8月,远东资信与国际著名评级机构标准普尔共同举办了首届"住房抵押贷款证券化国际研讨会",对推进国内资产证券化业务的规范发展产生了开创性的影响;到1999年年底,国内专业评级机构已对50家左右的证券商(包括信托投资公司的证券业务部门)进行了信用评级
2000年	11月,中央经济工作会议和《国民经济和社会发展十五规划》首次提出加快建立健全社会信用制度,信用评级在征信体系中的功能和作用逐渐得到社会各界的认可,各部门、各地区纷纷开始规划建设信用体系
2001年	3月,财政部发布《中小企业融资担保机构风险管理暂行办法》,规定建立对担保机构资信的定期评级制度
	4月,国家经贸委与人民银行等十部委发布《关于加强中小企业信用管理工作的若干意见》,制定了对中小企业和中介机构的信用评价标准
	6月,中国证券分析师协会受中国证监会委托,组织信用评级机构和证券界人士对《证券评级业务管理办法(征求意见稿)》进行讨论。该办法对从事证券信用评级业务的信用评级机构审批、证券信用评级人员、证券信用评级业务范围、证券信用评级的结果、证券信用评级机构及其人员的法律责任等都做了明确规定
2003年	5月,中国银行保险监督管理委员会认可了中诚信、大公、联合、远东资信与新世纪等5家评级公司,保险公司可以买卖经上述5家评级机构评定级别在AA级以上的企业债券
	9月,中国人民银行为更好地管理信贷征信行业,新设立了征信管理局,着手制定征信行业技术标准,推动了社会信用体系的建设
2004年	1月,《国务院关于推进资本市场改革开放和稳定发展的若干意见》指出要积极稳妥发展债券市场,制定和完善公司债券发行交易、信息披露、信用评级等规章制度
	12月,中国人民银行发布22号文,全面确定评级机构在银行间债券市场中的地位和作用。由此,我国评级机构形成了企业债券评级、贷款企业评级和银行间债券市场评级三大业务平台
2005年	1月,人民银行发布公告,规定在银行间债券市场发行债券都要开展信用评级工作
	4月,中国人民银行与中国银保监会发布公告,"资产支持证券在全国银行间债券市场发行与交易应聘请具有评级资质的信用评级机构,对资产支持证券进行持续信用评级"。与此同时,相关部门也不断对信用评级业务加强规范化管理
2006年	11月,央行发布《信贷市场和银行间债券市场信用评级规范》,强调审查合格的信用评级机构由评级业务主管部门认可后可正式开展信用评级业务
2007年	8月,证监会发布了《证券市场信用评级业务管理暂行办法》,并先后核准中诚信证券评估有限公司、上海新世纪资信评估投资服务有限公司、鹏元资信评估有限公司、大公国际资信评估有限公司、联合信用评级有限公司等5家证券信用评级机构从事证券市场信用评级业务
2009年	9月,中诚信等5家取得证监会证券市场信用评级业务许可的信用评级机构共同签署《证券信用评级行业自律公约》,承诺规范开展证券市场信用评级业务
2010年	9月,中国银行间市场交易商协会代表全体会员出资5 000万元设立中债资信评估公司,探索实践新型营运模式
2012年	3月,证券评级机构的自律管理单位中国证券业协会正式发布自律规范《证券资信评级机构执业行为准则》,进一步细化和完善了对证券评级机构的执业行为规范和要求

续 表

时 间	标志事件
2014年	6月,国务院正式印发了《社会信用体系建设规划纲要(2014—2020)》对我国社会信用体系建设进行了规划
2015年	1月,中国证券业协会发布《证券市场资信评级机构评级业务实施细则(试行)》以规范证券市场资信评级机构的证券评级活动
2019年	11月,中国人民银行、国家发展和改革委员会、财政部、证监会近日联合发布《信用评级业管理暂行办法》,自12月26日正式实施,信用评级进入统一监管时代
2020年	12月11日,人民银行组织召开信用评级行业发展座谈会,人民银行将会同相关部门共同加强债券市场评级行业监督管理,强化市场纪律,推动我国评级技术的进步、提高评级质量、提升信用等级区分度,进一步推动评级监管统一
2021年	8月11日中国人民银行公告〔2021〕第11号——试点取消非金融企业债务融资工具发行环节信用评级,目的在于提升市场主体使用外部评级的自主性,推动信用评级行业市场化改革
	11月20日中国银保监会发布了《关于调整保险资金投资债券信用评级要求等有关事项的通知》,拓宽保险资金运用范围,优化保险资产配置;扩大保险机构自主决策空间,强化自身风险管理能力建设;有利于建立健全分类监管机制,推行差异化监管;有利于降低监管对外部信用评级依赖,助力债券市场高质量健康发展
2022年	3月26日,交易商协会发布《关于实施债务融资工具取消强制评级有关安排的通知》进一步在发行环节取消债项评级强制披露,仅保留企业主体评级披露要求,将企业评级选择权交予市场决定
	3月29日,中共中央办公厅、国务院办公厅印发《关于推进社会信用体系建设高质量发展促进形成新发展格局的意见》指出加快征信业改革,培育专业信用服务机构
	中国人民银行会同国家发展改革委、财政部、银保监会、证监会联合发布《关于促进债券市场信用评级行业健康发展的通知》,并于2022年8月6日起正式施行。是中国评级行业迎来的又一重头监管措施

第三节　国内信用评级行业发展现状

经过30多年的发展,我国信用评级行业初步形成了较为稳定的行业格局。根据《信用评级业管理暂行办法》,中国人民银行作为信用评级行业主管部门,对全国所有从事信用评级业务的评级机构实行备案管理。截至2020年10月末,已有57家评级机构完成了备案,其中在中国证监会完成首次备案的证券评级机构有9家,在交易商协会完成注册的评级机构有10家。上述备案和注册结果表明,目前在我国债券市场具有全部评级资质的评级机构共计7家,分别为大公国际、新世纪评级、中诚信国际、联合资信、东方金诚、中证鹏元和标普信评,其中标普信评为外资信用评级机构。

一、债券市场稳健发展

近年来,在债券市场稳步发展的推动下,我国信用评级机构债券评级总体业务量保持快速增长,收入规模持续扩大。截至2021年12月底,中国的债券市场存量规模已经超过130万亿元人民币。中国作为世界第二大经济体,中国的债券市场从规模上来说已达到全球前列水准,可以说债券市场已成为中国资本市场中最具活力的部分之一。我国近十年债券发行量如表2-3所示。

表2-3 我国近十年债券发行量

	2012	2013	2014	2015	2016	2017	2018	2019	2020	2021
债券发行/万亿元	4.29	4.38	6.78	9.34	10.89	9.09	11.45	14.85	19.10	20.05
发行量/GDP(%)	7.97	7.39	10.54	13.56	14.59	10.93	12.46	15.05	18.80	17.53

资料来源:wind数据库。

随着市场化改革进程的逐步加深,债券市场趋于成熟。市场规模逐步扩大及参与主体日渐增多等因素使得市场的信用风险也在增加,导致债券违约成为常态化,这是正常的市场规律使然。信用评级作为事前约束企业信用风险的有效手段,对债券市场的健康可持续性发展起到了至关重要的作用。

二、信用评级业务稳步发展

近年来,随着我国债券市场发行数量的不断增加,信用评级机构债券评级业务持续发展。从所评债券产品类型看,中期票据、短期融资券、结构化融资产品、非政策性金融债券、公司债券和企业债券是信用评级的主要债券产品,其中结构化融资类产品持续保持良好的增长势头,信用评级机构所评结构化融资类债券期数仅次于中期票据和短期融资券。

从银行间债券市场来看,中诚信国际、联合资信、大公资信、新世纪评级、东方金诚和中债资信这6家信用评级机构在银行间市场的评级业务量稳步增长。

三、信用评级业务收入持续增长

近年来,伴随债券市场的稳步扩张,信用评级业务收入持续增长,银行间债券市场是信用评级业务收入的主要来源,但近年来交易所债券市场信用评级机构业务收入占比有所上升。

2022年,包括中诚信国际、联合资信、大公资信、新世纪评级、东方金诚、中债资信、鹏元评级在内的7家信用评级机构的总营业收入为16.81亿元,较上年增长1.83%。其中,发行人付费的5家评级机构(包括中诚信国际、联合资信、大公资信、新世纪评级、东方金诚)在银行间债券市场的非跟踪评级业务收入8.75亿元,跟踪评级业务收入1.04亿元,较上年同比分别增长14.42%和24.46%。非跟踪评级业务为评级机构收入的主要来源,其中中期票据、短期融资券、企业债券等评级业务是非跟踪评级业务收入的主要来源。

四、信用评级从业人员稳步增长

近年来,随着我国债券市场信用评级机构的规模逐步扩大,从业人员数量进一步增加,评级业务人员队伍不断扩大,稳定性不断增强。其中,5年以上从业经验分析师占比增加。

2023年第二季度10家评级机构共有分析师1559人(见表2-4),较上一季度末减少3人。从业经验在3—5年的占比15.39%,环比增加7.7个百分点;5年以上的占比42.5%,环比增加2.7个百分点。

表 2-4 2023 年第二季度末评级机构分析师情况

分析师年限	标普（中国）	大公国际	东方金诚	惠誉博华	联合资信	上海资信	上海新世纪	远东资信	中诚信国际	中证鹏元	合计
>5	14	39	82	13	174	24	66	27	153	71	663
3—5 年	11	27	32	2	52	4	13	5	64	30	240
1—3 年	6	26	47	3	108	3	32	24	189	71	509
<1 年	4	24	9	1	41	0	21	3	23	21	147
合计	35	116	170	19	375	31	132	59	429	193	1 559

资料来源：2023 年两季度交易商协会、证券业协会业务报告。

五、信用评级持续发挥风险揭示作用

近年来，信用评级机构在信用风险的揭示方面持续发挥作用。第一，信用评级机构作为重要的市场"看门人"，起到了筛选信用风险的作用，为促进债券市场的健康发展发挥了重要作用。第二，信用评级报告成为重要的信息披露渠道，信用评级机构为建设我国社会信用体系发挥了重要作用。以银行间债券市场为例，2017 年各家评级机构共出具跟踪评级报告 4 186 份，为债券市场参与者提供了大量的企业信用信息、行业风险信息。第三，信用等级为债券市场定价提供了重要参考。2017 年，根据信用利差分析结果，我国信用评级结果在多券种中均具有较好的风险区分性，信用评级结果具有一定的风险揭示作用，信用评级结果为债券市场发行、交易定价提供了重要参考。第四，信用等级与违约率负相关，即各级别违约率基本呈现随级别降低而递增的趋势。第五，信用等级调整能够引起债券价格显著的反应，信用评级发挥了信用风险的预警作用。

六、信用评级方法不断完善

近年来，随着市场上债券产品的不断创新和新业务的产生，信用评级机构随即研究制定了相关评级方法，并根据市场表现等因素对已有评级方法进行修订更新。

2017 年，信用评级机构共制定包括"熊猫债券"、绿色债券、个人住房不良贷款资产支持证券等结构化产品、小额贷款公司、非金融企业资产支持票据(收益权类和债权类)等在内的评级方法 84 项，修订更新评级方法 67 项，为更好地开展评级业务奠定了技术基础。

七、投资者服务水平有所提高

近年来各信用评级机构重视投资者服务水平，不断提高研究水平，研究成果持续增加，为投资者提供了更多的服务。2017 年，信用评级机构的研究重点为行业研究，金融、资本市场研究，宏观经济研究，评级原理、技术与方法研究，评级表现研究等方面。此外，信用评级机构逐渐加大在公开媒体及公司网站发表研究成果的力度，尤其是公司网站的宣传，扩大了信用评级行业的市场影响力。

对内培训及对外交流、业务推广方面，随着我国债券市场规模的扩张与对外开放程度的提高，信用评级机构更加重视市场声誉，加强内部人员培训力度和对外交流程度，通过多样化的行业宣传和学术、业务交流讨论，促进了各界对信用评级行业的了解，业务推广取得成效。

第四节 信用评级行业的监管

信用评级向市场传递了评级对象的信用高低的信号,能够减少发行者、投资者和监管者之间信息不对称的情况,提高了投融资效率,方便了金融监管。但如果信用评级质量不高,就会向市场传递错误的信号,直接降低投融资的效率,影响金融体系的整体稳定。经过美国次贷危机和欧债危机,信用评级机构被认为是危机的重要推手,于是社会各界开始大力加强对信用评级行业的监管,其中美国与欧盟对评级机构监管的改革力度最值得我们借鉴。

一、国外信用评级行业的监管

(一) 美国

1975年,美国证监会制定并运用"国家认可的统计评级机构"(简称 NRSRO),开始对信用评级机构进行统一监管。如果美国证券交易委员会(SEC)官员对评级机构的评级结果无异议,就可以对信用评级机构发出无异议函进行认可,否则就发信拒绝评级机构的申请。1997年,SEC 明确了对于 NRSRO 的认定标准("SEC"是在1934年根据证券交易法令而设立的机构,为美国证券行业的最高监管机构)。

2006年,美国国会颁布《信用评级机构改革法案》,认定 SEC 为 NRSRO 的唯一监管机构,搭建了美国信用评级业初期的监管构架。之后,SEC 开始配合联邦储备委员会以及其他金融监管机构,系统性地对全国和各州的证券发行、证券交易所、证券商、投资公司等整个金融体系进行监督和管理。

NRSRO 的认可标准具有主观性、原则性,主要是根据评级机构的市场表现,从监管部门使用评级结果的角度来认定评级结果。起初,NRSRO 仅认定了标准普尔、穆迪和惠誉这三家评级机构,次贷危机后为了刺激行业竞争、促进行业发展,又新增了七家认定机构(见表 2-5)。

表 2-5 获得美国 NRSRO 资质的机构名单

NRSRO	注册日期	总部所在地
A.M.Best Company, Inc (AMB)	September 24, 2007	美国
DBRS, Inc. (DBRS)	September 24, 2007	美国
Egan Jones Ratings Company (EJR)	December 21, 2007	美国
Fitch Ratings, Inc. (Fitch)	September 24, 2007	美国
HR Ratings de Mexico, S.A.de C.V. (HR)	November 5, 2012	墨西哥
Japan Credit Rating Agency, Ltd. (JCR)	September 24, 2007	日本
Kroll Bond Rating Agency, Inc. (KBRA)	February 11, 2008	美国

续　表

NRSRO	注册日期	总部所在地
Moody's Investors Service, Inc.(Moody's)	September 24, 2007	美国
Morningstar Credit Ratings, LLC(Morningstar)	June 23, 2008	美国
Standard & Poor's Ratings Services (S&P)	September 24, 2007	美国

在次贷危机后，美国监管部门对评级机构的监管力度明显加强。在2008年4月的参议院听证会上，SEC主席明确提出要强化对评级机构的监管，详细阐述了可靠、透明和竞争三方面的监管举措。2008年6月，美国证监会举办公开会议提出了三个修订案，其中针对NRSRO提出了11项新监管举措，分别从利益冲突、信息披露、内部管理及商业惯例这四个方面对信用评级机构进行规范。

2009年12月和2010年5月，美国众、参两院先后通过了金融监管改革法案。2010年7月，当时的美国总统奥巴马签署金融监管改革法案《多德弗兰克华尔街改革与消费者保护法》（简称《多德弗兰克法案》），进一步规定NRSRO须公布每类债权人或证券的初始评级以及跟踪评级，并授权SEC制定细则，保证NRSRO及时公布评级流程和方法的变化。还强调了NRSRO在公布评级的同时，应公布评级人员在评级过程中所使用的评级流程、评级方法，基础数据、依据的假设等做统一的格式化披露，其中对披露的要求做出了三点说明：第一，在NRSRO机构中具有可比性；第二，披露的评级须涵盖各类型并跨一定年度，包括其撤销的评级；第三，与该NRSRO的业务模式特点相适应。

《多德弗兰克法案》被认为是20世纪30年代以来美国改革力度最大、影响最深远的金融监管策略，是美国政府和国会对2008年的金融危机中暴露出的监管问题的反思。该法案旨在通过改善金融体系问责制和透明度来控制经营风险、防范系统性风险、保护纳税人及消费者的切实利益，从而保证美国金融发展的稳定性，解决"大而不倒"问题，对美国金融市场甚至全球金融市场都产生了深远的影响。

专栏2-1　　宾州中央铁路公司破产事件

宾夕法尼亚中央铁路公司（Penn Central）是一家铁路营运公司，它管理着美国最大铁路系统。1970年6月21日，这家公司突然宣告破产。经过账务核对，人们发现除了其他债务外，公司尚有16亿美元债券与1.25亿美元的商业票据（其中有8 000万美元将在3个月后到期）未能偿付，一下子成为当时美国金融史上最大的倒债事件，公司股价一落千丈。

但在此之前，商业票据市场实际上被视为无风险，评级机构几乎为所有的商业票据发行者标识最高等级。在"宾州中央铁路公司倒债事件"发生之前，资信评级机构也给其发行的商业票据最高的资信等级。宾铁事件改变了人们长期以来认为商业票据基本上无风险的观念，票据发行人开始积极寻求可靠的信用评级。评级机构也出现优胜劣汰，给宾铁票据评级的公司被穆迪公司收购。

在这一次经济危机中,即使像"宾州中央铁路公司债券"等一些信用评级机构确定的信用级别是好的债券也仍然发生了倒债的现象,使得公众感觉到这一次信用风险及其经济表现不同于第一次经济危机。第一次危机让公众认识到信用评级的重要性,促进了信用评级的发展;在这一次经济波动中,信用评级好的债券仍使投资者受到了损失,因此这一次危机给投资者的教训是要有选择地利用信用评级机构及其评价结果。一些信用评级工作质量好的、准确客观的机构进一步得到了公认,在市场中确立了相对的权威性。

(资料来源:李烨.宾州中央公司的末路[J].新理财,2009)

(二)欧盟

欧盟在信用评级的监管立法方面起步较晚,自信用评级机构设立以来,欧盟并没有颁布专门的法律法规来对其进行监管。次贷危机爆发之前,欧盟对评级机构的监管主要基于证券委员会国际组织制定的《信用评级机构基本行为准则》。而次贷危机的爆发证明了以往由信用评级机构实行的自律准则并不能起到有效规避风险的作用,于是欧盟开始加大力度加强监管,从行业自律逐步过渡到了统一监管的模式。

"安然事件"之后,欧盟颁布指令(Directive 2003/125/EC)鼓励信用评级机构建立内部政策和程序来保证信用评级的公正性。2007年9月,欧盟委员会和欧洲证券监管机构开始对评级机构进行调查,以更好地对三大评级机构实施监管。相较于美国,欧盟相关监管法规很少运用到外部信用评级结果。直到2008年,欧盟颁布《资本需求指令》,规定了金融机构可以挑选外部信用评级机构进行风险评估。

2009年4月23日,欧盟颁布《信用评级机构监管法规》,确立了对信用评级机构的立法监管框架,其中还明确规定信用评级机构必须事先获得欧盟的注册认可,且评级结果要得到欧盟法规的认可方可生效。此外,该法规对信用评级机构的监管做出了具体规定。

2011年5月,为规范评级机构的评级行为,欧盟对2009年的法规进行修订,并通过《信用评级机构监管法规》(513/2011号法令),规定欧洲证券和市场管理局(ESMA)对信用评级机构进行直接监管,增强了评级透明度,提高了评级质量。

2013年5月,欧盟修订并通过了《信用评级机构监管法》,再次对评级机构做出监管要求。这一法案的实施,减少了评级结果对市场波动的影响,避免了连续下调评级结果所引发的危机。

在欧盟的信用评级监管法规中,将信息披露分为三个部分:一般披露(General Disclosure)、定期披露(Periodic Disclosure)和透明度报告(Transparency Report)。其中,一般披露的内容主要包含评级方法、模型、主要评级假设、对有关信用等级及其他相关信息发布问题采用的政策、实际和潜在的利益冲突等;定期披露的内容主要包含评级种类的历史违约率、信用评级机构收入来源的前20个大客户的名单等信息;透明度报告的内容主要包含评级机构的股东和法律结构的详细数据、维持评级质量的内控制度与新的信用评级、评级检视、方法模式、更高层管理的人员分配。

专栏2-2　　　　　　　　安然事件的爆发始末

安然公司成立于1985年,主要从事天然气的采购和出售,拥有遍布全球的发电厂和

第二章 信用评级的发展与监管

输油管线,资产总额达 610 亿美元。2000 年 8 月,安然股票每股高达 90.56 美元,在美国《财富》杂志的"美国 500 强"大排队中位列第 7 名,在世界 500 强中位列第 16 位。

2001 年 7 月 12 日,安然公布了第二季度的财务状况,每股净利润为 45 美分,营业收入比上一季度稍低。安然的投资者关系部门主管称,其"资产与投资"项目的 1/3 利润来自经常性营运收入,而剩下的 2/3 来自安然不动产投资项目的价值重估。这一点让众多分析师觉得不可思议,因为在 2001 年第一季度结束时,安然称这些不动产价值大跌,时隔仅三个月,安然又说这些不动产价值大升,如此大的变化从何而来?安然的新任 CEO、长期担任公司营运长的杰夫林·斯格林和其他高级管理人员在电话会议上语焉不详。自此之后,媒体和多位买方分析师开始进一步分析、追踪报道安然的内幕。

2001 年 8 月中旬,安然 CEO 突然辞职,此距他接任仅八个月时间,这更加剧了媒体、分析师与其他多方的质疑。

2001 年 10 月 16 日,安然公布第三季度的财务状况,称营运利润每股 43 美分,但如果扣除 10 亿美元的一次性重组费(one-timecharges),每股亏损 84 美分,公司亏损 6.38 亿美元。当天,安然举行关于第三季报的电话会议,安然的两笔巨额一次性重组费成为焦点。接下来的几天,《华尔街日报》连续披露安然许多关联企业的细节,一直深藏于安然背后的其合伙公司被媒体披露,这些合伙公司被安然用来转移账面资产,安然对外的巨额借款经常被列入这些公司,而不出现在安然的资产负债表上,并且安然的财务主管等官员也从这些合伙公司中牟取私利。

2001 年 10 月 22 日,TheStreet.com 网站进一步披露出安然与另外两个关联企业马林二号信托基金(Marlin2)和 Osprey 信托基金的复杂交易。安然通过这两个基金举债 34 亿美元,但这些债务从未在安然季报和年报中披露。此时,安然股价已跌到 20 美元左右,当日安然市值缩水 40 亿美元。财务总监法斯托被迫离职。

2001 年 10 月 22 日,美国证券交易委员会(SEC)对安然展开调查。至此,安然事件终于爆发。2001 年 11 月 6 日,安然股价首次跌破 10 美元。

2001 年 11 月 8 日,在政府监管部门、媒体和市场的强大压力下,安然向美国证监会递交文件,承认做了假账:从 1997 年到 2001 年共虚报利润 5.86 亿美元,并且未将巨额债务入账。

2001 年 11 月 9 日,规模较安然小的德能公司与安然达成协议,以换股方式用 90 亿美元收购安然公司,并承担 130 亿美元的债务,若收购成功将是安然最后的救命稻草。

2001 年 11 月 26 日,安然股价再度下跌,当日收市于 4.01 美元。11 月 28 日,随着安然更多的"地雷"被引爆,市场传出德能将不会向安然注入 20 亿美元现金。安然的股价在开市后几小时内下跌 28%,同时安然宣布当周会有 6 亿美元的欠款到期。当天,标准普尔公司突然将安然的债信评级连降六级为"垃圾债"。中午,穆迪投资服务公司也做出同样决定。安然股价立即向下重挫 85%,股价跌破 1 美元,成交量高达 1.6 亿股,日跌幅超过 75%,创下纽约股市和纳斯达克市场有史以来日跌幅最大纪录。当天收盘后,德能宣布终止与安然公司的兼并计划,停止收购的决定给了安然公司最后一击。

2001 年 12 月 2 日,安然正式向法庭申请破产保护,列出的资产为 498 亿美元,负债为 312 亿美元。超过德士古公司在 1987 年时提出破产申请的 359 亿美元,创下美国历史上企业破产的记录。

2002年1月15日,纽约证券交易所正式宣布,将安然公司股票从道·琼斯工业平均指数成分股中除名,并停止安然股票的相关交易。至此,安然这个曾经辉煌一时的能源巨人已完全崩塌。在安然做假真相层层浮出水面后,美国媒体大为震惊,纷纷惊呼投资者被欺骗了,层层设置的审计和监管机构,并未起到保护投资者利益的职能,由此引发起业界对市场监管的思考。

(资料来源:网络资料整理)

二、国内信用评级行业的监管

信用评级能为监管部门指导资本市场发展提供依据,有利于维护资本市场繁荣稳定。由于信息不对称的存在,监管部门无法对资本市场上每一位融资参与者的风险水平都有很深了解,评级机构则可为债券发行者提供资本市场的"准入证",评级报告能在一定程度上为融资企业背书,有利于监管部门加强对资本市场的监督。考虑到信用评级在政府监管方面的重要性,我国相关部门也在积极完善信用评级行业规章制度,推动信用监管构架有序搭建(见表2-6)。2019年12月始,中国人民银行联合多部门发布《信用评级业管理暂行办法》正式实施。《办法》中明确提到"本办法所称监管主体包括信用评级行业主管部门和业务管理部门"。自此我国信用评级行业基本形成了以中国人民银行为评级行业主管部门,国家发展改革委、财政部、证监会为业务管理部门,依法实施具体监管的管理框架。表2-6为21世纪我国信用评级监管历史。

表2-6 21世纪我国信用评级监管历史

时间	监管主体	监管措施	监管内容
2006年4月	中国人民银行	发布《信用评级管理指导意见》	对从事银行间债券市场和信贷市场评级业务的评级机构、业务和管理要求做了规定,统一了信用评级的要素、标识及含义
2006年11月	中国人民银行	发布《信贷市场和银行间债券市场信用评级规范》	强调审查合格的评级机构经评级业务主管部门认可后才可正式开展信用评级业务
2007年8月	证监会	发布《证券市场资信评级业务管理暂行办法》	先后核准中诚信等5家证券信用评级机构从事证券市场信用评级业务
2008年3月	中国人民银行	发布《关于加强银行间债券市场信用评级行业管理的通知》	要求评级机构做好现场调研工作
2009年9月	证监会	发布《证券信用评级行业自律公约》	由5家取得证监会证券市场信用评级业务许可的信用评级机构共同签署,承诺规范开展证券市场信用评级业务
2012年3月	中国证券业协会	发布《证券资信评级机构执业行为准则》	进一步细化和完善了对证券评级机构的执业行为规范和要求,对《证券市场资信评级业务管理暂行办法》做出了有效补充

续 表

时　间	监管主体	监管措施	监管内容
2014年6月	国务院	发布《社会信用体系建设规划纲要（2014—2020）》	对我国下一步如何建设社会信用体系进行了规划
2015年1月	中国证券业协会	发布《证券市场资信评级机构评级业务实施细则(试行)》	规范证券市场资信评级机构的证券评级活动
2018年12月	中国人民银行、国家发展改革委、财政部、证监会	发布《关于进一步加强债券市场执法工作的意见》	明确规定对银行间市场、交易所市场违法违规开展统一执法工作
2019年12月	中国人民银行、国家发展改革委、财政部、证监会	发布《信用评级业管理暂行办法》	首次在行业办法中明确央行为信用评级行业主管部门，国家发展改革委、财政部、证监会为业务管理部门
2020年12月	中央纪委国家监委	中央纪委国家监委驻中国银保监会纪检监察组在线索核查中发现东方金诚信用评级机构高管涉嫌职务犯罪	东方金诚信用评级公司从业人员涉嫌严重违纪违法行为，被采取留置措施

数据来源：李光跃.金融领域反腐败对债券信用评级质量的影响[D].开封：河南大学经济学院,2022.

本章小结

1. 本章主要介绍了信用评级从19世纪40年代的萌芽阶段到目前的普及阶段，从1909年，约翰·穆迪出版第一份《美国铁路公司投资分析手册》开始，就意味着现代信用评级业的正式形成。评级机构和评级过程的客观、公正、科学性都至关重要，而在中国，信用评级行业的起步较晚，评级市场还有待进一步建立和完善，打破市场垄断，完善信用评级体系已成为迫切的需求。

2. 中国的信用评级产生于20世纪80年代末，在经历了起步、整顿、探索和调整四个阶段后，信用评级行业的格局才初步形成。作为一种重要的经济活动，信用评级与一国的经济及金融市场的发展紧密相关。随着我国经济体制的深化改革，企业筹资渠道和方式逐渐多样化，商业信用开始兴起。纵观整个发展历程，我国信用评级一共可以分为以下五个阶段：起步阶段、整顿阶段、探索阶段、规范阶段和突破阶段。

3. 为规范信用评级行业，1975年，美国证监会制定并运用"国家认可的统计评级机构（简称NRSRO）"，开始对信用评级机构进行统一监管。2010年7月，由美国前总统奥巴马签署的《多德弗兰克法案》被认为是20世纪30年代以来美国改革力度最大、影响最深远的金融监管策略，进一步规定NRSRO须公布每类债权人或证券的初始评级以及跟踪评级，并授权SEC制定细则，保证NRSRO及时公布评级流程和方法的变化。相较于西方的市场驱动型的发展模式，我国信用行业主要以政府推动为主，这直接决定了我国以官方监管为主的评级行业的监管格局。

思考练习题

一、选择题

国际上最早开展现代信用评级业务的机构是（　　）。
A. 穆迪　　　　B. 惠誉　　　　C. 标准普尔

二、简答题

1. 国际上最早是如何开展信用评级业务的？
2. 国际信用评级行业经历了哪些阶段？
3. 大萧条和"宾州中央铁路公司破产案"对信用评估行业的影响有哪些？
4. 针对我国对信用评级机构的监管现状，你有什么看法和建议？

第三章

信用评级的原则、程序和信用评级报告

■【开篇导读】

信用评级的基本指导原则,按照怎样的流程开展,对于给出的信用等级如何来说明,这些都是信用评级工作展开必须明确的问题。本章主要介绍信用评级的原则、信用评级的一般程序,以及信用评级报告的基本格式和撰写原则。

■【专业名词】

信用评级的原则　信用评级报告　首次信用评级报告　债项信用评级报告　跟踪信用评级报告

■【本章学习目标】

- 理解信用评级的基本原则和具体准则;
- 熟悉信用评级的一般流程;
- 熟悉信用报告的含义、种类、作用和一般结构。

第一节 信用评级的原则

信用评级的原则是信用评级机构开展评级工作的纲领性文件,是评级机构评级理念的核心内容。评级监管机构基于行业规范发展,提出相应的评级原则要求,评级机构在监管机构要求的基础上结合自身的评级理念和特点,会进一步提出自己的评级原则。不同的评级机构由于其历史经验、业务领域和技术专长不同,评级方法也不完全相同,对评级原则的选用和阐述可能存在一定的差异,但原则的内涵基本趋同。

一、信用评级的基本原则

中国人民银行于2006年11月颁布的《信贷市场和银行间债券市场信用评级规范》中明确规定了信用评级的真实性、一致性、独立性、客观性和审慎性五个基本原则。

(一) 真实性原则

评级机构在评级过程中,应按照合理的程序和方法对评级所收集的数据和资料进行分析与核实,并按照合理、规范的程序审定评级结果。

(二) 一致性原则

评级机构在评级业务过程中所采用的评级程序、评级方法应与机构公开的程序和方法一致。评级作为信用风险衡量标准,对各种风险的度量一定是可以比较的,这样才能成为不同信用产品评价的基础，信用才能进行市场交易。因此，评级机构所采用的评级基础数据、评级指标口径与评级标准等都要前后一致。

（三）独立性原则

评级机构及其信用评审委员会成员、评估人员在评级过程中应保持独立性，应根据所收集的数据和资料独立做出评判，不能受评级对象（发行人）及其他外来因素的影响，要采取回避、信息披露等方式方法避免、减少利益冲突。回避制度即评级机构、评级人员若存在利益冲突的情形，不得参与该债券或其发行人的信用评级。信息披露制度是指，如果评级机构或评级人员存在无法回避的利益冲突情况下，应通过信息披露的方式，向市场披露存在利益冲突的情况，便于投资者做出客观的评价。

信用评级的独立性原则包括几个层次的含义：第一个层次是评级机构及其高管与发债主体之间的独立性，即评级机构及其高管与发债主体之间在股权上是相互独立的，不存在相互控股或持股的关系。第二个层次是评级机构与发债主体高管之间的独立性，即评级机构的高管与发债主体的高管之间不存在直接亲属关系。第三个层次是指评级人员与发债主体之间的独立性，包括评级人员不得参与评级收费的谈判、不得为受评对象提供咨询、评级人员的直系亲属不得在受评对象任职高管、评级人员不得接受受评对象超过一定金额的馈赠或其他活动。

（四）客观性原则

评级机构的评估人员在评级过程中应做到公正，不带有任何偏见，要根据基础数据和基础资料并运用自己的知识和经验做出客观、公正、公平的评级。

（五）审慎性原则

在信用评级资料的分析过程和做出判断过程中，特别是对定性指标进行分析和判断时应持谨慎态度。在分析基础资料时，应准确指出影响评级对象（发行人）经营的潜在风险，对评级对象（发行人）某些指标的极端情况要做深入分析。

二、信用评级的具体准则

信用评级的原则相对笼统，国内外监管机构及评级机构在具体操作时，会制定更为详细的准则。

（一）一致性与可比性

信用评级是将受评对象的信用风险用简单的符号体系表达出来，评级机构在评级业务过程中所采用的评级程序、评级方法应与其公开的程序和方法一致，同一行业、地域或领域的评级结果都应有较强的可比性；同一评级对象不同时期的评级结果应有很强的可比性（公司评级方法或评级标准发生大的调整情况除外）。同时，评级公司应该在一段时间内坚持自己评级标准的一致性，这也是监管机构依据评级结果制定相应的市场准入政策和投资者选择相应投资和风险管理策略的内在要求。

（二）独立性和客观性

独立性包括评级机构主体独立与评级业务独立。评级机构主体独立是指评级机构是独立的，不受任何政府以及任何金融性投资机构的控制。评级业务独立是指评级机构的评估人员在评级过程中应做到公正,不带有任何偏见。评级机构的内部信用评审委员会委员、评估人员在评级过程中应保持独立性,应根据所收集的数据和资料独立做出评判,不能受评级对象及其他外来因素的影响。

客观性原则是在独立性原则的基础上,对信用风险的评级与揭示做到客观公正。

专栏 3-1　东方金诚国际信用评估有限公司 2022 年独立性信息

《东方金诚利益冲突管理制度》关于公司及评级人员应防范的利益冲突情形方面制定的相关要求:

1. 对于公司与受评对象而言,应防范以下潜在的利益冲突风险:

(1) 公司与受评主体或者受评债券发行人为同一实际控制人所控制。

(2) 同一股东持有公司、受评主体或者受评债券发行人的股份均达到5%以上。

(3) 受评主体或者受评债券发行人及其实际控制人直接或者间接持有公司股份达到5%以上。

(4) 公司及其实际控制人直接或者间接持有受评债券发行人或者受评主体股份达到5%以上。

(5) 公司及其实际控制人在开展证券评级业务之前6个月内及开展评级业务期间买卖受评主体或者受评债务融资工具发行人发行的证券或衍生品等产品。

(6) 监管部门或自律机构基于保护投资者、维护社会公共利益认定的其他影响评级独立性的情形。

2. 对于承接的评级项目而言,应防范以下潜在的利益冲突风险:

(1) 公司、董事、监事及高级管理人员、评级项目组成员及其直系亲属、信用评级委员会委员及其直系亲属在开展评级业务期间,买卖受评主体或受评级债券发行人发行或提供担保及其他支持的债券或衍生品;公司、评级人员及其直系亲属还不得交易与受评对象关联机构相关的证券或衍生品。

(2) 公司及评级人员在开展评级业务期间,向受评主体或受评债券发行人提供咨询或财务顾问方面的服务或建议。

(3) 公司及评级人员在对结构性金融产品进行评级之前或评级过程中,对受评结构性金融产品的设计提供咨询服务或建议。

(4) 以主动评级结果为条件诱使或胁迫受评对象及其关联机构支付费用、委托业务或提供其他不当利益。

(5) 公司及人员、实际控制人、关联机构以任何方式向受评对象、委托人及其他相关方进行利益输送、索取或接受不当利益,或参与可能影响评级结果的活动。

(6) 评级人员从事与该评级业务有利益冲突的业务,或参与对受评对象的非评级业务。

(7) 利用开展评级业务过程中知悉的国家秘密、商业秘密和个人隐私为任何机构或个人谋取不当利益。

3. 对于评级人员而言,应防范以下潜在的利益冲突风险:

(1) 本人、直系亲属持有受评主体或者受评级债券发行人的出资额或股份达到5%以上,或者是受评主体、受评债券发行人的实际控制人。

(2) 本人、直系亲属担任受评主体或者受评债券发行人的董事、监事或其他关键岗位负责人,本人、直系亲属近3年担任受评主体或者受评债券发行人聘任的主承销商、会计师事务所、律师事务所、财务顾问等其他证券中介服务机构的负责人或者项目签字人。

(3) 本人、直系亲属持有受评证券或者受评主体发行的证券或衍生品金额超过50万元,或者与受评主体、受评债券发行人发生累计超过50万元的交易。

(4) 从受评对象及其关联机构离职的评级人员,自离职之日起3年内参与该受评对象相关的评级工作。

(5) 连续5年为同一受评对象及其关联机构提供信用评级服务,自轮换日起2年内继续参与该受评对象及关联机构的评级活动。

(6) 信用评级行业主管部门、业务管理部门认定的足以影响公司独立、公平、公正原则的其他情形,以及与受评对象存在非正常商业关系的其他情形。

(资料来源:东方金诚国际信用评估有限公司官网)

(三) 定量分析与定性研究相结合

信用评级采取定性分析为主、定性分析与定量分析相结合的方法。在对受评主体内外部经济环境、行业特征、内部管理和控制等方面进行主观判断的基础上,结合受评主体财务指标进行定量分析,判断受评主体及其所发行债券未来的偿债能力和偿债风险。

在评价受评主体信用品质时,综合运用定量分析与定性分析的方法。对于那些能够量化分析的因素(如财务指标),尽量运用定量的评价方法,而对一些难以量化的因素(如政策因素),则运用定性的方法进行评价。

(四) 关注长期信用品质

信用评级主要是考查评级对象未来能够履约偿还债务的能力和意愿,评级是面向未来的,而不是面向过去。

在分析影响受评主体信用品质的风险因素时,不仅依赖于受评主体的历史表现,而且要重点分析其未来的信用表现。以财务指标为例,用来比较不同企业财务实力的多数财务指标,其基础是历史三年与未来三年的平均值,以体现受评主体在一个周期内的信用品质。

(五) 注重现金流分析

企业的偿债能力在很大程度上取决于企业未来的现金流动状况,因此评级要对发行人在未来大约三五年内的现金流进行评价。公司未来与偿还债务相关的现金流一般包括三方面:

第一,经营性现金流,即从未来正常运营收益中获取的现金流,这是偿债的主要来源;

第二,投资性现金流,即持有的股票资产和固定资产的变现,这可以作为偿还债务的次要手段;

第三,融资性现金流,当某个债务工具持有人的债务到期或者当企业被清偿时,远期债务和所有其他负债都会对公司的现金流量有全面偿还要求。

信用分析的根本任务就是预测第一或第二方面(即未来经营中所产生的现金流量和从投资资产转化为现金的潜力)和预测第三方面(公司在一段时间内所必须偿还的债务总量和推迟对公司的债务偿还)所能提供的缓冲程度。

(六) 审慎性

在信用评级资料的分析过程和做出判断过程中应持谨慎态度,特别是对定性指标的分析和判断。在分析基础资料时,应准确指出影响评级对象经营的潜在风险,对评级对象某些指标的极端情况要做深入分析。

(七) 透明度与信息披露

评级机构应以"及时披露和公正透明原则"作为其目标。凡是有合理要求的国内和国外机构,都可以以同等的条件获得每个评级结果。外部评级机构应当披露以下信息:评级方法,包括违约的定义、评级的时间跨度及每一级别的含义,每一级别实际的违约概率,评级的变化趋势等。

减少受评主体、投资者以及其他债券市场参与者之间的信息不对称,是评级机构的内在价值之一。评级机构的评级理念、评级方法、评级标准对外公开,不仅可以减少评级公司技术水平不足给投资者和债券市场带来的不利影响,也有利于评级结果被大家理解和认可。金融危机后各主要经济体已纷纷将加强评级机构的信息披露和透明度作为监管要求。考虑到公司作为债券市场基础设施的定位,中债资信将信息披露与公开透明原则作为公司评级业务的一般性指导原则。

专栏 3-2　穆迪信用评级的基本原则及其具体解释

表 3-1　穆迪信用评级的基本原则及其具体解释

评级原则	具体解释
定性和定量相结合,强调定性分析	定量分析是信用评级不可或缺的部分,它为评级提供了一个分析判断的起始点。但信用评级又绝不是仅仅依据一系列指标或模型就能够完成的,它是在对每一个案进行全面、综合分析的基础上,依赖于分析师的经验、知识和公正的立场得出
关注长期信用品质	关注驱动受评主体偿付能力发生变化的长期因素,如管理战略或监管趋势的变化等。分析师在评级时应考虑到下一个经济循环或更长的时间,正由于此,信用评级既不是反映短期的经营表现、供求状况,也不是反映过去的财务业绩。企业按期清偿到期债务的能力取决于该企业的现金流量是否充足。因此,在定量分析中,现金流量及相关比率被看作是影响评级结果的最重要因素,其他财务比率都可均归结到现金流量分析中
注重现金流量的分析和预测	企业按期清偿到期债务的能力取决于该企业的现金流量是否充足。因此,在定量分析中,现金流量及相关比率被看作是影响评级结果的最重要因素,其他财务比率都可均归结到现金流量分析中
强调全球评级的一致性	在确定信用等级时,在大量数据和实例积累基础上,以全球同类企业为参考,通过对比分析后确定信用等级

续　表

评级原则	具体解释
合理的不利环境假设	在做出结论之前，评级委员会通常要对受评主体做出多种经济环境下的假设，而不是仅仅依据当前的经济景况，通常会将受评主体置于比其当前所处景况更为不利的环境下来衡量其偿债能力
"看透"不同准则下的会计数字	分析师不应被不同国家的不同会计准则所蒙蔽，而应将这些准则视为具有各自优点和弱点的分析语言。在分析财务数据时，分析师应重点理解交易的经济实质以及不同的会计惯例如何影响这种经济实质

数据来源：穆迪发布的 Rating Approach: A "Universal" Approach to Credit Analysis.

第二节　信用评级的流程

根据国内外信用评级机构主要监管部门有关评级流程的指导意见，信用评级机构遵循的主要流程和步骤差异不大。为体现评级流程的一般性，本节以各信用评级机构评级流程的共性为基础，介绍信用评级的各个步骤及环节。图3-1将评级流程大致分为8个主要环节。

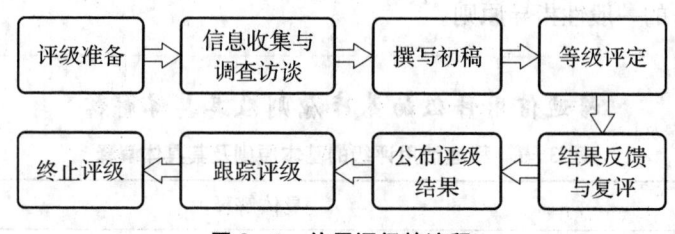

评级准备 → 信息收集与调查访谈 → 撰写初稿 → 等级评定

终止评级 ← 跟踪评级 ← 公布评级结果 ← 结果反馈与复评

图3-1　信用评级的流程

一、评级准备

评级准备阶段主要包括客户申请、调查审核、签订信用评级委托协议并收费、成立评级项目小组、企业提供资料、制定评级工作方案等环节。

（一）客户申请

评级公司依客户的书面请求开展信用评级。

（二）调查审核

收到客户申请后，技术支持部对客户是否具备监管部门规定的评级条件进行调查审核，报客户服务管理中心，并经市场总监或主管副总裁批准。

（三）签订信用评级委托协议并收费

在正式提供评级服务前，信用评级机构与评级委托方签订评级服务协议并支付评级费用。为了防止因无序竞争行为对评级行业造成危害，银行间债券市场主要信用评级机构共同签署了《银行间债券市场信用评级机构评级收费自律公约》,统一明确最低收费标准,禁止以级定价或以价定级,为信用评级市场健康发展奠定基础。

(四)成立评级项目小组

评级项目组是开展评级业务的主体,负责调查访谈、评级报告出具、评级档案资料整理和归集等具体评级工作。项目组通常由 3~5 人组成,除项目经理外,还包括行业、管理、财务、数据专员。项目经理可以亲自承担撰写评级报告工作,也可在本组内自由指定评级报告撰写人,但项目经理对评级报告的质量要承担全部责任。

监管机构针对评级项目组的相关规定各有不同,主要有以下方面:中国人民银行发布的《信用评级业管理暂行办法》规定,评级项目组至少由信用评级机构的 3 名专业分析人员组成,且这些成员应具备从事相关项目的工作经历或者与评级项目相适应的知识结构。评级项目组负责人应具备从事 3 年以上信用评级业务的工作经验;中国证监会发布的《证券市场资信评级业务管理暂行办法》规定,评级项目组组长应具备证券从业资格且从事资信评级业务 3 年以上。在评级作业前,评级项目组按照评级需要对评级对象提交的材料进行初步审核并制定完善评级现场工作计划。

二、信息收集与调查访谈

(一)信用评级资料的来源

评级项目组组建后开始进入评级运作阶段,项目组要先收集信息。正确收集和使用评级信息是确保评级报告质量的重要条件,评级项目组获取评级资料一般可以通过以下几个途径:一是自行收集,二是委托方或评级对象提供的信息,三是其他中介机构出具的相关材料。

自行收集评级信息是相对委托方或评级对象向评级项目组提供信息以及评级项目组直接采纳其他中介机构出具的相关材料而言。自行收集评级信息可以通过公开信息披露媒体、互联网及其他可靠渠道搜集相关资料,包括专业资讯和数据提供商、行业协会网站或刊物、学术研究机构论文或刊物、权威统计部门发布的信息以及公共媒体报道等。委托方或评级对象提供的信息是评级项目组直接从企业获得的企业内部信息以及通过实地调查收集的现场访谈资料。在委托评级项目中,委托方或评级对象提供的信息是评级项目组信息收集最主要的第一手资料来源,也是开展信用评级最宝贵的信息资料,此类信息需要通过受评企业主动提供或信用评级机构实地调查才能获得,具有一定的非公开性,一般为受评企业的保密信息。除以上两种信息收集的渠道,评级项目组还可直接采用承销商、会计师事务所、律师事务所、资产评估等机构出具的相关资料。

评级项目组需在合理的范围内从全面性、真实性、准确性以及来源的合法性、合规性等方面对收集的资料信息进行评估,确保评级信息质量。

(二)信用评级资料的内容

评级资料的内容根据评级对象所处的行业、类型和特征有所不同,评级项目组需根据对评级对象经营环境和业务特点的了解,尽可能全面收集影响企业信用风险判断的重要资料,包括宏观经济、区域经济和行业资料,反映企业经营记录的资料,经审计的企业财务报告以及其他反映企业竞争实力、经营特色及资源实力的文字及数据资料。

评级资料应有助于对评级对象进行定量分析与定性分析。根据反映内容的不同，所收集评级资料可以分为反映企业基本情况的信息、反映所属行业及地区情况的信息、反映企业经营情况的信息及反映企业财务情况的信息。企业基本信息的收集一般包括股权结构、实际控制人、主营业务、战略规划、业务构成等方面的内容。所属行业及地区情况包括企业所处的行业、竞争性行业的周期性、供需格局及价格走势、竞争格局等，如企业所属为城投类行业的，需重点收集城投行业宏观环境、行业政策、区域环境、经济财政实力及债务等方面的内容。经营情况包括企业产品的生产、供给、销售情况等方面的内容，如企业属于城投类行业则需重点关注企业资金平衡模式、现状及未来经营情况预测。财务情况主要包括企业的财务组织构建情况，如财务组织结构、财务管理模式等。受评企业的财务报表是财务信息的重点，对于资产、负债、所有者权益项目应注意对其真实性、合法性进行核实，针对货币资金需注意是否有被冻结的情况，对于应收账款进行账龄分析及坏账分析。

（三）调查访谈

信用评级机构通过调查访谈可以充分了解受评对象的信用质量。调查访谈对评级分析师的专业素质要求较高，因此信用评级机构一般需要对尽职调查人员进行专业的企业调查访谈技能培训。开展调查访谈前需要对评级分析师是否存在应当回避的情形予以确认，评级项目组应当将调查访谈获取的相关资料在规定时限进行存档。为确保调查访谈工作的质量，评级项目组开展调查访谈不得少于一定时限。评级项目组必须遵守访谈纪律，严禁擅自修改、杜撰受评对象提供的信息，提供虚假或隐瞒重要事实的资料，非法使用或泄露评级过程中获得的商业秘密等行为。

在正式开展调查访谈前，评级项目组通过对初步收集的公开资料及受评对象提供的资料进行研究分析，制定工作方案。制定工作方案之前评级项目组需对企业有基本了解，通过审计报告、募集说明书、历史评级报告、类似企业报告、企业网站等资料对评级对象有定性了解，发现需要重点调查的问题。确定工作方案后，评级项目组与受评对象取得工作联系，将工作方案发送至受评对象，与其沟通、确定现场访谈与实地考察的具体时间、人员安排，并制订不能实现考察和访谈目的时所采取的补充方案。

制作访谈提纲需确定访谈对象并确定与访谈对象的具体访谈内容、访谈时间。访谈对象包括但不限于受评对象的高级管理人员及财务、生产、销售、技术、采购、规划等管理部门、子公司、外部关联机构等的相关负责人。访谈提纲需要具备逻辑性、层次感、针对性，简明扼要。访谈工作贯穿整个评级过程，除现场访谈，评级分析师还可以根据具体情况灵活采用电话、问卷、邮件等非现场访谈形式。不管采用哪种访谈方式，所有访谈记录都应做好归档工作。

三、撰写初稿

（一）基本观点的讨论与形成

在收集整理评级资料后，评级项目组应当根据与评级对象相对应的评级方法和评级模型对评级对象进行分析。评级项目组通过对评级对象的行业信用品质、经营管理效率、公司治理和战略执行能力等影响评级对象偿债能力和偿债意愿的因素进行评价,从而得出评级对象信用风险的基本观点。主体评级需重点分析受评主体如期偿还其全部优先债务本金及利息的能力和意愿,债项评级需重点分析债券违约概率和违约损失率,当债项存在抵质押、担保等外部增信措施时,还要考虑其对信用风险的影响。

(二)评级报告初稿

评级报告是以文字形式对评级对象真实信用风险的表达,是前期信用评级工作的总结,也是信用评级委托方与社会投资者进行企业风险判断的重要参考。为方便使用,评级报告应当采用浅显、简练、平实的语言,对评级结论的标识做出明确释义。信用评级机构评级报告的框架基本一致,评级报告应当包括概述、声明、评级报告正文、跟踪评级安排和附录等五个部分。

1. 初评时限要求

评级小组在完成实地调查后,开始进入初评阶段。信用评级机构应视评级对象的实际情况安排初评工作进度。针对初评时限,监管机构相关规定的要求为:《中国人民银行关于加强银行间债券市场信用评级作业管理的通知》规定,信用评级机构初次对某企业开展信用评级时,从初评工作开始日到信用评级报告初稿完成日,单个企业主体的信用评级或债券评级一般不少于15天(遇法定节假日顺延,下同),集团企业主体的信用评级或债券评级一般不少于45天。《证券市场资信评级机构评级业务实施细则(试行)》规定,证券评级机构开展首次信用评级时,从现场尽职调查结束之日至评级报告初稿完成之日,单个公司主体的信用评级或其发行的债券评级一般不少于10个工作日,集团公司主体的信用评级或其发行的债券评级一般不少于30个工作日。

2. 评级报告初稿审核程序

根据中国人民银行《信贷市场和银行间债券市场信用评级规范》的规定,信用评级初评结果应当经过三级审核程序。评级小组负责人初审、部门负责人再审和评级总监三审,并在报告及底稿上签署审核人姓名及意见。后一级审核应当建立在前级审核通过的基础之上,并对前一级审核意见的落实情况进行监督。评级项目组应当及时处理和修正各级审核对评级报告内容及观点提出的修改意见。

四、等级评定

(一)信用评级委员会的组成

信用评级委员会(以下简称"信评委")是信用评级机构最重要的内部机构,它承担着确定信用等级、审定信用评级体系、决定是否接受复评等重要职责。作为评级结果的唯一决策组织,信评委的重要性不言而喻。因此,国内外信用评级机构在相关制度规定中无不将保障信评委决策的独立性作为第一要义。同时,信用评级机构还就信评委委员的任职资格和任职条件、权利与义务做了规定,有些机构还就如何保证信评委委员履行职责做了规定,比如信评委委员的薪酬不得与信用评级机构业绩挂钩、为委员提供培训以保证其具备相关能力和知识等。

专栏3-3　　　　大公国际资信评估有限公司评审体系结构

评级流程由信用评审委员会监管的相关专业信用评审委员会管理。大公评审体系结构如图3-2所示。

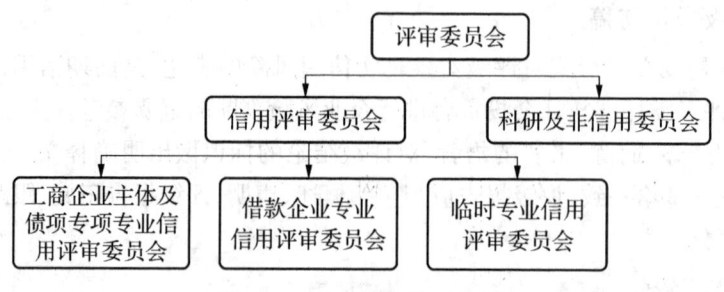

图3-2　大公评审体系结构

评级过程中,项目组将《信用评级报告(初稿)》提交专业信用评审委员会,由其组织评审会议,参会的专业评审委员会成员及内部参议人员共同探讨项目组的相关问题,共同对评级报告及工作底稿进行讨论、质疑、审核,提出修改意见,并决定受评对象或受评证券的信用级别;内部参议人员应提供会议的技术之处,并审核会议的规性。

(资料来源:大公国际资信评估有限公司官网)

(二)信用等级的评定流程

1. 评审准备

三级审核完成后,项目组向评审秘书提交《评级报告(初稿)》和其他相关资料申请评审。

评审秘书在确定提交资料的完备性后请示专业评审委员会主任,评审主任根据评审资格和回避规则要求确定评审时间和参会评委,参议人员来自行业地区部、数据中心、专题小组和稽核合规部,如有需要,也可邀请外部专家参会。内部参议人员和外部专家均可在评审会上发表意见,但不享有投票权。

评审秘书将评审资料提交参会评委和参议人员。参会人员在评审会召开前仔细审阅评级报告,评委填写《评审委员工作底稿》并提交评级秘书。

2. 信用等级评审

大公信用等级实行分专业评审,专业评审主任主持召开评审会。项目经理或报告撰写人介绍受评对象的优势、风险、评级依据和逻辑论证过程,参会人员对评级报告进行讨论质询,评审委员填《项目评审单》,对信用等级进行投票表决,并经2/3以上的与会评委同意为有效。

3. 评级报告修改

评审秘书在评审会议结束后的次日前,提交《信用等级评审纪要》和《评审会议修改意见汇总表》,并将信用等级和评级报告修改意见提交给项目组。项目组修改报告后再次提交项目经理和技术支持部经理审核,并形成《评级报告(征求意见稿)》。

五、结果反馈与复评

(一) 通知受评企业

在信评委确定了评级结果后,信用评级机构会将信用评级报告与意见反馈表发送至评级委托方,如评级委托方与评级对象不是同一企业的,还应当将信用评级报告与意见反馈表发送至评级对象。

(二) 复评(非必需环节)

信用评级主要是对受评企业信用状况的评价,做出信用评级所依据的评级信息主要为受评企业提供的内部信息及信用评级机构对受评企业实地调查获取的信息,因此对受评企业对评级结果或评级报告提出的意见建议应当予以重视,充分尊重受评企业。评级委托方或评级对象收到信用评级机构给定的评级结果和评级报告后,如对评级结果和评级报告没有异议,则评级结果为首次评级的最终信用级别,信用评级确认等级环节结束。如评级委托方或评级对象对评级报告有异议,则应当在规定的时限内向信用评级机构提出复评申请并提供补充材料,信评委有权决定是否接受复评申请。对于未在规定时限内提出复评申请的或虽提出复评申请但未提交补充材料及补充材料不充分的,信用评级机构有权决定拒绝复评。如接受复评,则应当按照评级程序重新评定级别,复评结果为最终信用级别,评级委托方或评级对象不得对复评结果再次提出异议。复评结束后,如评级委托方或评级对象对复评结果仍有异议的,可以另行聘请其他信用评级机构重新进行评级。评级委托方或受评企业应当将更换信用评级机构的相关事宜进行公告,更换前后信用评级机构出具的评级结果及评级报告均应公布。

六、公布评级结果

(一) 首次评级结果的公布

对于首次评级结果的公布,监管机构的相关规定各不相同,具体内容包括以下几个方面:

根据证券业协会《实施细则》的相关规定,证券评级机构应当通过协会、交易场所、证券评级机构及中国证监会指定的其他网站披露评级对象的首次信用评级结果。首次信用评级结果至少应当包括评级对象信用等级、信用评级报告全文、信用评级报告出具时间、信用评级项目组成员等内容。评级对象为公开发行证券的,证券评级机构应当在其所评级证券发行公告日起的3个工作日内披露首次信用评级结果。对非公开发行的证券进行证券业务评级,证券评级机构应当按照评级业务委托书的约定,决定是否披露信用评级结果以及披露的时间、地点和方式。证券评级机构进行主动信用评级的,披露的结果至少应当包括评级对象信用等级、信用评级报告、信用评级报告出具时间以及信用评级项目组成员。证券评级机构应当在信用评级报告的显著位置注明该评级为主动评级。

根据中国人民银行《信贷市场和银行间债券市场信用评级规范》的相关规定,信用评级结果的发布方式应有利于信用信息的及时传播。评级结果的发布要依据国家有关法律法规的规定和信用评级业务主管部门的规定,将评级结果在信用评级机构网站、指定的公共媒体上对外发布。若无相应的法律法规和规定,对由第三方委托进行的信用评级,按照委托主体与评级对象（发行人）的约定发布评级结果；对评级对象主动进行的信用评级，信用评级结果的发布方式应当有利于信用信息的及时传播。信用评级结果发布的内容一般包括评级对象（发行人）名称、信用等级、简要描述及主要支持数据。信用评级机构应当及时将评级结果向信用评级业务主管部门报告。

根据交易商协会《自律指引》的相关规定，信用评级机构应当按照有关规定或协议约定发布评级结果和报告。评级结果和报告公开发布的，信用评级机构应在交易商协会网站及交易商协会认可的网站披露。

（二）跟踪评级结果的公布

对于跟踪评级结果的公布，相关监管机构的具体规定内容体现在以下几个方面：

根据证券业协会《实施细则》的相关规定，跟踪评级对象为非上市公司及其所发行证券的，证券评级机构应当在正式向委托方提交跟踪信用评级报告的同时报送交易场所，并通过协会、交易场所、证券评级机构及中国证监会指定的其他网站披露跟踪信用评级结果；跟踪评级对象为上市公司及其所发行证券的，证券评级机构应当在正式向委托方提交跟踪信用评级报告之日起的第3个工作日通过协会、交易场所、证券评级机构及中国证监会指定的其他网站披露跟踪信用评级结果。证券评级机构通过其他渠道发布跟踪信用评级信息的时间不得先于上述指定渠道。证券评级机构未按照跟踪评级安排及时披露跟踪信用评级结果的，应当在协会、交易场所、证券评级机构及中国证监会指定的其他网站公告并说明原因。证券评级机构应当指派专人负责跟踪信用评级结果的披露工作。

中国人民银行《信贷市场和银行间债券市场信用评级规范》中对跟踪评级结果发布的具体要求如下：

（1）对于主体评级，信用评级机构应在正式出具评级报告后第6个月发布定期跟踪报告；对于一年期的短期债券，评级机构应在债券发行后第6个月发布定期跟踪报告；对于中长期债券，应在债券发行后第12个月发布定期跟踪报告。

（2）不定期跟踪自首次评级报告发行之日起进行。不定期跟踪评级结果若发生变化，应在不定期跟踪评级分析结束后下1个工作日向评级业务主管部门报告并发布评级结果的变化；若无变化，应在不定期跟踪评级分析结束后7个工作日内向评级业务主管部门报告并发布评级结果。

中国人民银行《资产支持证券信息披露规则》中对资产证券化跟踪评级结果的发布要求如下：受托机构应与信用评级机构就资产支持证券跟踪评级的有关安排做出约定并应于资产支持证券存续期内每年的7月31日前向投资者披露上年度的跟踪评级报告。

根据交易商协会《自律指引》的相关规定，跟踪评级的对外公布时间要求如下：对于主体评级，信用评级机构应在受评企业年报公布后3个月内出具跟踪评级结果和报告；对于一年期内的短期债务融资工具，信用评级机构应在正式发行后6个月内发布定期跟踪评级结果和报告；对于一年期以上债务融资工具，在评级有效期内每年应至少完成一次跟踪评级，跟踪评级结果和报告发布时间应在受评企业年报披露后3个月内。

专栏3-4　上海新世纪资信评估投资服务有限公司跟踪评级业务规范

第四条　对于银行间市场主体信用评级，本评级机构在受评对象年报公布后3个月内出具跟踪评级结果和报告。

第五条 对于银行间市场一年期内的短期债务融资工具，本评级机构在该债务融资工具发行后6个月内发布定期跟踪评级结果和报告。

第六条 对于银行间市场一年期以上的债务融资工具，在评级有效期内每年至少完成一次跟踪评级，跟踪评级结果和报告发布时间在受评对象年报披露后3个月内。

第七条 对于证券市场资信评级，评级对象、受评证券存续期间，本评级机构在受评级机构或受评级证券发行人发布年度报告后2个月内出具一次定期跟踪评级报告，且定期跟踪评级报告与前次评级报告保持连贯，对于一年期内的固定收益类产品，本评级机构在正式发行后第6个月发布定期跟踪评级报告，另有规定的除外。

（资料来源：上海新世纪资信评估有限公司官网）

（三）评级项目存档

在信用评级机构准备公示信用评级结果的同时，评级项目组的工作进入收尾阶段。评级分析过程已经完成，在评级分析过程中形成的文字与电子文档资料需要整理归档，作为信用评级机构重要的评级档案以备监管机构检查及日后评级业绩积累需要进行的查询。信用评级机构应将评级过程中获得的企业资料、企业根据信用评级机构要求填写的相关表格、调查访谈过程中形成的访谈记录、评级过程中对于评级报告的三审记录，以及评审委员会对信用等级及评级报告审议记录等全部进行归档。

信用评级机构对评级项目存档不仅要求保存评级项目过程中形成的所有文字资料，而且要求保存评级项目过程中所有的电子文档，尤其是企业的财务信息、经营信息及市场信息。评级项目形成的电子文档是信用评级机构的重要信息积累。信用评级机构的独特角色，使信用评级机构能够获取许多非公开企业信息，而且能够获得大量的同行业、同区域的众多类型企业信息，这就为信用评级机构研究与分析整个行业、整个区域的企业情况提供了丰富的第一手资料，更是信用评级机构研究企业的违约率与违约损失率难得的资料。因此，信用评级机构都非常重视评级项目资料的搜集与归档。

七、跟踪评级

根据相关监管机构的要求，评级公司对在信用等级有效或发行债券存续期内的评级项目进行跟踪评级，其中包括定期和不定期跟踪评级。

（一）定期跟踪

定期跟踪的时限要求如下：

评级对象、受评证券存续期间，信用评级机构应当在受评级机构或受评级证券发行人发布年度报告后出具一次定期跟踪评级报告，不同监管机构对跟踪评级的时限要求不同，具体要求见上文"跟踪评级结果的公布"。

信用评级机构应当要求委托方按照评级业务委托书约定及时支付跟踪评级费用并提供跟踪评级相关资料，根据需要对评级对象进行电话访谈或实地调查。委托方不能及时支付跟踪评级费用或提供跟踪评级相关资料的，信用评级机构可以根据自行收集的公开资料进行分析并据此调整信用等级。如无法收集到评级对象相关资料，信用评级机构可以宣布信用等级暂时失效或终止评级。定期跟踪评级报告应当根据评级对象外部经营环境、内部运营及财务状况等变化情况，以及前次评级报告提及的风险因素进行分析，说明其变化对评级对象、受评证券的影响，并对原有信用级别是否进行调整做出明确说明。定期跟踪评级报告不应当重复首次评级和前次评级的一般性内容，而应当重点说明评级对象在跟踪期间的变化情况。

（二）不定期跟踪

不定期跟踪评级是指信用评级机构自评级报告完成之日起即开始对评级对象进行不定期跟踪，跟踪评级人员一旦发现足以影响评级对象信用等级的重大信息，及时填写"启动不定期跟踪评级申请单"并提交评审委员会，评审会以投票表决形式决定对其启动或不启动不定期跟踪评级、列入或撤出信用观察名单、是否撤销信用等级，并由跟踪评级项目组根据规定程序进行不定期跟踪评级，出具跟踪评级报告、公告。

信用评级机构应当密切关注与评级对象有关的信息。发生影响前次评级报告结论重大事项的，信用评级机构应当进行不定期跟踪评级。不定期跟踪评级自首次评级报告发布之日起进行。不定期跟踪评级结果发生变化的，信用评级机构应当在不定期跟踪评级分析结束后的第2个工作日发布评级结果；不定期跟踪评级结果未发生变化的，信用评级机构应当在不定期跟踪评级分析结束后7个工作日内发布评级报告。信用评级机构进行不定期跟踪评级，可以要求委托方或评级对象提供相关资料并就该事项进行必要调查，及时对该事项进行分析，据实确认或调整信用级别，并按照相关规则进行信息披露。不定期跟踪评级报告可以不采取完整的评级报告格式，但应当明确说明触发不定期跟踪评级的原因、调查情况、调查结果以及涉及事件的具体情况对信用状况的影响。重大事项包括以下几个方面：

（1）重大政策变动：涉及受评对象主营业务活动的国家重大产业、税收、信贷政策的调整或变动。

（2）重大资产重组：关键经营性资产或大额资产被控股股东无偿划转或低价转让；以关键经营性资产或大额资产抵偿债务；以关键经营性资产或主要资产进行股权投资等。

（3）重大关联交易：以现金收购方式从控股股东或其他关联企业收购资产及业务，且动用货币资金后对短期现金偿付能力构成实质性影响的事项等。

（4）股权结构变动：控股股东大幅度减持公司股权；公司资本实施民营化改革等。

（5）《证券市场资信评级机构评级业务实施细则》等法律法规、规章及规定列示的影响前次评级报告结论的重大事项。

（6）其他重大事项：未列入上述列举事项，但该事项的发生对受评对象偿付能力构成实质性影响的其他重大事项。

（三）跟踪评级报告

根据中国证监会《资信评级机构出具证券公司债券信用评级报告准则》的相关规定，信用评级机构应当在首次评级报告中明确有关跟踪评级的事项。跟踪评级应当包括定期跟踪评级和不定期跟踪评级。信用评级机构应当密切关注与发行人、受评债券有关的信息。如果发生影响前次评级报告结论的重大事项，信用评级机构应当在10个工作日内出具不定期跟踪评级报告,并报送中国证监会。定期跟踪评级报告应当与前次评级报告保持连贯。定期跟踪评级报告与前次评级报告在评级结论或者其他重大事项方面出现差异的,应当分析原因,并做特别说明。定期跟踪评级报告应对受评债券发行后发行人出现的违约状况进行描述和分析。跟踪评级报告应当针对发行人外部经营环境、内部运营及财务状况的变化,以及前次评级报告提及的风险因素进行分析,说明其变化对受评债券的影响,并对原有信用级别是否进行调整做出明确说明。

八、终止评级

发生以下情形时,信用评级机构可以终止评级:

(1) 委托方不能及时支付跟踪评级费用或提供跟踪评级相关资料,此种情况下信用评级机构可以根据自行收集的公开资料进行分析并据此调整信用等级。如无法收集到评级对象相关资料,信用评级机构可以宣布信用等级暂时失效或终止评级。

(2) 评级合同约定的服务期限届满或主动评级有效期届满。

(3) 评级对象不再存续的。

(4) 信用评级机构被吊销或取消评级资质。信用评级机构终止评级时,应说明终止评级的具体原因并公布最近一次的评级结果及其有效期。

第三节 信用评级报告

信用评级报告是信用评级工作的最终成果,对于评级人员来说,撰写评级报告也是一个基本技能。本节主要介绍资信评级报告的一些基本要点,详细说明资信评级报告的内容。

一、信用评级报告的含义和种类

(一) 信用评级报告的含义

信用评级报告是信用评级机构根据收集到的资信调查资料,做如实的记载和系统分析整理,按评级要求和程序给予信用等级,并撰写充分反映评级对象真实信用情况的报告。它是信用评级工作的总结报告,评级人员在经过资信调查,收集了大量信用评级资料,并进行全面的分析以后,将综合判断得出的结果用文字报告形式表达出来,提供给被评对象或社会投资者作参考。

资信评级报告必须结构完整、条理清楚、层次分明,能够充分反映被评对象的真实信用状况,系统地表述出资信评级的结论。

(二) 信用评级报告的种类

信用评级报告按照不同标准可以分为不同的类型,一般有以下几种分类:

(1) 根据内容的详细程度分为简式报告和详式报告。

(2) 根据评级对象不同分为债项评级报告和债务人评级报告。

(3) 根据时间的不同可分为首次评级报告和跟踪评级报告。首次评级报告是评级机构接受委托后对被评对象做出的第一个评级报告；而跟踪评级报告是指评级机构按照首次评级报告中明确的跟踪评级安排在信用等级时效限定期内继续进行的评级服务，又包括定期跟踪评级和不定期跟踪评级。

二、信用评级报告的作用

评级报告是由评级小组完成了调查与分析工作后，对评级对象在评级有效期内的资信状况形成的综合性结论文件，是资信评级内容的重要载体。具体地来说，信用评级报告的作用体现在以下几个方面。

（一）信用评级报告向市场展示了信用评级结果

在评级机构接受评级申请之后，评级工作随即展开。信用调查工作是信用评级的基础，属于感性认识阶段，主要是全面了解情况，倾听各方面的意见，获取信息；而资料整理工作是对信用调查阶段所得到的资料进行条理化和系统化，由感性认识上升到理性认识；分析总结是信用评级的理性认识，通过对信用评级资料进行全面分析和综合判断，并做出最终结论，形成书面文件。可以说，这是信用评级工作的一次总结，也是对信用评级人员的一次检验。通过评级报告的发布，可以将受评公司的信用风险评定结果传递给公众与市场。

（二）信用评级报告有利于市场主体的决策

信用评级报告的使用者是多类型的，他们出于不同的目的要阅读评级报告，了解相关评级对象的多方面信息。比如，评级报告可以提示信用风险，为各机构投资部门分析信用风险提供了一个低成本的参考依据；评级报告可以方便证券定价，使其在证券市场上的出售变得顺利；评级报告有利于投资者的投资决策，为投资者提供了客观公正的资信信息，保护投资者的利益。

（三）信用评级报告可以增强市场的透明度

评级报告是对评级对象资信状况好坏的鉴定，有了它，可以让市场充分了解被评对象的信用，从而限制资信等级低下的企业和证券进入市场，在一定程度上降低了市场的风险。

三、信用评级报告的撰写原则

一份高质量的"信用评级报告"可以体现出信用评级机构业务人员的专业水平。为了更好地完成写作，必须遵循一些基本的写作原则。

（一）客观性原则

资信评级报告要对社会负责，整个内容和结论必须客观公正，真实可靠，不偏向任何一方。报告中所陈述的情况要有事实依据，所罗列的数据要有来源出处，不能人为地夸大或缩小某些方面，更不能弄虚作假。要达到这个要求，既决定于提供资料的真实可靠，又取决于评估人员能否用正确的分析方法明辨是非做出正确判断。因此，一家负责任的评级公司，在其报告上绝对要载明，本报告是在本公司的信誉与业务信条要求下所完成，报告撰写人保证在其能力下，做出善意而尽职的处理，并经多方查证，绝无故意捏造的内容，以尽征信报告提供者严谨的工作态度与负责的精神。

(二)清晰性原则

评级人员掌握了大量资料信息,但在撰写评级报告时应当根据一定的结构体系要求对材料进行组织与整理,使之条理化、系统化和明晰化。资信评级报告应观点明确,不能模棱两可;要抓住关键,突出重点,无须面面俱到;应采用浅显、简练、平实的语言,言简意赅,简明扼要,要讲语法,切忌词不达意,并要对评级结论的标识做出明确释义。

(三)充分性原则

编写信用评级报告是信用评级人员的最终任务,他们收集的资料不过是一堆数字,只有对这些资料进行充分分析,透过现象看清本质,才能掌握客观事物的规律性。因此,评级人员要用专业知识和分析手段或技巧尽可能充分地挖掘和发现被评对象的隐藏信息和隐藏行为,并且使所掌握的有用信息在资信报告中予以充分披露,尽可能全面地评价企业的信用状况。

(四)审慎性原则

对于影响信用评价的不确定性因素的判断或者对于多种可能因素的存在,评级人员可采取较为保守的看法,将风险因素估计充足,将信用风险披露控制在可承受的范围内。

(五)逻辑性原则

信用评级人员的判断与推理应符合逻辑。信用评级报告要在分析现状的基础上判断未来。判断是以准确的资料为依据的,推理是以充分的依据为前提的。正确的判断和推理,就是要有事实根据,符合客观规律性,要有实事求是的态度,合乎事实的逻辑性,分析有利因素和不利因素。判断和推理的结果,前后不能矛盾,做出正确的评级。

结论,让大家心服口服,而未来资信状况的发展趋势正如评级结论所述,没有大的差距。遵守这些原则,就要求评级人员在信用评级报告写好以后,多征求专家意见,反复研究与修改,直到满意为止。

四、信用评级报告的一般结构

评级报告应当包括概述、声明、正文、跟踪评级安排和附录五部分。

(一)概述

概述部分应概要说明评级报告的情况,包括发行人和受评债券的名称、信用级别及释义、信用评级机构及人员的联系方式和出具报告的时间等内容。

(二)声明

声明部分全面登载信用评级机构关于评级情况的声明事项,应当包括下列内容:

(1)除因本次评级事项信用评级机构与发行人构成委托关系外,信用评级机构、评级人员与发行人不存在任何影响评级行为独立、客观、公正的关联关系。存在其他关联关系的,应当予以说明。

(2)信用评级机构与评级人员已履行调查访谈、勤勉尽责和诚信义务,有充分理由保证所出具评级报告的数据、资料及结论的客观、准确、公正、及时。

(3)评级结论是信用评级机构依据内部信用评级标准和程序做出的独立判断,未因发行人和其他任何组织或者个人的任何影响改变评级意见。

(4) 对发行人及受评债券的跟踪评级做出明确安排。

(5) 信用评级机构自愿接受监管机构或自律组织对评级工作的监督管理。

(三) 正文

评级报告正文部分是完整的信用评级报告,应当包括评级结论及评级结论分析两个部分。

评级结论应包括发行人名称、受评债券名称、信用级别及释义、评级结论的主要依据等,并简要说明本次评级的过程和发行人、受评债券的风险程度。发行人为受评债券提供担保的,应对比说明有无担保情况下评级结论的差异。评级结论分析部分至少应包括下列内容:

(1) 对发行人的简要分析,其中应重点分析发行人股权结构、业务及其特点。

(2) 对受评债券的简要分析,其中应重点分析受评债券的主要条款及有关偿债保障措施。

(3) 对行业的简要分析,其中应重点分析行业状况、发展趋势、行业风险及其对发行人的影响。

(4) 发行人风险因素的分析,其中应当针对实际情况,充分、准确、具体地揭示风险因素,按照重要性原则排列分析顺序。对风险应当尽可能做定量分析,无法进行定量分析的,应当有针对性地做出定性描述。

(5) 发行人及其董事、监事、经理及其他高级管理人员过去三年内发生的违法违规及违约事实的描述和分析。

(6) 发行人财务状况的分析,其中应重点分析发行人的债务结构、资产质量、盈利状况、现金流状况、关联交易及其对发行人财务状况的影响,判断其财务风险。

(7) 发行人募集资金投入项目的分析,其中应重点分析募集资金投向对发行人未来的财务状况、债务风险等方面的影响,以及项目实施可能出现的风险。

(8) 有关偿债保障措施对受评债券风险程度影响的分析。有担保安排的,应当特别说明担保安排对评级结论的影响,说明无担保情况下发行人的实际信用状况或评级结论,此外还应对担保人或担保物的信用风险进行评估。发行人建立专项偿债账户等其他保障措施的,应当分析说明有关保障措施的情况及其可靠性、局限性。

(9) 发行人履行债券义务的能力、可信程度和抗风险能力的分析。

评级报告分析部分应当针对行业和发行人的特点,重点揭示风险,反映发行人及受评债券的信用水平及信用风险。评级报告分析可在显著位置做"特别风险提示",必要时应详细分析该风险及其形成的原因,说明在受评企业过去特别是最近一个会计年度受评企业曾经因该风险因素遭受的损失,判断将来遭受损失的可能程度。

(四) 跟踪评级安排

跟踪信用评级报告包括定期跟踪评级报告和不定期跟踪评级报告。

1. 定期跟踪评级报告

信用评级机构应当在信用级别的存续期内定期发布评级报告。对于主体评级,评机构应在正式出具评级报告后第 6 个月发布定期跟踪报告;对于一年期的短期债券评级机构应在债券发行后第 6 个月发布定期跟踪报告;中长期债券应在债券发行后第 12 个月发布定期跟踪报告。

如果定期跟踪评级报告与前次评级报告在评级结论或者其他重大事项方面出现差异,应当分析原因,并做特别说明。

2. 不定期跟踪评级报告

信用评级机构应当密切关注与发行人、受评债券有关的信息。如果发生影响前次评级报告结论的重大事项,信用评级机构应当在 10 个工作日内出具不定期跟踪评级报告,并报送中国证监会等管理部门。

不定期跟踪自首次评级报告发行之日起进行。不定期跟踪评级结果若发生变化,应在不定期跟踪评级分析结束后下 1 个工作日向评级业务主管部门报告并发布评级结果的变化;若无变化,应在不定期跟踪评级分析结束后 7 个工作日内向评级业务主管部门报告并发布评级结果。

专栏 3-5　　　　大公国际不定期跟踪评级报告

(大公关于将安徽省国有资本运营控股集团有限公司主体信用等级调整为 AAA 的公告)

安徽省国有资本运营控股集团有限公司(以下简称"安徽国控")于债券市场发行"21皖控 01"。截至本公告出具日,大公国际资信评估有限公司(以下简称"大公")评定安徽国控主体信用等级为 AA+,评级展望为稳定,"21皖控 01"信用等级为 AA+。

安徽国控唯一股东及实际控制人均为安徽省人民政府国有资产监督管理委员会(以下简称"安徽省国资委"),2022 年以来,安徽国控获得国有资本金注入及多项股权无偿划转,资本实力不断增强。资金注入方面,根据安徽省国资委 2022 年 3 月 1 日出具的《省国资委关于 2022 年度省属企业国有资本经营预算的批复(第一批)》(皖国资资本函〔2022〕45 号)和 2022 年 10 月 14 日出具的《省国资委关于 2022 年度省属企业国有资本经营预算的批复(第二批)》(皖国资资本函〔2022〕364 号),安徽国控获得 1.2 亿元国有资本金注入。资产划转方面,2022 年以来,根据相关文件批复及股权划转协议,安徽通达驾驶员培训有限责任公司 100% 股权、安徽九狮苑物业管理有限公司 100% 股权、安徽大学资产经营有限公司 60% 股权、安徽建工集团控股有限公司(以下简称"安徽建工")39% 股权、安徽省徽商集团有限公司 39% 股权和安徽淮海实业发展集团有限公司(以下简称"淮海实业")39% 股权等 12 项股权无偿划转入安徽国控,安徽国控资本实力进一步增强。同时,大公将持续关注后续业务及资产整合情况。

2022 年 9 月末,受益于政府无偿划转资产及资本金注入,安徽国控资产总额增至959.69 亿元,所有者权益较 2021 年年末增长 17.07% 至 345.94 亿元,其中资本公积较2021 年年末增加 37.80 亿元至 113.49 亿元,资本实力不断增强;资产负债率为 63.95%,较 2021 年年末下降 3.41 个百分点。2022 年 1—9 月,安徽国控营业利润和净利润分别为18.09 亿元和 15.32 亿元,同比分别增长 6.11% 和 14.51%。

综上,2022年以来,获益于国有资本金注入及安徽建工、淮海实业等多项股权无偿划转,安徽国控资产总额增加,资本实力不断增强,且2022年1—9月,安徽国控净利润同比增长。综合分析,安徽国控整体实力明显增强。因此,大公决定将安徽国控主体信用等级调整为AAA,评级展望维持稳定,"21皖控01"信用等级调整为AAA。

　　特此公告。

大公国际资信评估有限公司评审委贵会主任
2022年12月9日

(五) 附录

　　附录部分应当收录其他相关的重要事项,主要包括信用等级符号及定义,评级对象股权结构图及组织结构图,评级对象近三年(及一期)主要财务数据、财务指标,信用增进主体(如有)的主要财务数据、财务指标和公式等。

本章小结

　　1. 信用评级的原则是信用评级机构开展评级工作的纲领性文件,是评级机构评级理念的核心内容。根据中国人民银行于2006年11月颁布的《信贷市场和银行间债券市场信用评级规范》,我国信用评级的基本原则包括真实性原则、一致性原则、独立性原则、客观性原则和审慎性原则。

　　2. 根据国内外信用评级机构主要监管部门有关评级流程的指导意见,信用评级机构遵循的主要流程和步骤差异不大。我国评级机构信用评级流程大致分为评级准备、信息收集与调查、撰写初稿、等级评定、结果反馈与复评、公布评级结果、跟踪评级和终止评级八个环节。

　　3. 信用评级报告是信用评级工作的最终成果。评级报告应当包括概述、声明、正文、跟踪评级安排和附录五部分。

思考练习题

一、选择题

1. 信用评级的基本原则包括(　　)。
A. 真实性原则　　　B. 一致性原则　　　C. 独立性原则　　　D. 客观性原则
E. 审慎性原则

2. 信用评级的(　　)原则是指信用评级机构的内部信用评审委员会、评估人员在评级过程中应保持独立性,应根据所收集的数据和资料独立做出判断,不能受评级对象及其他外来因素的影响。
A. 真实性原则　　　B. 一致性原则　　　C. 独立性原则　　　D. 客观性原则

3. 信用评级的具体准则包括(　　)。

A. 定量分析与定性研究相结合　　B. 短期分析与长期因素研究相结合
C. 一致性与可比性相结合　　　　D. 对投机级公司加强监督

4. 中国人民银行发布的《信用评级业管理暂行办法》规定,评级项目组至少由信用评级机构的(　　)名专业分析人员组成,且这些成员应具备从事相关项目的工作经历或者与评级项目相适应的知识结构。
A. 3　　　　　　B. 4　　　　　　C. 5　　　　　　D. 6

5. 评级小组负责人要求参与过5个以上信用评级项目,并要有从事(　　)以上信用评级业务。
A. 1年　　　　　B. 2年　　　　　C. 3年　　　　　D. 4年

6. 信用评级工作的最终成果是(　　)。
A. 信用评分　　　　　　　　　　B. 信用等级
C. 信用评级报告　　　　　　　　D. 信用评级信息

7. (　　)不是信用评级报告应当包括的内容。
A. 概述　　　　　　　　　　　　B. 收费协议
C. 信用评级报告正文　　　　　　D. 跟踪评级安排和附录

二、简答题

1. 信用评级的基本原则是什么?
2. 信用评级的一般流程是什么?
3. 什么是信用评级报告?
4. 信用评级报告的作用是什么?
5. 信用评级报告有哪些分类?

第四章

信用评级的方法与模型

■【开篇导读】

信用评级方法与模型是指依据相应的财务和经济理论对受评对象信用状况进行分析、评估并给定级别的方法和手段,贯穿于分析、综合和评价的全过程。评级方法随着信用风险的多样化、复杂化以及金融市场的完善而不断发展,从最初的定性分析法到今天的依托于现代经济理论、金融理论和统计知识的计量模型法,信用评级在不断地发展与完善。本章主要介绍财务因素分析方法、信用因素分析法,基于财务指标的 Z 值评分模型、ZETA 信用风险模型,基于统计学的离散选择的 Logit 模型和 Probit 模型,基于市场价值的违约预测模型:KMV 模型和 Credit Metrics 模型以及其他信用风险分析模型。

■【专业名词】

信用评级方法　5C 要素分析法　骆驼评估体系　Z-score 模型　Logit 模型　Probit 模型　KMV 模型　Credit Metrics 模型

■【本章学习目标】

- 了解财务因素分析法和信用因素分析法;
- 熟悉基于财务指标的 Z 值评分模型、ZETA 信用风险模型;
- 熟悉基于统计学的离散选择模型:Logit 模型和 Probit 模型;
- 熟悉基于市场价值的违约预测模型:KMV 模型和 Credit Metrics 模型。

第一节　因素分析法

因素分析法是早期出现的一种对于企业信用状况进行分析的方法,它又分为要素分析法和综合分析法。其中,因素分析法中包含财务因素分析法和信用因素分析法。财务因素分析法是以被评级对象的财务报告等财务会计资料作为基础,对公司的经营成果、信用状况进行分析和评价的一种方法;而信用要素分析法是评级机构对客户的信用风险分析时所采用的专家分析法之一,它是根据影响信用的相关风险因素及其变化来确定分析对象的信用状况,并不断调整自己的分析重点。

一、财务因素分析法

(一)财务报告概述

财务报告是对企业的日常会计资料进行归集、加工、汇总,用以反映企业某一特定日期的财务状况和某一会计期间的经营成果及现金流量情况的书面文件,包括财务报表、财务报表附注和财务情况说明书。其中,财务报表是综合、清晰反映会计主体财务信息的重要手段,主要包括资产负债表、利润表和现金流量表;财务报表附注和财务情况说明书则是对财务报表的补充说明。

1. 资产负债表

资产负债表是指反映企业在某一特定日期财务状况的报表。它反映企业在某一特定日期所拥有或控制的经济资源、所承担的现时义务和所有者对净资产的要求权。通过资产负债表,可以提供某一日期资产的总额及其结构,表明企业拥有或控制的资源及其分布情况,使用者可以一目了然地从资产负债表上了解企业在某一特定日期所拥有的资产总量及其结构;可以提供某一日期的负债总额及其结构,表明企业未来需要用多少资产或劳务清偿债务以及清偿时间;可以反映所有者所拥有的权益,据以判断资本保值、增值的情况以及对负债的保障程度。此外,资产负债表还可以提供进行财务分析的基本资料,如将流动资产与流动负债进行比较,计算出流动比率;将速动资产与流动负债进行比较,计算出速动比率等,可以表明企业的变现能力、偿债能力和资金周转能力,从而有助于报表使用者做出经济决策。

2. 利润表

利润表是反映企业在一定会计期间的经营成果的报表。利润表的列报应当充分反映企业经营业绩的主要来源和构成,有助于使用者判断净利润的质量及其风险,有助于使用者预测净利润的持续性,从而做出正确的决策。通过利润表,可以反映企业一定会计期间的收入实现情况,如实现的营业收入、实现的投资收益、实现的营业外收入各有多少;可以反映一定会计期间的费用耗费情况,如耗费的营业成本、税金及附加、销售费用、管理费用、研发费用、财务费用、营业外支出各有多少;可以反映企业生产经营活动的成果,即净利润的实现情况,据以判断资本保值和增值情况等。将利润表中的信息与资产负债表中的信息相结合,可以提供进行财务分析的基本资料,如将销货成本与存货平均余额进行比较,计算出存货周转率;将净利润与资产总额进行比较,计算出资产收益率等;可以表现企业资金周转情况以及企业的盈利能力和水平,便于报表使用者判断企业未来的发展趋势,做出经济决策。

3. 现金流量表

现金流量表是指反映企业在一定会计期间现金和现金等价物流入和流出的报表。从编制原则上看,现金流量表按照收付实现制原则编制,将权责发生制下的盈利信息调整为收付实现制下的现金流量信息,便于信息使用者了解企业净利润的质量。从内容上看,现金流量表被划分为经营活动、投资活动和筹资活动三个部分,每类活动又分为各具体项目,这些项目从不同角度反映企业业务活动的现金流入与流出,弥补了资产负债表和利润表提供信息的不足。通过现金流量表,报表使用者能够了解现金流量的影响因素,评价企业的支付能力、偿债能力和周转能力,预测企业未来现金流量,为其决策提供有力依据。

上述三张报表各有侧重,分析时要结合在一起考察。资产负债表反映特定时点上的财务状况,而在提供流动性信息方面不甚完整。利润表提供了企业在一定时期的经营成果。现金流量表反映特定主体在报告期内的现金流量,但它在提供未来现金流量方面的信息不充分,因为导致现金流量变化的一些交易和事项仍是过去发生的,而可能在未来时期产生新的现金流量尚未得到反映。因此,在预测未来现金流量时,现金流量表应该与利润表和资产负债表联系起来使用,从而全面评价企业的偿债能力、资产管理水平、获利能力和企业的发展趋势。

4. 财务报表附注

财务报表附注是为了便于报表使用者理解财务报表的内容而对财务报表的编制基础、编制依据、编制原则、编制方法和主要项目等所做的解释,它对财务报表进行了补充说明,是财务会计报告体系的重要组成部分。

5. 财务情况说明书

财务情况说明书,又称财务状况说明书,是指企业在一定时期对财务、成本计划的执行情况,利润形成和增减的原因进行分析总结所形成的文字材料,是财务报表的补充说明,也是财务报告的重要组成部分。我国的《企业会计制度》要求,财务情况说明书至少应当对企业生产经营的基本情况,利润实现和分配情况,资金增减和周转情况,对企业财务状况、经营成果和现金流量有重大影响的其他事项等情况做出说明。

(二) 财务因素分析的基本方法

财务报表主要是由报表项目所构成,报表项目都是一些经济指标。因此,财务报表首先要对各项报表项目的数字变动和各报表项目之间的数量关系进行分析。在进行数量分析时,经常应用的分析方法主要有以下几种。

1. 比较分析法

比较分析法是通过同质财务指标不同数量的比较,来揭示经济指标的数量差异的分析方法。通过比较,找出财务指标存在的差距,从而可以发现问题,并为进一步分析问题、解决问题提供线索,并指明方向。

应用比较法进行财务指标的不同数量的比较时要注意指标的可比性,即指标内容、计算方法、采用的计价标准和时间单位等应当相同或可比。同时,还应注意各项指标数量的真实性。例如,要避免指标的虚增或虚减的现象,也要注意先进指标的可行性。

2. 比率分析法

比率分析法是通过计算财务指标的比率,来确定相对数差异的分析方法。不同于一般比较法中用到的财务指标的绝对数,比率分析是通过计算出各种不同的比率(相对数)并进行分析,这样就可以把某些不可比的指标变为可以比较的指标,方便分析。

3. 趋势分析法

财务指标的趋势分析法主要是通过对企业连续几期的财务指标、财务比率和财务报表的相关内容进行比较,来了解企业财务状况的变动趋势,包括变动的方向、数额和幅度,从而据以预测企业未来财务活动的发展前景。趋势分析可从以下三个方面来进行:

一是比较财务报表的金额,将相同财务报表中的连续几期的金额并列起来,比较其中相同项目的增减变动金额及幅度,分析其变动趋势是否合理,并据以预测未来。

二是比较财务报表的构成,以财务报表中的某一总体指标作为100%,计算其各组成部分指标占该总体指标的百分比,然后将连续几期的该项构成指标并列进行比较,了解其增减变动趋势。

三是从企业前后数年的财务报表中选出主要的财务指标和财务比率,进行必要的计算加工,观察其金额或比率的变动数额和变动幅度,了解企业财务状况和经营成果的变动趋势。

4. 因素分析法

因素分析法可以确定财务报表中各项经济指标差异的形成原因以及各种原因对差异形成的影响程度。其做法是:首先,根据经济指标的形成过程,找出其变动的影响因素;其次,根据经济指标与各影响因素的内在关系,建立起计算公式;最后,按照一定顺序依次替换各因素的不同数量,在其他因素不变的假定下计算出各个因素的影响程度。

(三) 具体财务指标

财务因素分析主要利用资产负债表、利润表、现金流量表等财务报表对其财务状况、经营成果和现金流量进行分析,而财务指标可以为信用分析人员提供有用的信息。一般来说,主要的财务指标包括偿债能力指标、营运能力指标和盈利能力指标三个方面。

1. 偿债能力分析

偿债能力是指企业偿还到期债务的能力。偿债能力分析包括短期偿债能力分析和长期偿债能力分析,主要指标如表4-1所示。

表4-1 偿债能力指标

指 标	计算公式
短期偿债能力	
流动比率	流动资产/流动负债
速动比率	速动资产/流动负债
现金比率	(现金+现金等价物)/流动负债
长期偿债能力	
资产负债率	负债总额/资产总额
股东权益比率	股东权益总额/资产总额
利息保障倍数	(税前利润+利息费用)/利息费用

2. 营运能力分析

营运能力分析是通过对企业生产经营资金周转速度的相关指标的分析来反映企业资金的利用效率,表明企业管理人员的经营能力与运用资金的能力。一般来说,企业生产经营资金周转的速度越快,企业的资金利用效果越好,营运能力越强,企业管理人员的经营越好。企业营运能力分析指标如表4-2所示。

表4-2 营运能力指标

指 标	计算公式
存货周转率	销售成本/平均存货
应收账款周转率	赊销收入净额/应收账款平均余额

续表

指　　标	计算公式
流动资产周转率	销售收入/流动资产平均余额
固定资产周转率	销售收入/固定资产平均净值
总资产周转率	销售收入/资产平均额

注：其中平均存货=(期初存货余额+期末存货余额)/2；应收账款平均余额=(期初应收账款余额+期末应收账款余额)/2；资产平均额=(期初资产余额+期末资产余额)/2。

3. 盈利能力分析

盈利能力是指企业获取利润的能力。利润关系到企业内外有关各方的利益，是投资者取得投资收益、债权人收取本息的资金来源，也是经营者经营业绩和管理效能的集中表现，以及职工集体福利不断改善的重要保障。另外，考虑到不同行业的负债与折旧特点，EBIT与EBITDA等指标也经常出现在信用分析的报告中。盈利能力分析指标如表4-3所示。

表4-3　盈利能力指标

指　　标	计算公式
销售净利率	利润总额－所得税费用
资产总额报酬率或资产利润率	净利润/资产平均总额
股东权益净利率	净利润/股东权益平均总额
每股(税后)利润	(净利润－优先股股利)/发行在外的普通股平均股数
股利发付比率	每股股利/每股利润
股利实得率	每股股利/普通股市价
市盈率	每股市价/每股利润
市净率	每股市价/每股净资产

注：最后两个指标是针对上市公司的。

EBIT(息税前利润)：由于部分企业的利息费用占成本的比重较大，为了方便比较不同资产负债率、不同行业企业的盈利能力，评级公司有时会选择 EBIT(息税前利润)这一指标。EBIT 可以通过净利润和营业利润"反推"，也可以直接采用以下公式"正推"。值得注意的是，如果一些企业中的投资收益与公允价值变动损益属于日常的经营来源则需要选择加入，如以商业地产公允价值变动作为盈利来源的一些商业地产企业。

$$EBIT = 营业收入 - 营业成本 - 营业税金及附加 - 管理费用 \qquad (4.1)$$

EBITDA(息税折旧摊销前利润)：很多重资产、周期类企业成本有相当一大块是折旧摊销的费用，而考虑到折旧政策的差异与弹性，剔除掉折旧摊销的影响来考察盈利能力就十分必要，比如同样是钢铁企业，折旧年限在 10~20 年的很多，在行业整体下行时也会通过调整会计政策提高折旧年限降低折旧来平滑收入，一些省交投公司甚至并不对其公路资产计提折旧，这对信用分析造成了扰动。不同行业的盈利能力的比较，可以通过EBITDA 来做尽可能的契合。

第四章 信用评级的方法与模型

$$EBITDA = EBIT + 折旧 + 摊销 \qquad (4.2)$$

专栏 4-1　标普信用评级（中国）工商企业评级财务风险要素详解

财务风险（一般工商企业）

为全面了解企业财务状况，我们通常使用多个以现金流为基础的财务比率，重点分析企业在不同阶段的现金流（即投入运营资本之前和之后、资本支出之前和之后、分红之前和之后）与债务的关系。此外，我们会根据企业的个体特征和商业周期，选取最能体现其信用风险的财务比率。

1. 核心比率

对于各类企业，一般计算两个核心财务比率，即债务/EBITDA 和营运现金流（FFO）/债务。比率的应用可能因为行业的不同而不同，也可能随着时间的推移和企业财务状况的变化而变化。

2. 补充比率

除核心比率外，我们通常还会考虑一个或多个补充比率，以更全面地了解企业财务风险。在分析现金流和财务杠杆时，我们首先根据核心比率得出初步结论，并根据补充比率对初步结论进行再次确认或调整。最终结果调整与否取决于补充比率的重要程度，以及使用补充比率是否会得出不一样的分析结果。方法论通常考虑一些标准的补充比率，或侧重一个或多个标准的补充比率。当然，有时候我们也会适时地引入其他的补充比率。通常我们会使用的标准的补充比率包括 EBITDA/利息、经营性现金流（CFO）/债务、自由经营性现金流（FOCF）/债务以及自由支配现金流（DCF）/债务。

表 4-4 为主要财务比率示例。其中的比率范围和分值仅为示意，可能会随着时间的推移而调整。此外，在少数情况下，我们可能会选择不同于表 4-4 所对应的分值来更好地反映企业的财务风险状况。

表 4-4　主要财务比率

评 分	债务/EBITDA（倍）	FFO/债务（%）	EBITDA/利息（倍）
1	<1.5	>60	>15
2	1.5～2.5	40～60	7～15
3	2.5～4	20～40	3.25～7
4	4～6	10～20	1.75～3.25
5	6～8	5～10	1.15～1.75
6	>8	<5	<1.15

注：分值越低，代表财务风险越低，反之亦然。

（四）财务指标体系的选择

单独分析任何一项财务指标或一张会计报表都难以全面评价企业的信用状况，因此必须采用适当的标准对财务指标进行相互关联的分析与综合的评价，这便涉及财务指标体系的选择。

1. 杜邦财务分析体系

该体系由美国杜邦公司最先采用,是利用各个主要财务比率指标之间的内在联系综合分析企业财务状况的方法。它将财务指标作为一个系统,全面评价了企业的偿债能力、营运能力、盈利能力及其相互之间的关系。杜邦财务分析体系以资产净利润率为核心,将偿债能力、资产营运能力、盈利能力进行了有机结合,层层分解,逐步深入,从而构成了一个完整的分析系统。杜邦分析体系的具体结构如图4-1所示。

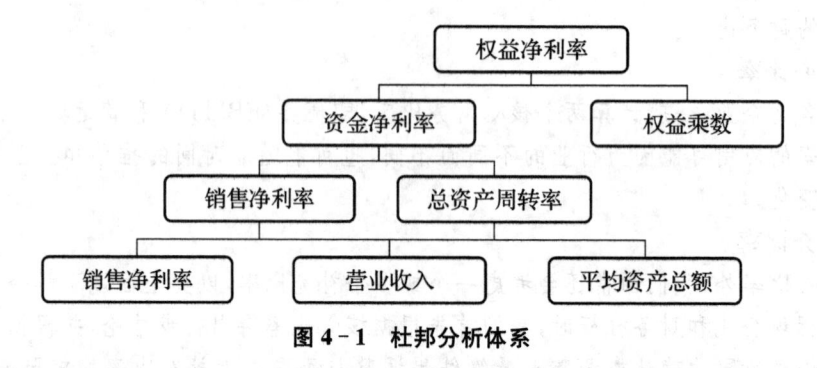

图4-1 杜邦分析体系

杜邦分析法的核心是杜邦方程式:

$$净边际利润率 \times 资产周转率 = 资产收益率 \tag{4.3}$$

或

$$\frac{净收益}{销售额} \times \frac{销售额}{资产} = \frac{净收益}{资产} \tag{4.4}$$

修正后的杜邦方程式:

$$净边际利润率 \times 资产周转率 \times 股份乘数 = 净收益资产 \tag{4.5}$$

2. 沃尔比重评分法

沃尔比重评分法是由亚历山大·沃尔提出的一种基于财务报表和财务数据进行分析与评价的综合方法,他在《信用晴雨表研究》《财务报表比率分析》中把若干财务比率用线性关系结合起来构成所谓的信用能力指数用以评价企业的信用水平。沃尔比重法选定了7项财务比率,将指标的行业先进水平作为标准值,并将指标划分出各自的权重,通过实际值与标准比率的比较,确定各项指标的得分及总体指标的累积分数,得出企业财务状况的综合评价,从而确定其信用等级。其评价体系如表4-5所示。

表4-5 沃尔比重评分法

财务比率	权重	标准比率
流动比率	25%	2.00
净资产/负债	25%	1.50
资产/固定资产	15%	2.50

续 表

财务比率	权　重	标准比率
销售成本/存货	10%	8.00
销售额/应收账款	10%	6.00
销售额/固定资产	10%	4.00
销售额/净资产	5%	3.00

财务比率综合分析法是一种传统的信用评价方法,虽然积累了丰富的经验,但在实际估测某个企业的信用风险时,还必须根据经济环境和风险因素的变化重新设定工作程序,不断调整自己的分析和调查重点,才能做出准确的决策。

专栏 4-2　　　　　　杜邦分析法案例分析

采用杜邦财务分析法可以解释指标变动的原因和变动趋势,为采取措施指明了方向。下面以一家上市公司 A 汽车公司为例(见表 4-6、表 4-7),说明杜邦分析法的运用。

表 4-6　A 汽车公司基本财务数据　　　　　　　　　　单位:万元

年　份	净利润	销售收入	资产总额	负债总额	全部成本
2020	10 284.04	411 224.01	306 222.94	205 677.07	403 967.43
2021	12 653.92	757 613.81	330 580.21	215 659.54	736 747.24

数据来源:A 汽车公司 2021 年年报,中国证券报。

表 4-7　A 汽车公司 2020 至 2021 年财务比率

指　标	2020	2021
权益净利率	0.097	0.112
权益乘数	3.049	2.874
资产负债率	0.672	0.652
资产净利率	0.032	0.039
销售净利率	0.025	0.017
总资产周转率	1.34	2.29

数据来源:A 汽车公司 2021 年年报,中国证券报。

(一)对权益净利率的分析

权益净利率指标是衡量企业利用资产获取利润能力的指标。权益净利率充分考虑了筹资方式对企业获利能力的影响,因此它所反映的获利能力是企业经营能力、财务决策和筹资方式等多种因素综合作用的结果。

该公司的权益净利率在 2020 年至 2021 年出现了一定程度的好转,分别从 2020 年的 0.097 增加至 2021 年的 0.112。企业的投资者在很大程度上依据这个指标来判断是否投资或是否转让股份,考察经营者业绩和决定股利分配政策。这些指标对公司的管理者也至关重要。

公司经理们为改善财务决策而进行财务分析,他们可以将权益净利率分解为权益乘数和资产净利率,以找到问题产生的原因。

$$权益净利率=权益乘数×资产净利率$$

2020年　　　　　0.097＝3.049×0.032
2021年　　　　　0.112＝2.874×0.039

通过分解可以明显地看出,该公司权益净利率的变动在于资本结构(权益乘数)变动和资产利用效果(资产净利率)变动两方面共同作用的结果。而该公司的资产净利率太低,显示出很差的资产利用效果。

(二)分解分析过程

$$权益净利率=资产净利率×权益乘数$$

2020年　　　　　0.097＝0.032×3.049
2021年　　　　　0.112＝0.039×2.874

经过分解表明,权益净利率的改变是由于资本结构的改变(权益乘数下降),同时资产利用和成本控制出现变动(资产净利率也有改变)。那么,我们继续对资产净利率进行分解:

$$资产净利率=销售净利率×总资产周转率$$

2020年　　　　　0.032＝0.025×1.34
2021年　　　　　0.039＝0.017×2.29

通过分解可以看出2021年的总资产周转率有所提高,说明资产的利用得到了比较好的控制,显示出比前一年较好的效果,表明该公司利用其总资产产生销售收入的效率在增加。总资产周转率提高的同时销售净利率的减少阻碍了资产净利率的增加,我们接着对销售净利率进行分解:

$$销售净利率=净利润÷销售收入$$

2020年　　　　　0.025＝10 284.04÷411 224.01
2021年　　　　　0.017＝12 653.92÷757 613.81

该公司2021年大幅度提高了销售收入,但是净利润的提高幅度却很小,分析其原因是成本费用增多,从表4-6可知:全部成本从2020年403 967.43万元增加到2021年736 747.24万元,与销售收入的增加幅度大致相当。下面是对全部成本进行的分解:

$$全部成本=制造成本+销售费用+管理费用+财务费用$$

2020年　403 967.43＝373 534.53＋10 203.05＋18 667.77＋1 562.08
2021年　736 747.24＝684 559.91＋21 740.96＋25 718.20＋5 026.17

通过分解可以看出杜邦分析法有效地解释了指标变动的原因和趋势,为采取应对措施指明了方向。

$$权益净利率=资产净利率×权益乘数=(销售净利率×总资产周转率)×权益乘数$$
$$=(净利润/销售收入)×(销售收入/总资产)×(总资产/权益)$$

在本例中,导致权益利润率小的主原因是全部成本过大。也正是因为全部成本的大幅度提高导致了净利润提高幅度不大,而销售收入大幅度增加,就引起了销售净利率的减少,显示出该公司销售盈利能力的降低。资产净利率的提高当归功于总资产周转率的提高,销售净利率的减少却起到了阻碍的作用。

由表4-7可知,A汽车公司降低了权益乘数,说明他们的资本结构在2020年至2021年发生了变动,2021年的权益乘数较2020年有所减小。权益乘数越小,企业负债程度越低,偿还债务能力越强,财务风险程度越低。这个指标同时也反映了财务杠杆对利润水平的影响。财务杠杆具有正反两方面的作用。在收益较好的年度,它可以使股东获得的潜在报酬增加,但股东要承担因负债增加而引起的风险;在收益不好的年度,则可能使股东潜在的报酬下降。该公司的权益乘数一直处于2和5之间,也即负债率在50%～80%,属于激进战略型企业。管理者应该准确把握公司所处的环境,准确预测利润,合理控制负债带来的风险。

因此,对于A汽车公司,当前最为重要的就是要努力减少各项成本,在控制成本上下力气,同时要保持自己高的总资产周转率。这样,可以使销售利润率得到提高,进而使资产净利率有大的提高。

(资料来源:中国证券报)

二、信用要素分析法

信用评级要素分析方法是评级机构对客户做信用风险分析时所采用的专家分析法之一。在1970年以前,为大多数金融机构所广泛采用。在要素分析方法中,选出适当的信用要素,通过信用分析人员与客户的经常性接触而积累的经验来判断客户的信用水平,给出评分,再由评级委员会投票决定。常见的要素分析方法包括5C要素分析法、5P要素分析法、5W要素分析法、4F要素分析法、LAPP法、骆驼评估体系等。

(一) 5C要素分析法

5C要素分析法是西方商业银行在长期的经营实践中,总结归纳出的对客户信用品质进行评估的方法。它主要从品德、能力、资本、抵押、环境五个方面进行定性定量分析,以判断借款人的还款意愿和还款能力。

1. 品德

品德(Character)指被评对象诚实守信的程度或按借款合同偿还债务的意愿,是评估客户信用状况的首要指标。通常根据过去的信用记录并结合现状调查来进行分析。

2. 能力

能力(Capacity)指被评对象获取利润和偿还借款的能力,主要根据客户的经营状况和资产状况来判断。具有较好的经营业绩、较强的资本实力和合理现金流量的客户,通常表现出良好的偿付能力。

3. 资本

资本(Capital)指被评对象的财务状况,衡量的是客户自有资本和债务的关系。一般运用反映财务实力和财务状况的指标,如全部净资产、有形资产净值、无形资产净值、负债比率等财务指标来表明客户偿还债务的可能。

4. 抵押

抵押(Collateral)指被评对象用其资产对其所承诺的付款进行的担保,也可由第三方担保人担保。一旦客户拒付或无力支付款项,被用作抵押的资产或担保人的担保便可以用来作为补偿,减少偿债的风险与损失。对于首次交易或信用状况有争议的客户,以一定的合法资产作为抵押是必要的。

5. 环境

环境(Condition)指可能影响被评对象偿债能力的内部或外部经济环境,如社会经济发展趋势、某些地区或领域的特殊发展和变动等。信用分析必须对客户所处的经济环境有所了解,并预测经济环境的变动可能对偿债能力产生的影响。在5C的基础上,有人增加了连续性(Continuity)构成了所谓的6要素分析法。连续性是指被评对象持续经营的可能性,主要从客户内部的财务状况、产品更新换代以及科学技术发展情况等方面来进行综合评价。

(二) 5P要素分析法

与5C要素分析法类似,5P要素分析法主要从以下五个方面进行分析。

1. 个人因素

个人因素(Personal Factor)指被评对象的品德、资格、还款意愿、还款能力等。

2. 目的因素

目的因素(Purpose Factor)指被评对象的借款用途,主要包括生产经营、还债缴税、替代股权三个方面。

3. 偿还因素

偿还因素(Payment Factor)指被评对象的偿债来源,主要有两个:一是现金流量来源,二是资产变现来源。

4. 保障因素

保障因素(Protection Factor)指被评对象的债务担保,主要包括内部保障和外部保障两个方面。内部保障指企业的财务结构是否稳健和盈利水平是否正常等;外部保障指担保人的财务实力、信用状况以及担保品的价值变动等。

5. 前景因素

前景因素(Perspective Factor)指被评对象的发展前景,主要包括产业政策,竞争能力,产品生命周期,新产品、新技术开发等。同时,要分析有无财务风险,是否有可能导致财务状况恶化等因素。

(三) 5W要素分析法

5W要素分析法主要分析以下五个方面:借款人(Who)、借款用途(Why)、何时还款(When)、担保物(What)、如何还款(How)。

(四) 4F要素分析法

4F要素分析法主要分析以下四个方面:组织要素(Organization Factor)、经济要素

(Economic Factor)、财务要素(Financial Factor)、管理要素(Management Factor)。

(五) CAMPARI 法

CAMPARI 法主要从以下几个方面进行分析。

1. 品德

品德(Character)指被评对象是否具有合法的资格、订立的合同是否具备法律效力、签约的公司代理人是否在《公司章程》授权的范围内行事等方面的内容。

2. 偿债能力

偿债能力(Ability)指被评对象在技术、管理、财务等方面的实力,也可以指一个企业能否监控其营运风险、提高其资产流动性,以创造足够的现金流,偿还债务。

3. 获利能力

获利能力(Margin)指被评对象能否获得足够的收益以偿还债权人的本金与利息。

4. 借款目的

借款目的(Purpose)指被评对象应该有明确的、可接受的借款用途。例如,申请贷款是为了支撑业务按预期发展,这通常被认为是允许贷款的一个可接受的理由,但同时应注意贷款不能用于满足业务的过度扩张。

5. 借款金额

借款金额(Amount)指借款规模应和资金用途相一致,也必须能满足使用需要,同时借用资金的费用应和净资产收益相匹配。

6. 偿还能力

偿还能力(Repayment)偿还贷款的最主要资金来源应是贷款的投资项目,被评对象的偿还能力应通过分析投资后的现金流来考察。

7. 安全性

安全性(Insurance)指抵押或担保,当贷款不能偿还时,债权人能出售抵押担保品以保证其资产安全。抵押担保品的价额应相当于在贷款金额的基础上加上充裕的差额,而且抵押担保品要易于估价、变现。

(六) LAPP 法

LAPP 要素分析法主要分析以下四个方面。

1. 流动性

流动性(Liquidity)指被评对象以易变为现金的流动资产来偿付其债务的能力。反映流动性的指标主要有流动比率、速动比率、偿债能力比率等。

2. 活动性

活动性(Activity)指被评对象的业务活动能力。反映活动性,可以通过生产和销售、市场竞争、市场占有率、往来客户应收账款和应付账款、平均收账期、资金周转等情况来实现。

3. 营利性

营利性(Profitability)指被评对象的获利能力。贷款一般不能超过借款人的预期盈利能力。这种能力表现在销售额与利润的关系、成本与利润的关系、毛利润与净利润的关系、利润率等方面。在一般情况下，都是根据借款人过去的经营业绩来预测其未来盈利能力的。

4. 潜力

潜力(Potentialities)指被评对象的业务发展潜力。潜力一般表现在产品结构、市场趋势、经济周期、业务的开拓和发展、资金来源、管理效率等方面。

（七）骆驼评估体系(CAMEL)

美国的 CAMEL 评级体系 CAMEL 模型，即资本充足性(Capital Adequacy)、资产质量(Asset Quality)、管理水平(Management)、盈利水平(Earnings)和流动性(Liquidity)，又称"骆驼"评级模型，是美国监管部门针对金融机构信用水平及自身实力进行评估使用的一种以量化为主，涉及指标较为完善的和权威的信用评级制度。目前考察金融机构的指标国际上普遍建立在"骆驼"评级的基础上，没有完全脱离框架。在运用 CAMEL 评级体系时，需要先对各要素进行评级，即为每一个要素确定一个从1到5级的等级。其中，等级1为最好，等级5为最差，然后，对所有要素进行综合评级，并得出一个综合等级，它代表了最终的评级结果。这个最终结果也分为1到5级的等级。同样，等级1为最好，等级5为最差。

1. 资本充足性

通过资本充足率(资本/风险资产)来反映。资本充足性衡量的是资本相对于金融机构的稳健经营和持续发展。资本充足率越高，金融机构越能够应付复杂多变的金融市场，也越能够通过融资增加资本应对流动性的需要。一般要求这一比率达到 6.5%～7%。在评价某金融机构的资本充足性时，除了考查资本与风险资产的比率外，还要考虑贷款比重、盈利性和经营管理水平以及业务发展情况等因素。综合考虑以上因素之后，监管当局就可以为金融机构的资本状况评出一个等级。资本充足性评价表如表 4-8 所示。

表 4-8 资本充足性评价表

级别	评价
1	资本十分充足，高出平均水平，管理十分令人满意，资产质量高，盈利好，风险得到控制
2	资本充足率高，高出平均水平，管理水平不错，资产质量好，业务发展稳健
3	资本充足率不够高，低于平均水平，问题贷款多或在近期内准备大幅度扩展业务
4	资本明显不足，盈利和管理水平不足，有大量问题贷款或业务发展过快
5	资本严重不足，风险资产比重过大

2. 资产质量

通过资产质量比率来反映。资产质量是评价金融机构总体状况的一个重要方面。较低的资产质量会影响金融机构的经营活动、盈利能力和投资者与社会公众的信心。在 CAMEL 体系中，通常把金融机构的贷款按风险程度分为四类，即正常、次级、可疑和损失，后三类被称为问题贷款。然后按如下公式计算：

$$资产质量比率 = \frac{加权之后有问题贷款}{基础资本}$$

$$= \frac{次级贷款 \times 20\% + 可疑贷款 \times 50\% + 损失贷款 \times 100\%}{权益资本 + 盈余 + 留存收益 + 贷款损失准备} \tag{4.6}$$

最后,根据该比率对金融机构进行评级。资产质量评价表如表4-9所示。

表4-9 资产质量评价表

级 别	资产质量比率	评 价
1	5%以下	资产质量很高,风险很小
2	5%~15%	资产质量令人满意,管理水平较好
3	15%~30%	资产质量不太令人满意,存在相当程度的问题
4	30%~50%	贷款存在严重问题,管理水平较差,贷款过于集中
5	50%以上	资产质量极差,很可能在近期倒闭

3. 管理水平

管理水平是非常重要但是又难以量化和预测的因素,主要考量金融机构的业务政策、业务计划、管理者经历与经验及水平、职员培训情况等一些非定量因素。这方面的评价没有量化指标和比率,一般情况下,都通过其他量化指标得出相关结论评价标准,一般以令人满意或非常好等定性分析为标准。管理水平评价表如表4-10所示。

表4-10 管理水平评价表

级 别	评 价
1	管理水平最高,管理者有充分的能力解决可能出现的问题
2	管理上只存在一些小的问题,并不妨碍管理者对金融机构的有效管理
3	管理上潜伏有一定程度的危机,目前的管理水平不能解决现存的问题
4	管理水平差,管理者没有正确决策的能力
5	管理者素质极差,完全没有决策能力,应考虑更换高层管理者

4. 盈利水平

通过平均资产收益率(ROAA)来反映。金融机构需要通过充足的盈利来生存和发展。

$$平均资产收益率 = \frac{净利润}{\frac{当期资产 + 上一期资产}{2}} \tag{4.7}$$

除去分母为去年和今年的平均值以外,它与ROA完全相同。金融机构盈利水平评价表如表4-11所示。

表4-11 盈利水平评价表

级别	评价
1	资产收益率在1%以上
2	资产收益率在1%左右
3	资产收益率在0~1%
4	资产收益率在0~1%,但其他指标较弱
5	资产收益率为负数,出现经营性亏损

5. 流动性

金融机构的流动性管理政策旨在保证金融机构有足够的可用资金来满足其经营需要,并使金融机构符合监管当局的要求。

以下比率是衡量金融机构流动性的常用指标:

$$净贷款与总存款之比 = \frac{净贷款}{总客户存款 + 同业存款} \times 100\% \quad (4.8)$$

该比率是对整体流动性的基本衡量。它表明储户的资金在多大程度上被放贷(与流动资产相反)所冻结。其中,净贷款等于贷款减去贷款损失准备。

$$净贷款与客户存款之比 = \frac{净贷款}{总客户存款} \times 100\% \quad (4.9)$$

这是对流动性的一个更精确的衡量,因为该比率考虑的是净贷款与核心存款(总客户存款)的比率,而不像上个比率那样考虑的是金融机构存款。客户贷款指的是非同业拆借的贷款。

$$贷款与稳定资金之比 = \frac{净贷款}{稳定资金} \times 100\% \quad (4.10)$$

这一比率更好地衡量了金融机构的流动性。它考察的是金融机构的稳定资金在多大程度上被用于放贷。稳定资金指的是客户存款、官方存款、中长期负债和自有资本资金的总和。

除了上述比率,我们在分析金融机构流动性时,还可以考虑客户存款占总存款的比重、流动性资产占总资产的比重、准流动性资产占总资产的比重等指标。另外,还要对金融机构的规模、市场环境、管理风格等因素进行考察。因为只考虑流动性指标,容易被经过粉饰的财务比率欺骗。

金融机构流动性评价如表4-12所示。

表4-12 流动性评价表

级别	评价
1	流动性充足,而且拥有随时筹资的渠道
2	流动性比较充足,但略低于第一级
3	流动性资金不能完全满足该行的资金需要

续 表

级　别	评　价
4	流动性方面存在相当大的问题
5	完全没有流动性,随时面临倒闭的危险

专栏 4-3　骆驼评级体系案例分析——格尔木市八家信用社退出市场

本例中格尔木的八家信用社自 1994 年开始组建以来,共有从业职工 75 人,累计资产总额 11 215 万元,其中贷款余额 5 379 万元,不良贷款率高达 96.79%;负债总额 13 305 万元,其中存款余额 6 878 万元,占 51.69%;股本金 2 771 万元,累计亏损 4 953 万元;可用资金仅 214 万元,因此在 2005 年 6 月 3 日经上级批准,被实施了强制性退出。

CAMEL 评级体系分析:

1. 资本充足性(C):长期严重不足

从表 4-13 可以看出,格尔木市信用社资本充足率严重下降,2001 年已明显资不抵债。

表 4-13　格尔木市信用社(改制社)资本充足率

1999 年	2000 年	2001 年	2002 年	2003 年	2004 年	2005 年
7.77%	6.68%	−9.41%	−12.85%	−17.24%	−36.95%	−52.19%

2. 资产质量(A):不良贷款率高且长期未得到及时化解

由表 4-14 可知,这些不良贷款多是 1999 年以前城市信用社由股东经营管理期间形成,且收回的抵贷资产大部分是难以变现的破旧厂房、汽车等,而八家信用社在组建的过程中没有政府和市属企业的参股,因此在化解处置不良贷款的过程中,当地政府表现得不积极、不主动。

表 4-14　格尔木市信用社(改制社)不良贷款率

1999 年	2000 年	2001 年	2002 年	2003 年	2004 年	2005 年
69.48%	62.46%	68.29%	66.52%	82.95%	96.67%	96.63%

3. 管理能力(M):治理安排形同虚设、管理混乱

内控形同虚设管理混乱。格尔木市八家社均制定业务操作规程及内部管理规定,但却成了摆设。主要表现为:法人代表可以自主发放贷款;违规进行固定资产建设;费用上违规开支。观察 1999 年到 2005 年的支出结构,利息费用最高也才占到总支出的 19.46%,而一半以上的支出是营业费用。

4. 盈利性(E):逐年恶化

从格尔木市信用社 1999—2005 年的资产利润率来看,一直处于亏损状态。1999 年资产利润率为 −0.54%,但到 2001 年资产利润率却达到了 −5.81%(见表 4-15)。

表4-15　格尔木市信用社(改制社)资产利润率

1999年	2000年	2001年	2002年	2003年	2004年	2005年
−0.54%	−2.54%	−5.81%	−3.85%	−4.46%	−5.06%	−1.01%

5.流动性(L):流动性呈下降趋势

(1)资产流动性呈下降趋势(见表4-16)。

表4-16　格尔木市信用社(改制社)资产流动比率

1999年	2000年	2001年	2002年	2003年	2004年	2005年
64.86%	68.11%	59.19%	55.54%	51.34%	47.87%	31.76%

注:资产流动比率=流动资产/流动负债。

(2)支付风险逐渐扩散(向央行申请动用存款准备金)。

通过CAMEL评级体系的五项指标,我们可以看出格尔木市八家农村信用社长期违规经营、不良资产居高不下、经营亏损严重等问题。同时也表明随着我国金融市场化改革的逐步深入,地方中小金融机构风险也在逐步暴露,而如何有效防范金融风险,将是我国金融业发展所必须面对的一大难题。

(资料来源:刘贵生,孙天琦.格尔木市八家信用社市场退出的案例研究——从CAMEL,金融安全网络框架的分析[J].金融研究,2007)

第二节　信用风险分析模型

信用风险分析模型以宏观信息、行业信息、企业经营与财务信息、市场信息为基础,通过量化的方式来测算受评主体的信用风险。自20世纪30年代以来,模型技术开始应用到信用风险研究中。20世纪60年代,统计技术在信用风险分析模型的应用上取得了突破性进展。1968年,爱德华·阿特曼(Edward Altman)设计出了Z模型,首次使用多变量统计指标,并将财务分析方法和判别分析方法结合在一起,对研究企业破产问题具有重要意义。1977年,奥尔特曼、霍尔德曼(Haldeman)和纳拉亚南(Narayanan)对原始的Z值评分模型进行扩展,建立了ZETA信用风险模型(ZETA Credit Risk Model),模型的适用性得到了大幅提高。20世纪80年代以来,Logit模型和Probit模型经常被信用风险的研究者们等问题的预测研究,利用若干关键财务比率指标,建立回归预测模型。1993年,KMV公司推出用于度量债务人预期违约概率的信用风险量化监控模型——KMV模型,在西方国家得到广泛的应用。此后,神经网络模型、模糊数学模型和决策树模型等人工智能技术开始逐渐被引入信用风险模型的研究中。

本节将介绍几种常用的信用风险分析模型:一是基于财务指标的评分,包括Z值评分模型和ZETA信用风险模型;二是基于统计学的离散选择模型,包括Logit模型和Probit

模型;三是基于市场价值的违约预测模型,如 KMV 模型和 Credit Metrics 模型。

一、基于财务指标的评分模型:Z-score 模型、ZETA 评分模型

(一) Z-score 模型

20 世纪中叶,美国的爱德华·阿特曼博士率先将多变量信用风险判别的方法应用于财务危机、公司破产及信用风险分析中。1968 年,他对美国 66 个制造业企业(包含一半破产企业)进行观察,采用了 22 个财务比率,利用多元判别分析法筛选出 5 个财务比率指标,建立了著名的 5 变量 Z-score 模型。

Z-score 模型的判别函数如下:

$$Z = 1.2X_1 + 1.4X_2 + 3.3X_3 + 0.6X_4 + 0.999X_5 \tag{4.11}$$

式中,X_1=流动资本/总资产。这一指标反映流动性和规模的特点。由于流动资本=流动资产-流动负债,故流动资本越多,企业违约风险越小,同时可反映企业的短期偿债能力。

X_2=留存收益/总资产。这一指标衡量企业积累的利润,也可反映企业的经营年限。

X_3=息税前收益/总资产。这一指标是衡量企业在不考虑税收和融资影响时资产的生产能力。该比率越高,表明企业的资产利用效果越好,经营管理水平越高。

X_4=优先股和普通股股权市值/负债账面价值。这一指标衡量股东所提供资本与债权人所提供资本的相对关系,反映债权人投入的资本受股东资本的保障程度,同时反映了企业的基本财务结构。比率高,是低风险、低报酬的财务结构。

X_5=销售收入/总资产。这一指标用来衡量企业产生销售额的能力,表明企业资产利用的效果。比率越高,说明企业利用全部资产进行经营的成果越好。

Altman 的 66 个样本,主要分为正常企业和破产企业两大类。其财务比率均值如表 4-17 所示。

表 4-17 Altman 样本均值

财务比率	正常企业	破产企业
X_1	41.1%	-6.1%
X_2	35.5%	-62.6%
X_3	15.4%	-31.8%
X_4	247.7%	40.1%
X_5	190%	150%

根据表中的数据,可以容易地计算出正常企业和破产企业的 Z 值分别为 4.882 7 和 -0.259 9。此后,Altman 经过统计分析和计算,得出了美国企业经验性的 Z 临界值,如表 4-18 所示。

表 4-18 美国企业经验性 Z 临界值

Z 值	企业短期出现破产的概率
$Z<1.81$	存在严重财务危机,破产概率很高
$1.81<Z<2.675$	存在一定财务危机,破产概率较高

续表

Z 值	企业短期出现破产的概率
2.675＜Z＜2.99	存在某些财务隐患,处理不好可能破产
Z＞2.99	财务状况良好,无破产可能

当 $Z<2.675$ 时,企业被归于破产组;当 $Z>2.675$ 时,企业被归于非破产组。但 Altman 同时也发现,当 $1.81<Z<2.99$ 时,误判率较大。因此,他称该区间为未知区或灰色区域。这个区域是因为原始样本存在错误分类或两类的重叠而产生的。

Altman 从 Z-score 模型的运用中还发现,该模型在破产前一年的预测准确度高达 95%,但在破产前两年的准确度降至 72%,故 Z-score 模型对于企业破产的预警只限于短期有效,超过两年以上即不适用。

奥尔特曼教授自 1968 年提出 Z-score 模型以来,不断对模型进行研究和完善。Z-score 模型的原始模型主要适用于美国的制造业上市公司,由于私营企业与上市公司制造业企业与非制造业企业之间在各个方面均存在较大差异,奥尔特曼教授将原始 Z-score 模型的指标调整为适用于私营企业的指标。例如,将变量 X_4 中的"优先股和普通股股权市值/负债账面价值"调整为"资产账面价值/负债总额",得到适用于私营企业的 Z-score 模型;将变量从 5 个减少为 4 个,并相应调整各变量的权重和判别标准,得到适用于非制造业企业的 Z-score 模型。

专栏 4-4　　Z-score 模型案例分析

Z-score 模型在对上市企业的大限额跟踪过程仍较为适用。2014 年 4 月,美国的上市公司 H 的经营状况发生了变化,股价大幅度下降,随后通过相关的分析,发现当时该企业正处于破产的危险区间。

我们可以使用 Z 值计分模型分析当时该企业的风险变化过程。H 企业 2011—2013 年三年的主要财务数据如表 4-19 所示。

表 4-19　H 企业 2011—2013 年三年的主要财务数据　　　货币单位:千美元

指　标	2011 年 12 月 31 日	2012 年 12 月 31 日	2013 年 12 月 31 日
销售总额	331 138	372 896	437 676
总资产	145 485	282 201	292 971
净资产	65 602	71 747	72 656
总负债	79 883	210 454	220 315
运营资金	44 376	4 673	676
净利润	−8 410	−1 378	−7 455
权益市价	93 681.977	87 387.72	76 848.497
流动比	1.72	1.03	1.00
速动比	1.52	0.74	0.72
净资产负债率	121.77%	293.33%	303.23%

通过对比该企业三年的 Z 值（见表 4-20），我们发现，在 2012 年年底时该企业已经进入了破产的不确定区间，关键的变化出现在 2012 年，Z 值中 5 项数据均发生大幅度变化，而 X_5（销售收入/总资产）的大幅度下降对 Z 值的变化产生了最主要的影响。对比 Z 值的计算，我们发现，原因源于关键数据总资产和总负债在 2012 年发生了大幅度的增长，即企业大幅度举债购入资产，这带来了企业偿债能力的急剧下降（X_1，X_4 同时下降），净资产变化不大，而总负债在 2012 年急剧大幅度增加，而同时营运资金却出现急剧减少。

表 4-20　H 企业三年的 Z 值

日　期	X_1（流动资本/总资产）	X_2（留存收益/总资产）	X_3（息税前收益/总资产）	X_4（股票市值/负债）	X_5（销售收入/总资产）	Z 值
2013 年 12 月 31 日	0.002 31	0.226 35	0.001 78	0.348 81	1.493 92	2.015 5
2012 年 12 月 31 日	0.016 56	0.261 41	0.025 29	0.415 23	1.321 38	2.038 5
2011 年 12 月 31 日	0.305 02	0.516 53	0.075 88	1.172 74	2.276 10	3.816 2

同时资产规模的变化并没有带来企业盈利能力的上升（X_2，X_3 也同时大幅度下降），而另一个问题的关键在于资产的增加也没有实现企业销售规模的同比增长（X_5 也大幅度下降）。企业由一个不会破产的企业，变成了具有破产可能的企业。

该企业问题最后暴露则出现在 2014 年。同期，我们可以根据股价的变化，计算该企业 Z 值的变化（见表 4-21）。

表 4-21　H 企业 2014 年 Z 值变化

	1 月 5 日	3 月 1 日	5 月 3 日	7 月 2 日	9 月 3 日
股价	5.25	3.94	1.65	1.18	0.27
权益市价	76 848.5	57 673.0	24 152.4	17 272.6	3 952.2
X_4	0.348 81	0.261 78	0.109 63	0.078 40	0.017 94
Z 值	2.015 5	1.963 3	1.872 0	1.853 2	1.816 9

至此，该企业的破产已经无法避免。2014 年 10 月 20 日，该企业公开对外宣布，该企业及其在美国和加拿大的全部下属子公司向美国破产法庭南部区法庭申请破产保护。

（二）ZETA 模型

Z-score 模型建立几年后，破产企业的规模逐渐扩大，出现了大型企业破产的情况，于是 Altman 于 1977 年又建立了第二代信用风险模型，被称为 ZETA 模型。ZETA 模型的变量适用范围更宽，对不良借款人的辨别精度也大大提高。该模型在破产前 5 年即可有效地划分出将要破产的公司，其中破产前 1 年的准确度大于 90%，破产前 5 年的准确度大于 70%。不仅适用于制造业，同样有效地适用于零售业。ZETA 模型已商业化且广泛应用于美国商业银行，取得了巨大的经济效益。美国还专门成立了一家 ZETA 服务有限公司，著名的美林证券也提供 Z 值统计服务。受美国影响，日本开发银行，德国、法国、英国、澳大利亚、加拿大等许多发达国家的金融机构，以及巴西都纷纷研制了各自的判别模型。虽在变量的选择上各有千秋，但总体思路则与 Altman 如出一辙。

ZETA信用风险模型的变量由Z值评分模型的5个增加到了7个,分别是资产收益率指标、收益稳定性指标、债务偿付能力指标、累积盈利能力指标、流动性指标、资本化程度指标、规模指标。ZETA信用风险模型的函数形式为:

$$ZETA = a_1X_1 + a_2X_2 + a_3X_3 + a_4X_4 + a_5X_5 + a_6X_6 + a_7X_7 \tag{4.12}$$

式中,变量系数$a_1 \sim a_7$均为商业机密而未公开,各变量所采用的指标如下:

X_1为资产报酬率,采用息税前利润/资产总额来衡量,在Z值评分模型中该变量的权重最大,对企业财务实力的解释能力最强。

X_2为收入的稳定性,采用对X_1在5~10年估计值的标准误差指标来衡量,收入的变动能够反映企业持续经营方面的风险。

X_3为偿债能力,采用利息保障倍数(即息税前利润/总利息)来衡量。

X_4为累积盈利,采用(留存收益/资产总额)来衡量。

X_5为流动比率,采用流动资产/资产总额来衡量。

X_6为资本化比率,采用普通股权益/资产总额来衡量;其中,普通股权益可以采用企业股票5年的平均市值衡量,而5年平均市值可以排除某些严重、暂时性的市场波动,同时可在模型中纳入趋势性因素。

X_7反映企业规模,采用企业总资产的对数形式来衡量,该变量可以根据财务报告的变动进行相应的调整。

(三) Z-score模型和ZETA模型的比较

1. Z-score模型和ZETA模型的优点

Z-score模型和ZETA信用风险模型的主要优点在于其模型具有一定的预测能力。它们虽不能准确预测出企业破产的具体时间,但指出了破产的可能性,并能通过逐年比较反映出这种可能性扩大或缩小的趋势。通过分析其评分的变化趋势,可以预警企业财务风险,以便企业采取有效措施改善经营,帮助投资者提前识别企业财务风险。

与Z-score模型相比,ZETA信用风险模型具有更高的精确性和稳定性,预测效果更好且适用范围更广。ZETA信用风险模型可以在破产前5年有效地划分出将要破产的企业,其中破产前1年预测的准确度大于90%,破产前5年预测的准确度接近70%。ZETA信用风险模型不仅适用于制造业,同样有效地适用于零售业。

2. Z-score模型和ZETA模型的缺陷

Z-score模型和ZETA模型均为以会计资料为基础的多变量信用风险判别模型。由于Z-score模型和ZETA模型具有较强的操作性、适应性以及较强的预测能力,它们一经推出便在许多国家和地区得到推广和使用,并取得了显著效果,成为当代预测企业违约或破产的核心分析方法之一。然而在实践中,人们发现无论是Z-score模型还是ZETA模型都存在很多先天不足,使模型的预测能力大打折扣,限制了模型功效的发挥。Z-score模型和ZETA模型存在的主要问题有以下几个方面:

(1) 模型仅选择几个变量来衡量信用风险,缺乏对违约和违约风险的系统认识,理论基础比较薄弱,从而难以令人信服。

(2) 两个模型都假设在变量间存在线性关系,而现实的经济现象往往是非线性的,因而削弱了预测结果的准确性,使得违约模型不能精确地描述经济现实。

(3) 两个模型都依赖于财务报表的账面数据,而会计数据一般都是隔一段时间才会公布,因此数据往往缺乏时效性。

(4) 判别分析变量需符合正态假设,而财务比率通常并不符合。

财务指标评分模型假设样本各自属于不同的群体,但是在实际上,除了已经确确实实发生财务危机的个案外,其他所谓的"正常"企业其实并不代表百分之百的健全,仍有发生财务危机的可能,只是可能性大小差异而已。因此很难断然指出某特定企业"会不会"破产或发生财务危机。同样,信用等级的划分,也很难断然划分出高低间完全独立的群组。硬是将样本一分为二很难令人全然信服。真正重要的问题是某企业发生财务危机的可能性如何,而不是过于简化的某企业会不会破产,或其信用是优还是劣。加之实际资料较难满足多元线性判别分析所要求的多元正态分布等假设,因而越来越多的研究开始以概率为模型核心。

二、基于统计学的离散统计模型:Logit 模型和 Probit 模型

(一) Logit 模型

Logit 模型,又叫 Logistic 模型,它采用一系列财务比率变量来预测公司破产或违约的概率,然后根据银行、投资者的风险偏好程度设定风险警戒线,以此对分析对象进行风险定位和决策。通常,我们把出现某种结果的概率 P 与不出现的概率 $(1-P_i)$ 之比称为发生比(odds),也称为比值或比数,即 odds $= \dfrac{P_i}{1-P_i}$,将比值取对数之后得到:

$$Y_i = \ln \frac{P_i}{(1-P_i)} \tag{4.13}$$

上式通过一个简单的对数函数将 P_i 转换为 Y_i,这一转换称为 Logit 转换。通过转换,当 P 的值在 $(0,1)$ 区波动时,Y 的取值范围是 $(-\infty, +\infty)$。因此只需建立 Y 与 X 的回归模型即可得到 P 与 X 的对应关系。Logit 转换克服了传统线性回归模型的缺陷,是 Logit 模型的基础。

Logit 模型的一般形式为:

$$Y_i = \ln \frac{P_i}{(1-P_i)} = \alpha + \sum_{j=1}^{K} \beta_j X_{ij} + \varepsilon_i \tag{4.14}$$

式中,P_i 表示企业的违约概率,它是一个无法观测的隐藏变量,但可以对应到一个可观测变量 Y_i;

Y_i 表示信用质量得分;

α 表示回归模型的常数项;

X_{ij} 表示第 j 个解释变量,解释变量以财务比率为主,但不排除非财务性指标,$j=1, 2, \cdots, k$;

β_j 表示 X 的回归系数;

ε_i 表示随机扰动项,$i=1, 2, \cdots, n$,n 为样本容量。

需要说明的是，Logit 模型中的回归系数 β_j 并不表示财务比率变动一单位时，违约概率会平均变动 β_j 个单位，而是指 Y_i 会平均变动 β_j 个单位。

Logit 模型的最大优点是，不需要严格的假设条件，克服了线性方程受统计假设约束的局限性，具有了更广泛的适用范围。目前这种模型的使用较为普遍，但其计算过程比较复杂，而且在计算过程中有很多的近似处理，这不可避免地会影响到预测精度。

专栏 4-5　　　　　　　Logit 模型案例分析

在商业银行贷款客户中选出一个违约客户，从客户的财务报表中多项财务比率中运用 SPSS 软件包筛选出 4 个财务指标，即资产利润率(X_1)、应收账款/流动资产(X_2)、待摊费用/流动资产(X_3)和其他应收账款/流动资产(X_4)，其他比率因显著性水平较低而被排除，这四项指标分别反映了客户的盈利能力、流动性和盈余管理能力，这些指标均是影响企业偿债能力的重要因素。

假设以 Logit 模型求出破产概率模型如下：

$$Y_i = \ln \frac{P_i}{(1-P_i)}$$
$$= -1.672 - 0.3179X_1 + 0.6251X_2 - 0.9015X_3 + 0.0003X_4$$

其中，各项 X_i 表示不同的财务比率，假设各系数均达 5% 统计显著水平。设有某公司资料如下：$X_1=9.52\%$，$X_2=7.60\%$，$X_3=0.5827\%$，$X_4=3500$，代入上式中，求得 $Y=-0.6198$，并可据以求出该公司发生危机的概率 P，即

$$\frac{P_i}{(1-P_i)} = e^{-0.6198} = 0.5381$$

$$P_i = 0.3498 = 35\%$$

表示该公司发生财务危机的概率为 35%。

(二) Probit 模型

假定企业破产的概率为 P，并假设企业样本服从标准正态分布，其概率函数的 P 分位数可以用财务指标线性解释。利用极大似然函数求解其估计参数的计算方法是：先确定企业样本的极大似然函数，通过求似然函数的极大值得到参数 a、b，然后利用公式，求出企业破产的概率。其判别规则与 Logit 模型判别规则相同。

Probit 模型和 Logit 模型的思路很相似，都是基于累积概率函数的 p 分位数可以用财务指标线性解释的思想，但在具体的计算方法和假设前提上又有一定的差异。首先，体现为假设前提不同，Logit 模型不需要严格的假设条件，Probit 模型则假设企业样本服从标准正态分布；其次，这种区别主要是由于两者选择了不同的累积概率函数，Logit 模型选择的是对数形式的累积概率函数，Probit 模型则采用的是正态形式的累积概率函数。

(三) Logit 模型和 Probit 模型的对比

Probit 模型和 Logit 模型一样，也需要采用极大似然估计法来估计模型的参数，在二

分类因变量情况下，两种模型的估计结果十分相似。但在具体的假设前提和计算方法上，这两种方法又有一定的差异。这种差异主要体现在两个方面：一是假设前提不同，Logit模型不需要非常严格的假设条件，而Probit模型则假设企业的样本服从标准正态分布。二是求违约概率的方法不同，Logit模型采用取对数的方法，而Probit模型采用积分的方法。基于两个模型的特性，在实际问题中，Probit模型的假设条件较Logit模型更为严格，很多样本数据无法做到服从标准正态分布，因此应用较少，信用风险分析模型的应用仍以Logit模型为主。

上述分析模型（包括Z-score、ZETA模型、Logit模型和Probit模型）都具有较强的可操作性和预测能力。但是，这些传统模型都只依赖于财务报表的账面数据，没有兼顾表外业务的信用风险，不能满足对现代金融市场信用风险的度量与监控的要求。尤其是在经济全球化的过程中，金融市场的开放程度也在加强，频繁爆发的金融危机促使金融界开始重视对信用风险度量的研究，各大金融机构和专业评级机构相继推出新的风险度量模型和方法。

三、基于市场价值的违约预测模型：KMV模型和Credit Metrics模型

（一）KMV模型

1989年，Keal-hofer、Mcquown和Vasicek在美国旧金山市创办了一家信用风险评估公司，该公司用他们名字的首字母命名，即KMV公司。2002年4月，KMV公司被穆迪控股公司收购，成为穆迪控股公司属下的两个全资附属机构之一，专注于为全球监管机构、金融机构和各类商业机构提供系列化信贷风险衡量和管理的系统、模型、数据及相关的专业服务。KMV模型是KMV公司于20世纪90年代基于Merton的结构模型原理设计、开发的一个目前在信用风险定价模型中影响最大的实用模型。

1. KMV模型的原理

根据期权定价理论，将公司举债经营视为股东向债权人买入选择权，公司资产视为买权的标的资产，而买权届时的执行价格是公司负债的账面价值。负债到期时，若公司资产价值高于负债，则股东会履行买权，也就是股东会清偿债务。但若公司资产价值低于负债，则股东因无力偿还负债，就会选择违约。因此，公司的预期违约率（EDF），就是当公司资产价值低于负债价值时的概率。

违约发生的可能性是由信用风险的大小来决定的。信用风险是交易一方因种种原因不愿或无力履行合约条件而构成违约，致使另一方遭受损失的可能性，因而又被称为违约风险。对公司来说，违约风险是指围绕其偿债能力所产生的不确定性。在违约之前，无法判断一个公司是否会违约，最多只能估计其违约可能性的概率。某家公司的EDF是指该公司在未来一段时间内违约的概率。它主要由三方面因素决定，分别是：

（1）资产价值，即公司资产的市值。它不但能反映公司的发展前景，还可以涵盖宏观经济状况及公司所在行业等信息。

（2）资产风险，即资产价值的不确定性。这是对行业风险和公司经营风险的度量。公司的资产价值只是一个估计值，并非确定的，所以需要在公司的资产风险的背景下理解与测算。我们一般用资产的波动性来衡量公司的资产风险。

(3) 债务水平,指公司在合同上负债的程度,即公司必须偿还的金额。若与公司资产相关的测定是公司的市值,那么公司杠杆比率的相关测定就是相对于公司资产市值的债务面值。

2. KMV 模型概述

KMV 模型是由美国 KMV 公司推出的用来估算企业预期违约概率的模型,在此模型中,运用期权价值理论,跟踪企业股票价格和利用财务报表信息估算出企业违约距离值,再依照历史数据对违约距离与违约概率的关系进行对应,进而确定上市公司的经验违约概率。在 KMV 模型中,将企业的债务价值视为一个欧式看涨期权,以公司的市场价值作为执行价格,债务到期日,当企业的资产价值小于债务价值,股东将会放弃执行期权,不偿还债务,选择违约;当企业资产价值大于债务价值,股东将会选择执行期权,不违约。因此,KMV 模型做出了如下假设:

第一,上市公司资产价值服从布朗运动,公司股票价值服从对数正态分布;

第二,违约距离和概率只有 1 年期间;

第三,违约点的距离为企业价值等于长期负债一半与短期流动负债之和;

第四,公司的资本结构比较简单,仅仅只有权益和负债。

3. KMV 模型确定 EDF 的步骤

根据前述分析,KMV 模型利用可观测到的公司股票的市场价值和波动性等计算某一时期后公司资产的预期价值,然后根据公司负债状况计算违约点(Default Point, DP),再由公司资产价值与违约点的差值及资产的波动性(即标准差)得出公司的违约距离(Distance to Default, DD),最后利用违约距离计算出预期违约概率(EDF)。具体如下:

(1) 确定企业资产价值 V_E 及其波动性 δ_E。

资产价值及其波动性是 KMV 模型中的两个重要参数,但这两个参数在市场上都不能直接观测。由于股权可看成一种看涨期权,根据期权定价理论,企业的股权市值可以借鉴买入期权的定价公式:

$$V_E = f(V_A, \delta_A, r, D, t) \tag{4.15}$$

$$\delta_E = g(V_A, \delta_A, r, D, t) \tag{4.16}$$

式中,V_E 和 δ_E 分别表示企业股权市值和其波动,V 可以按流通的股数乘以每股价格来估算,δ_E 可由历史数据估计;

V_A 和 δ_A 分别表示企业资产市值及其波动;

r 表示无风险利率;

D 表示负债的账面价值;

t 表示负债的到期时间。

由于 V_E 和 δ_E 可以计算得出,r、D、t 为已知项,这样联立两个方程,有两个未知数,是可以求出 V_A 和 δ_A 的,即解决了两个参数在市场上都不能直接观测的问题。

需要说明的是,期权定价公式 $V_E = f(V_A, \delta_A, r, D, t)$ 和 $\delta_E = g(V_A, \delta_A, r, D, t)$,KMV 公司使用的是 VK 模型(Vasicek-Kealhofer-Model),但作为商业机密,KMV 公司并未公开模型和关系函数的具体形式。我们选择其他合适的模型,也能计算出 V_A 和 δ_A。

比如,选择 BSM(Black-Scholes-Merton)期权定价模型。

BSM 模型假设公司资产价值的变化服从几何布朗运动,表示为:

$$dV_A = \mu V_A dt + \delta_A V_A dz \tag{4.17}$$

式中,V_A 和 dV_A 分别表示资产价值的市场价值与变动量;

　　dz 表示随机变数,服从维纳(Wiener)过程;

　　μ 表示公司资产价值基于连续复利条件下的预期收益;

　　δ_A 表示资产价值的波动。

BSM 模型的期权定价公式为:

$$C = SN(d_1) - Ke^{-rt}N(d_2) \tag{4.18}$$

式中,C 表示买权的价格;

　　S 表示标的物市值;

　　K 表示履约价格;

　　N 表示标准正态分布累积概率函数。

这里的买权价格就是股权市值 V_E,标的物市值就是企业资产市值 V_A,履约价格就是债务账面价值 D。可以得出:

$$V_E = V_A N(d_1) - De^{-rt}N(d_2) \tag{4.19}$$

式中,d_1 和 d_2 分别为:

$$d_1 = \frac{\ln\left(\frac{V_A}{D}\right) + \left(r + \frac{\delta_{A2}}{2}\right)t}{\delta_A \sqrt{t}} \tag{4.20}$$

$$d_2 = d_1 - \delta\sqrt{t} \tag{4.21}$$

式中,$N(d_1)$ 表示避险比率(Hedge Ratio),为一累积概率函数;

　　$N(d_2)$ 表示到期时资产市值大于负债的概率,也是累积概率函数。

另外,根据 Ito's Lemma,股权的波动性与资产的波动性存在以下关系:

$$\delta_E V_E = N(d_1)\delta_A V_A \tag{4.22}$$

联立式(4.10)和(4.11),即可求出公司的资产市场价值 V_A 和企业股权市值 V_E 和波动性 δ_A。

(2) 确定企业的违约距离(DD)。

违约距离(DD)反映了公司资产价值与违约点的差值和资产波动的单位标准差的倍数关系。

$$DD = \frac{E(V_A) - D}{E(V_A)\delta_A} \tag{4.23}$$

KMV 模型中,违约距离是衡量违约风险大小的指标。该值越大,说明发生违约的可能性越小,该公司信用风险越小,公司到期能偿还债务的能力越强;反之,说明公司发生违约的可能性越大,信用风险越大甚至有清盘的可能,到期偿还债务的能力越弱。

在期权定价理论中,违约行为发生于资产价值小于公司负债时,但在实际中违约并不等于破产。KMV公司根据实证分析发现,违约发生最频繁的分界点在企业资产价值约等于短期负债+50%长期负债处。因而资产价值低于债务总值的分位数可能并不是EDF的准确度量,其主要原因是:资产收益率的非正态分布,资本结构的简化假设,一些未知的尚未支付的承诺协议等。

例如,某借款企业资产价值为600万元,公司资产价值波动率为0.08,违约点(违约执行价格)为400万元,那么该企业距违约点的距离是:

$$DD = \frac{600-400}{600 \times 0.08} = 4.17$$

(3) 确定企业的预期违约率(EDF)。

预期违约概率的计算方法有理论计算法和经验估算法两种。其中,预期违约概率理论计算法的思想是基于KMV模型的基本假设,即如果到期日企业资产价值低于违约触发点处的数额时,企业将发生违约,设T时刻企业违约的概率为P_T,则P_T可以表示为:

$$P_T = Pro(VA < DPT) \tag{4.24}$$

代入整理后,可以得到由理论违约距离表示的计算预期违约概率的计算公式,预期理论违约概率P_t的计算方法可表示为:

$$P_t = 1 - N(DD) = N(-DD) \tag{4.25}$$

KMV公司发现预期违约概率理论计算方法的计算结果比实际的违约概率要小得多,因此在实际应用时,KMV公司并不提倡预期违约概率的理论计算方法,而是采用其经验估算方法。计算出违约距离后,KMV公司将其与经验预期违约概率数据库对应,得到经验预期违约概率。其中,经验预期违约概率数据库是在统计分析数千家企业样本的历史数据后建立的。这样,只要计算出一家企业的违约距离,就可通过数据库得到相应的预期违约概率。这种计算方法引入了实践中的经验数据,往往比计算理论的预期违约概率更为准确。

假设,在一年内共有1 000家公司的违约距离为4.17,其中有8家违约,那么EDF=8/1 000=0.8%。这表明,该公司在一年后违约的概率为0.8%,也就是该公司在一年后有0.8%的违约风险,或者理解为100家这样的公司中会有0.4家违约。

专栏4-6　　KMV模型在国外应用经验实例分析

表4-22

日　期	大事件	EDF	标准普尔资信等级
2001年2月	负债比去年上涨91%,估价大幅下降,至$60左右	0.35%	
2001年3月	安然和布科布斯特取消重大交易,资产减少近五分之一	0.51%	
2001年5月	一大客户停止购买安然公司产品	1.14%	
2001年8月	CEO换人	1.91%	BB

续 表

日　期	大事件	EDF	标准普尔资信等级
2001年10月	安然向西北天然气公司出售资产	2.05%	
2001年10月	首次承认亏损,并透露公司CFO参与的关联交易,惹上巨额官司	1.98%	BB
2001年10月	宣布证监会介入官司调查,估价跌至$20	4.27%	
2001年10月	更换CFO,股价降至$16左右	6.1%	
2001年11月	J.P.摩根和所罗门公司提供$10亿信用贷款,其市值降到$89亿	9.88%	CCC+
2001年11月	公开承认了1997年的$6亿盈利是虚构	16.64%	
2001年11月	一竞争对手购买其$90亿的股份,同时注入$15亿优良资产	16.04%	CCC—
2001年11月	宣布因其信用等级下降要加速偿还$6.9亿贷款并请求延期	20%	
2001年11月	主要评级机构把安然债券评为垃圾债券,竞争对手终止购买,安然延期支付所有款项		
2001年12月	因涉及10亿美元官司,请求破产保护		D

Anthony Sounders: Credit Risk Measurement New Approaches to value at Risk and other paradigm.

4. KMV模型的优缺点

KMV模型是一类运用现代期权定价理论建立起来的违约预测模型,这一模型无疑是对传统信用风险度量方法的一次重要革命。首先,该模型可充分利用资本市场上的信息,对所有公开上市企业信用风险进行度量和分析。其次,由于这种方法所获取的数据是来自股票市场的资料,而非企业的历史账面资料,因此它更能反映企业当前的信用状况,其预测能力更强、更及时,也更准确。最后,KMV模型是建立在当代公司理财理论和期权理论基础上的,因此它所得出的预期违约率具有较强的说服力。然而,KMV模型也存在许多缺陷。首先,模型的使用范围有一定的限制。通常,该模型特别适用于对上市公司的信用风险进行评估。然而在对非上市公司的预期违约率进行计算时,则往往需要借助于某些会计资料信息或其他能反映借款企业特征值的指标来替代模型中的一些重要变量,同时还要通过对比分析手段最终得出该企业的预期违约率,因而这一过程复杂且计算出的预期违约率值未必准确。其次,由于该模型是假定借款企业的资产价值呈正态分布,所以才能计算预期违约率值。但是现实中,并非所有借款企业的资产价值都是正态分布的。再次,该模型不能够对长期债务的不同类型进行分辨。但实际上,可以依据其偿还顺序、有无担保、有无契约、能否转换来区别不同的长期债务,因而可能造成在违约点的确定上不准确,使模型的产出变量不准。最后,该模型基本上属于一种静态模型。

(二) Credit Metrics模型

Credit Metrics模型是1997年4月由美国J.P.摩根集团与德意志摩根建富、美国银行、瑞士银行、瑞士联合银行和 BZW 等几个国际银行共同研究推出的用于量化信用风险的风险管理产品。Credit Metrics 方法基于借款人的信用评级、次年评级发生变化的概率（评级转换矩阵）、违约贷款的回收率、债券市场上的信用风险价差计算出贷款的市场价值及其波动性，进而得出个别贷款和贷款组合的 VaR（Value at Risk，在险价值）值，从而对贷款和非交易资产进行估价和风险计算。

1. Credit Metrics 模型的基本思想

（包括债券和贷款）有不同的市场价值，因此，企业的信用风险取决于债务人的信用状况，而信用状况通常由信用评级公司评定的信用等级来表示。因此，Credit Metrics 模型认为信用风险直接源自企业信用等级的变化情况，并假定信用评级体系是合理、有效的，即企业如果发生利润下降、投资失败、融资渠道枯竭等信用事件，对其还款履约能力的影响能及时地反映在企业信用等级的变化上。

Credit Metrics 模型的基本方法是信用等级变化分析。通常，不同信用等级的信用工具的变化会带来信用工具价值的相应变化。所有不同信用等级的信用工具在一定期限内变化（转换）到其他信用等级或维持原级别的概率构成一个矩阵，构成该模型重要的输入数据，我们称之为信用等级转换概率矩阵。信用等级转换概率矩阵是由评级机构基于数十年的信用等级的评定结果进行违约及等级变化的统计形成的特定时间段、保持原有等级或变动到其他信用等级的概率矩阵。

2. Credit Metrics 模型框架

Credit Metrics 模型框架主要由两大模块组成，一是个体的 VaR 值，二是从资产组合层面考虑分散化效应的 VaR 值。另外还有风险敞口和相关性作为框架的支撑，如图 4-2 所示。

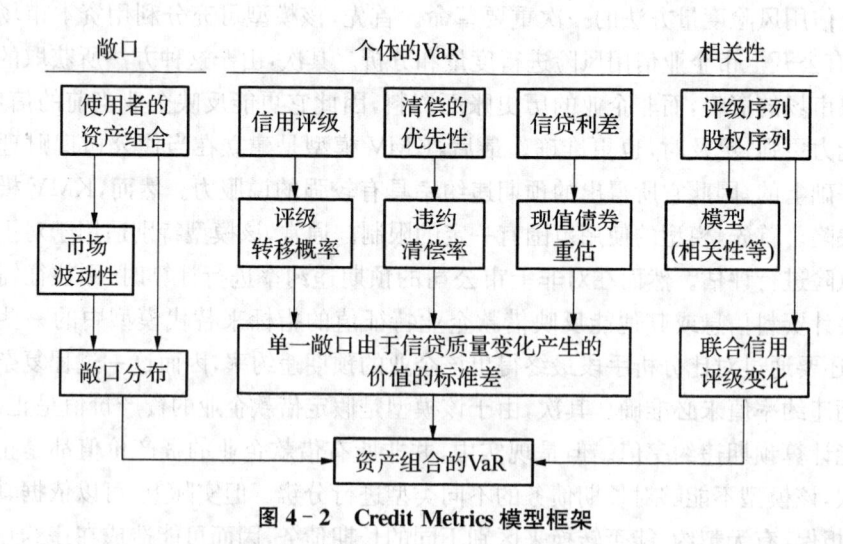

图 4-2 Credit Metrics 模型框架

3. Credit Metrics 模型假设

（1）信贷资产的未来市场价值和风险完全由其远期利率分布曲线决定，在模型中唯一的变量是信用等级，而且信用等级是离散的；

(2) 在同一信用级别内,债务人的贷款是同质的,即具有相同的信用迁移概率和违约概率,同时迁移概率具有稳定性,实际违约概率等于历史违约概率;

(3) 风险期限是固定的,一般为一年;

(4) 不同债务人其信用等级的联合分布用二者资产回报率的联合分布来估计,资产回报率的联合分布又用所有者权益收益率的联合分布来代替;

(5) 每个信用等级对应一条零息票收益率曲线;

(6) 违约不仅指债务人到期没有偿还债务,还包括债务人信用等级下降所导致的信贷资产市场价值的下跌,并且违约事件发生在债务到期时;

(7) 信用风险与市场风险无关。

4. 基于 Credit Metrics 模型的信贷资产风险值的计算步骤

第一步,确立转移矩阵。转移矩阵意味着一年内从一个信用等级转变为另一个信用等级的概率,穆迪和标准普尔等级均有这样的数据积累。表 4-23 列示了标准普尔公司的一年期信用转移矩阵。我们在计算 Credit Metrics 模型实例时,只需要使用已有的概率。

表 4-23 标准普尔一年转移矩阵

初始等级	一年末信用等级转移概率/%							
	AAA	AA	A	BBB	BB	B	CCC	违约
AAA	90.81	8.33	0.68	0.06	0.12	0	0	0
AA	0.7	90.65	7.79	0.64	0.06	0.14	0.02	0
A	0.09	2.27	91.05	5.52	0.74	0.26	0.02	0.06
BBB	0.02	0.33	5.95	86.93	5.3	1.17	0.12	0.18
BB	0.03	0.14	0.67	7.73	80.5	8.84	1	1.06
B	0	0.11	0.24	0.43	6.48	83.5	4.07	5.2
CCC	0.22	0	0.22	1.3	2.39	11.2	64.86	19.8

资料来源:迪迪埃·科森,于格·皮罗特.高级信用风险分析.殷剑锋,等译.北京:机械工业出版社,2005.

第二步,确立时间段。Credit Metrics 模型中时间选取通常定为一年,这是出于会计数据和财务报告得到的频率而定的。

第三步,确立远期定价模型。信贷资产的估计可以从与贷款发行方评级对应的信贷资产,可以从贷款方对应的零曲线得出。每个信用级别一年远期零曲线见表 4-24。

表 4-24 每个信用等级的一年远期零曲线/%

范畴	一年	两年	三年	四年
AAA	3.60	4.17	4.73	5.12
AA	3.56	4.22	4.78	5.17
A	3.72	4.32	4.93	5.32

续 表

范 畴	一 年	两 年	三 年	四 年
BBB	4.10	4.67	5.25	5.63
BB	5.55	7.02	7.78	7.27
B	7.05	7.02	8.03	8.52
CCC	15.05	15.05	14.03	13.52

资料来源：Credit Metrics JP Morgan.

第四步，计算贷款现值。贷款的现值比期值更有现实意义。信用等级的变化必然会影响一笔贷款剩余现金流量的信用风险加息差，从而影响贷款的现值。信用等级升高时，信用风险加息差减小，现值增加；信用等级降低时，信用风险加息差增加，则现值减少。其公式为：

$$P = C + \frac{C}{1+s_1} + \frac{C}{(1+s_2)^2} + \frac{C}{(1+s_3)^3} + \cdots + \frac{A+C}{(1+s_i)^i} \quad i=1,2,3,\cdots,n \quad (4.26)$$

式中，A 是贷款本金，C 是利息，s_i 是年度信用风险息差。由于共有八种情况（AAA-D），前七种（AAA-CCC）都可以根据公式算出或者根据 Credit Metrics 模型的历史数据库直接得出，最后一种情况即违约，计算的是违约后的残值。

第五步，计算贷款的 VaR 值。由第一步，可以得出信用矩阵转移的概率；由第二步，可以计算出贷款现值。则假定贷款信用状况符合正态分布，容易得出不同置信水平下的贷款 VaR 值。

根据在不同信用等级下给定的贴现率，同时根据转换矩阵所提供的信用等级变化的概率矩阵，就可以计算出在各信用等级上该信用工具的市场价值，从而得到该信用工具市场价值在各信用风险状态下的概率分布。根据 VaR（指在某一特定的持有期内，在给定的置信水平下，给定的资产或资产组合可能遭受的最大损失值）的思想，我们可以采用传统的期望和标准差来衡量资产的信用风险，这样就可以计算出在某一确定置信水平下该信用资产的信用值了。

专栏4-7 基于 Credit Metrics 模型的信贷资产风险值的计算实例

假设银行发放一笔价值10 000元、期限为5年的固定利率贷款，年利率为6%，本金到期一次性偿本付息。目前信用等级为 BBB 级，问99%置信水平下在第一年结束时，该笔贷款市值的信用在险价值是多少？

这笔贷款的信用风险 Credit Metrics 计量方法如下。

1. 确定公司的信用等级转移概率

信用等级转移的概率建立在对大量的历史数据统计分析的基础上。由于我国信用风险管理起步较晚，所以没有详尽的历史信用记录。为了进行实例分析，在这里采用表5-1，标准普尔的已有数据。针对本实例中的 BBB 级公司，则一年末信用等级转移概率如表4-25所示。

表4-25 BBB级一年期信用等级转移概率

初始等级	一年末信用等级转移概率/%							
	AAA	AA	A	BBB	BB	B	CCC	违约
BBB	0.02	0.33	5.95	86.93	5.3	1.17	0.12	0.18

2. 贷款现值的计算

根据惯例，可以通过当年公布出来的无风险利率和年度信用价差的值来计算贷款现值。由于我国无从公布，所以仍然选择上文中表J.P摩根公布的数据。

表4-26 每个信用等级的一年远期零曲线

范畴	一年	两年	三年	四年
BBB	4.10%	4.67%	5.25%	5.63%

假设债务人在第一年年末信用等级仍然为BBB级，则对于发放贷款的银行来说，这笔贷款在第一年结束时的价值将是：

$$P = 600 + \frac{600}{1+4.10\%} + \frac{600}{(1+4.67\%)^2} + \frac{600}{(1+5.25\%)^3} + \frac{1\,000+600}{(1+5.63\%)^4}$$
$$= 10\,753.09(万元)$$

如果迁移到其他信用等级，其价值可以类推得出。这样，可以得到不同信用等级下第一年年末的贷款市值状况，如表4-27所示。

表4-27 不同信用等级下第一年年末的贷款价值   单位：万元

一年后的信用等级	贷款现值	一年后的信用等级	贷款现值
AAA	10 935.29	BB	10 200.64
AA	10 917.24	B	9 808.59
A	10 864.30	CCC	8 362.34
BBB	10 753.09	D(违约)	5 113.00

3. 计算CVaR(条件风险价值)

假定贷款的市值服从正态分布，根据VaR计算方法，容易得到此笔贷款的风险价值。设贷款价值的均值为μ，标准差为σ，则：

$$\mu_{BBB} = \sum P_i v_i$$
$$= 0.02\% \times 10\,935.29 + 0.33\% \times 10\,917.24 + 5.95\% \times 10\,864.30 + 86.93\% \times$$
$$10\,753.09 + 5.30\% \times 10\,200.64 + 1.17\% \times 9\,808.59 +$$
$$0.12\% \times 8\,362.34 + 0.18\% \times 5\,113$$
$$= 10\,706.933\,57(万元)$$

$$\sigma^2_{BBB} = \sum P_i(v_i - \mu)^2$$
$$= 0.02\% \times (10\,935.29 - 10\,706.933\,57)^2 + 0.33\% \times (10\,917.24 - 10\,706.933\,57)^2 +$$
$$5.95\% \times (10\,864.30 - 10\,706.933\,57)^2 + 86.93\% \times (10\,753.09 - 10\,706.933\,57)^2 +$$
$$5.30\% \times (10\,200.64 - 10\,706.933\,57)^2 + 1.17\% \times (9\,808.59 - 10\,706.933\,57)^2 +$$
$$0.12\% \times (8\,362.34 - 10\,706.933\,57)^2 + 0.18\% \times (5\,113 - 10\,706.933\,57)^2$$
$$= 89\,431.940\,5$$
$$\sigma_{BBB} = 299.051\,7$$

我们可得出BBB贷款的价值表,见表4-28。

表4-28 贷款价值的均值及标准差 单位:万元

一年后信用等级	概率/%	贷款现值	概率×现值	偏差(现值-均值)	加权差的平方(概率×偏差的平方)
AAA	0.02	10 935.29	2.187 058	228.356 432	10.429 332 01
AA	0.33	10 917.24	36.026 892	210.306 432	145.955 024 6
A	5.95	10 864.30	646.425 85	157.366 432	1 473.469 538
BBB	86.93	10 753.09	9 347.661 137	46.156 432	1 851.970 816
BB	5.30	10 200.64	540.633 92	−506.293 568	13 585.658 38
B	1.17	9 808.59	114.760 503	−898.343 568	9 442.147 644
CCC	0.12	8 362.34	10.034 808	−2 344.593 568	6 596.542 799
D 违约	0.18	5 113.00	9.203 4	−5 593.933 568	56 325.766 97
均值(μ_{BBB})=10 706.933 57				方差=89 431.940 5	
^^				标准差(σ)=299.051 7	

假定贷款的市值服从正态分布,那么围绕贷款市值的均值的方差为89 431.940 5万元,标准差为299.051 7万元。根据正态分布的性质,则该笔贷款在95%的置信水平下VAR=1.65×299.051 7=493.435 3(万元);在99%的置信水平下,VaR=2.33×299.051 7=696.790 5(万元)。

通过上述实例可以看出,在贷款价值服从正态分布的情况下,置信水平为95%时,贷款的VaR值为493.435 3万元,即有95%的情况贷款损失不超过493.435 3万元。同理,在99%的置信水平下,贷款的VaR值为696.790 5万元,即有99%的可能贷款的损失不超过696.790 5万元。

5. Credit Metrics 模型评价

Credit Metrics 模型将 VaR 方法引入信用风险管理中来,一经推出便得到业内的高度评价和赞赏。它通过计算资产在不同信用等级下的市场价值及其变动,达到用期望和标准差来度量信用风险的目的。

但该模型假设资产的信用等级转换概率服从稳定的马尔可夫过程,即资产目前的等级转换与其过去的等级转换概率不相关,并且不同借款人之间、不同时期之间的等级转换概率是不变的。但事实上一笔贷款如果过去有过违约行为,那么它目前等级下降的概率要比没有发生过违约的贷款高得多。同时,行业因素、国家因素以及商业周期因素等会对信用转换矩阵产生重要影响。

6. KMV 模型与 Credit Metrics 模型的比较

KMV 模型与 Credit Metrics 模型是目前国际金融界最流行的两个信用风险管理模型。两者为银行和其他金融机构在进行贷款等授信业务时衡量授信对象的信用状况,分析所面临的信用风险,防止集中授信,进而为实现投资分散化和具体的授信决策提供量化的、更加科学的依据,为以主观性和艺术性为特征的传统信用分析方法提供了很好的补偿。然而,从上述介绍和分析中,我们又可以明显地看到这两个模型在建模的基本思路上有相当大的差异。这些差异主要表现在以下几个方面:

(1) KMV 模型对企业信用风险的衡量指标 EDF 主要来自对该企业股票市场价格变化的有关数据的分析。而信用矩阵模型对企业信用风险的衡量来自对该企业信用评级变化及其概率的历史数据的分析。这是两者最根本的区别之一。

(2) 由于 KMV 模型采用的是企业股票市场价格分析方法,这使得该模型可以随时根据该企业股票市场价格的变化来更新模型的输入数据,得出及时反映市场预期和企业信用状况变化新的 EDF 值。因此,KMV 模型被认为是一种动态模型,可以及时反映信用风险水平的变化。然而,信用矩阵模型采用的是企业信用评级指标分析法。企业信用评级,无论是内部评级还是外部评级,都不可能像股票市场价格一样是动态变化的,而是在相当长的一段时间内保持静态特征。这有可能使得该模型的分析结果不能及时反映企业信用状况的变化。

(3) 因为 KMV 模型所提供的 EDF 指标来自对股票市场价格实时行情的分析,而企业信用状况的变化,股票市场的实时行情不仅反映了该企业历史的和当前的发展状况,更重要的是反映了市场中的投资者对于该企业未来发展的综合预期,所以,该模型被认为是一种向前看的方法,EDF 指标中包含市场投资者对该企业信用状况未来发展趋势的判断。这与信用矩阵模型采用的主要依赖信用状况变化的历史数据的向后看的方法有根本性的差别。KMV 模型的这种向前看的分析方法在一定程度上克服了依赖历史数据向后看的数理统计模型的"历来可以在未来复制其自身"的缺陷。

(4) KMV 模型所提供的 EDF 指标在本质上是一种对风险的基数衡量法,而信用矩阵模型所采用的信用评级分析法则是一种序数衡量法,两者完全不同。以基数法来衡量风险最大的特点在于不但可以反映不同企业风险水平的高低顺序,而且可以反映风险水平差异的程度,因而更加准确。这也更加有利于对贷款的定价。而序数衡量法只能反映企业间信用风险的高低顺序,如 BBB 级高于 BB 级,却不能明确说明高到什么程度。

(5) 信用矩阵模型采用的是组合投资的分析方法,注重直接分析企业间信用状况变化的相关关系,因而更加与现代组合投资管理理论相吻合。KMV 模型则是从单个授信企业在股票市场上的价格变化信息入手,着重分析该企业体现在股价变化信息中的自身信用状况,对企业信用变化的相关性没有给予足够的分析。

四、其他信用风险模型

（一）BP 神经网络模型

神经网络模型是结合神经科学、心理学和认知科学的研究成果，从应用数学方法发展起来的一种并行分布模式的处理系统，具有高度并行计算能力、学习能力、适应能力和容错能力。神经网络技术在模式识别与分类、识别滤波、自动控制、预测等方面已展示了其非凡的优越性。

神经网络由一个输入层、若干个中间隐含层和一个输出层组成。神经网络分析法通过不断学习，能够从未知模式的大量复杂的数据中发现其规律。神经网络方法克服了传统分析过程中选择适当模型函数形式的复杂性等困难，是一种自然的非线性建模过程，无须分清存在何种非线性关系，这给建模与分析带来了极大的方便。

在信用风险模型方面应用最普遍的神经网络模型是 BP(Back Propagation)算法。Jensen(1992)利用 BP 算法对贷款企业进行分类，分类的准确率达到了 76%～80%。BP 算法由输入层、隐藏层和输出层的结点构成，是一种参照误差调整权重的多层感知器。

神经网络分析方法应用于信用风险评估的优点在于其无严格的假设限制，且具有处理非线性问题的能力。它能有效地解决非正态分布、非线性的信用评估问题，其结果介于 0 和 1 之间，在信用风险的度量下，即为违约概率。神经网络分析方法的最大缺点在于其工作的随机性较强，容易陷入局部最优。要得到一个较优的神经网络结构，需要人为地通过大量数据进行调试，耗费人力与时间，加之该方法结论没有统计理论基础，解释性不强，限制了该模型的应用。

（二）模糊数学模型

在处理具有模糊边界的数据集时，传统的数学方法或统计方法往往比较烦琐，而模糊数学模型为处理数据集的模糊边界提供了一种更为合理、更为简练的方式。具体而言，模糊数学模型提出了隶属函数理论，确定了某一事物在多大程度上属于某个集合或者不属于某个集合。因此，在模糊数学模型中，元素与集合之间的关系不再遵循传统的"属于"或"不属于"的二值逻辑，而是代之以"某种程度上属于"的多值逻辑。在某些工程应用领域，如自动控制领域，用模糊数学模型描述数据模糊边界问题比传统数学更为方便，解决问题时的计算形式也更为简化。

企业信用评级同样可以用模糊数学模型进行描述，其信用状态如何，用精确数学"是"或"非"的概念很难做出判断，因此，应用模糊数学模型对信用状况做出综合评价更为合理。但是，学术界对于模糊数学模型是否能够正确地解决科学和工程中的问题，仍然存在质疑和争议。这些质疑和争议主要体现在：第一，模糊逻辑缺乏学习能力，在应用上受到一定的限制；第二，模糊系统的稳定性很难获得理论上的保证，此外，模糊逻辑不是建立在传统数学的基础上，因此很难对此逻辑系统的正确性加以验证。

（三）决策树模型

决策树是 Quinlan 在 Hunt 的概念学习系统(Concept Learning System，CLS)上发展起来的一种自下而上的分类方法，它通过对一组训练样本的学习，构造出决策性的知识。

决策树方法是基于统计理论的非参数识别技术,将统计分析和计算机运算结合,保持了多元参数、非参数统计的优点,而且决策树方法具有自动进行变量选择、降低维数、利用先验信息处理数据间非同质的关系以及直观表达分类结果等特点。

决策树模型较统计模型从直观上更易理解,但在实际应用中,当问题的复杂性增加时,决策树模型会出现组合爆炸;同时,这种归纳学习建模方法容易造成模型的过度拟合;另外,决策树模型方法不是一种启发式的寻优技术,因而在建模时缺乏效率。

本章小结

1. 信用评级方法可分为传统信用评级方法与现代信用评级方法。传统信用评级方法包括要素分析法、综合分析法、多变量信用风险判别模型法等。现代信用评级方法大多借助复杂的数学模型,采用定量分析方法进行信用评级。

2. 本章主要介绍了当前信用评级领域几类主流的信用风险分析模型,包括Z值评分模型与ZETA信用风险模型、Logit模型、Probit模型和KMV模型,以及在学术研究领域较为前沿的其他信用风险分析模型,包括神经网络模型、模糊数学模型、决策树模型等。

3. 本章对目前主流的信用风险分析模型的原理、优缺点及应用进行了具体的介绍说明和讲解。

思考练习题

一、选择题

1. 杜邦财务分析体系以资产净利率为核心,将( )进行了有机结合。
   A. 偿债能力　　　B. 资产营运能力　　　C. 盈利能力　　　D. 销售能力

2. 采用Z评分模型对公司进行信用评价时,Z值越大,违约风险( )。
   A. 越小　　　B. 越大　　　C. 不确定

二、简答题

1. 简述信用评级中的5C要素分析法。
2. Z值评分模型和ZETA信用风险模型的主要区别是什么?
3. KMV模型的基本原理是什么?它有何优势和劣势?

三、计算题

1. 甲公司的资产市值呈正态分布,预期一年后其价值为550万元,根据以往的数据,公司资产的市值一年的波动约为50万元,预期一年后公司的短期债务为350万元,长期债务为100万元。请利用KMV模型来计算一年后公司的预期违约概率。

2. 根据××汽车股份有限公司(上市公司)2023年的财务报表,其关键指标数据如表4-29所示。

表4-29 ××汽车公司2023年财务报表关键指标数据   单位:百万元

指　　标	数　据
总资产	165.92
息税前收益	56.99
总负债	83.31
流动资本	75.18
销售收入	105.70
留存收益	18.87
股权市值	178.28

试运用Z模型判断该企业的违约风险大小。

3. 运用Credit Metrics模型方法计算单一情况下的信贷资产的风险值。假设银行发放一笔价值100万元、期限为5年的固定利率贷款,年利率为8%,本金到期一次性偿本付息。目前信用等级为AA级,问99%和95%置信水平下在第一年结束时,该笔贷款市值的信用在险价值是多少?

4. 假设银行发放一笔价值1亿元,期限为5年的固定利率贷款,年利率为6%,本金到期一次性偿本付息。目前信用等级为BBB级,问99%和95%置信水平下在第一年结束时,该笔贷款市值的信用在险价值是多少?

第五章

信用评级指标体系

■【开篇导读】

信用评级是一项复杂的工作,要做好这一业务必须有一套科学的信用评级指标体系,而其内容是否完善与构建方法是否合理会直接关系到评级业务的成败。

本章主要介绍信用评级体系的内容及构建。重点讲解了模糊综合评价法和层次分析法在企业信用评级中的应用。

■【专业名词】

信用评级指标体系 信用评级要素 信用评级指标 评级权重 模糊综合评价法 层次分析法

■【本章学习目标】

- 了解信用评级指标体系的具体内容及构建原则;
- 了解我国和西方国家信用评级指标体系的构建;
- 掌握模糊综合评价法在信用评级中的运用;
- 掌握层次分析法在信用评级体系中的应用。

第一节 信用评级指标体系概述

一、信用评级指标体系的含义与内容

(一)信用评级指标体系的含义

信用评级指标体系,又称资信评级指标体系,是信用评级机构在对被评对象的资信状况进行客观公正的评价时所采用的一套完整的指标选择及评价系统,也是信用评级的依据。如果评级机构不构建一套科学的信用评级指标体系,信用评级工作就无法有序开展,更谈不上实现评级结果的客观性与公正性了。

目前,全球著名的评级机构都有自己的信用评级指标体系,而我国的各家评级机构也各有一套体系,自主评级。这样可能就会有指标体系是否合理的问题产生,我们无法要求各评级机构完全统一这一体系,但如何在理论上加深认识,努力提高信用评级指标体系的客观性、公正性、规范性与科学性,从而保证信用评级结果的准确性,这是每一个信用评级机构都要努力的方向。

（二）信用评级指标体系的内容

不管哪家评级机构如何构建自己的系统，一个完整的信用评级指标体系应该包括六个方面。

1. 信用评级的要素

一个评级机构要建立信用评级指标体系，首先要明确评级的内容要从哪些方面入手，即评级的范围有几个，我们可以把这些方面称为评级的要素，它体现了评级机构对信用概念的理解。国际上对信用要素有很多种归纳，包括5C要素分析法、5P要素分析法、5W要素分析法、CAMPARI要素分析法和骆驼评估体系等，尤其是5C要素法，主要从品质、能力、资本、抵押和条件等五个方面进行分析，已成为许多评级工作的经典分析框架。

2. 信用评级的指标

这是体现信用评级要素的具体项目，也是对评级内容的细化。评级要素只是规定了大的方面，而这些方面又要通过一些指标加以衡量。例如，要分析企业的基本素质，可以从管理人员的素质、员工的素质、企业的人员构成、企业的技术装备情况等指标入手；要分析企业的资金信用情况，就要看企业的自有资金占比、资产负债率、流动比率、利息保障倍数、贷款逾期率、贷款的违约次数及数量等方面的指标；企业盈利能力的高低可以通过销售利润率、资本金利润率和成本费用利润率等指标加以体现。

一般来说，信用评级的指标有数量型，也有定性指标，但一般通过一些定量指标可以更方便地进行处理。另外，指标的选择必须有代表性，要能充分体现评级的内容，通过几项主要指标就能把企业信用的某一方面情况较为全面地揭示出来。

3. 信用等级

这是反映信用等级高低的符号和级别。1909年时，穆迪最早引入等级符号来区分不同公司的信用等级。目前，不同评级机构采用的评级等级体系各有不同，有的采用4级，有的采用5级，有的采用7级，有的采用9级，也有的采用10级或更多级别。总体来说，长期债务时间长，影响面广，信用波动大，故采用较宽的级别；短期债务时间短，信用波动小，一般级别较窄。为了满足投资者的要求，标准普尔公司等机构在原有等级基础上使用"+"与"-"符号进行微调，而穆迪公司则把各等级再细分为1、2、3三级。

4. 信用评级的标准

要把信用状况划分为不同的级别，就要对每一项指标定出不同级别的标准以作为参照来定级。制定合理的评级标准是建立信用评级指标体系的一个重要内容，标准太高或太低都不利于评级业务的正常开展：如果标准定得过高有可能把信用好的企业挤出投资等级；如果标准定得过低，可能把信用不好的企业混入投资等级。因此，标准的制定必须十分慎重。

对于是否需要明确设置以及如何设置各个级别的评级标准这一问题，在理论界与实务界都是仁者见仁，智者见智的。有的人认为不必设置标准，在评级时由评级分析人员根据经验判断确定，但多数人都认为光凭经验判断容易受个人主观见解和外界环境左右，所以评级机构应该制定明确的评级标准。

5. 信用评级的方法

信用评级的方法多种多样,分为自我评议、群众评议和专家评议三大类。在独立的专业评估机构或银行的评级业务中,一般采用专家评议。而政府机关组织的评级可以采用自我评议、群众评议和专家评议相结合的方法。具体操作评级时,可以采用定量分析方法或定性分析方法,或者将定量分析与定性分析结合运用。在定量分析方法中,又有功效系数法、分段计分法、梯级递减法等多种做法。

6. 信用评级的权重

这是指在评级指标体系中各项要素与指标的重要性表示,影响企业或者证券信用状况的因素是多种多样的,而不同因素的影响力不尽相同,因此,在进行信用评级时,对各项指标在信用评级指标体系中的作用不可能等同看待。如果一些指标在评级中占有重要地位、对企业的信用等级起到决定性作用的,就要给以大一些的权重,而有些指标的作用可能小一些,其权重就相对要小。

二、建立信用评级指标体系的原则

为了保证信用评级结果的合理、客观与公正,评级机构应该在正确的指导原则下建立信用评级指标体系。

(一) 全面性

信用状况是一个复杂的问题,各种因素之间存在相互联系和相互制约的关系,一个信用评级指标只能反映资信状况某一方面的个别特征,说明某一个问题。只有把多个有机联系的信用评级指标综合在一起,才能反映资信状况的各个方面特征。因此,信用评级指标体系的内容应该全面地反映影响评级对象资信状况的各个要素,不但要考核过去的信用状况,而且要预测未来的发展趋势;不但要考虑评级对象本身的情况,而且要研究外部环境及其产生的影响。这样,得出的资信状况才能达到全面评价的要求。

(二) 科学性

信用评级指标体系要体现信用评级达到的目的,选择的各项指标必须是有机配合形成整体,相互之间不重复、无矛盾,指标的计算和评价方法必须有一定的科学依据。在制定指标时应该尽量考虑国家财务制度的规定和监管部门的监管要求,因为这些指标都有规定的标准值,便于对照检查,而且每年都有统计数据,容易掌握和判断。

对于没有监管部门统一规定的指标与标准,评级机构要通过不断积累统计数字,认真判断这些指标对资信状况的影响,科学地加以引用。当然,信用评级指标体系的建立是一个动态的过程,评级机构要在不断实践的基础上逐步改进充实,努力提高指标体系的科学性。

(三) 针对性

影响资信状况的因素有很多,有直接的因素,有间接的因素,有主要的因素,有次要的因素,还有潜在的因素。评级机构不可能要把所有因素都包括进去,因此信用评级指标体系在全面反映信用状况的基础上要有针对性,重点突出,特别是不能忽略重要的指标。另外,不同的评估对象和评级目的,不同的行业,信用评级的指标体系也应有所不同,信用评级指标要充分体现行业的特点。例如,国内信用评级分为证券评级、企业评级和特定信用关系评级三类,就应根据评级要求的不同,分别制定各自的信用评级指标体系。再如,对金融机构评级时,要关注有关资产负债比例管理与不良资产比率等一些指标,而在工商企业评级中,一般就没有这些指标。

(四)公正性

评级机构建立信用评级指标体系要符合客观事实,要能正确反映评级对象资信等级的真实状况。这就要求该体系的设置是公正的,没有偏向评级业务中涉及的任何一方,评级人员的态度必须不偏不倚,决不能根据个人爱好任意改变指标项目、计算方法和评价标准。在评级过程中,本着对社会负责的精神,以事实为依据,评估结果要使各方面都令人信服,经得起考验。

(五)合法性

信用评级指标体系的设置必须严格遵守国家的相关法律法规和制度,体现国家的宏观政策的导向,不能违反法律规定,不能与国家的政策相抵触。例如,国家对于一些行业有专门的经济效益指标和风险监管指标标准值的,评级机构应该遵守这些规定要求。再如,对于一个违法乱纪的企业,不应该给予高的资信等级。

(六)可操作性

信用评级指标体系要具有实用性,便于操作和设计计算程序。各个指标的选择要清晰明确,使评估客户容易理解;既要参照国际惯例,考虑与国际接轨,又要符合我国国情,体现中国特色。指标数量应合适,之间的关系应合理,不要出现大面积的重复,从而避免大量的重复劳动,提高评级活动的效率。

第二节 信用评级指标体系的构建

对于评级指标体系是否该统一,争论较多,但不管是哪个评级机构的指标体系都应体现评级对象的一些基本要素,采用科学的评级方法。为了建立一套科学、完善的指标体系,有必要对国内外现有的信用评级指标体系有一个简要的认知。

一、我国早期的企业信用评级指标体系

下面以我国早期企业信用评级指标体系为例,介绍一下1992年全国信誉评级协会筹备与制定的这套指标体系的情况。

工业企业评级的体系见图5-1,其评分的主要特点有以下几个。

(一)信用评级的要素与指标

这套指标分企业素质、资金信用、经营管理、经济效益和发展前景等5个要素,每个要素下面又分别有3~7个指标,共计23项指标构成。

```
                    工业企业信用
                    评级指标体系
    ┌──────┬──────┬──────┼──────┬──────┐
 企业素质  资金信用  经营管理  经济效益  发展前景
   │       │       │       │       │
 领导群体  全部资金  产品销售  全部资金  市场预测
 素质     自有率   增长率   利税率
   │       │       │       │       │
 职工队伍  定额流动  一级品率  销售收入  发展规划
 素质     资金自有率         利润率   及措施
   │       │       │       │       │
 综合能力  流动比率  新产品开发 利润增长率 管理手段
                  计划完成率
   │       │       │
 管理素质  呆滞资金  合同履约率
         占压率
           │       │
         流动资金  产品销售率
         贷款偿还率
           │       │
         贷款支付率 成品库存
                  适销率
                   │
                 全部流动
                 资金周转率
```

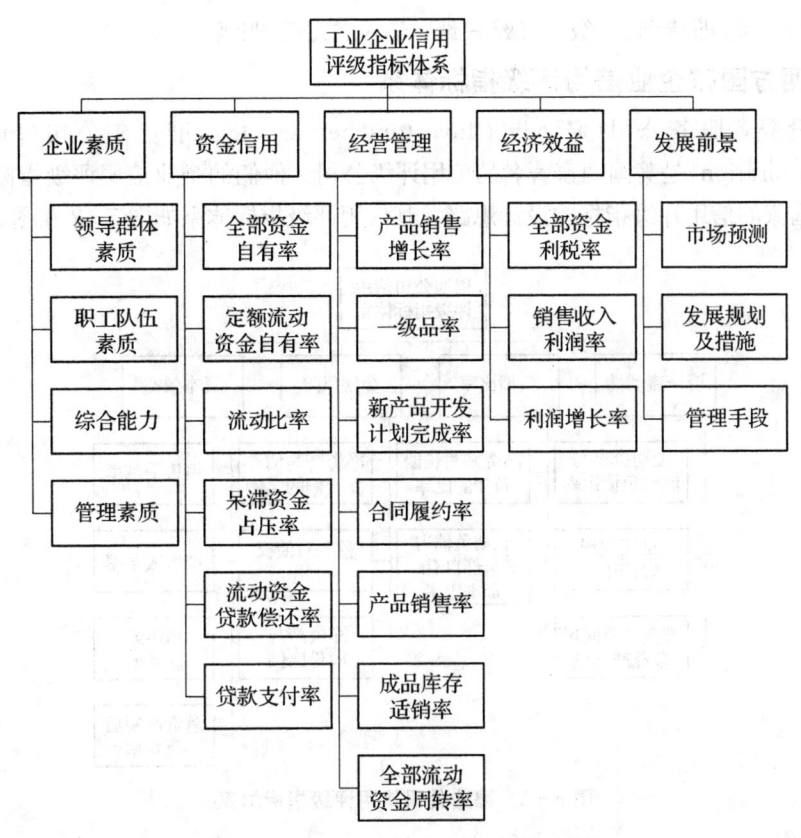

图 5-1　我国工业企业信用评级指标体系

（二）信用评级的权重

这套办法采用百分制计分,其中:企业素质计 6 分、资金信用 31 分、经营管理 36 分、经济效益 22 分、发展前景 5 分,合计 100 分。由此可以看出,当时的指标体系把经营管理列为工业企业评级指标体系的重点,其次为资金信用和经济效益,最后为企业素质和发展前景。这样做的目的是由于企业素质和发展前景主要凭经验计分,弹性较大,为了减少计分方法的随意性和主观性,故而给了较小分值。

（三）信用评级的方法

在这套指标体系中,采用了定性分析和定量分析相结合的方法。企业素质与企业发展前景采用定性分析,根据评估人员专业知识和现场调查进行判断定分。资金信用、经营管理和经济效益,根据各项指标三年平均实际值进行评分。

（四）计分标准

定量指标计分采用两种方法:一种方法是按标准值分段计分,另一种方法是按标准值实际完成情况乘以指标分值计算。定性指标则由专家或评估人员根据经验判断确定分值。

（五）信用评级的等级设置

企业信用等级采用三等九级制,从 AAA 到 C,每一级为 10 分。在实际应用中,由于信用差的企业很少参加评级,较后面的等级实际没有运用,通常银行系统常把贷款企业信用等级分为4级,即特级、一级、二级、三级,或一、二、三、四级。

二、西方国家企业信用评级指标体系

穆迪投资者服务公司(Moody's Investors Service)和标准普尔公司(Standard & Poor's Corporation)是美国两家著名的信用评级公司。他们的企业信用评级指标体系可以代表发达国家的信用评级指标的设计思路。其信用评级指标体系如图5-2和图5-3所示。

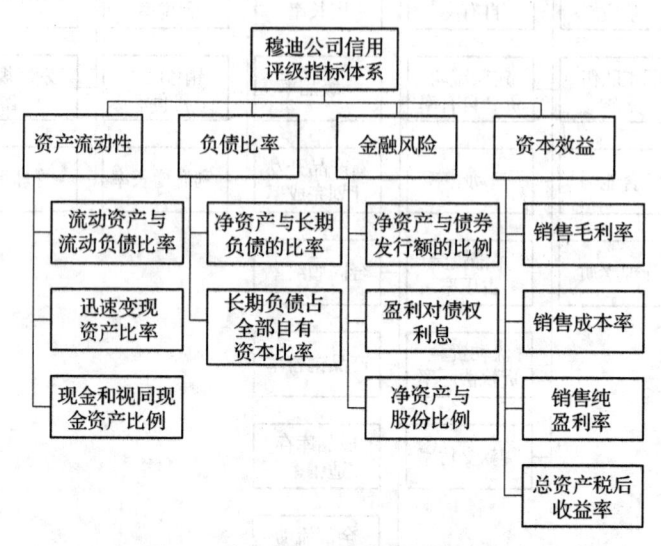

图5-2 穆迪公司信用评级指标体系

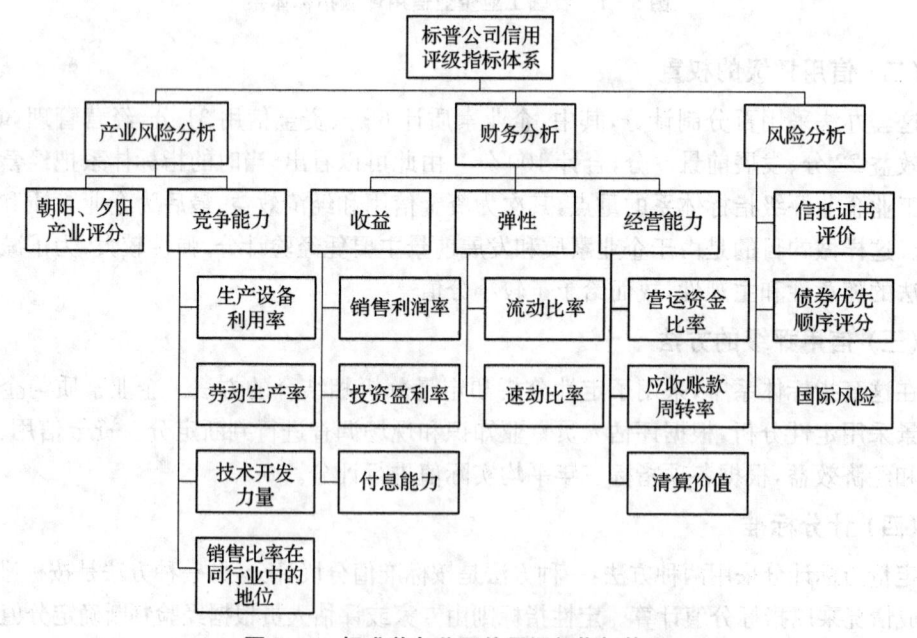

图5-3 标准普尔公司信用评级指标体系

从两图中可以看出,这两家公司信用评级指标体系的设置稍有差别,但总体上是一致的,都强调财务指标,在财务指标中又突出企业偿债能力和企业盈利能力两方面指标。同时,特别注重风险分析。

通过以上对国内外已有的具有代表性的信用评级指标体系的简介可以看出,国内外的评级指标体系都非常注重对企业的资金信用、资金使用效率、盈利能力和经营环境的分析,国外的指标体系还很重视企业的现金流量分析和风险分析。

三、信用综合评估方法

(一)要素分析与财务分析的综合运用

在信用评级指标中,有的是定性指标,有的是定量指标,至于信用分析应该偏重于哪个方面,在实务界还有不同的声音。

财务指标多是定量的财务数据,能比较直观地体现信用的一些方面,也比较容易利用数学模型或函数变量对过去的财务指标进行分析。但许多评级机构认为,财务数据只是评级的出发点,如果不对宏观经济、市场环境、国际竞争能力、管理人员的素质等各种因素进行分析调查,则评级很难得出正确的结论。而且,评级结果的最终结论还要依靠分析人员的主观判断,最后由评级委员会投票决定。

当然,为了避免因人而异的个人主观判断过度地影响评级结果,也还是要多收集客观数据来作为评价的基础。在我国,有些评价项目(如企业经济效益评价、国有资本金绩效评价等)也采用百分制评分方法。

可以看出,信用评级中定性分析与定量分析都会对评级结果产生一定的影响,因此分析时要进行结合,即采用综合评估方法。

1.(加权)评分法

评分法(或加权评分法)是目前信用评价中应用较多的一种方法。它是根据各具体指标在信用评价总目标中的不同地位,给出或设定其标准权数,同时确定各具体指标的标准值(通常可以选择该指标的行业平均值作为基础设定),然后比较指标的实际数值与标准值,得到级别指标分值,最后汇总指标分值求得加权评估总分。

专栏5-1　联合资信公司零售企业主体信用评级模型(打分表)

(一)打分表逻辑

联合资信公司通过打分表的形式对零售企业进行主体信用评级。打分表主要由多个评级要素及相应细化的多个定性和定量因素所组成,包括对企业经营风险评估和财务风险评估。其中,经营风险评估包括"经营环境""自身竞争力"两部分,财务风险评估包括"现金流""资本结构"和"偿债能力"三部分。各评级要素又由多个二级因素组成。比如,"经营环境"细分为"宏观和区域风险""行业风险"两部分,"自身竞争力"细分为"基础素质""经营分析"和"企业管理"三部分,"现金流"细分为"盈利能力""资产质量"和"现金流量"三部分。联合资信根据行业特点、行业政策、行业内企业表现、专家经验等确定零售企业二级因素主要因子(即三级因素)及对应权重。

(二)零售企业个体基础级别打分表

零售企业个体基础级别打分表如表5-1、表5-2所示。

表 5-1　零售企业个体基础级别打分表——经营风险评估

一级因子	二级因子		二级权重	三级因子	三级权重
经营风险	经营环境	宏观和区域风险	50%	宏观和区域风险	100%
		行业风险	50%	行业风险	100%
	自身竞争力	基础素质	45%	经营区域	60%
				地理位置	40%
		经营分析	40%	经营规模(亿元)	30%
				门店数量	20%
				零售业态	30%
				经营效率	20%
		企业管理	15%	法人治理结构	50%
				管理水平	50%

表 5-2　零售企业个体基础级别打分表——财务风险评估

一级因子	二级因子	二级权重	三级因子	三级权重
财务风险	盈利能力	50%	利润总额(亿元)	45%
			营业利润率(%)	30%
			净资产收益率(%)	25%
	现金流量	20%	经营活动现金流量净额(亿元)	50%
			现金收入比(%)	50%
	资产质量	30%	资产总额(亿元)	60%
			流动资产占比(%)	20%
			总资产周转次数(次)	20%
	资本结构	—	所有者权益(亿元)	45%
			全部债务资本化比率(%)	30%
			资产负债率(%)	25%
	偿债能力	—	现金类资产/短期债务(倍)	12.5%
			经营现金流动负债比(%)	12.5%
			速动比率(%)	25%
			EBITDA利息倍数(倍)	25%
			全部债务/EBITDA(倍)	20%
			全部债务/经营活动现金流量净额(倍)	5%

资料来源：联合资信评级有限公司。

2. 模糊综合评价法

模糊综合评价法(Fuzzy Comprehensive Evaluation，FCE)是根据模糊数学的原理，利用隶属函数进行综合评估，这为信用评级开辟了一条新的思路。

1) 模糊综合评价法的理论基础

经典的集合论认为，一个元素要么属于某个集合，要么不属于某个集合，不存在介于二者之间的情况。但是，在现实世界中，有很多事物之间的关系是模糊的，并不像理论上所讲的那么清楚。

1965年，美国加利福尼亚大学的查德(L. A. Zadeh)教授创立了"模糊集合论"，用它来定量描述边界模糊和性状模糊的事物。查德引入了隶属度(即隶属于某个集合 A 的程度)的概念，来描述那些处在"属于"和"不属于"之间的模糊事物，并记为(X)。当 $A(X)=0$，就是"不属于"集合，当 $A(X)=1$，就是"属于"集合，这两种状况下的集合 A，就是一个经典集合。但当 $A(X)$ 取值为 0 和 1 之间的小数时，A 就成为一个模糊集合。例如，$A(X)=0.9$，表示隶属于集合 A 的程度比较高；$A(X)=0.1$，表示隶属于集合 A 的程度比较低。这样，对那些模糊性状的事物就有了一种可靠的定量分析方法，它为人类智能信息处理工程(如决策解决大规模、复杂的管理和经济大系统)提供了一种模型。

2) 模糊综合评价法在评级中的应用

从上面可以看出，模糊综合评判法是基于评价过程的非线性特点提出的，利用模糊数学中的模糊运算法则，对非线性的评价领域进行量化综合，从而得到可比的量化评价结果的过程。同时，它在模糊的环境中考虑了多种因素的影响，出于某种目的对某事物做出了综合决断或决策。

而信用评级正是具有以上特点，对评级对象，从不同指标出发可以对其得出不同的评判，因此，评级机构不能以一种指标来决定而要进行多指标的综合评价，这样才能避免片面性，使评判更接近实际。另外，许多指标在评判时也具有一定的模糊性，故而运用模糊综合评判法来加以处理更为科学。

从 20 世纪 90 年代初期开始，国内外学者们一直从事着将模糊管理数学的方法应用于银行与信用业务的研究。目前，模糊综合评价法已经在贷款人的道德因素分析、贷款额度、内部风险控制、信用评级、贷款分类及准备金充足性等方面都得到了广泛的应用。

在评级中应用模糊综合评价法的基本思路为：

首先，评级机构通过调查了解各项指标的后进水平点(低值)和先进水平点(高值)，建立起[0,1]区间，然后，分别将各项指标的实际数据映射到对应的[0,1]区间上，得到各项实际指标的"单因素隶属度"，对各个指标做出单项评估。为了简化运算过程，一般可以通过简单的线性插值法来求得各项指标在[0,1]区间上的隶属度。

其次，对各单因素隶属度进行加权算术平均，算出综合隶属度，得出综合评估的指标值。

最后，分析得出的评估结果，一般越接近 0 表示信用越差，越接近 1 表示信用越好。

3) 模糊综合评价法的具体做法

模糊综合评价法在信用评级中的具体应用过程是：将评价目标看成是由多个因素组

成的模糊集合(称为因素集,记为 U);再设定这些因素所能选取的评定等级,组成评语的模糊集合(称为评语集或备择集,记为 V);分别求出各单一因素对各个评审等级的隶属程度(称为模糊评价矩阵);然后,根据各个因素在评价目标中的权重分配,通过计算(称为模糊矩阵合成),求出评价的最终分数,确定相应的等级。

由此可见,模糊综合评价包括七个步骤:建立因素集,建立备择集(评价集),确立评价标准矩阵,建立模糊评价矩阵,建立权重集,单因素模糊评价,模糊综合评价。

(1) 建立因素集。

对于信用评价系统,设有 m 个评价因素需要考虑,则评价对象的因素集记为: $U=(U_1,U_2,\cdots,U_m)$。比如,某个信用评估对象主要受十个因素影响,即 $m=10$,则评价对象集合记为: $U=(U_1,U_2,\cdots,U_{10})$。

(2) 建立备择集。

如果每个评价因素的最终评语种类有 n 个,即 $v_1,v_2,\cdots,v_n$,则评语集记为 $V=(v_1,v_2,\cdots,v_n)$。比如,一个评级机构对评级对象设定的评级结果取三等九级,则 $n=9$ 评语集为:

$$V=(AAA, AA, A, BBB, BB, B, CCC, CC, C) \tag{5.1}$$

(3) 确立评价标准矩阵。

这是评级机构根据长期实践经验或其他来源得出的不同因素在相应的评语种类中应具有的经验数值。如上面举数字例子中,取 $m=10,n=9$,则评价标准矩阵见表 5-3。

表 5-3 评价标准矩阵

	AAA	AA	A	BBB	BB	B	CCC	CC	C
U_1	X_{11}	X_{12}	X_{13}	X_{14}	X_{15}	X_{16}	X_{17}	X_{18}	X_{19}
U_2	X_{21}	X_{22}	X_{23}	X_{24}	X_{25}	X_{26}	X_{27}	X_{28}	X_{29}
...	...	...	...	...	...	...	...	...	...
U_9	X_{91}	...	...	...	...	...	...	...	X_{99}
U_{10}	X_{101}	...	...	...	...	...	...	...	X_{109}

(4) 建立模糊评价矩阵。

在得到某个评级对象的指标实际值后,评级人员分析实际值属于该指标对应的各个评语的隶属程度,第 i 个单因素($i=1,2,\cdots,m$)对各个评语的隶属函数向量用 n 维模糊向量表示,即 $R_i=(r_1,r_2,r_{in})$,其中 $r_{ij}\in[1,0]$,且 $\sum_{j=1}^{n}r_{ij}=1$。

所有 m 个单因素模糊评价向量放在一起就构成一个 $m\times n$ 矩阵,记为:

$$R=(r_{ij})_{m\times n} \tag{5.2}$$

式中,$i=1,2,\cdots,m$;$j=1,2,\cdots,n$;r 表示第 i 个变量属于第 j 个评语的隶属度。

(5) 建立权重集。

由于不同指标在信用等级决定中有着不同的重要性,因此用加权系数向量来表示各个要素的重要程度,记为:

$$A = (a_1, a_2, \cdots, a_m)_{1 \times m} \tag{5.3}$$

其中

$$a_i \in [1,0], \sum a_i = 1 \quad i = 1, 2, \cdots, m$$

(6) 计算综合评价向量。

结合考虑模糊评价矩阵与加权系数向量,我们可以得到加权综合隶属度向量:

$$P = A_{1 \times m} \times R_{m \times n} = (p_j)_{1 \times n} \tag{5.4}$$

式中,p_j 表示该企业的评级属于第 j 级的概率是多少。

(7) 计算综合评分。

为了得出最后的评分,引进分数集 F:

$$F = (f_1, f_2, \cdots, f_n)_{n \times 1} \tag{5.5}$$

得到最后的评分:

$$Z = P_{1 \times n} \times F_{n \times 1} = Z_{1 \times 1} \tag{5.6}$$

3. 多级模糊综合评价模型

由于信用评级体系十分复杂,综合指标体系往往会有多个层次结构,一个因素集下面又有多个子因素集,因此要采用模糊数学法中的优序评价模型。下面说明如何应用二级模糊综合评价模型。

(1) 确定因素集。

将信用评价指标按各自的关系建立评价体系,设:

第一层次要素集有 s 个子集,记为 $U_1, U_2, \cdots, U_s$,并满足条件 $U = \{U_1, U_2, \cdots, U_s\}$,$U_i \cap U_j = \phi$(当 $i \neq j$)。

第二层次指标集:

每个子集 $U_i (i = 1, 2, \cdots, s)$,又可由它的下一级评价指标子集 X_{imi} 来评价,即可表示为:

$$U_i = \{x_{i1}, x_{i2}, \cdots, x_{imi}\} \tag{5.7}$$

式中,$i = 1, 2, \cdots, s$;m_i 表示 U_i 的子元素的个数。

因素集 U 中所有的二级子因素的个数为:$m = \sum m_i$。

(2) 做出所有评价指标的评语集。

还是假定评价指标的评语有 n 个,记为:

$$V = (v_1, v_2, \cdots, v_n) \tag{5.8}$$

(3) 对每一个评价指标 U 进行单指标评价得出单指标评价矩阵。

$$R_i = (r_{ij}, k)_{m_i \times n} \tag{5.9}$$

式中,$i = 1, 2, \cdots, s$;$j = 1, 2, \cdots, m$;$k = 1, 2, \cdots, n$。这里 (r_{ij}, k) 表示指标 x_{ij} 对评语 v_k 的隶属度。

(4) 设置子因素集中各指标的权重。

给出 U_i 中各评价指标的权重,记为:

$$A = \{a_{i1}, a_{i2}, \cdots, a_{imi}\} \quad (5.10)$$

满足：$\sum_{j=1}^{mi} a_{ij} = 1$。

(5) 得出 U_i 的最终评语。

$$B_i = A_i X R_i = (b_{i1}, b_{i2}, \cdots, b_{in}) \quad i = 1, 2, \cdots, s \quad (5.11)$$

由于影响评标结果的因素有很多，为了避免丢失有价值的信息，做到真正的客观公正，应综合考虑各种指标因素的影响，因此在 b 的确定中采用了加权平均法，即有：

$$B_{ik} = \sum_{j=1}^{mi} a_{ij} r_{ij}, k \quad (5.12)$$

(6) 得出 U 的总体评价。

将 U_i 视为一个单独元素，用 B_i 作为 U_i 的单指标评价向量，可构成一级元素的模糊评价矩阵：

$$R = \begin{bmatrix} B1 \\ B2 \\ \vdots \\ Bi \end{bmatrix} = \begin{bmatrix} b_{11} b_{12} \cdots b_{1m} \\ b_{21} b_{22} \cdots b_{2m} \\ \vdots \\ b_{i1} b_{i2} \cdots b_{im} \end{bmatrix} \quad (5.13)$$

同时，按照 U_i 在 U 中的重要程度给出相应的权重，$A = (a_1, a_2, \cdots, a_m)_{1 \times s}$，便可得出 U 的最终评语向量。

$$B = A \cdot R = (b_1, b_2, \cdots, b_n) \quad (5.14)$$

按照最大隶属度原则，据此可以得出总体评价。

企业信用等级的确定，

引入分数集：$F = (f_1, f_2, f_3, \cdots, f_9)^T = (95 \ 85 \ 75 \ 65 \ 55 \ 45 \ 35 \ 25 \ 10)^T$

信用等级的综合评价分数为：

$$Z = BF = \sum_{j=1}^{P} (b_i f_i) \quad (5.15)$$

取得企业信用的综合评价值后，在企业产业符合国家政策的前提下，对照表 5-4 找出相应的等级评语，即为企业资信等级的最终评定结果。

表 5-4 企业信用等级表

等级	AAA	AA	A	BBB	BB	B	CCC	CC	C
综合分数区间	[90,100]	[80,90)	[70,80)	[60,70)	[50,60)	[40,50)	[30,40)	[20,30)	[0,20)

(7) 隶属度的确定。

模糊综合评价法中的一个重要步骤是要确定各指标的隶属度，一般可以采用专家评分法与插值法。

① 专家评分法。

这是评标过程中比较容易的一种方法,也是确定定性指标隶属度的一种常用方法。其具体操作过程是:聘请若干个专家对每个指标针对评语给打出分来,打分范围在区间 $[0,1]$ 之内,单个指标的评分之和应为 1。例如,每位专家给 X_{ij} 项指标打分时,应满足 $\sum_{j=1}^{n} r_{ij} = 1$,打完分后对每项指标在每个评语下的得分分别取平均值,得出最终得分,并以其作为对应的隶属度。

② 插值法。

这一方法主要适用于定量指标的隶属度测定。评级人员通过调查了解到各项实际指标的后进水平点和先进水平点并将后进水平点设定为"0",先进水平点设定为"1",建立起区间 $[0,1]$,然后分别将各项指标的实际数据映射到对应的 $[0,1]$ 区间上,得到各项实际指标的隶属度。

为了简化运算过程,我们可以通过简单的线性插值法来求得各项指标在 $[0,1]$ 区间上的隶属度。

根据平面上的两点决定一条直线,设后进水平点的坐标为 (x_1, y_1),先进水平点的坐标为 (x_2, y_2),则可以建立直线方程式,利用实际值 x 与上下级的临界值之间的关系进行隶属度的确定。

当然,由于指标有正向与逆向之分,因此在采用插值法计算隶属度时也要应用不同的公式:

对于正向指标:

$$r(x) = \frac{x - x_i}{x_i + 1 - x_i}, 满足: x_i < x < x_{i+1} \tag{5.16}$$

对于逆向指标:

$$r(x) = \frac{x_i + 1 - x}{x_i + 1 - x_i}, 满足: x_i < x < x_{i+1} \tag{5.17}$$

式中,x_i, x_{i+1} 分别为评价标准矩阵中各因素的相邻两级评语的标准值。

4. 模糊综合评价法的优缺点

(1) 模糊综合评价法的优点如下:

第一,这一方法采取比较的做法,它不直接依赖于某一项指标,也不过分地依赖绝对指标,这样可以避免在一般评价方法中由于标准选用不合理而导致的评价结果出现较大的偏差。

第二,引入权数的概念,通过权数体现各评价指标的重要程度,但允许在权数选择上有一定的出入,而不至于改变最终的评价结果。

第三,在技术处理上,这一方法可以有效避免累计误差的影响。

第四,模糊评价中算子的选择和隶属函数关系的确立,使各项参与评价的非量化指标之间建立起一定的有机联系,从而使评价结果能够更好地反映出评价对象的整体特征和一般趋势。

(2) 模糊综合评价法的缺点如下：

第一，该方法对状态指标缺乏有效的处理办法，会直接影响评价结果的准确性。

第二，该方法未能充分考虑企业近几年各项指标的动态变化，评价结果在全面反映企业生产经营发展的真实情况上可能有不足。

专栏 5-2　　案例分析××科技股份有限公司的信用评级

（一）企业三年的财务状况

××科技企业股份有限公司2006—2008年财务状况如表5-5所示。

表 5-5　××科技企业股份有限公司 2006—2008 年财务状况

单位：万元

年 份	2006	2007	2008	年 份	2006	2007	2008
流动资产	53 777	134 453	125 486	流动负债	167 366	147 337	225 769
货币资金	21 765	90 926	56 017	短期借款	89 987	83 724	90 040
短期投资	0	0	0	应付票据	21 800	23 000	47 963
应收票据	50	1 764	2 668	应付账款	22 105	14 918	60 658
应收账款净值	3 284	5 101	7 241	预收账款	7 297	6 845	10 060
其他应收款	929	6 451	5 481	其他应付款	23 809	4 432	6 314
预付账款	10 520	9 891	12 512	应付工资	15	194	156
存货	17 229	20 321	40 768	应付福利费	161	0	0
待摊费用	0	0	0	应付股利	0	0	0
长期投资	14 444	17 493	24 277	应交税金	2 134	4 113	1 750
固定资产原值	128 783	100 082	321 117	其他应交款	57	0	0
固定资产净值	102 463	100 082	321 117	预提费用	0	0	0
在建工程	64 476	94 855	4 046	一年内到期的长期负债	0	10 110	8 829
固定资产合计	180 386	194 937	325 163	长期负债	21 710	34 150	46 977
无形资产	10 910	15 088	17 697	长期借款	21 710	34 150	46 047
总资产	263 878	402 978	505 260	长期应付款	0	0	0
主营收入	76 125	141 600	162 900	应付债券	0	0	0
减：主营业务成本	59 646	101 672	128 316	负债总额	189 076	181 487	272 746
主营业务税金	508	1 055	803	所有者权益	67 120	221 491	232 513
主营业务利润	15 971	38 873	33 781	实收资本	22 285	29 504	59 008
其他业务利润	837	0	0	资本公积	25 372	145 615	116 111
减：营业费用	2 267	4 431	5 242	盈余公积	4 481	5 570	6 305

续表

年 份	2006	2007	2008	年 份	2006	2007	2008
管理费用	3 303	57 750	6 511	未分配利润	14 982	34 747	43 951
财务费用	5 088	5 908	7 614	负债及所有者权益	263 878	402 978	505 260
营业利润	6 402	25 384	15 022	经营活动现金净流量	9 207	27 141	23 458
利润总额	7 800	27 970	15 903	投资活动现金净流量	−23 360	−66 979	−87 779
减所得税	1 012	5 000	3 406	筹资活动现金净流量	−334	108 999	1 782
净利润	6 033	22 969	12 497	现金及其等价物净增加额	−14 487	69 161	−62 538

（二）企业非财务指标评分

由10位专家对××科技股份有限公司进行指标评分，调查结果统计如表5-6所示。

表5-6 非财务指标评价结果

准则层	指标层	隶属等级							
		AAA	AA	A	BBB	BB	B	CCC	CC	C
企业素质 U_1	经营者素 U_{11}		2	5	2	1				
	员工素质 U_{12}			4	4	1				
	企业管理水平 U_{13}		3	4	3					
	履约历史 U_{14}	10								
发展前景 U_2	产品生命周期 U_{15}	4	4							
	创新能力 U_{16}	3	4	3						
	行业优势 U_{17}	2	4	4						
	发展规划及措施 U_{18}	2	2	4	2					

（三）企业财务指标评分

根据上述有关财务报告数据，可得出企业三年来财务指标状况，如表5-7所示。

表5-7 企业财务指标分析

序 号	指标名称	财务指标分值	上限值 a	下限值 b	d
U_3		企业规模			
U_{31}	销售收入	139 155	100 000	1 000	12
U_{32}	利润总额	17 902.5	5 000	0	32

续 表

序 号	指标名称	财务指标分值	上限值 a	下限值 b	d
U_{33}	资产总额	426 299	50 000	0	76
U_4		偿债能力			
U_{41}	流动比率	0.62	130%	80%	−4
U_{42}	速动比率	0.46	90%	40%	1
U_{43}	资产负债率	0.55	70%	40%	4
U_{44}	利息保障倍数	3.77	4	1	8
U_5		盈利能力			
U_{51}	销售净利率	10.29%	12%	0	7
U_{52}	总资产报酬率	6.61%	8%	0	7
U_{53}	净资产收益率	7.60%	12%	0	5
U_6		运营能力			
U_{61}	总资产周转率	36.45%	80%	20%	2
U_{62}	应收账款周转率	2 796.73%	300%	100%	121
U_{63}	存货周转率	441.75%	300%	100%	15
U_{64}	现金净流量				7
U_7		发展能力			
U_{71}	净资产增长率	73.75%	10%	0	66
U_{72}	净利润增长率	75.09%	8%	0	84
U_{73}	主营业务增长率	39.71%	11%	0	32

注：财务指标分值 $c = 0.2X_{t-2} + 0.3X_{t-1} + 0.5X_t$　$d = \left[\dfrac{c-b}{a-b} \times 9\right]$。

（四）模糊综合评判

1. 一级模糊综合评判

根据表5-5,可得一级模糊评判矩阵 R_1、R_2 分别如下：

$$R_1 = \begin{bmatrix} 0 & 0.2 & 0.5 & 0.2 & 0.1 & 0 & 0 & 0 & 0 \\ 0 & 0.1 & 0.4 & 0.4 & 0.1 & 0 & 0 & 0 & 0 \\ 0 & 0.3 & 0.4 & 0.4 & 0 & 0 & 0 & 0 & 0 \\ 1 & 0 & 0 & 0 & 0 & 0 & 0 & 0 & 0 \end{bmatrix}$$

$$R_2 = \begin{bmatrix} 0.4 & 0.4 & 0.1 & 0.1 & 0 & 0 & 0 & 0 & 0 \\ 0.3 & 0.4 & 0.3 & 0 & 0 & 0 & 0 & 0 & 0 \\ 0.2 & 0.4 & 0.4 & 0 & 0 & 0 & 0 & 0 & 0 \\ 0.2 & 0.2 & 0.4 & 0.2 & 0 & 0 & 0 & 0 & 0 \end{bmatrix}$$

根据表5-6,可得一级模糊评判矩阵 R_3、R_4、R_5、R_6、R_7 分别如下：

$$R_3 = \begin{bmatrix} 1 & 0 & 0 & 0 & 0 & 0 & 0 & 0 & 0 \\ 1 & 0 & 0 & 0 & 0 & 0 & 0 & 0 & 0 \\ 1 & 0 & 0 & 0 & 0 & 0 & 0 & 0 & 0 \end{bmatrix}$$

$$R_4 = \begin{bmatrix} 0 & 0 & 0 & 0 & 0 & 0 & 0 & 0 & 1 \\ 0 & 0 & 0 & 0 & 0 & 0 & 0 & 1 & 0 \\ 0 & 0 & 0 & 0 & 1 & 0 & 0 & 0 & 0 \\ 1 & 0 & 0 & 0 & 0 & 0 & 0 & 0 & 0 \end{bmatrix}$$

$$R_5 = \begin{bmatrix} 0 & 1 & 0 & 0 & 0 & 0 & 0 & 0 & 0 \\ 0 & 1 & 0 & 0 & 0 & 0 & 0 & 0 & 0 \\ 0 & 0 & 0 & 1 & 0 & 0 & 0 & 0 & 0 \end{bmatrix}$$

$$R_6 = \begin{bmatrix} 0 & 0 & 0 & 0 & 0 & 1 & 0 & 0 & 0 \\ 1 & 0 & 0 & 0 & 0 & 0 & 0 & 0 & 0 \\ 1 & 0 & 0 & 0 & 0 & 0 & 0 & 0 & 0 \\ 0 & 1 & 0 & 0 & 0 & 0 & 0 & 0 & 0 \end{bmatrix}$$

$$R_7 = \begin{bmatrix} 1 & 0 & 0 & 0 & 0 & 0 & 0 & 0 & 0 \\ 1 & 0 & 0 & 0 & 0 & 0 & 0 & 0 & 0 \\ 1 & 0 & 0 & 0 & 0 & 0 & 0 & 0 & 0 \end{bmatrix}$$

根据式(5.11)可得,一级模糊综合评判集分别为:

$$B_1 = A_1 \cdot R_1 = (0.327\,7 \quad 0.173\,0 \quad 0.238\,4 \quad 0.261\,0) \cdot \begin{bmatrix} 0 & 0.2 & 0.5 & 0.2 & 0.1 & 0 & 0 & 0 & 0 \\ 0 & 0.1 & 0.4 & 0.4 & 0.1 & 0 & 0 & 0 & 0 \\ 0 & 0.3 & 0.4 & 0.4 & 0 & 0 & 0 & 0 & 0 \\ 1 & 0 & 0 & 0 & 0 & 0 & 0 & 0 & 0 \end{bmatrix}$$

$$= (0.26 \quad 0.15 \quad 0.33 \quad 0.23 \quad 0.05 \quad 0 \quad 0 \quad 0 \quad 0)$$

$$B_2 = A_2 \cdot R_2 = (0.287\,4 \quad 0.239\,3 \quad 0.276\,0 \quad 0.197\,2) \cdot \begin{bmatrix} 0.4 & 0.4 & 0.1 & 0.1 & 0 & 0 & 0 & 0 & 0 \\ 0.3 & 0.4 & 0.3 & 0 & 0 & 0 & 0 & 0 & 0 \\ 0.2 & 0.4 & 0.4 & 0 & 0 & 0 & 0 & 0 & 0 \\ 0.2 & 0.2 & 0.4 & 0.2 & 0 & 0 & 0 & 0 & 0 \end{bmatrix}$$

$$= (0.28 \quad 0.36 \quad 0.29 \quad 0.07 \quad 0 \quad 0 \quad 0 \quad 0 \quad 0)$$

$$B_3 = A_3 \cdot R_3 = (0.269\,6 \quad 0.314\,8 \quad 0.388\,3) \cdot \begin{bmatrix} 1 & 0 & 0 & 0 & 0 & 0 & 0 & 0 & 0 \\ 1 & 0 & 0 & 0 & 0 & 0 & 0 & 0 & 0 \\ 1 & 0 & 0 & 0 & 0 & 0 & 0 & 0 & 0 \end{bmatrix}$$

$$= (1 \quad 0 \quad 0 \quad 0 \quad 0 \quad 0 \quad 0 \quad 0 \quad 0)$$

$$B_4 = A_4 \cdot R_4 = (0.287\,4 \quad 0.239\,3 \quad 0.276\,0 \quad 0.197\,2) \cdot \begin{bmatrix} 0 & 0 & 0 & 0 & 0 & 0 & 0 & 0 & 1 \\ 0 & 0 & 0 & 0 & 0 & 0 & 0 & 1 & 0 \\ 0 & 0 & 0 & 0 & 1 & 0 & 0 & 0 & 0 \\ 1 & 0 & 0 & 0 & 0 & 0 & 0 & 0 & 0 \end{bmatrix}$$

$$= (0.20 \quad 0 \quad 0 \quad 0 \quad 0.28 \quad 0 \quad 0 \quad 0.24 \quad 0.28)$$

$$B_5 = A_5 \cdot R_5 = (0.258\,9 \quad 0.336\,7 \quad 0.404\,4) \cdot \begin{pmatrix} 0 & 1 & 0 & 0 & 0 & 0 & 0 & 0 & 0 \\ 0 & 1 & 0 & 0 & 0 & 0 & 0 & 0 & 0 \\ 0 & 0 & 0 & 1 & 0 & 0 & 0 & 0 & 0 \end{pmatrix}$$

$$= (0 \quad 0.60 \quad 0 \quad 0.40 \quad 0 \quad 0 \quad 0 \quad 0 \quad 0)$$

$$B_6 = A_6 \cdot R_6 = (0.252\,5 \quad 0.215\,2 \quad 0.225\,7 \quad 0.306\,7) \cdot \begin{pmatrix} 0 & 0 & 0 & 0 & 0 & 1 & 0 & 0 \\ 1 & 0 & 0 & 0 & 0 & 0 & 0 & 0 & 0 \\ 1 & 0 & 0 & 0 & 0 & 0 & 0 & 0 & 0 \\ 0 & 1 & 0 & 0 & 0 & 0 & 0 & 0 & 0 \end{pmatrix}$$

$$= (0.44 \quad 0.31 \quad 0 \quad 0 \quad 0 \quad 0 \quad 0.25 \quad 0 \quad 0)$$

$$B_7 = A_7 \cdot R_7 = (0.404\,5 \quad 0.318\,9 \quad 0.276\,6) \cdot \begin{pmatrix} 1 & 0 & 0 & 0 & 0 & 0 & 0 & 0 & 0 \\ 1 & 0 & 0 & 0 & 0 & 0 & 0 & 0 & 0 \\ 1 & 0 & 0 & 0 & 0 & 0 & 0 & 0 & 0 \end{pmatrix}$$

$$= (1 \quad 0 \quad 0 \quad 0 \quad 0 \quad 0 \quad 0 \quad 0 \quad 0)$$

2. 二级模糊综合评判

二级迷糊评判矩阵为：

$$R = \begin{pmatrix} B_1 \\ B_2 \\ B_3 \\ B_4 \\ B_5 \\ B_6 \\ B_7 \end{pmatrix} = \begin{pmatrix} 0.26 & 0.15 & 0.33 & 0.23 & 0.05 & 0 & 0 & 0 & 0 \\ 0.28 & 0.36 & 0.29 & 0.07 & 0 & 0 & 0 & 0 & 0 \\ 1 & 0 & 0 & 0 & 0 & 0 & 0 & 0 & 0 \\ 0.20 & 0 & 0 & 0 & 0.28 & 0 & 0 & 0.24 & 0.28 \\ 0 & 0.60 & 0 & 0.40 & 0 & 0 & 0 & 0 & 0 \\ 0.44 & 0.31 & 0 & 0 & 0 & 0 & 0.25 & 0 & 0 \\ 1 & 0 & 0 & 0 & 0 & 0 & 0 & 0 & 0 \end{pmatrix}$$

根据公式可知二级模糊综合评判集 B 为：

$$B = A \cdot R = (0.082\,7 \quad 0.091\,6 \quad 0.111\,3 \quad 0.244\,8 \quad 0.195\,6 \quad 0.146\,8 \quad 0.127\,2) \cdot R$$
$$= (0.40 \quad 0.21 \quad 0.05 \quad 0.10 \quad 0.07 \quad 0 \quad 0.04 \quad 0.06 \quad 0.07)$$

引入分数集：

$$F = (f_1, f_2, \cdots, f_9)^T = (95 \quad 85 \quad 75 \quad 65 \quad 55 \quad 45 \quad 35 \quad 25 \quad 10)^T$$

根据公式可得该企业综合评分为：

$$Z = BF = (0.40 \quad 0.21 \quad 0.05 \quad 0.10 \quad 0.07 \quad 0 \quad 0.04 \quad 0.06 \quad 0.07) \cdot$$
$$(95 \quad 85 \quad 75 \quad 65 \quad 55 \quad 45 \quad 35 \quad 25 \quad 10)^T$$
$$= 73.87$$

根据表 5-4 企业信用等级表可知××科技股份有限公司信用等级评定为 A 级。

经调查，目前中诚信对该公司信用评级为 BB 级，国家开发银行山东省分行对其评级为 A⁻（相当于本文 BBB 级别），兴业银行总行以及深发展银行对其评级为 A 级，其他银行对其评级多集中在 BBB 级至 AA 级之间。

从评级过程我们可以看出该企业具备较强的规模优势以及发展能力，盈利状况良好，但是企业偿债能力较弱,严重制约了其信用等级的进一步提升,这与企业最近几年投资过快,负债规模过大有关,因此该企业总体上表现良好,但是其未来发展前景取决于企业目前大规模投资的效果。如果投资成功,则该企业将发展成为行业龙头企业,否则,可能会因投资失败为企业带来巨大的财务压力。

第三节　层次分析法在信用评级体系中的应用

在信用评级指标体系的构建中,权重系数的确定十分重要,它会直接影响到最终的评级结果。因此,评级人员需要采用合适的方法来确定各评级要素及指标的权重。常见的确定权重的方法很多,其中层次分析法是一种具有代表性的做法,本节主要介绍在信用评级体系中如何应用层次分析法。

一、层次分析法的含义

层次分析法(Analytic Hierarchy Process,AHP)是由美国著名运筹学家、匹兹堡大学教授托马斯·塞蒂(T.L. Saaty)在20世纪70年代末提出的一种定性分析与定量分析相结合的多目标层次权重决策方法。由于各种因素对于目标问题的分析有着不同的重要性,将这些因素之间的关系加以条理化列出不同层次,并排出不同类型因素的相对重要性次序,这一做法被称为层次分析法。层次分析法的基本方法是将所要解决的问题进行层次化,按性质不同分成相互联系的若干层次,根据要达到的总目标分解为不同的组成因素,并对相关因素按照相互影响以及相对于评价总目标的重要性进行计算,确定出每一层次所有因子的相对权重,形成一个多层次分析结构模型,最后通过计算综合评价值获得各要素的重要性次序高低。

在层次分析法中,复杂的问题被分解,分解后的各个组成部分称为元素,它们又按属性分成若干组,形成不同的层次。一般层次分为三类:

(1) 最高层,只有一个元素,是问题所要解决的预订决策目标,故也称为决策层;

(2) 准则层,该层次包括要实现目标所在地涉及的中间环节,它又可分成若干层,上下层之间有准则与子准则之分;

(3) 最底层,包括实现目标的各种可选措施或方案,也称方案层或措施层。

一个典型的层次结构模型可用图5-4表示。

图5-4　层次结构模型

每一层次的元素大多不超过9个（如果太多不利于两两比较）。一般以同一层次的元素作为准则对下一层次的全部或部分元素起支配作用,同时它又受上一层次元素的支配,这样形成递阶层次结构。若上层的每个因素都支配着下层的所有因素,或被下层所有因素所影响,则称为完全层次结构,否则,称为不完全层次结构。

二、层次分析法的优点

（一）层次分析法适用于解决多目标、多层次、多准则的复杂系统

层次分析法把研究对象作为一个系统,按照分解、比较、判断、综合的思维方式进行决策,没有割断各个因素对结果的影响,从而成为一个重要的系统分析工具,适用于对无结构特性的系统评价以及多目标、多准则、多时期等的系统选择中。

在资信评级中,通常选取的多个评级指标之间是相互作用与相互制约的,每一指标又受到多个因素的影响,这样的复杂系统,用其他方法难以准确地进行分析,而通过分解成层次不同的子指标,构成评级指标体系的递阶结构体系,这便为层次分析法的应用提供了"结构"基础。

（二）层次分析法结合了定性分析与定量分析

层次分析法既不单纯追求高深数学,又不片面地注重行为逻辑、推理,而是将定性分析与定量分析进行有机结合。在对复杂的决策问题的本质影响因素及其内在关系等进行了深入分析的基础上,该方法运用数量形式表达和处理的方法使决策过程数学化,有效地避免了单纯的定性分析中的主观臆断和单纯定量分析时对数据的严格要求。

（三）层次分析法的应用面极广

层次分析法的思路清晰、方法简便、系统性强,因此适用面较广,而其数学计算也比较简便,并且所得结果简单明确,容易为决策者了解和掌握,便于普及与推广。目前,层次分析法在经济、科技、文化、军事、环境乃至社会发展等方面都有广泛的应用,可以解决综合评价、方案选择、估计和预测、投入量的分配等问题。在资信评级中应用层次分析法进行综合评价,为解决信用评级指标的排序问题提供了一种简洁、直观、合理的决策方法。

三、层次分析法的基本思路

层次分析法可以解决信用评级指标在权重设置中面临的两个重要问题:标度和排序。应用层次分析法的基本步骤一般包括六个(见图5-5)。

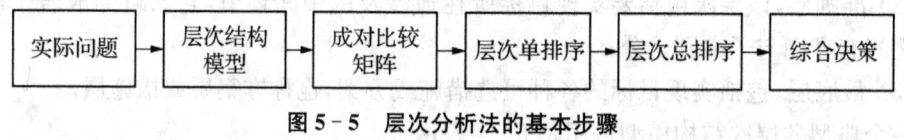

实际问题 → 层次结构模型 → 成对比较矩阵 → 层次单排序 → 层次总排序 → 综合决策

图5-5 层次分析法的基本步骤

（一）明确决策目标

在应用层次分析法时首先要分析实际问题,明确所要决策的目标,因为这是核心,也是运用该方法最终所要实现的归宿。

（二）建立模型

层次分析法中,把构成决策问题的各种要素分成准则层、子准则层与方案层,从而建

立多层次结构模型。设计分层结构指标时,分析人员要从实际出发,分层次地分析影响决策目标的相关因素,按照下层指标服从上层指标、系统综合评价最优的原则,选择不同层次的指标并构建起递阶结构模型。

(三) 构造判断矩阵

判断矩阵是以层次评价结构模型中的上一级的某要素作为评价标准,对本级的要素进行两两比较后,用判断尺度进行判断的矩阵。对同一层次(等级)的要素以上一级的要素为准则进行两两比较,并根据评价标准确定各指标的相对重要程度,据以建立判断矩阵。

假设上一层次的某目标 C 的本层次所属共有 n 个元素,为确定这 n 个元素的相对重要性,将本层次的元素 $C_{ki}(i=1,2,\cdots,n)$ 与 C_k 目标相联系(见图 5-6)。

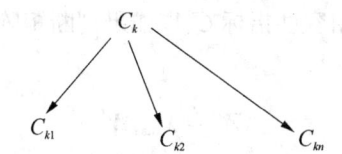

图 5-6 本层次的元素与上层次的目标相关

对 C_{ki} 中的元素针对 C_k 进行两两之间的重要性比较以建立判断矩阵 $\boldsymbol{A}$。

C_{ki}	C_{kj}				
	C_{k1}	C_{k2}	...	C_{kn}	
$\boldsymbol{A}=\begin{cases} C_{k1} \\ C_{k2} \\ \vdots \\ C_{kn} \end{cases}$			a_{ij}		$n \times n$

其中, $a_{ij}=C_{ki}/C_{kj}$,一般 a_{ij} 很难精确给出。

在层次分析法的操作中,一般采用 1~9 标度及 1,1/2,…,1/9 作为重要程度(或偏好)的标度。该标度方法设定的根据是,在心理学上认为,对事物直觉地层次剖析和比较以 9/10 级最有利于区分与判断,太细则直觉判断容易失真。

其中,各等级评分值的含义见表 5-8。

表 5-8 等级评分值标度的含义

标 度	含 义
1	对于上级指标 C_k 而言,C_{ki} 和 C_{kj} 同等重要
3	对于上级指标 C_k 而言,C_{ki} 比 C_{kj} 稍微重要
5	对于上级指标 C_k 而言,C_{ki} 比 C_{kj} 更重要
7	对于上级指标 C_k 而言,C_{ki} 比 C_{kj} 重要得多
9	对于上级指标 C_k 而言,C_{ki} 比 C_{kj} 重要得非常多或绝对重要

注:标度 2,4,6,8 介于上述两个相邻的评分值之间;倒数则正好相反,如 1/3 表示是 C_{kj} 比 C_{ki} 稍微重要。

在对各指标的重要程度进行标度后,就可按标度的多少进行计算,并求出各要素关于上层目标的权重。

一般来说,可以运用平方和法(最小二乘法)与几何平均法多种方法来计算权重。下面以常用的几何平均法来说明做法。

在几何平均法中,先求特征向量 W 的第 i($i=1,2,\cdots,n$)个分量 W_i,其中:

$$W_i = (\Pi_{ij})^{1/n} \tag{5.18}$$

然后对各个分量 $W_i(W_1,W_2,\cdots,W_n)$ 进行归一化处理,便得到关于 C_k 相对于 C_k 的重要程度向量 W,作为判断矩阵 A 的一个特征向量。

在一般的评估问题中,由于评价人不可能精确地判断出 CC 的值,只能对它进行估计,如果有估计误差,必然会导致判断矩阵 A 的特征值也有偏差,因此,对于得出的特征向量要进行相容性检验,计算相容性指标 $C.I$,如果判断矩阵 A 有误差,则 A 成为不相容判断矩阵,此时满足:

$$AW' = \lambda_{\max} W' \tag{5.19}$$

式中,$W'=W^T$ 表示带有偏差的相对重要程度向量。

我们希望能够度量由于与 A 不相容所造成的最大特征值 $\lambda_{\max}$ 和 W 的误差。

若与矩阵 A 完全相容时,则有 $\lambda_{\max}=n$,当稍不相容时,则有 $\lambda_{\max}>n$。因此,可以构建指标:

$$C.I. = \frac{\lambda_{\max} - n}{n-1} \tag{5.20}$$

一般情况下 $C.I.\leqslant 0.10$ 就可以认为判断矩阵 A' 有相容性,即判断是合理的,据此计算出的相对重要度的值是可以接收的。

(四)层次单排序

在计算出不同元素的权重大小,得出判断矩阵后,就可以据以确定该层次的不同元素的排序情况,代表了其对上层次元素的相对重要程度。

(五)层次总排序

层次总排序是自上而下进行层次间的权重合成。评价人员可利用同一层次中所有层次单排序的结果,结合上一层次各元素的权重,通过综合重要度的计算可获得该层次各元素对目标层的组合权重,进行层次总排序。

分析人员可对各种方案进行优先排序的比较从而为综合决策、选择最优方案提供科学决策依据。

专栏 5-3　　层次分析法在企业评级业务中的具体应用

企业信用评级问题正好符合层次分析法的分析思路,故可以应用该方法进行权数的确定。下面结合企业信用评级指标体系的例子来说明在评级业务中应用层次分析法的具体步骤。

（一）××环保工程有限公司简介

××环保工程有限公司是河北省环境保护产业骨干企业。该公司是一家专门从事环保工程的民营企业，公司定位于环境监测及污染控制的解决方案提供商，将国内外环境保护的成功经验和先进技术有机地融合于环保工程、监测的实践之中，通过整合一流的技术资源为用户提供包括设计、工程、设备、安装调试及运营在内的服务，帮助客户应对在环境领域所遇到的复杂问题和挑战。公司主营业务涵盖环保工程、环境在线监测、环境污染治理设施运营服务、环境管理平台开发多个领域。

××环保工程有限公司在2014年的主营业务收入为1 221万元，公司的员工人数为25人，根据2011年6月份，由工业和信息化部、国家统计局、发展改革委、财政部联合下发的《中小企业化型标准规定》，公司符合中小企业的划分标准。

（二）××环保工程有限公司财务风险的特征

第一，企业的债务结构不合理。公司2014年的财务报表数据显示，2014年公司的负债只有流动负债，没有长期负债，这样的债务结构在企业的发展中是不合理的。因为企业如果短期负债较多，就要求企业筹集流动资金用于债务的偿还，这样会造成公司资金的周转不灵，影响公司其他项目资金的使用。

第二，主营业务能力较弱。公司处于生命阶段的初创期，并且在政策利好的环境下，应该不断增强公司的创新能力，大力发展主营业务，这样在未来的市场竞争中才可以处于有利的地位。公司的财务报表数据显示，在近几年的投资中，没有加大对新技术和新产品开发的投资，这样就造成公司产品更新换代速度的下降，使公司在市场的竞争中无法占据有利地位。同时分析公司的主营业务收入，公司并没有因为目前市场良好的前景而增加相对应的主营业务收入；随着公司产品的推广和广告等费用的投入，再加上没有对应的客户量的流入，给公司带来的产品收益效果并不显著。以上的现象表明，该公司的发展能力可能不足，无法支撑公司在激烈的市场竞争中持续快速发展。

第三，对市场动向认识不足，没有合理安排投资。环境问题是这几年困扰人们生活的重大难题之一，政府多次下发文件要整治环境，要求每一个企业都要遵循文件的要求，合理排放废弃物。这样就增加了各企业对环保工程、环境监测等产品的使用。而公司主要产品就是颗粒物排放连续监测系统、VOCs在线污染源识别与预警质谱系统等专门用于工业企业废气治理、环境监测的环保工程产品。这对于该公司来说既是一个机遇，也是一个挑战，如果能够合理评估本公司的资金实力，增加产品的多样性和创新性，合理地投资新的产品项目，这时的高投资意味着高回报，不仅能增加公司的盈利，更能使公司的规模得到扩张。而在该公司的财务报表数据中显示，目前并没有这方面的投资意向，这说明该公司没有抓住市场机遇，投入资金，获得收益，同时也没有提高资金的使用效率。

第四，应收账款数额增大。中小企业的实力较弱，资金有限，如果企业没有严格的应收账款管理制度，到期可能造成坏账，进而影响企业的效益。该公司在2014年的应收账款相较于2013年增加数额较大，而且该公司内部目前没有严格而明确的应收账款管理制度，可能会造成企业过多的坏账，影响企业资金的回收，造成企业的财务风险。

（三）基于层次分析法的××环保工程有限公司财务风险评价

基于以上该公司表现出的财务风险特点，运用层次分析法的原理对××公司的财务风险进行分析评价。

1. 建立层次结构模型

首先构建中小企业财务风险评价结构模型，以上一章中构建的中小企业财务风险评价体系作为评价环利公司的财务风险结构模型，如图5-7所示。

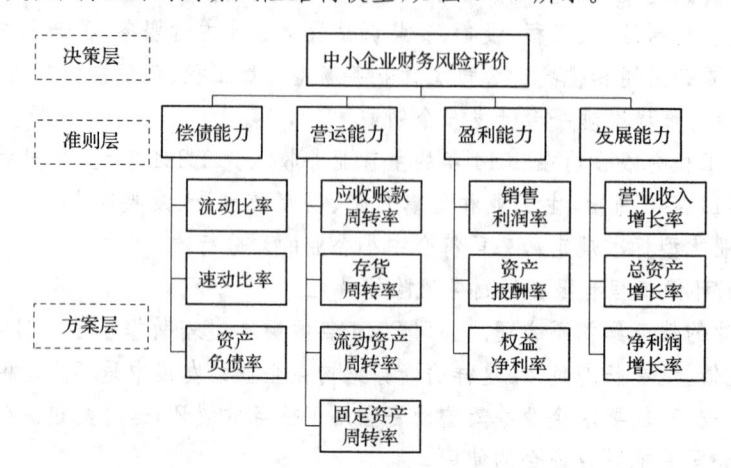

图5-7 中小企业财务风险评价结构模型

以上中小企业财务风险评价结构模型是一个由目标层（中小企业财务风险评价）、准则层（评价的一级指标）、方案层（评价的二级指标）组成的层次模型。

2. 构造判断矩阵

通过发放调查问卷的方式对××公司的财务指标重要程度进行评价，共发放60份调查问卷，发放问卷的对象包括10名××公司的管理层人员和财务人员、25名高校会计专业领域的教师、20名同行业的其他公司的管理层人员和财务人员、5名银行负责企业贷款的工作人员。调查问卷共收回48份，剔除5份没有通过一致性检验的问卷，最后取得有效问卷共43份。根据收回的有效问卷进行汇总计算，得出××公司财务指标的两两比较矩阵（见表5-9～表5-13）。

表5-9 级指标的比较矩阵

	A_1	A_2	A_3	A_4
A_1	1	4	3	2
A_2	1/4	1	1/2	1/2
A_3	1/3	2	1	1
A_4	1/2	2	1	1

表5-10 指标A_1的比较矩阵

A_1	B_1	B_2	B_3
B_1	1	2	3
B_2	2	1	3
B_3	1/2	1/3	1

表 5-11 指标 A_2 的比较矩阵

A_2	B_4	B_5	B_6	B_7
B_4	1	3	2	3
B_5	1/3	1	1/2	1/2
B_6	1/2	2	1	1/2
B_7	1/3	2	2	1

表 5-12 指标 A_3 的比较矩阵

A_3	B_8	B_9	B_{10}
B_8	1	2	2
B_9	1/2	1	1
B_{10}	1/2	1	1

表 5-13 指标 A_4 的比较矩阵

A_4	B_{11}	B_{12}	B_{13}
B_{11}	1	3	1
B_{12}	1/3	1	1/2
B_{13}	1/2	2	1

3. 层次单排序和一次性检验

一级指标权重的计算过程具体如下所示：

(1) 利用判断矩阵计算权重系数，用矩阵中各因素除以各列的和，现将矩阵归一化处理，得到：

$$A' = \begin{bmatrix} 0.4800 & 0.4444 & 0.5454 & 0.4444 \\ 0.1200 & 0.1111 & 0.0909 & 0.1111 \\ 0.1600 & 0.2222 & 0.1818 & 0.2222 \\ 0.2400 & 0.2222 & 0.1818 & 0.2222 \end{bmatrix}$$

然后对 A' 中各行要素求平均数得到最大特征根的归一化向量：

$$W = (0.4768, 0.1083, 0.1966, 0.2166)$$

(2) 计算判断矩阵的最大特征值 $\lambda_{max} = 4.0206$。

(3) 计算一致性指标 CI 和一致性比率 CR。

当 $n=2$ 时，2 阶正互反矩阵总是一致的，所以不用进行一致性检验。当 $n>2$ 时，用 $CR=CI/RI$。RI 取值，如表 5-14 所示。

表 5-14 平均一致性指标

阶　数	1	2	3	4	5	6	7	8	9	10
RI	0	0	0.58	0.90	1.12	1.24	1.32	1.41	1.45	1.49

计算得到：$CI=0.0069$

当 $n=4$ 时，$RI=0.9$，$CR=0.0077$

$CR<0.1$，因此，一级指标的判断矩阵与一致性检验符合要求。

同样的，对其他指标的判断矩阵分别做分析，得到层次单排序和一致性检验。最终结果显示，CR 均小于 0.1，因此，均通过一致性检验。

4. 层次总排序和一致性检验

为了评价层次总排序的一致性检验如何，需要计算其一致性检验的指标。CI 为一致性指标，RI 为平均随机一致性指标，CR 为随机一致性比例。

$$CI=\sum_{i=1}^{m}a_iCI_i$$

式中，CI_i 为与 a_i 对应的 B 层的一致性指标。

$$RI=\sum_{i=1}^{m}a_iRI_i$$

式中，RI_i 为与 a_i 对应的 B 层的平均随机一致性检验的指标。

$$CI=CI/RI$$

同样，$CR\leqslant 0.1$ 时，认为总排序的计算结果有满意的一致性。经计算：

$CI=0.4786\times 0.0269+0.1083\times 0.0480+0.1966\times 0+0.2166\times 0.0091=0.0200$

$RI=0.4786\times 0.58+0.1083\times 0.90+0.1966\times 0.58+0.2166\times 0.58=0.6147$

$CR=0.0200/0.6147=0.0326$

由于 CR 小于 0.1，所以结果具有很好的一致性。

利用同一层次所有层次单排序的结果，可以计算就上一层次而言，本层次所有因素重要性的权值，这就是层次总排序。

本次案例的层次分析法分析的结果见表 5-15，表中综合权重为二级指标的权重与所属一级指标权重的乘积。

表 5-15 企业信用评级权重层次总排序

一级指标	权 重	二级指标	权 重	综合权重	层次总排序
偿债能力	0.4786	流动比率 B_1	0.5247	0.2511	1
		速动比率 B_2	0.3338	0.1597	2
		资产负债率 B_3	0.1416	0.0677	6
营运能力	0.1083	应收账款周转率 B_4	0.4500	0.0487	9
		存货周转率 B_5	0.1174	0.0127	13
		流动资产周转率 B_6	0.1906	0.0206	12
		固定资产周转率 B_7	0.2419	0.0262	11
盈利能力	0.1966	销售利润率 B_8	0.5000	0.0983	3

续 表

一级指标	权 重	二级指标	权 重	综合权重	层次总排序
		资产报酬率 B_9	0.250 0	0.049 1	8
		权益净利率 B_{10}	0.250 0	0.049 1	7
发展能力	0.216 6	营业收入增长率 B_{11}	0.442 9	0.095 9	4
		总资产增长率 B_{12}	0.169 8	0.036 8	10
		净利润增长率 B_{13}	0.387 3	0.083 9	5

由表 5-15 可见，流动比率对××公司财务风险的影响最大，权重为 0.251 1。其次是速动比率和销售利润率，权重系数分别为 0.159 7 和 0.098 3。存货周转率对公司财务风险的影响最低，权重为 0.012 7。

本章小结

1. 信用评级指标体系，是信用评级机构在对被评对象的资信状况进行客观公正的评价时所采用的一套完整的指标选择及评价系统，也是信用评级的依据。完整的信用评级指标体系包括信用评级的要素、指标、信用等级、评级标准、评级方法与权重等 6 个方面内容。评级机构应该按照全面性、科学性、针对性、公正性、合法性、可操作性等原则来建立信用评级指标体系。

2. 模糊综合评价法是根据模糊数学的原理，利用隶属度进行综合评估，在具体应用时包括建立因素集、建立备择集(评价集)、确立评价标准矩阵、建立模糊评价矩阵、建立权重集、计算综合评价向量等七个步骤。其中的关键是隶属度与权重的确定，前者一般可以采用专家评分法与插值法，后者可以用层次分析法来确定。

3. 层次分析法的基本方法是将所要解决的问题进行层次化，按性质不同分成相互联系的若干层次，把要达到的总目标分解为不同的组成因素，并对相关因素按照相互影响以及相对于评价总目标的重要性进行计算，确定出每一层次所有因子的相对权重，形成一个多层次分析结构模型，最后通过计算综合评价值获得各要素的重要性次序高低。应用层次分析法一般包括明确决策目标、建立模型、构造判断矩阵、层次单排序、层次总排序、综合决策等六个基本步骤。

思考练习题

一、选择题

1. 体现信用评级要素的具体项目，也是对评级内容的细化，属于信用评级体系里面的（　　）。

A. 要素　　　　B. 指标　　　　C. 等级　　　　D. 权重

2. 权重是评级指标体系中各项要素于指标的重要性表示,一般而言,指标在信用等级评定中所起的作用越大,权重(　　)。

A. 越大　　　B. 越小　　　C. 不确定　　　D. 没有影响

二、简答题

1. 简述信用评级指标体系的构成要素。
2. 评级机构在建立信用评级指标体系的原则是什么？
3. 模糊综合评价法的基本思想是什么？在企业信用评级中如何运用这一方法？
4. 如何确定信用评级各个指标的隶属度？
5. 简要回答层次分析法的主要思想,并举例说明该方法在信用评级中的应用。

三、计算题

1. Z是一中小企业,现因资金紧张欲对外融资,可选取的融资方式包括股权融资、债券融资和内部融资,对融资效率的影响可以参考 $U_1、U_2、U_3、U_4、U_5$ 这五个因素,$U_1、U_2、U_3、U_4、U_5$ 分别是融资成本、资金利用率、融资机制规范制度、融资主体自由度和清偿能力。经过科学的调研,对相关数据的统计以及专家打分,得知 $U_1、U_2、U_3、U_4、U_5$ 的权重矢量为 $A=(0.3;0.25;0.2;0.15;0.1)$,评价矩阵见表5-16。

表 5-16

因素	股权融资效率		债券融资效率		内部融资效率	
隶属度	高	低	高	低	高	低
U_1	0	1	0.6	0.4	0.7	0.3
U_2	0.4	0.6	0.7	0.3	0.7	0.3
U_3	0.3	0.7	0.6	0.4	0.2	0.8
U_4	0.7	0.3	0.4	0.6	0.9	0.1
U_5	1	0	0.3	0.7	1	0

试运用模糊综合评价法比较三种融资方式的效率。

第六章

工商企业信用评级

■【开篇导读】

　　工商企业是国民经济的主体。评级机构出具的评级报告、给予的信用等级和授信建议,成为银行为企业授信的重要参考,能对企业的发展出谋划策,促进企业生产经营管理水平的提高。信用评级过程中,评级人员能够对企业在内部控制、经营管理、信用风险状况等方面做出综合诊断,对企业发展中存在的问题提出意见和建议,并向企业介绍一些比较先进的管理理念和方法,帮助企业提高经营管理水平。企业根据评级报告诊断结果,在生产经营管理中不断自我完善,得到全面提高。通过信用评级,有利于树立企业良好的社会形象,塑造信用品牌,提高企业知名度,是对企业综合实力和竞争力的评定。取得比较高的信用等级,无论是在企业品牌宣传,还是商业交往、融资过程中,能够使相关单位解除顾虑,增强信任,降低企业的信息搜集成本,提高各种交易的成功率,有利于企业市场的推广,提高社会知名度。因此,信用评级被认为是企业打开资本市场的一把"金钥匙",良好的信用等级可以充分体现国内权威评级机构对被评级企业综合实力、管理水平、债务偿还能力和信用度等综合能力的高度认可,以及对其未来发展潜力的充分肯定。同时,也是公司拓宽融资渠道、增强融资议价能力、降低融资成本、完善信用体系建设、加快市场化转型等方面强有力的信用支撑。

　　由于对工商企业信用评级要考虑的因素很多,需要借鉴国际上先进的企业信用评级理念、理论、模型。同时,要结合中国经济的实际情况,建立起符合中国经济环境的工商企业的信用评级体系和评级方法,提高中国企业信用评级技术水平。

■【专业名词】

　　工业企业　商业企业　工商企业信用评级　经营风险评级　财务风险评级　主体信用评级　债券信用评级

■【本章学习目标】

- 了解工商企业的概念及特点;
- 理解工商企业信用评级的意义;
- 了解工商企业信用评级的思路和框架;
- 了解工商企业经营风险评级要素,掌握对经营风险的基本判定方法;
- 了解工商企业财务风险评级要素,掌握对财务风险的基本判定方法。

第一节 工商企业评级概述

一、工商企业的定义

工商企业是指从事工业及商业活动的经济主体,一般是指以营利为目的,运用各种生产要素,向市场提供商品或服务,实行自主经营、自负盈亏、独立核算的具有法人资格的社会经济组织。根据中国国民经济行业分类(GB/T 4754—2017),行业代码前两位为06~46的企业属于工业企业,包括采矿业和制造业等;行业代码前两位51~52的是批发和零售业。本书所指的工商企业为两者的集合,即通常意义上的工商企业,包括纺织业、金属采矿业、食品制造业、批发业和零售业等四十余个大类,上千种细类。

(一) 工业企业的概念

工业企业是指直接从事工业性生产经营活动(或劳务)的营利性经济组织。

1. 工业企业必须具备的条件

(1) 直接从事工业产品(或工业性劳务)的生产经营活动;
(2) 拥有从事工业生产经营活动的必要的物质资源和场所;
(3) 在经济上自主经营、独立核算、自负盈亏;
(4) 在法律上取得法人资格。

2. 工业企业的分类

工业企业,按社会性质可划分为资本主义工业企业和社会主义工业企业;按技术水平可划分为手工工业企业和现代工业企业;按规模可划分为大型工业企业、中型工业企业和小型工业企业;按隶属关系可划分为中央企业、地方企业、街道企业和乡镇企业;按生产过程的特点可划分为采掘型、合成型、分解型、调制型、装配型;按生产方式可划分为单件生产类型、成批生产类型、大量生产类型;按组织形式可分为单厂企业和多厂企业。

3. 工业企业具有的主要特征和基本属性

(1) 工业企业是一种经济组织。

这一特征体现了它的经济性和组织性。经济性是指它是经济领域内的一种组织,它是国民经济体系中的基层组织和经济细胞,它从事的是生产经营性的经济活动,它追求的是经济效益。组织性是指它是依法定程序组成的统一体,是经济上的统一体,技术上的统一体,对外关系上的统一体。

(2) 工业企业是从事工业商品生产经营活动的经济组织。

这一特征表现了它的产品的商品性和工业性。商品性是指现代工业企业都是从事商品生产经营活动的。它们所生产的产品(或所提供的劳务)都是以商品形式出现的,都需要投入市场,将个别劳动转化为社会必要劳动,取得社会承认,方能实现自己的使用价值和价值。因此,现代工业企业都是一定的商品生产者、经营者。工业性是指它所生产经营的产品或劳务都具有工业性质,是工业品或工业劳务。工业企业的这些特征、属性也为工业企业设立的宗旨和基本任务确立了基础。

(3) 工业企业是实行独立核算、自负盈亏的经济组织。

这一特征表明了它在经济上的自主性和盈利性。独立性是指工业企业在经济上是独立的。有自己可支配的财产,有自己独立的利益,实行独立核算、自负盈亏。这些也正是我们经济体制改革的关键问题和基本目标。这一特性使它与事业单位和内部组织等区别开来。

盈利性是指工业企业在自己的生产经营经济活动中,应不断地创造价值、获取利润、增加积累。工业企业从其成立的宗旨和本质看,不仅要在使用价值上满足社会需要,而且要实现价值的增值,创造利润。

(4) 工业企业是能够享受经济权利、承担经济义务的法人。

这一特征表明了它在法律上的独立性和法人性。法律上的独立性是指它是法律上的主体,能够独立地享受经济权利、承担经济义务。法人性是指它依法取得企业法人资格,受到国家的承认和保护。

(二) 商业企业的概念

商业企业是指在商品流通环节中从事批发活动和零售活动的企业,根据我国2017年6月新修订的《国民经济行业分类》标准,商品流通企业被分在F门类中,包括批发业和零售业两大类。

1. 批发业

批发企业是向批发单位、零售单位及其他企事业单位、机关进行批量销售生活用品和生产资料活动,以及从事进出口贸易和贸易经纪与代理活动的企业。批发商可以对所批发的货物拥有所有权,并以本单位、公司的名义进行交易活动;也可以不拥有货物的所有权,而以中介身份做代理销售商。这类企业还包括各类商品批发市场中固定摊位的批发活动。

具体来说,批发业又包括从事以下活动的企业:农、林、牧产品批发;食品、饮料及烟草制品批发;纺织、服装及家庭用品批发;文化、体育用品及器材批发;医药及医疗器械批发;矿产品、建材及化工产品批发;机械设备、五金产品及电子产品批发;贸易经纪与代理;其他批发业(如再生物资回收与批发)。

2. 零售业

这是指百货商店、超级市场、专门零售商店、品牌专卖店、售货摊等主要面向最终消费者(如居民等)开展销售活动的企业,包括以互联网、邮政、电话、售货机等方式进行销售的单位,还包括在同一地点,后面加工生产,前面销售的店铺(如面包房)。

但是要注意,谷物、种子、饲料、牲畜、矿产品、生产用原料、化工原料、农用化工产品、机械设备(乘用车、计算机及通信设备除外)等生产资料的销售不作为零售活动看待。

具体来说,零售业又包括从事以下活动的企业:综合零售;食品、饮料及烟草制品专门零售;纺织、服装及日用品专门零售;文化、体育用品及器材专门零售;医药及医疗器械专门零售;汽车、摩托车、燃料及零配件专门零售;家用电器及电子产品专门零售;五金、家具及室内装饰材料专门零售;货摊、无店铺及其他零售业。

多数零售商对其销售的货物拥有所有权,但有些则是充当委托人的代理人,进行委托销售或以收取佣金的方式进行销售。

(三) 商业企业和工业企业的区别

1. 以商品流通为中心

生产企业主要是借助机器设备来对原材料进行加工,生产出符合社会生产和人民生活所需的产品;而商业企业则主要是通过对商品的购买和销售以及与之相关的运输和储存业务,完成商品由生产领域到消费领域的转移过程,满足消费需求。

2. 经营周期较短,资金周转较快

由于商业企业在资金周转过程中少了生产这个环节,整个经营周期相应缩短,而且可以免去加工机械和厂房等大额的固定资金占用,除部分用于物流环节中仓储、运输机械的购置外,其余大部分垫支于经销的商品,属于流动资金,周转要比生产企业快得多。

另外,商流和物流的分离也加速了商业企业的资金周转。

3. 经营利润较低,在各行业中处于中下水平

商业企业的利润表现为商品售卖价格高于购买价格的余额,一般由让渡利润、追加利润、级差利润、转移利润和管理利润等几部分构成,而其中最主要的组成部分是来自生产企业的利润让渡,即商业企业专门为生产企业经营推销商品的业务而使生产企业节约了大量的商品流通费用、加速了资金周转,因此,获得生产企业的部分利润。但生产企业向商业企业让渡的商业利润是在双方的竞争中实现的,从统计数据来看,商业企业获得的利润率总体不高。

4. 经营效果与业务量紧密相关

商业企业的经营活动在很大程度上依赖于规模效益,需要较高的业务量来支持,这就是为何商业企业要做大销售网络的重要原因。

5. 行业竞争激烈

商业企业不从事生产,其技术含量没有工业企业高,因此,该行业的门槛较低,企业进出相对容易,正是这样,商业企业的竞争十分激烈。

二、工商企业信用评级的概念与意义

(一) 工商企业信用评级的概念

工商企业信用评级指信用评估机构对征集到的工商企业信用信息,依据一定指标进行信用等级评定的活动。在我国,工商企业信用评级是指由第三方信用服务机构依据中国信协《工商企业信用评价准则》对企业的近期信用状况开展调查,通过科学的《GB/TCCA9002企业信用评价标准》,按照《工商企业信用评价评分细则》对企业一定期间的信用状况及意愿进行分析与评价,将其评价结果用一定符号来表示。例如,AAA级信用企业,表示工商企业的信用能力极好。

（二）工商企业信用评级的意义

对工商企业进行信用评级，能有效消除投资者与经营者之间存在的信息不对称问题，降低投资者搜寻信息的成本，直观地反映企业的经营状况。在企业交易中常出现逆向选择和道德风险，两者的病因都是信息不对称；逆向选择源于事前的信息不对称，道德风险源于事后的信息不对称。因此，对工商企业进行信用评级能有效降低逆向选择风险和道德风险。

此外，目前征信产业日益发达，政府部门对企业公开信息越发重视，通过第三方渠道获得征信信息也是评价一家企业的重要方式，而评级公司最重要的是搜集和分析信息的能力。例如，评估公司对永嘉县一家大型阀门企业进行调研，评估小组发现该企业过多资金用于对外投资，从公开资料查询到房地产项目投资均位于我国中部县城，投建项目规模与当地市场需求量不匹配，由于对外房地产投资规模大，造成经营环节资金严重短缺；且从工商部门信息来看，该企业股东存在资产转移行为，因此评级公司判断该企业或许存在资金链断裂可能，在给予低级别的同时，向评级报告需求方提出警示。

三、工商企业信用评级的对象

工商企业信用评级方法执行中华人民共和国金融行业标准 JR/T0030《信贷市场和银行间债券市场信用评级规范》。

工商企业信用评级的对象分为两类，即主体信用评级和债券信用评级。工商企业主体信用评级是企业主体长期信用评级，债券信用评级包括企业债券、公司债券、可转换公司债券、中期票据、短期融资券、超短期融资券、集合票据、集合债券等。

（一）企业主体长期信用评级

（1）企业主体长期信用评级是对企业全部长期债务如期还本付息能力和偿债意愿的综合评价。

（2）企业主体长期信用等级划分、标识和含义同企业长期债。

（二）企业债券（含公司债券）

（1）企业债券（含公司债券）是指企业根据国家发展和改革委员会、中国证券监督管理委员会或国务院授权的其他主管部门的有关规定发行的中长期债券（债券期限一般在1年以上）。

（2）企业债券信用评级是对企业发行的特定企业债券如期还本付息能力和偿债意愿的综合评价。

（3）企业债券的信用等级划分、标识和含义同企业长期债。

（三）可转换公司债券（含分离交易的可转换公司债券）

（1）可转换公司债券是指企业根据中国证券监督管理委员会的有关规定发行的可转换公司债券。

（2）可转换公司债券信用评级是对公司发行的特定可转换公司债券如期还本付息能力和偿债意愿的综合评价。

（3）可转换公司债券信用等级的划分、标识和含义同企业长期债。

(四) 中期票据

(1) 中期票据是指企业在银行间债券市场发行的,并约定在一定期限内(一般在1年以上)还本付息的有价证券。

(2) 中期票据信用评级是对企业发行的特定债券如期还本付息能力和偿债意愿的综合评价。

(3) 中期票据的信用等级划分、标识和含义同企业长期债。

(五) 短期融资券(含超短期融资券)

(1) 短期融资券是指具有法人资格的非金融企业在银行间债券市场发行的,约定在1年内还本付息的债务融资工具。超短期融资券是指具有法人资格、信用评级较高的非金融企业在银行间债券市场发行的,期限在270天以内的短期融资券。

(2) 企业发行短期融资券应在中国银行间市场交易商协会注册,由交易商协会依据《银行间债券市场非金融企业债务融资工具管理办法》及相关规定对融资券的发行与交易实施自律管理。

(3) 短期融资券信用评级是对企业发行的特定短期融资券如期还本付息能力和偿债意愿的综合评价。

(4) 短期融资券信用等级的划分、标识和含义同企业短期债。

(六) 集合债券(含集合票据)

(1) 集合债券,就是由一个机构作为牵头人,几家企业一起申请发行债券,是企业债的一种;集合票据是指2个(含)以上、10个(含)以下具有法人资格的中小非金融企业各自作为债券发行主体,在银行间债券市场以统一产品设计、统一券种冠名、统一信用增进、统一发行注册方式共同发行的,约定在一定期限还本付息的债务融资工具。

(2) 集合债券信用评级是对企业(集合)发行的特定债券如期还本付息能力和偿债意愿的综合评价。

(3) 集合债券的信用等级划分、标识和含义同企业长期债。

本章阐述的工商企业信用评级方法适用于工商企业类受评对象的主体信用评级。

专栏6-1　　　　　大公国际主体信用评级产品说明

主体信用评级

大公国际主体信用评级是对中国市场和国际市场上的证券发行人、经济主体或政权主体偿债能力和偿债意愿进行的综合评价。主要通过对证券发行人、经济主体或政权主体所在的偿债环境、财富创造能力、偿债来源与负债平衡的分析来确定其偿债能力,并通过事前预警、事后跟踪的方式对发行人债务存续期间内的信用情况进行全程监控和风险揭示。

一、产品种类

大公国际主体信用评级业务包括工商类企业评级、金融机构评级、政府及其融资平台评级、国家主权以及国际机构评级等。地方政府信用评级已涵盖多个省、自治区、直辖市、市、区县和开发区政府。主权信用评级已覆盖100个主要国家和地区,包括G20及共建"一带一路"国家。

二、产品特点

大公国际创新性的评级理论和评级报告充分反映了企业、地方政府、国家主权和国际机构的信用实力,可以满足不同层次、不同类型投资人的需求,系统、全面地揭示受评主体的信用风险。

(资料来源:大公国际资信评估有限公司官网)

第二节 工商企业信用评级的方法

一、工商企业信用评级方法

工商企业信用评级是对受评企业如期偿还其全部债务及利息的能力和意愿的综合评价,主要以受评企业长期违约概率的高低来衡量,即衡量企业可用于偿还债务的资金来源对其所需要偿还债务的保障程度和可靠性。需要注意的是,由于债务偿还发生在未来时点,而企业债务规模通常会随时间变化而变化,因此,受评企业的债务不仅包括企业目前的账面债务,还包括企业因经营和竞争压力所必须承担的资本支出等方面的债务安排。

受评企业自身信用风险程度的高低与企业面临的经营风险和财务风险密切相关。经营风险可用于衡量企业未来可持续获取偿债资金的来源和规模的可靠性,在相同财务风险的情况下,经营风险低的受评企业的信用质量会高于经营风险高的受评企业;财务风险可用于度量企业债务规模以及企业资金对债务的覆盖程度,在经营风险相同的情况下,财务风险低的受评企业的信用质量会高于财务风险高的受评企业。综上所述,受评企业自身信用质量由其经营风险和财务风险综合决定。此外,受评企业的违约概率不仅与受评企业自身信用质量有关,亦和企业可能获得的外部支持相关。在同等条件下,有外部支持的企业其违约概率通常会低于无外部支持的企业;外部支持力度强的企业,其违约概率通常会低于外部支持力度弱的企业。

对工商企业进行信用评级分为两个部分,一是进行企业自身信用等级评价,二是评定最终主体信用等级。对企业自身信用等级进行评价,需对企业面临的经营风险和财务风险进行分析。在经营风险方面重点考量受评企业在外部经营环境、所处行业状况、行业竞争能力、管理与战略四个方面的表现,在财务风险方面重点考量受评企业在财务信息质量、资产质量、资本结构、盈利能力、现金流量、偿债指标六个方面的表现。评定最终主体信用等级时需要考虑外部支持因素,在外部支持方面重点考量来自股东和政府两个方面的支持,将受评企业在上述方面的表现与同行业其他企业进行比较,综合评定受评企业的信用等级(见图6-1)。

信用评级

```
                        ┌─ 外部经营环境
              ┌─ 经营风险 ─┼─ 所处行业状况
              │          ├─ 行业竞争能力
企业自身       │          └─ 管理与战略
信用等级 ─────┤
              │          ┌─ 资产质量
              │          ├─ 资本结构
              └─ 财务风险 ─┼─ 盈利能力
                         ├─ 现金流量
                         ├─ 偿债指标
                         └─ 财务信息质量

                    ┌─ 股东
                    ├─ 政府
          外部支持因素 ─┼─ 企业自身信用等级
                    └─ 最终主体信用等级
```

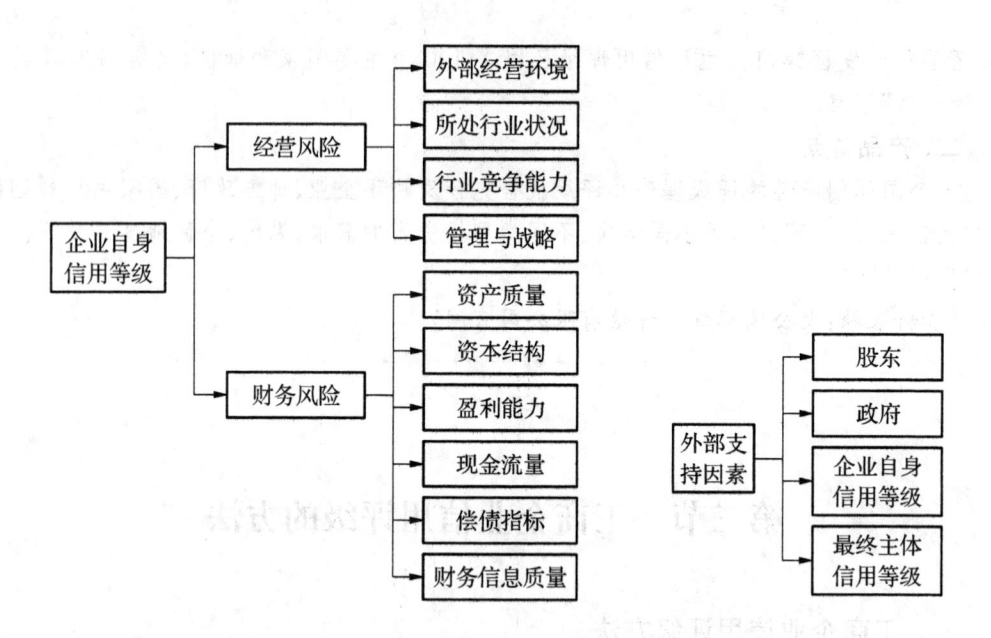

图 6-1 工商企业信用评级思路框架

对工商企业的信用评级，主要从以下三个方面进行分析。

（一）工商企业信用的外部环境分析

工商企业的外部环境对企业的信用状况产生重要影响，其外部环境主要包括国家风险、行业风险和区域分析。

1. 国家风险

国家风险是影响企业主体信用状况的重要因素，也是建立全球信用评级可比较平台的基础。国家风险分析主要包括以下几个方面：国家的政治稳定性、透明度和可预见性；国家法律健全程度，尤其是对债权人权利的保护法规是否健全；主权政府的管理能力和行政效率；经济增长和发展，包括经济总量的增长水平和经济结构的优化程度；金融体系的完善程度和稳定性；等等。

2. 行业风险

行业风险对行业内主体信用状况产生限制性影响，也是建立行业内主体信用评级的可比较平台的要求。行业风险分析包括以下几个方面：行业监管法规和产业政策、行业发展周期、行业竞争格局、行业技术水平、行业财务特征、行业盈利能力等。

3. 区域分析

区域分析主要是对工商企业所在地域进行分析，包括区域经济状况、区域政策、区域资源及条件。我国不同地区的资源条件、技术水平、政策环境、竞争力等方面存在较大差异，一个地区的经济发展水平对当地企业产生很重要的约束条件。

（二）工商企业信用的历史和未来分析

对主体信用的历史和未来进行分析主要是在主体历史信用要素分析的基础上对未来的发展状况进行预期。对工商企业历史金融债务履约情况的考察是分析工商企业偿债能力和意愿的重要内容。由于影响不同类型主体的信用要素存在差异,所以,对不同类型的主体进行信用风险分析要充分考虑和分析这些要素对信用风险的影响。

对工商企业的信用风险分析,分为业务风险分析和财务风险分析两个方面。业务风险分析包括公司治理和发展战略、竞争地位、盈利能力和同行业比较、公司治理和战略管理;财务风险分析包括公司会计和财务政策、负债结构和资产质量、现金流状况、流动性和短期影响因素。对这两大要素的赋权不但要考虑各自风险分值的大小及其平衡关系,而且要考虑业务风险决定财务风险的关系。

(三)工商企业信用的外部信用支持分析

无论是工商企业、金融机构还是公共融资主体的信用分析,都存在外部信用支持的可能性,在主体信用分析中要对外部信用支持的可能性和支持强度进行分析,以进一步确定主体的信用等级。对工商企业的外部信用支持分析侧重于工商企业的股东对工商企业的信用支持和工商企业集团内部的信用支持。对工商企业中具有公用事业性质的主体,要充分考虑政府信用的支持。

专栏 6-2   穆迪、标普和惠誉的企业信用评级方法

传统信用评级是指基于企业的经济基本面、宏观环境、舆情等评价因素对企业或个人信用风险大小进行评价。穆迪、标普、惠誉是国际权威的三大评级机构,形成了较为完善的信用评级分析体系。

(一)穆迪的信用评级方法

穆迪的信用评级均是从五大评级要素出发,即规模、经营状况、盈利能力、财务杠杆与债务覆盖率、财务政策。规模方面主要考虑企业的收入规模、净资产、厂房及设备、总资产等指标。经营状况方面主要依靠定性分析,考虑产品的多样性、竞争地位、预计价格、地理多样性、市场定位、营销环境等指标。盈利能力方面主要考虑 EBIT/有形资产、EBITDA、平均资产回报率、营业利润率、运营资金回报率等指标。财务杠杆与债务覆盖率方面主要考虑 EBITDA/利息支出、债务/EBITDA、债务/资本、自由现金流/债务、经营活动产生的现金流量净额/债务、留存现金流/债务。财务政策方面主要依靠定性分析,考量企业的目标资产结构是否合理、风险管理政策、流动性管理、历史违约记录、历史风险记录等方面。总体的评级思路依循设置打分卡评分,对应到信用等级上。首先,设置指标打分卡。将每个指标设置 AAA~C 九级的指标打分标准,AAA~C 级分别对应 1~21 分,分数越小说明企业在该指标上的表现越好。其次,根据打分标准对指标打分,设置权重加权后得到信用评分。最后,利用信用评分与信用等级之间的映射关系,将信用评分映射到相应的信用等级上。

(二)标普的信用评级方法

标普的评级框架总体分为基础评级和评级调整两部分。基础评级起到锚的作用,主要包含企业的经营风险评价和财务风险评价。在基础评级的基础上考虑多个调整因素进行评级调整,确定最终的信用等级,如图 6-2 所示。

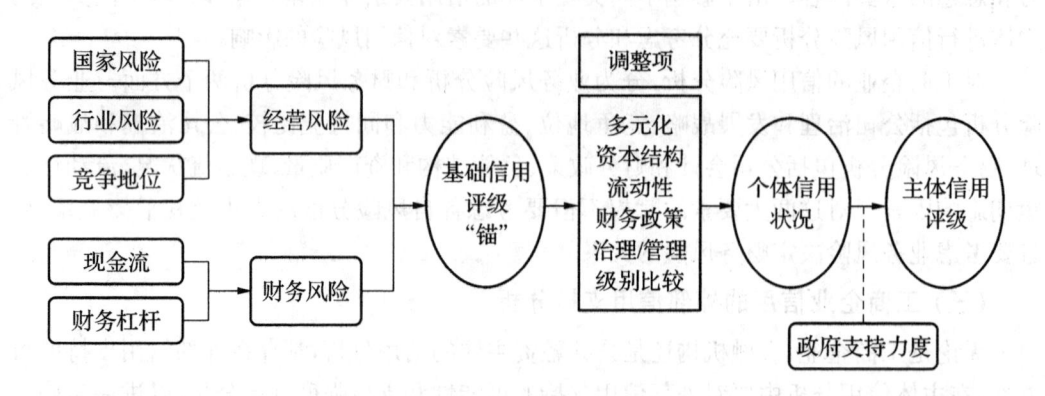

图 6-2 标普的信用评级框架

1. 经营风险评价

经营风险评价包括国家风险、行业风险、竞争地位三个方面。国家风险的评价因素包括经济风险、制度风险、金融系统风险、支付文化法治风险。行业风险主要考虑周期性和竞争增长两个方面。周期性因素是指行业收入和盈利的周期性。行业的收入和盈利受周期影响越大，风险越大。竞争增长因素主要考虑行业壁垒、行业利润的增长趋势、行业替代性、行业前景等。竞争地位主要是考虑企业的竞争优势、业务范围多样性、运行效率和盈利能力四个方面。盈利能力一般采用资本回报率和 EBITDA 来衡量。具体的评价流程是先将国家风险与行业风险进行综合评分，得到 CICRA 得分；再将 CICRA 评分与竞争地位进行综合评分，得到企业的经营风险评分。

2. 财务风险评价

财务风险评价主要考量企业的现金流对于债务的覆盖率，评估各种比率类的指标。核心比率指标为运营资金（FFO）/债务、债务/EBITDA。补充比率指标包括运营现金流（CFO）/债务、自由经营现金流（FOCF）/债务、可自由支配现金流（DCF）/债务、FFO/利息支出、EBITDA/利息支出。将上述经营风险评分与财务风险评分进行综合，形成对企业信用风险的基础评级。基础评级起到"锚"的作用，大致确定企业的信用等级。

3. 评级调整

在上述确定的基础评级基础上，依次考虑投资多样性、资本结构、财务政策、流动性、公司治理、级别比较六个调整因素，加之企业得到政府的支持力度，最终形成调整后的信用评级。

(三) 惠誉的信用评级方法

惠誉同样采用定量与定性分析相结合的信用评级方法。评级的关键因素主要包括行业风险和国家风险、管理战略与公司治理、集团结构、运营状况、财务状况。

1. 行业风险和国家风险

行业风险方面，惠誉主要根据企业所在的行业评级范围确定企业的信用评级。高风险行业一般是处于衰退期、行业内竞争激烈、资本密集、具有明显周期性或波动性的行业。低风险行业一般是行业门槛高、国家主导支持、具有可预见的市场需求的行业。惠誉为各行业设置了评级范围,虽然行业评级范围的上限不是企业评级的硬性上限,但企业评级不会超过其所在行业评级上限的多个等级。国家风险方面,主要考量两个方面,一是企业收入资产所在的地理位置、资金环境、所在地的治理情况等运营环境;二是资金转移和可兑换风险,主要是指国家由于实施外汇管制,阻碍企业将本地货币转换成外币,从而对企业的评级造成一定的约束。

2. 管理战略和公司治理

管理战略方面,一是考量管理层在开展业务、运营效率和巩固市场地位方面的能力,业绩是考量管理层营运能力的主要衡量标准;二是从过去和未来战略的角度评估公司的目标;三是从融资收购和内部扩张的历史事件中评估管理层的风险承受能力。公司治理方面,惠誉通常关注治理结构和财务透明度。治理结构主要考察的因素包括是否有健全的管理制度、有效而独立的董事会、管理层薪酬、关联方交易、会计与审计的完整性、所有权集中度、关键人的风险。财务透明度主要考察企业是否定期及时发布财务报告以及财务报告的质量。

3. 集团结构

这部分是针对发债企业是集团控股的子公司。一方面,母公司通常会为子公司注资,因此通常考虑这部分收入来源的可持续性和可预测性,包括集团内的现金池、股息等。另一方面,考量与发债企业相关的企业实体的信用质量,以及子公司为集团财务的贡献情况。

4. 运营状况

一方面是竞争能力,主要因素有企业在市场中的地位、产品优势、影响价格的能力等。另一方面是运营能力,主要因素有产品多样性、销售的辐射范围、主要客户和供应商的多样化、比较成本地位。

5. 财务状况

惠誉侧重于现金流、债务覆盖率、杠杆率三方面的财务指标。在惠誉的一般评级方法中并没有披露评估所用的具体指标。

综上,国际三大评级机构对于企业进行信用评级均是采用定量与定性相结合的方法,总体上从企业经营环境、企业财务风险、定性调整和外部支持三个方面对企业的信用风险进行衡量。企业经营环境评价主要是通过对宏观经济、行业风险以及企业自身的竞争能力进行分析。企业财务风险是考量的重点,多数评级机构是从现金流、财务杠杆率、盈利能力等方面进行考察,多是利用比率类的定量指标。经过企业经营环境评价、财务风险评价形成企业的基础信用评级,大致确定企业的信用等级。在基础信用评级的基础上,考虑企业的管理体系是否良好、财务政策是否合理、产品是否多样化等定性因素,加之政府对企业支持力度的考量,形成最终的主体信用评级。

(资料来源:李丹,伦杭,聂逆,等.国际三大评级机构信用评级定义及方法研究[J].征信,2013)

二、工商企业信用评级的要素

(一) 经营风险评级要素

信用评级机构通过评价受评主体的经营风险和财务风险,综合评定受评企业自身信用风险的高低,再考虑外部支持的强弱,最终确定受评企业的主体信用等级。其中,经营风险评级要素包括行业层面的经营风险评级要素和企业层面的经营风险评级要素,经营风险具体的考察要素与受评企业所属行业特性显著相关,不同行业的受评企业,其经营风险需要考察的具体要素会有所差异。下面简要说明评级过程中的主要经营风险评级要素。

1. 宏观经济环境

每个产业、每个企业都处于一定的宏观经济环境之中,一个国家(地区)整体经济发展快慢及其稳定性对每个行业和企业造成程度不一的影响。宏观经济环境是指特定时期的宏观经济发展形势、政府实施的各项经济调控政策等。通常,在宏观经济快速发展阶段,行业内企业也能够获得较好的发展机会。反之,在宏观经济剧烈波动或衰退时,行业内企业会面临较大的风险,宏观经济分析的重要性将进一步提高。此外,政府实施的货币政策、财政政策、税收政策、投资政策等与相关行业的资金供给、市场需求、原料价格、盈利水平等密切相关,从而对行业内企业的经营状况产生重大影响。宏观经济环境的基本分析内容主要包括经济增速、投资增速、价格指数、利率水平等指标,并重点考察各项宏观经济调控政策的变化。对于跨国企业或全球性经营企业,还需要结合其业务运行情况考察全球或相关区域的经济运行情况。

2. 区域经济环境

企业所处的地区环境,对于某些类型的企业有重大影响。区域环境通常从市场空间、产业配套、营商环境等方面影响企业乃至行业的发展。比如,地区经济财政状况、城镇化程度、人口结构及分布等关系到企业产品的市场空间和盈利水平,而地区的产业规划、资源禀赋、地理区位、基础设施等产业配套关系到企业生产成本,地区的市场化水平、地区税收政策、政府效率等关系到企业经营便利性和外部支持。区域环境分析的基本内容包括地区经济水平、城镇化程度、人口结构及分布、地理区位、发展规划、市场化程度、地方财政收支结构及其稳定性分析。

3. 行业状况

行业内的企业在生产经营上存在相同性或相似性,因此企业面临的风险与其所处的行业密切相关。行业分析的重点是行业的风险与机会,以及影响该行业发展的因素。行业分析主要聚焦于行业的周期阶段、产业政策、供需状况、竞争格局等。

(1) 行业特征及周期。

首先,分析行业对国民经济的重要性,与产业链上下游以及与其他行业的关联关系,行业的特殊性风险等,综合判断行业竞争力。其次,重点分析行业所处的生命周期、行业与宏观经济发展的关联性、行业的季节性特征等,了解行业发展的轨迹,分析行业发展速度及行业发展的稳定性,重点对其在未来经济周期的低谷状态时的情况做出判断。

(2) 产业政策。

在国家对经济活动进行规划和调控的情况下,政府制定的各种产业结构政策、产业组织政策、产业技术政策和产业布局政策等对产业发展有重大影响,不同政策背景下的产业发展迥异。通常支持性产业可能获得宽松的发展环境,乃至于获得较强的支持。限制性产业受政策调控的负面影响较大。产业政策分析主要结合行业在国民经济整体中受重视和支持的程度,重点分析政府现行政策对该行业的影响,以及潜在的政策支持(或限制)。同时,产业政策对同一行业不同类型、不同区域的企业影响可能不同,应具体分析。

(3) 供需状况。

供需分析是分析行业内企业基本经营模式以及盈利能力的重要依据。通常分析行业近几年的总供给和总需求情况,通过目前的供需关系的分析预测产品未来的价格走势,结合影响供需及价格的重要因素分析其对行业投资规模、盈利能力的影响。

(4) 竞争格局。

行业竞争格局的分析在于了解获取行业内竞争优势的关键因素和竞争格局。分析时主要考察行业进入退出门槛高低和竞争手段,通过行业中企业数量、集中度情况分析竞争激烈程度,还要了解行业内的主要企业的市场占有率及经营发展状况。

4. 企业主体

企业主体分析主要关注企业自身的经营与财务状况,发掘企业的竞争优势与不足。其中,经营分析包括基本素质与竞争能力、经营分析、战略与管理等方面;财务分析包括财报质量、资产质量、资本结构、盈利能力、现金流量和偿债能力等方面。

1) 经营分析

(1) 基本素质及竞争能力。

企业的基本素质和竞争能力的强弱是判断企业未来经营状况的关键,也是影响其未来经营风险的关键。主体分析中的企业基本素质及竞争能力的重点主要是分析企业的法律地位、市场地位、企业规模、人员素质、研发能力、技术装备水平、外部支持(股东、政府及潜在投资者)等方面的情况,判断企业在这些方面与同行业的其他企业相比的优势与不足,从而判断企业抗风险能力的强弱。

(2) 企业管理。

企业管理是决定企业未来经营风险的最重要因素之一,因为一个企业是否具有产生足够现金以偿还债务的能力最终取决于管理层及其管理体系能否最大限度地利用现存资源和市场机遇。同时,企业管理层稳定性、管理人员履职能力、管理制度及其执行情况也会对企业的整体运营状况和未来发展前景产生较大的影响。企业运行是否规范和顺畅,直接影响到企业的偿债能力和偿债意愿。企业管理分析主要是分析企业在法人治理结构设计、组织机构设置、制度体系建设等方面的完善程度以及执行情况,重点分析管理层素质、人力资源管理、资金与财务管理、风控体制、对分子公司管控等方面的情况。

(3) 企业战略。

企业的发展计划能够对其经营的稳定性和成长性产生重要影响。企业有效合理的发展计划可以使其在原有经营的基础上不断壮大成长;而不合理的发展计划可能威胁到企业目前的经营基础,从而影响其未来经营的稳定性与持续性。企业战略分析的重点主要是分析企业未来经营发展策略、风险偏好、重大投资项目、融资安排以及影响企业发展的其他重大事项等方面的情况,判断企业发展战略对企业未来发展领域、盈利能力、资本支出、债务负担等方面的影响及其程度。

(4) 经营模式。

企业经营业务范围、提供产品的多样化程度、市场分布、成本结构、再投资投入等都对企业未来经营状况产生重大影响。主体分析中的经营模式分析的重点主要是分析企业在经营策略、历史经营业绩、经营效率、经营领域、经营中风险因素、销售策略与市场网络、产品市场竞争力等方面的变现情况,判断企业在经营中是否存在潜在的风险因素,分析企业通过经营把企业现有的资源转化成盈利的能力及其未来的发展趋势。

2) 财务分析

(1) 财报质量。

在对企业财务状况进行分析前,首先要对财报质量做必要的考察,因为财报信息的质量直接影响到财务分析时所用到的会计数据的真实性和可靠性。财报质量分析主要包括审计机构的资质和声誉、审计意见、会计政策的合理性及一致性考察、主要科目间勾稽关系合理性验证等。评级机构的对财报质量的考察不是对财报的再次审计,而是为后续财务分析所进行的一项基础工作。

(2) 资产质量。

资产质量的分析是判断企业财务风险的起点,包括资产结构及相应的变现能力分析。其中变现能力包括通过长期经营活动创造收入产生回报的能力,以及通过处置从而迅速获得现金的能力。企业资产质量高,短期偿付能力强。企业资产回报率越高,资产的长期运营效果也将越好,未来资本支出的压力也将越小,企业的整体财务风险也会相对较低。资产质量分析重点是分析企业资产中占比较大的科目,以及影响变现能力的科目,比如流动资产中应收项目、存货和非流动资产中在建工程、固定资产的质量,判断企业资产的真实性以及价值计量的合理性。

(3) 资本结构。

资本结构是指企业资金来源的结构。不同资金来源,其成本、期限不同,对偿付的要求各异,因此不同资本结构决定了不同的杠杆水平,杠杆水平在一定程度上决定了信用风险的高低。杠杆水平高的企业,债务负担重,融资空间受限,其偿还债务的压力会比较大,财务风险也会越高。同时,债务结构不合理的企业也有可能引发阶段性的财务危机或者导致不必要的资金成本浪费。资本结构分析的重点是分析企业在资产负债率、有息债务负担、债务结构、资产结构与负债结构的配比状况等方面的情况,判断企业债务负担的轻重和债务支付结构与收入之间的匹配程度。此外,资本结构分析要关注企业所有者权益的构成以及利润分配政策对其稳定性的影响,并分析企业对外担保、诉讼等事项对企业债务的潜在影响。

(4) 盈利能力。

企业盈利能力的强弱是决定企业未来债务偿还能力的基础,一般来说盈利能力强的企业其承受相同债务压力的情况下,财务风险相对较低,而盈利能力弱的企业财务风险相对较高。盈利能力的分析重点是从盈利水平和盈利结构两方面分析收益水平和稳定性。其中包括对主营业务毛利率、营业利润率、期间费用控制情况、总资产报酬率、净资产收益率的水平分析,同时要从经常/非经营损益项目考察盈利的来源和结构,进而分析盈利能力的稳定性。考虑到能够获得持续和稳定的收益往往反映企业良好的管理素质和开拓市场的能力,同时增强了企业在资本市场上再融资的能力,对盈利能力分析时更看重长期盈利能力。

(5) 现金流状况。

现金流是企业债务偿还的最终来源,盈利能力再强的企业,如果现金流状况较差,也无法对需要偿还的债务形成有效的保障,因此现金流分析是财务分析的重点。现金流分析中要分析企业经营、投资、筹资性现金流方面的情况,其中,企业从正常经营活动中产生的净现金流量是偿还到期债务的根本,因此又是现金流分析中的重点。经营性现金流重点是分析企业非付现成本在现金流中的比例,应收应付项目、存货等因素对企业现金流的影响,判断企业经营性现金流的构成及其稳定性。投资活动现金流重点是分析企业未来投资规模的大小。筹资性现金流重点是分析企业自身融资能力所能支撑的未来融资空间,以及历史企业筹资的能力,并评估股东、政府、金融机构及潜在外部投资者可能提供的资金支持。最后,综合判断企业的现金流状况能否为企业经营发展以及偿债提供充足的流动性。

(6) 偿债能力。

偿债能力是量度企业偿还债务和企业财务风险的综合指标,是判断企业财务风险的关键。偿债能力主要分析企业短期偿债能力和长期偿债能力的强弱。短期偿债能力的分析重点是分析企业的流动比率、速动比率、经营活动现金流净额比流动负债,同时要区分短期债务偿还压力的大小,盈利能力强、规模大的企业短期债务更多只是需要短期周转,分析的重点是判断企业有足够的能力保障短期债务周转资金的需要,而盈利能力弱、规模小的企业短期债务的偿还压力会比较大,应分析企业短期筹集资金能力对短期债务偿还的保障程度。长期偿债能力的分析应分析企业当前和未来的盈利及现金流状况对企业当前债务及未来资本支出的保障程度,重点应分析企业经营性现金流、EDITDA 对企业当前债务和未来资本支出的覆盖程度。

(7) 财务政策。

财务政策代表管理层的风险偏好程度,从而对财务风险、经营风险形成影响。管理层和股东的风险偏好(体现为杠杆水平的把控等)往往可以通过企业的过往融资活动、并购活动、现金分红政策等评估。一般情况下,如果企业将债务控制在一定水平(相对保守的财务政策),其财务灵活性越强,也往往能够更好地应对突发事件。同时,对到期债务的监测与债务本息偿还安排也被纳入财务政策的考量。企业的债务偿还安排能够帮助确定其再融资风险,一般来看,长期、均匀分散的债务期限安排可以降低企业再融资风险。在评估再融资风险时,可以着重考虑 12 个月到 24 个月时间范围内的债务规模。

5. 调整因素

首先,运用数理模型分析企业的经营风险和财务风险。模型参数是在对不同行业相关样本数据进行长期统计和分析基础上得到了,最大限度地减少的评级过程中主观因素的影响,提升评级结果的客观程度。其中,经营分析以定性分析为主,涵盖外部环境(包括宏观经济、区域、行业等要素),以及企业自身经营管理等要素。财务分析以定量分析为主,通过几个方面的相关指标进行量化处理;评级模型将经营分析与财务分析结果结合,在综合评价的基础上得到企业个体的财务实力评级。对于评级要素中一些难以纳入模型处理同时又对企业信用状况有重大影响的项目,通过专家经验进行评估,根据其影响大小对企业个体级别进行相应调整,得到调整级别。调整项的重点是企业可能获得的外部支持情况、流动性、管理,此外企业重大战略实施情况、重大宏观政策、行业政策等也可能作为调整项的形式影响信用等级。

(1) 外部支持。

主要考虑企业的性质、地位和股东背景等,评估其能够得到股东、金融机构、政府等支持的可能性以及支持力度。

(2) 流动性。

主要考虑融资政策、融资环境对公司流动性的冲击,如重大信用事件对企业再融资能力的影响;评估债务可能的集中到期风险如前偿付、交叉违约、回售行权等条款的影响,同时还要重点关注企业或有负债(如对外担保)、重大诉讼对流动性形成的风险。

(3) 治理与管理。

主要考虑企业治理结构、管理水平、风控机制等是否存在重大的缺陷,可能导致严重的风险事件,从而影响企业的信用状况。

(4) 未来发展。

主要考虑企业未来发展战略实施以及重大经营变化带来的影响,包括大规模的权益增减、业务板块重大调整、重要项目投产或技术更新、关键的收购兼并以及重大合同承揽执行情况。

(5) 其他重大事项。

其他对企业信用状况产生重大影响的重大事项。结合上述调整因素,对企业的信用等级进行调整。在调整级别的基础上,还会结合受评企业在各评级要素方面的表现,与同行业企业进行对比,通过评审专家的充分讨论和投票,最终确定受评企业的信用等级。

(二) 财务风险评级要素

企业的财务状况是其经营成果的最终体现,也是其经营风险和信用风险的财务表现形式。对于财务状况的分析,需要将总量分析和结构分析相结合,以对企业风险做出更加全面和准确的反映。总量分析可以考察企业的经营状况和财务状况的整体表现以及未来发展方向和趋势,结构分析可以通过个别数据的突然变化反映企业的异常情况,从而更加准确地把握企业经营财务方面的隐藏性问题。

财务数据是企业经营和管理的综合体现,是企业财务风险分析的基础。财务信息的可靠性关系到信用风险判断是否合理,因此,对企业财务风险的判断首先要分析财务信息质量。财务资料的真实性和准确性以及企业所采用的会计政策,在评级过程中重点采用企业所提供的经过审计的财务报表,分析时要重点关注企业财务报表审计机构的资质、财务报表的审计结论,以及企业重要会计政策的选择是否与行业一般企业一致等。

对于企业财务风险的分析,重点包括以下五个方面:资产质量、资本结构、盈利能力、现金流分析和偿债能力分析。

1. 资产质量

资产质量分析是企业业务分析的起点,企业资产质量越高,其短期支付能力就越强,资产的长期运营效果越好,资产和盈利对债务的保障程度也越高,从而可以降低企业整体财务风险。

对于企业资产质量的考察包括结构和质量两个方面,其中结构分析主要是针对各项资产在总资产中的比重进行分析,质量分析是针对各项资产的实际资产价值、流动性、安全性和盈利性进行考量。

2. 资本结构

企业的资本结构是企业资金来源结构的反映。企业资本结构的状况对企业财务风险有着重要影响,债务负担重的企业偿还债务的压力会比较大,财务风险也会较高;此外,债务结构不合理的企业还有可能引发阶段性的财务危机或者导致不必要的资金成本浪费。对企业资本结构的分析要重点关注四个层次的内容:资金来源、资金成本、债务期限结构以及或有负债。

1) 资金来源

企业的资金来源包括所有者权益及负债。所有者权益在资本结构的分析中至关重要,是企业偿债的重要保障。对于所有者权益,应关注所有者权益的构成和变化情况,以及利润分配政策对所有者权益的影响,少数股东权益占比过高可能存在权益稳定性较差或是"明股实债"的问题,可能会影响企业实际债务规模和偿债压力。所有者权益的增加可以通过利润积累、增资扩股、资产评估等方式,对于新增权益需要核查其切实来源权益的增加,如果主要是资产评估增值,需谨慎分析。

不同行业由于运行模式区别很大,企业债务负担的规模亦存在显著差异,因此对于企业当前债务负担的轻重程度必须通过行业内比较来加以分析和判断,而对于企业债务负担的变化趋势的分析,需要特别注意,当企业的债务负担持续上升而盈利能力没有显著改善时,应详细分析原因及其对企业的影响。对负债科目的考察,短期借款的规模及其资金成本很大程度上影响着企业短期支付能力的强弱,不能如期偿付本息的企业可能会不断积累财务费用,侵蚀企业盈利,甚至导致企业破产。对于应付账款的分析,应重点关注其付款期限以及是否存在宽限期,企业在现金流较为紧张的情况下,如果可以得到供应方的时间宽限,可以极大缓解企业短期偿付压力。对于长期借款,企业长期借款的绝对规模、偿还期限的集中度和高峰时期的偿还金额会对企业的长期偿债能力产生重大影响。

2) 资金成本

分析企业资金成本的高低,一方面,应关注企业当前时点的资金成本。由于各行业景气度以及行业债务规模差异很大,行业间资金成本的可比性不高,因此可以对比企业与同行业相近规模企业的资金成本。对于资金成本显著高于其他企业的受评企业,需要特别关注其潜在经营风险及盈利稳定性,一旦盈利下滑,财务费用对利润的侵蚀可能会导致企业经营雪上加霜。此外,资金成本高的企业其承受成本进一步抬升的弹性更差,资金链断裂压力更大,需要关注其目前的债务结构以及实际可获得的信贷额度等对未来的支撑。

3) 债务期限结构

分析企业当前债务结构是否合理,应主要分析企业长、短期债务占比情况,并结合企业的资产结构和销售收入的规模来判断。不同行业的企业,其债务结构明显不同。比如,贸易和零售行业的负债都是以短期债务为主,重点关注企业的债务周转压力;而房地产行业负债则主要是长期债务,如果房地产企业短期债务占比过高,则可能存在债务的期限错配,一旦销售达不到预期,企业将面临较大债务周转压力。对债务期限结构的关注也需要结合变化趋势进行考察,短期债务规模突然出现大幅增加的企业,可能面临难以取得长期借款的困境,需要关注其债务周转压力和融资渠道的变化,还可以结合资金成本进行分析。

4)或有负债

对于企业债务的分析,还要判断企业对外担保、诉讼等或有债务对企业债务负担的潜在影响。或有负债主要是企业对外提供的借款担保,虽然并没有反映在企业的资产负债表中,但是对于有些或有负债,企业所负有的偿还义务实质上等同于其资产负债表中的债务,一旦被担保人无法偿还到期债务,受连带责任影响,企业的偿债压力可能会瞬间增大。若或有负债数额较大,叠加受评企业自身抗风险能力差,那么大规模的或有负债发生则可能引发受评企业流动性风险,甚至是信用风险的爆发。对或有负债的分析,需要了解企业担保的规模、担保的性质和期限,以及是否存在反担保条件等。

5)资本结构指标

(1)资产负债率。

$$资产负率 = \frac{负债总额}{资产总额} \times 100\% \tag{6.1}$$

资产负债率衡量企业全部资产中负债的比例,是评价企业杠杆水平、偿债能力和企业清算时债权人利益受保护程度的基础指标,体现企业财务政策的审慎程度。企业的杠杆水平越低,资本结构越稳健,财务风险越低,同时企业的财务弹性越高。对于指标的判断一般取行业平均值或中位数作为参考。此外,需要关注企业近年资产负债率的变化情况,在企业存在重大投资的情况下,应对指标的未来表现情况进行预测。

(2)全部债务资本化比率。

$$\frac{全部债务}{资本化比率} = \frac{长期债务 + 短期债务}{长期债务 + 短期债务 + 所有者权益 + 少数股东权益} \times 100\% \tag{6.2}$$

其中,

$$长期债务 = 长期借款 + 应付券 + 其他长期有息负债 \tag{6.3}$$

$$\frac{短期}{债务} = \frac{短期}{借款} + \frac{交易性}{金融负债} + \frac{应付}{票据} + \frac{一年内到期的}{有息非流动负债} + \frac{其他短期}{有息负债} \tag{6.4}$$

该指标反映通过借贷形式所筹措的资本在企业全部资本中所占的比重。如果该指标过高,则表明企业债务负担过重,一旦企业经营遇到问题,则可能出现债务偿付困难;如果该指标过低,则表明企业财务政策相对保守,可能未充分利用财务杠杆,但企业债务偿付压力小,信用风险显著低于高杠杆企业。对于指标的判断,需要结合行业整体表现情况,从控制财务风险角度来看,企业指标表现不应低于行业平均水平。需要注意的是,分析师需要对企业报表科目进行分析和调整,以确保指标中长期债务和短期债务涵盖企业全部有息债务。例如,融资租赁实质为债务性融资,如企业将其计入长期应付款等科目就需要在计算企业长期负债时对科目进行调整。再如,"其他流动负债"和"其他应付款"中的"应付短期债券"应属于全部债务,而"一年内到期的非流动负债"中的无息债务金额应从全部债务中剔除。

(3) 长期债务资本化比率。

$$长期债务资本化比率 = \frac{长期债务}{长期债务+所有者权益+少数股东权益} \times 100\% \quad (6.5)$$

该指标反映通过借贷形式筹措的资本在企业长期资本中所占的比重。该指标的关注事项和标准制定与全部债务资本化比率相同。

专栏 6-3　　全部债务资本化比率案例

公司 A 财务报表显示,2023 年年末资产总额 131 亿元,负债总额 80 亿元,净资产 51 亿元,所有者权益 51 亿元,短期债务 7 亿元,长期借款 14 亿元,长期债券 20 亿元,则企业的资本结构指标计算如下:

资产负债率 = 80÷131 = 61%
全部债务资本化比率 = (7+20+14)÷(7+20+14+51) = 45%
长期债务资本化比率 = (20+14)÷(20+14+51) = 40%

从上述计算中可以看出,企业债务负担处于行业较好水平(行业平均水平约为 70%),有息债务规模尚可,长期债务占比较高,整体债务结构较为合理。

3. 盈利能力

企业盈利能力的强弱是决定企业未来债务偿还能力的基础。一般来说,盈利能力强的企业在承受相同债务压力的情况下,财务风险相对较低,而盈利能力弱的企业财务风险相对较高。对于企业盈利能力的分析,包括收入利润分析、收入质量分析和盈利能力分析三个方面。

需注意的盈利能力指标有营业毛利率、总资产报酬率、净资产收益率和期间费用收入比。

(1) 营业毛利率。

$$营业毛利率 = \frac{营业收入合计 - 营业成本合计}{营业收入合计} \times 100\% \quad (6.6)$$

营业毛利率指标决定企业盈利的最大空间,是企业盈利能力的基础体现,反映企业通过出售商品、提供劳务以及其他经营活动所能获取的利润水平,在一定程度上,也是企业产品市场竞争力的表现。营业毛利率数值越高越好,由于指标与行业表现关系密切,因此需要在行业内进行指标比对。同时,企业近几年营业毛利率水平的变化和波动趋势也需要考虑。

(2) 总资产报酬率。

$$总资产报酬率 = \frac{利润总额 + 费用化利息支出}{平均资产总额} \times 100\% \quad (6.7)$$

其中，

$$平均资产总额 = \frac{期初资产总额 + 期末资产总额}{2} \tag{6.8}$$

总资产报酬率反映企业全部资产的获利能力。指标数值越高，表明企业资产利用效率越高；反之则表明企业运营效率较差。该指标也可以作为企业资产质量的一种反映。

（3）净资产收益率。

$$净资产收益率 = \frac{净利润}{平均所有者权益} \times 100\% \tag{6.9}$$

净资产收益率表示企业股东权益的收益水平，是考查企业盈利能力的核心指标。投资利润和财富最大化是股东投资的根本目的，指标数值越高，表明股东投资于企业所能获得的收益越高，反之则代表股东投资在一定意义上的贬值。

（4）期间费用收入比。

$$期费用收入比 = \frac{管理费用 + 财务费用 + 销售费用}{营业收入合计} \times 100\% \tag{6.10}$$

期间费用收入比衡量企业期间费用占营业收入的比重，指标数值越高，表明企业期间费用控制能力越差，费用对利润的侵蚀规模越大。同时，还需要关注这三项费用分别对利润的侵蚀，以及企业期间费用规模的变化情况。

专栏 6-4　　　　　　　　净资产收益率案例

公司 A 在 2022 年年末资产总额为 131.70 亿元，净资产 51.30 亿元，2022 年公司 A 营业收入合计 33.59 亿元，营业成本合计 23.81 亿元，利润总额 9.24 亿元，净利润 8.04 亿元，利息支出 1.63 亿元，管理费用 0.69 亿元，销售费用 0.71 亿元，财务费用 1.53 亿元，则企业的盈利能力指标计算如下：

营业毛利率 =（33.59－23.81）/33.59＝29.12%
总资产报酬率 =（9.24＋1.63）/[（131.70＋127.04）/2]＝8.37%
净资产收益率 = 8.04/[（51.30＋44.95）/2]＝16.71%

---

4. 现金流分析

现金流是企业自身偿还债务的真正来源，如果企业现金流状况不理想，即使其盈利能力很强，也无法对需要偿还的债务形成有效保障，而且现金流相对于利润，财务可操纵性低，更能够反映企业经营的真实变化。因此，考察企业现金流状况是企业财务风险分析的重点，主要包括现金流量的规模和结构，以及企业现金流质量。

企业现金流包括经营活动现金流、投资活动现金流和筹资活动现金流。企业在一定时期可支配的现金与其需要偿还的全部债务的规模对比，可以表明其在持续经营中获取的现金对全部债务的覆盖程度，覆盖程度越高，表明企业偿还债务的能力越强，其信用质量也就越高。

如果企业经营活动产生的现金流量不够充足或是不稳定,可能会影响企业的偿债能力。对于经营活动现金流,要分析企业经营性总现金流量、经营性净现金流的规模及波动情况,判断企业通过经营获取现金能力的强弱及稳定性。对于经营性现金流波动较大的企业或者经营性净现金流与企业利润差异较大的企业,要分析具体原因;对于企业投资活动现金流的分析,要重点考察企业未来几年建设项目的资本支出计划,在自有资金有限的情况下,如果投资增长过快,企业对外借款必然相应增加,需要结合企业项目投资的资金安排、企业资金自筹能力综合判断企业建设资金缺口以及对未来偿还压力的影响。对筹资活动现金流的分析主要是结合企业近几年筹资活动现金流净额的变化情况判断企业融资能力。最后,依据企业整体资金来源和资金应用判断企业融资的压力。

常用的现金流指标包括经营性净现金流、留存现金流和自由现金流。

(1) 经营性净现金流。

$$经营性净现金流 = 经营性总现金流 - 营运资金变化 \tag{6.11}$$

经营性总现金流是企业依靠日常经营所产生的总的现金流量,但总现金流并不能直接用于债务偿付,而是首先需要满足营运资金变化的需求,因此,相对于总现金流,应重点关注经营性净现金流。如果企业可以实现稳定经营,那么在较长的时间段内,其经营性总现金流和经营性净现金流的规模应该可以保持在同一水平。而如果企业经营环境恶化,在经营规模不变的情况下,企业仍可能面临营运资金的大幅上升和经营性净现金流的收缩。

(2) 留存现金流。

$$留存现金流 = 经营性净现金流 - 当年的股利分配 \tag{6.12}$$

留存现金流是经营性净现金流进一步去除当年的股利分配,是对经营性净现金流的保守调整,即假设企业总会优先保证股东的利益,因此,在股利分配后的剩余现金才能够用来偿还企业债务以及资本支出。

(3) 自由现金流。

$$自由现金流 = 留存现金流 - 必需的资本支出 \tag{6.13}$$

自由现金流是留存现金流减去必需的资本支出之后更加保守的现金流规模。企业的资本支出包括必需的资本支出和酌情资本支出,必需的资本支出是企业维持现有生产规模、构建固定资产及其他资产所需要的支出,可以通过企业当年固定资产计提的折旧和其他资产摊销来进行估算,而酌情资本支出是企业扩大生产规模或领域所需的支出。如果企业自由现金流仍然可以覆盖当期需偿付的债务及利息费用,则企业具有较强的偿债能力。

5. 偿债能力分析

偿债能力分析是企业财务分析的综合,旨在综合资产质量、资本结构、盈利能力、现金流量分析的结论,通过偿债指标综合评定受评企业财务风险的高低,是支持企业财务风险分析结论的关键因素,是评级时必不可少的考察要素。企业的负债既包括银行借款、企业债券等借入性负债,也包括预收账款、应付账款等经营性负债。一般来讲,借入性负债比经营性负债的约束性和偿还刚性更强,因而企业的偿还压力更大。因此,在对企业的偿债能力进行分析时,主要侧重于企业对到期有息债务的偿付能力。在具体分析时,对企业偿债指标的分析分为短期偿债指标分析和长期偿债指标分析两个部分。

1) 短期偿债指标分析

对于企业短期偿债指标分析,先要考察可变现资产对企业短期债务的保障程度,其次要区分短期债务周转和偿还的概念。对于能够顺利实现债务周转的企业,即能够筹集到足够的资金偿还到期的短期债务,这时的短期债务偿付其实是一个资金周转概念,并不需要真实偿还;如果企业无法实现债务滚动,则需要缩减债务规模,此时应将短期债务当成偿还来分析和判断企业的流动性压力。在分析企业短期资金周转能力时,可以考虑企业短期可变现资产和经营性现金流入量对短期债务的保障程度。

2) 长期偿债指标分析

对于企业长期偿债指标的考察主要集中在企业长期偿债资金来源对于长期债务和利息的保障程度。对于一般企业而言,经营性现金净流量往往是企业偿债资金的重要来源,但投资公司的偿债资金来源往往是其投资活动现金流入,所以应根据企业的实际情况区别对待。同时,由于受短期经营策略的影响,企业某一期的经营性现金净流量往往不能反映企业长期的经营性现金净流量的情况,这时不能简单采用当期的经营净现金流量对债务规模的比率判断其长期偿债能力,可选择反映企业长期资金来源的 EBITDA 作为企业长期的偿债资金来源数量进行计算。对于长期偿债指标的评价标准应结合行业整体状况,重点参考行业的折旧期限,旨在判断企业在一个经营期内是否能通过自身经营积累足够的资金来偿还需要偿还的所有债务,而对于那些经营期限受限制的行业,要将企业偿还债务的年限与受评企业未来的可经营期限进行比较,判断企业在可经营期限内是否能积累足够的资金偿还其全部债务。

3) 偿债指标

(1) 流动比率。

$$流动比率 = \frac{流动资产}{流动负债} \qquad (6.14)$$

流动比率是考察企业短期偿付能力的重要指标,主要用于衡量流动资产对流动负债的支付能力。流动负债主要是一年以内的短期借款、应付账款和应付票据等。流动比率通常情况下应该大于120%。

(2) 速动比率。

$$速动比率 = \frac{流动资产 - 存货}{流动负债} \qquad (6.15)$$

速动比率是将流动资产中不容易变现的存货剔除掉之后,再考虑流动资产中比较容易迅速变现的资产对于流动负债的保障能力,也称为酸性比率。相比流动比率,速动比率可以更好地反映企业偿还短期负债的能力。速动比率通常情况下应该大于100%。

(3) 现金类资产/短期债务。

短期债务主要用于补充流动性,债务偿付时具有较强的刚性以及时间限度要求,企业一旦遇到行业市场景气度下行,在手产品或存在一定销售风险和去化压力,因此从流动性最强的现金类资产的角度考察对企业短期债务的即时偿付能力。如果企业的现金类资产能够较好地覆盖短期债务,则企业的即期偿付能力较好。此外,还需要关注企业现金类资产的受限规模,对于现金类资产受限规模较大的企业,对其短期偿债能力的考察,需要剔除受限资产。

(4) 经营活动现金流入/流动负债。

短期偿债更多地体现为资金周转,而短期资金周转的主要来源为经营活动现金流入量。因此,不同于其他指标从时点数据反映企业短期偿债能力,本指标从期间角度,采用期间经营活动现金流入量来衡量受评企业当期偿付流动负债的能力。

(5) EBITDA 利息保障倍数。

$$\text{EBITDA 利息保障倍数} = \frac{\text{EBITDA}}{\text{费用化利息支出} + \text{资本化利息}} \quad (6.16)$$

EBITDA 近似为使用利润总额调整息税、折旧和摊销后的企业经营性现金流,该指标主要考量企业支付借款利息的能力。通常情况下,企业并不会同时偿付其全部债务,而只是需要支付债务利息,因此,该指标可以在一定程度上代表企业实际偿还债务的能力。对于需要使用大部分经营性现金流来支付利息的企业,一旦其盈利不达预期,企业可能陷入无力支付当期利息的困境。

(6) 全部债务/EBITDA。

通过全部债务/EBITDA 衡量企业以自身可支配现金清偿其全部债务所需要的大致年限,是衡量企业长期偿债能力的重要依据。指标倍数越高,则企业的债务偿还压力越大。

专栏 6-5 阳泉煤业(集团)有限责任公司 2020 年度企业信用评级报告

2020 年 7 月 2 日,大公国际发布阳泉煤业(集团)有限责任公司 2020 年度企业信用评级报告。下面摘录其中的部分内容。

阳泉煤业(集团)有限责任公司
2020 年度企业信用评级报告

大公报 D[2020]137 号

受评主体:阳泉煤业(集团)有限责任公司

信用等级:AAA

评级展望:稳定

主要观点

阳泉煤业(集团)有限责任公司(以下简称"阳煤集团"或"公司")主要从事煤炭业务以及延伸煤炭产业链而形成的煤化工业务。本次评级结果表明公司是我国最大的无烟煤生产基地,煤炭资源储量丰富,规模优势明显;公司作为国有大型煤炭企业能够获得政府支持,区域政策环境较好;得益于煤炭行业回暖,公司毛利润持续增长。但公司作为煤炭生产企业,始终面临安全生产风险;公司非煤业务盈利能力较弱;2016 年以来,公司有息债务规模持续增长,短期有息债务占比较高,存在一定集中偿付压力。

优势与风险关注

主要优势/机遇:

1. 近年来,国家对煤炭去产能执行力度加强,淘汰落后产能等政策有助于促进行业产能调整,有利于大型煤炭企业的发展;

2. 公司作为国有大型煤炭企业和山西省煤炭企业兼并重组主体之一,能够获得政府在去产能配套工作等方面的支持,区域政策环境较好;

3. 公司是我国最大无烟煤和冶金喷吹煤生产基地,煤炭资源储量丰富,规模优势明显;2016年以来,得益于煤炭行业回暖,公司煤炭业务盈利明显改善。

主要风险/挑战

1. 公司作为煤炭生产企业,始终面临一定程度的安全生产风险;

2. 公司非煤业务占收入比重较大,但占利润比重相对较小,盈利能力较弱;

3. 近年来公司资产负债率处于较高水平,有息债务持续增长,短期有息债务规模占比较高,存在一定集中偿付压力。

展望

预计未来,我国持续推进煤矿企业兼并重组,淘汰落后产能,有助于促进煤炭行业产能调整,公司作为国有大型煤炭生产企业,在煤炭生产领域仍处于重要地位,公司煤炭经营主业仍将保持稳定。综合考虑,大公对未来1~2年阳煤集团的信用评级展望为稳定。

主要财务数据与核心指标(见表6-1):

表6-1 主要财务数据与核心指标

项 目	2019年1—9月	2018年	2017年	2016年
总资产	2 450.72	2 396.78	2 153.85	2 139.55
所有者权益	564.18	556.84	354.29	301.25
总有息债务	1 566.40	1 507.23	1 466.16	1 385.50
营业收入	1 313.09	1 739.01	1 608.06	1 612.85
净利润	4.01	7.11	1.63	−8.46
经营性净现金流	490.33	572.24	465.42	308.07
毛利润	131.36	190.22	185.99	121.35
总资产报酬率	2.70	3.97	3.91	2.27
债务资本比率	73.50	73.02	80.54	82.14
EBITDA利息覆盖倍数(倍)	—	1.83	1.69	1.40
经营性净现金流/总负债	2.63	3.14	2.56	1.71

注:公司提供了2016—2018年和2019年1—9月的财务报表,2016、2017年经追溯调整,2019年未经审计。

(资料来源:大公国际资信评估有限公司官网)

本章小结

1. 工商企业信用评级指信用评估机构对征集到的工商企业信用信息,依据一定指标进行信用等级评定的活动。对工商企业进行信用评级,能有效消除投资者与经营者之间存在的信息不对称问题,降低投资者搜寻信息的成本,直观地反映企业的经营状况。

2. 信用评级机构对工商企业进行评级时,主要对影响偿债主体经营风险和财务风险的主要要素进行分析,再综合判断偿债主体信用风险的大小,最后给出受评主体的信用等级。

3. 对工商企业进行信用评级分为两个部分,一是进行企业自身信用等级评价,二是评定最终主体信用等级。对企业自身信用等级进行评价,需对企业面临的经营风险和财务风险进行分析。在经营风险方面重点考量受评企业在外部经营环境、所处行业状况、行业竞争能力、管理与战略四个方面的表现,在财务风险方面重点考量受评企业在财务信息质量、资产质量、资本结构、盈利能力、现金流量、偿债指标六个方面的表现。

思考练习题

一、选择题

1. ( )会提升企业的偿债能力。
   A. 企业的声誉　　　B. 或有负债　　　C. 抵押　　　D. 长期租赁
2. 衡量企业发展潜力的指标主要包括( )。
   A. 企业销售增长率　　　　　　B. 净资产收益率增长率
   C. 每股收益增长率　　　　　　D. 资产周转率

二、简答题

1. 什么是工商企业?
2. 工业企业和商业企业的特点分别是什么?
3. 工商企业信用评级的思路是什么?
4. 简述工商企业经营风险评级要素。
5. 简述工商企业财务风险评级要素及衡量标准。

三、计算题

1. 某企业2017年流动资产合计110.82亿元,其中货币资金29.08亿元,存货77.00亿元,企业不存在应收票据和交易性金融资产,流动负债合计45.55亿元,全部债务42.03亿元,其中短期债务7.19亿元,2017年经营活动现金流入42.99亿元,利息支出1.63亿元,当期资本化利息1.12亿元,固定资产折旧0.39亿元,摊销0.01亿元,利润总额9.24亿元。

试计算以下比率:
(1) 流动比率。
(2) 速动比率。

(3) 现金类资产/短期债务。
(4) 经营活动现金流/流动负债。
(5) EBITDA 利息保障倍数。

四、材料分析题

永煤集团 AAA 级债券违约事件

近年来,在我国的金融市场上多次出现 AAA 级债券违约的现象。2020 年 11 月 10 日,永煤集团因未能按期兑付"20 永煤 SCP003"造成了高达 10.32 亿元的违约。永煤集团曾被我国知名的信用评级机构——中诚信国际信用评级有限公司评为 AAA 主体。

在永煤事件中,中诚信所采取的是"中诚信国际煤炭行业评级方法与模型"。其中主导因素是企业的运营实力、发展规模、盈利能力和企业的财政政策以及偿债能力,通过对这四大因素进行打分来进行评级,公司的治理、会计标准和报表质量、流动性管理以及企业特殊事件等划为其他信用评级考量因素。在中诚信有关永煤集团的评级卡中,对评级方法中的重要因素占比进行了细致划分,其中,盈利能力占 16%,财务政策与偿债能力占 32%,企业规模占比 28%,企业的运营实力占 24%。打分卡显示永煤集团的盈利能力分数为 17,财务政策与偿还能力的分数为 27,规模得分 18,运营实力是 30。2020 年上半年永煤集团盈利正常,但在盈利最高的煤炭业务中永煤集团的持股比例并不高,且 2020 年上半年公司归母净利润持续为负,这意味着中诚信所认定的利润率是指单纯地考虑其财务报表上的数据所进行的评价,并没有考虑到其总资产的收益率。在评分卡中,有关企业规模以及企业的运营实力部分永煤集团都取得了满分,这两项受评级人的主观因素影响较多,并且占比高达 60%。

中诚信在 2020 年 6 月对永煤集团进行评级后,对其关注度减弱,没有继续进行密切监视。2020 年 6 月,中诚信就发现了永煤集团优势行业占有比较低以及母公司负债率过高的问题。诚信国际在其发布的信用评级报告中曾表示,会对永煤集团的问题给予持续关注,但遗憾的是,对此中诚信国际并没有实际践行。除此之外,中诚信国际也没有对永煤集团公司的运营状况给予足够的关注。永煤集团在 2020 年八九月份进行了大规模的资产转移,同年 10 月还发行了 10 亿元的票据,但是中诚信并没有做出及时的反应。

(资料来源:申佳琦,《从永煤事件看我国信用评级机构存在的问题》)

根据材料和自己的理解,回答以下问题:

(1)《中诚信国际煤炭行业评级方法与模型》中的企业评级要素是什么?

(2) 在永煤集团出现信用违约之前,中诚信并未及时下调其债券评级。请问:中诚信针对永煤集团的评级出现了哪些问题?

(3) 该事件反映出我国信用评级机构的不足有哪些?

第七章

金融机构信用评级

■【开篇导读】

2020年11月12日中国银保监会正式批复包商银行破产文件的下发,包商银行的破产事件终于尘埃落定。作为我国第一家以市场化方式完成破产清算的商业银行,包商银行事件对当下整体银行业的经营格局以及监管政策产生了非常大的影响。

在我国,证券行业具有较高的风险性,2004年至2006年是券商倒闭或整合的高峰年。3年时间至少有26家券商被托管或整合。在2015年,我国又发生了券商倒闭、客户资金被挪用、内部员工挪用客户资金等事件。历史上,我们可以看到诸多金融机构的违约甚至倒闭,给投资者带来了重大的损失,这也引起了评级机构的高度关注。

随着我国金融市场的进一步开放,越来越多的外资和民营金融机构涌入市场,货币市场和资本市场的交融越来越密切,金融机构主要是依靠负债经营,融资形式和金融工具日趋多样化,金融风险随之越来越大。如何对金融机构进行有效的信用评级已成当务之急。本章将介绍商业银行、证券公司、保险公司和担保公司信用评级的含义、思路与关键因素。

■【本章重要术语】

金融机构信用评级　运营环境　营运价值　所有权结构　信用风险　资本充足率　偿债环境　偿债来源　平均资本回报率

■【本章学习目标】

- 掌握金融机构信用评级的含义;
- 掌握商业银行的特点及商业银行信用评级的思路与要素;
- 熟悉保险公司信用评级的思路与要素;
- 熟悉证券公司信用评级的思路与要素。

第一节　商业银行信用评级

与银行内部评级和对银行的监管评级不同,信用评级机构的银行信用评级是对银行自身的信用风险进行分析,就其偿债能力和意愿进行综合评价,一般适用于商业银行、储蓄银行、房屋抵押贷款机构、合作银行等,也可适用于多边开发银行、开发金融机构等。商业银行的信用评级不光考虑了商业银行自身的财务实例,也会考虑外部支持的可能性。

一、商业银行信用评级框架

综合我国主要评级机构的商业银行信用评级方法说明,我国商业银行信用评级框架一般包括运营环境、运营价值、管理与战略、风险管理、财务状况、盈利及资本充足率和外部支持七个部分(见图7-1)。

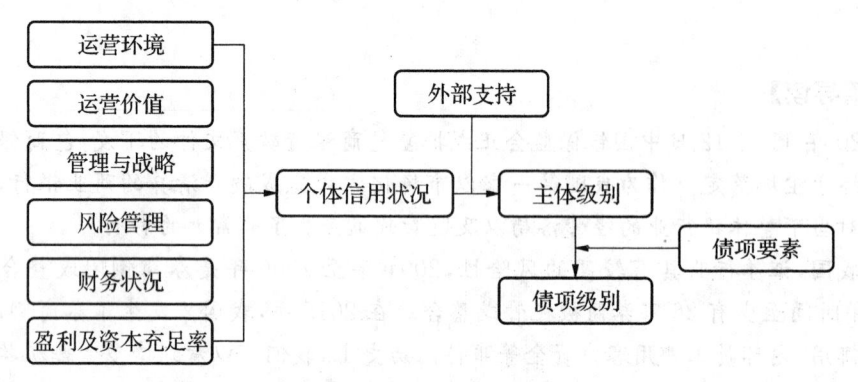

图7-1 商业银行信用评级分析框架

二、商业银行信用评级要素

(一)运营环境

运营环境直接影响商业银行未来的经营状况和偿债能力,是评估分析首要的分析要素。运营环境一般包括宏观经济环境、行业环境和区域环境。

1. 宏观经济环境

宏观经济分析方面,由于银行业是顺周期行业,宏观环境的变化对银行业资产负债扩张速度和资产质量都有重要影响,其主要考察内容包括经济规模和发展水平、经济发展稳定性以及增长潜力等方面。在宏观经济指标方面,主要考察GDP增速、三大产业对GDP贡献率及对GDP增长的拉动等经济规模和发展水平指标,其变化直接影响商业银行各项业务的经营基础。此外,在评级过程中还使用包括工业增加值、固定资产投资增速、CPI、PPI等宏观经济指标来辅助衡量宏观经济整体变化情况和经济稳定性。

2. 行业环境

(1) 行业竞争格局:主要关注行业竞争格局及其发展趋势,包括总体市场集中度和关键细分市场集中度的变化及其背后的驱动因素、潜在的推动市场格局变化因素等。

(2) 行业整体运行状况:鉴于金融机构间的高度关联性,银行业的整体运行情况对单一银行的经营风险有重大影响。因此,对商业银行业整体运行状况加以考察,包括资产质量和拨备情况、盈利能力、流动性、资本充足性等。

(3) 行业监管:商业银行作为受到高度监管的企业,监管环境对商业银行经营的重要性不言而喻。对监管环境的分析主要集中在监管能否有效管控行业风险,同时为行业的发展提供必要支持等方面。

行业环境是评估商业银行规模及竞争力、风险管理水平、盈利和资本充足性,以及预测其未来发展状况的重要基础。

3. 区域环境

商业银行按经营范围划分,可以分为全国性商业银行和地区性商业银行,对区域环境的分析主要用来分析区域性商业银行。

区域环境的分析主要包括区域经济增长变化、区域经济结构特征、当地政府经济政策及重点扶持产业情况,评级时重点考察地区融资规模增量、地区生产总值等区域宏观经济指标。区域环境主要影响商业银行存贷款结构和资产质量,如果区域经济放缓,产业结构单一,缺乏增长动力,则区域性商业银行资产质量面临压力,资产负债增速也可能会放缓;反之,则对商业银行发展有促进作用。区域监管政策的分析主要指根据行业监管体制和监管机制以及区域经济特征,区域监管机构对当地商业银行具有针对性的监管要求的满足情况。

(二)营运价值

营运价值是由商业银行在科技、产品、人力、管理、财务状况等方面形成的长期优势,决定了商业银行在产品定价、市场份额、抵抗风险等方面的综合能力,一般不会因外部因素的变化而轻易变化。

营运价值分析主要包括市场地位、收入稳定性与多元化。存贷款业务是商业银行最基本的业务,也是商业银行盈利的最主要来源,国内信用评级机构在分析市场地位时主要考量商业银行存贷款规模以及市场份额。规模经济和范围经济为商业银行提供了竞争优势和品牌影响力,同时也有利于其获得外部支持。国内信用评级机构在分析收入稳定性与多元化时,主要考量商业银行收入结构及多元化程度。商业银行的主营业务主要分为对公业务、零售业务和资金业务,商业银行过度依靠单一业务或者业务过度集中于某一地区/行业更容易受到监管政策、市场波动的影响,降低其收入的稳定性。多元化的业务结构、跨区域的业务分布以及合理的行业集中度会提高商业银行收入和利润的稳定性,进而增强其抗风险能力,改善其信用质量。

1. 市场地位

市场地位主要反映了银行在市场中的重要性和影响力,主要通过资产规模和存款市场份额来衡量。其中,资产是商业银行资金运用情况的集中体现,反映了商业银行的规模实力,规模越大,商业银行的综合实力越强。存款市场份额反映商业银行吸收存款的能力以及资金来源的稳定性,规模越大且定期存款占比越高表明商业银行负债结构越稳定。市场地位评价标准如表7-1所示。

表7-1 市场地位评价标准

指标	分值							
	1	(1,2]	(2,3]	(3,4]	(4,5]	(5,6]	(6,7)	7
总资产占比(万分比)	≥100	[20,100)	[4,20)	[3,4)	[2,3)	[1,2)	[0.5,1)	≤0.5
存款占比(万分比)	≥80	[15,80)	[2,15)	[1.5,2)	[1,1.5)	[0.5,1)	[0.2,0.5)	≤0.2

续　表

指　标	分　值						
	1	(1,2]	(2,3]	(3,4]	(4,5]	(5,6]	(6,7]	7
贷款占比 (万分比)	≥70	[10,70)	[2,10)	[1.5,2)	[1,1.5)	[0.5,1)	[0.2,0.5)	≤0.2

资料来源：金融机构评级方法与模型(商业银行)FM-JR001(2022.12)，上海新世纪资信评估投资服务有限公司。

2. 分散化程度

分散化程度主要包括区域多样化、收入结构多样化和行业多样化，如表7-2所示。通过在经营区域、收入来源和资产行业分布上实现充分的多样化，减少对特定的单一区域、业务和行业的依赖，增强银行的抗风险能力。如表7-2所示。

表7-2　分散化程度评价标准

指　标	分　值						
	[0,1]	(1,2)	[2,3]	[3,4]	[4,5]	(5,6)	(6,7)	7
单一最大贷款 行业比例(百分百)	[36,100]	(30,36)	(26,30]	(22,26]	(18,22)	[13,18)	(8,13]	(0,8]

资料来源：商业银行信用评级方法 PF-SYYH-2022-V，大公国际资信评估有限公司。

（三）管理与战略

银行的公司治理是一个重要的分析考虑因素。高质量的公司治理会降低未来出现问题的可能性，并在问题发生时加快补救的速度。金融机构对公众信心通常比企业更为敏感，尤其是在融资时，因此银行的治理应该作为评价银行财务实力的重要内容。公司治理的重点不仅仅在于董事会、管理层和股东之间的关系，也在于董事会与管理层表明他们有效地平衡股东与债权人利益的程度。

1. 所有权结构

强大的股东背景对银行的债项/财务实力评级有正面的影响，因为这样的股东会在银行出现危机时支持银行。可是，如果股东的目的只是找一家银行为他们的业务融资，或者股东参与银行业务会导致较低的信用标准，那么股东对银行财务实力评级有消极的影响。

中诚信国际(中诚信国际信用评级有限责任公司)认为，如果银行内的所有权控制较为集中或所有权结构较为复杂(如通过多重少数股东或金字塔结构)，董事会可能会更难以对控股股东进行独立监督。如果公司的组织结构十分复杂或由控股股东担任主要管理工作，则董事会的职责会很难实现。分析所有权结构的主要因素包括以下几个方面：

（1）股东和董事会的目的是什么。股东是否利用银行为他们自己的公司融资。虽然没有明显的证据，但银行可能被股东利用来援助集团内其他经营不善的公司，而这些行动会有损银行的商业经营。因此，信用分析会考虑大股东或集团的经营业绩、交叉持股的情况及银行向关联公司发放贷款或提供其他金融服务时的优惠程度。

（2）股权结构是否稳定。股东频繁地变化会带来管理层的不稳定。当银行对于股东来说是一种战略性投资的话，对评级会更有利。

（3）谁在管理银行。管理银行是管理层的工作，如果股东及董事对管理层的能力没有信心,他们应替换管理层,而不是自己管理。因为股东对业务的时时干预会拖延管理层的制度化。从这个层面上讲,评级公司认为一定程度的股权分散会减少股东及管理层的干预,有利于提升银行的治理水平。

2. 关联交易风险

稳定及独立的信贷审批流程对于银行的信用状况十分重要。对关联方的大量放贷往往表明授信标准被规避,或至少反映出授信标准不一致。如果此类贷款的对象是控股股东或银行的管理人员(或与两者有关联的实体),则局面更令人担忧。另一方面,董事会独立性低也会提高银行的关联交易风险,原因是对于内部机构(包括管理层或控股股东)的独立监督有限。因此,董事会中存在独立董事具有重要意义,无论银行采用何种所有权结构,评级机构对未任命独立董事的银行的评价较低。

(四)风险管理

风险管理对于商业银行信用状况至关重要。有效的风险管理可以降低商业银行面临的来自内外部的各种风险,使商业银行在面临剧烈的外部环境负面变化时仍能保持经营的相对稳定、降低盈利的波动性。

1. 信用风险

信用风险是商业银行面临的主要经营风险之一,信用风险敞口来自信贷业务、同业业务、金融投资和表外金融工具等,通常信贷业务占比最高。因此,对商业银行信用风险的分析首要关注贷款资产质量及拨备计提情况。

上海新世纪资信评估投资服务有限公司(以下简称"新世纪评级")选取贷款逾期率、不良贷款率、逾期90天(或60天)以上贷款/不良贷款、不良贷款及核销额占比、贷款拨备覆盖率作为商业银行信用风险的评价指标(见表7-3)。

表7-3 信用风险评价标准

指标	分值							
	1	(1,2]	(2,3]	(3,4]	(4,5]	(5,6]	(6,7]	7
贷款逾期率(%)	≤1.5	(1.5,2]	(2,3]	(3,5]	(5,6.5]	(6.5,8]	(8,10)	≥10
不良贷款率(%)	≤1	(1,1.5]	(1.5,2]	(2,3]	(3,4]	(4,5]	(5,6)	≥6
逾期90天以上贷款/不良贷款(%)	≤80	(80,90]	(90,95]	(95,100]	(100,105]	(105,110]	(110,115)	≥115
逾期60天以上贷款/不良贷款(%)	≤90	(90,100]	(100,105]	(105,110]	(110,115]	(115,120]	(120,125)	≥125
不良贷款及核销额占比(%)	≤1.2	(1.2,2]	(2,3]	(3,4.5]	(4.5,5.5]	(5.5,7]	(7,8)	≥8
贷款拨备覆盖率(%)	≥200	[150,200)	[140,150)	[130,140)	[110,130)	[100,110)	(90,100)	≤90

资料来源:金融机构评级方法与模型(商业银行)FM-JR001(2022.12),上海新世纪资信评估投资服务有限公司。

2. 流动性风险

商业银行流动性风险的潜在来源包括债务人延期支付(信用风险)、资产价格下跌(市场风险)、存款客户提前或集中提款、资产负债期限结构不匹配等。由于风险来源较为复杂,因此管理流动性风险偏好,提高核心负债占比,保持必要的优质流动性资产非常关键。

新世纪评级选取净稳定资金比例(资产规模不小于2 000亿元银行)、存款/负债、流动性覆盖率(资产规模不小于2 000亿元银行)和优质流动性资产充足率(资产规模小于2 000亿元银行)来评价商业银行的流动性风险(见表7-4)。考虑到指标可得性存在差异,净稳定资金比例与存款/负债指标得分二者取优值,流动性覆盖率和优质流动性资产充足率指标得分二者取优值。

表7-4 流动性风险评价标准

指 标	分 值						
	1	(1,2]	(2,3]	(3,4]	(4,5]	(5,6]	7
净稳定资金比例(%)	≥115	[110,115)	[105,110)	[100,105)	[95,100)	[90,95)	(85,90)	≤85
存款/负债(%)	≥80	[75,80)	[70,75)	[65,70)	[60,65)	[55,60)	(45,55)	≤45
流动性覆盖率(%)	≥115	[110,115)	[105,110)	[100,105)	[95,100)	[90,95)	(85,90)	≤85
优质流动性资产充足率(%)	≥115	[110,115)	[105,110)	[100,105)	[95,100)	[90,95)	(85,90)	≤85
流动性比例(%)	≥60	[55,60)	[50,55)	[45,50)	[40,45)	[30,40)	(25,30)	≤25

资料来源:金融机构评级方法与模型(商业银行)FM-JR001(2022.12),上海新世纪资信评估投资服务有限公司。

新世纪评级对除商业银行以外其他机构的流动性风险评价,主要关注其同业融资管理、日间资金管理、资金周转及应急计划、金融资产和负债的期限匹配情况等,结合各项定量指标的分析,如融资成本、债务结构、现金类资产及一年内到期贷款对短期债务的覆盖率等,最终以定性方式评价机构的流动性风险水平。

3. 市场风险

商业银行面临的市场风险是指因交易价格(利率、汇率、股票价格和商品价格)的不利变动而使商业银行表内和表外业务发生损失的风险。评级公司主要从组织架构、市场风险管理基本政策、授权及限额管理、市场风险计量和缓释措施对商业银行市场风险管理水平进行考察。

4. 操作风险

操作风险是指由不完善或有问题的内部流程、员工、信息科技系统,以及外部事件所造成损失的风险。对操作风险进行有效管理的意义在于可以降低因不合规操作导致的小额损失事件发生的频率、提升运营的质量,更重要的是可有效避免出现不可预计的巨额损失。评级公司对商业银行操作风险管理能力进行评估主要基于:操作风险管理组织架构的完善程度;全行业务和管理制度及流程的优化情况;操作风险的识别和计量方法;操作风险的反馈机制;商业银行近年来发生的重大操作风险事件的起因、发展与处置等。

(五)财务状况、盈利及资本充足率

商业银行的市场竞争力、公司治理和风险管理水平等最终会在其财务状况上得以体现。

1. 资产质量

资产是商业银行经营的物质基础,资产质量是决定商业银行未来盈利水平的主要驱动因素。较差的资产质量会侵蚀商业银行的资本基础,一方面会导致消耗过多的既有资本,另一方面会降低商业银行产生内源资本的能力。对资产质量的考察重点是资产的安全性,包括不良贷款率、贷款迁徙情况、非信贷类资产的质量情况以及拨备情况等。

2. 盈利及资本充足性

采用净资产收益率、资本充足率、核心一级资本充足率三个指标来衡量(见表7-5)。

表7-5 盈利及资本充足性指标评价参考

对应档位	净资产收益率/%	资本充足率/%	核心一级资本充足率/%
1	>20	>20	>16
2	(15,20]	(15,20]	(13,16]
3	(12,15]	(13,15]	(11,13]
4	(10,12]	(11.5,13]	(9,11]
5	(8,10]	(10.5,11.5]	(7.5,9]
6	(6,8]	(9.5,10.5]	(6.5,7.5]
7	(5,6]	(8,9.5]	(5,6.5]
8	(4,5]	(6,8]	(4,5]
9	(3,4]	(5,6]	(3,4]
10	(2,3]	(4,5]	(2,3]
11	(1,2]	(2,4]	(1,2]
12	(0,1]	(0,2]	(0,1]
13	<0	<0	<0

资料来源:商业银行信用评级方法及模型,东方金诚国际信用评估有限公司。

净资产收益率=净利润×2/(上期末净资产+本期末净资产)×100%,反映商业银行盈利能力的核心指标。一般情况下,净资产收益率趋于稳定或小幅增长的商业银行盈利水平更为稳健。

资本充足率=(资本-扣减项)/风险加权资产×100%,核心一级资本充足率=(核心一级资本-扣减项)/风险加权资产×100%,反映商业银行在存款人和债权人的资产遭受损失之前,商业银行能以自有资本承担损失的程度。一家商业银行的资本充足率、核心一级资本充足率越高,表示其能够承受违约资产风险的能力就越大,其面临的资本补充压力也越小。

(六)调整事项分析

商业银行种类和业务模式多样,在综合考察得到统一可比的初始级别后,有时仍需要针对不同公司的特性进行一定的调整,来反映个体特殊性。因此,通过设立调整项来对商业银行的初始级别评定结果进行可比性调整,并在调整后给出受评企业的最终级别。

具有代表性的调整事项包括以下几个方面:

(1)商业银行拥有大量的表外资产,可自由出售并获得大量的收益。

(2)商业银行拥有特殊的融资渠道或者资金获取渠道,而且这类资金来源会大幅改善银行的现金流以及对于债务的覆盖水平。

（3）商业银行的运营历史较短，或者处于重大的改革之中，以往经营的历史数据太少，或者认为历史的经营数据和表现无法作为判断银行未来经营表现的依据。

专栏7-1　　2023年金华银行股份有限公司主体信用评级

评级对象： 金华银行股份有限公司

主体信用等级： AA+

评级展望： 稳定

评级时间： 2023年11月8日

评级观点

主要优势

1. 区位优势明显。金华银行主要经营区域在金华市，并在杭州、温州、嘉兴、台州、湖州和衢州设有分支机构，网点覆盖较广，业务区域经济实力较强，民营经济发达，为该行业务开展提供了良好的外部环境。

2. 政府支持力度大。金华银行地方财政及地方国有企业持股比例较高，地方政府及地方国有企业在资本补充、不良资产处置及业务开展方面给予了该行大力支持。

3. 负债结构较好。金华银行负债结构较好，负债中存款占比较高，且零售存款占比持续提升。

主要风险

1. 宏观经济风险。国内经济与政策环境依然存在较多不确定因素，银行业运营所面临的系统性风险上升，金华银行业务发展将承受压力。

2. 风控能力有待检验。2020年以来，金华市政府在增资的同时帮助金华银行处理了历史不良贷款，金华银行新增贷款方向为"大、小"两头业务，即国有企业以及小微企业，在当前宏观经济形势下，新增贷款风控能力有待检验。

3. 区域同业竞争压力。金华银行主要经营地区在金华市，区域金融机构众多，竞争激烈，该行面临较大的区域同业竞争压力。

4. 盈利能力较弱。金华地区同业竞争压力大，金华银行贷款收益率较低，存款中定期存款占比较高，存款成本偏高，且该行历年来资产减值损失计提规模较大，盈利能力较弱。但随着该行资产负债结构的调整以及历史不良资产的消化，该行盈利能力有所提升。

未来展望

通过对金华银行主要信用风险要素的分析，本评级机构给予公司AA+主体信用等级，评级展望为稳定。

表7-6　主要财务指标

项　目	2020年	2021年	2022年
财务数据与指标			
总资产（亿元）	739.07	865.59	1 017.85
股东权益（亿元）	41.45	55.05	58.78

续　表

项　目	2020年	2021年	2022年
贷款总额(亿元)	444.08	506.08	570.23
存款总额(亿元)	562.66	652.29	737.31
营业收入(亿元)	9.88	17.7	19.39
拨备前利润(亿元)	2.05	7.27	9.12
净利润(亿元)	0.93	3.32	4.47
手续费及佣金净收入/营业收入(%)	6.97	4.25	2.66
成本费用率(%)	75.7	56.81	50.34
平均资产回报率(%)	0.12	0.41	0.47
平均资本回报率(%)	2.27	6.89	7.85
监管口径指标			
不良贷款率(%)	1.68	1.47	1.24
拨备覆盖率(%)	134.9	152.51	163.57
单一客户单款集中度(%)	5.82	3.54	2.75
最大十家客户贷款集中度(%)	33.31	30.71	26.9
流动性比例(%)	63.29	44.45	54.36
净息差(%)	1.26	1.69	1.76
核心一级资本充足率(%)	8.72	9.7	8.99
一级资本充足率(%)	8.72	9.7	8.99
资本充足率(%)	12.51	11.28	11.47

注：1. "财务数据与指标"数据根据金华银行经审计的2020—2022年财务数据整理、计算得出。
2. "监管口径指标"数据由金华银行提供。

表7-7　同类企业比较表

名　称	总资产(亿元)	股东权益(亿元)	净利润(亿元)	资本充足率(%)	不良贷款率(%)	平均资产回报率(%)
嘉兴银行股份有限公司	1 399.59	89.74	10.25	12.4	0.75	0.78
湖州银行股份有限公司	1 173.58	76.56	9.62	12.96	0.676	0.88
金华银行股份有限公司	1 017.85	58.78	4.47	11.47	1.24	0.47

注：湖州银行股份有限公司为公开市场发债银行但并非本评级机构客户，相关数据及指标来自公开市场可获取数据及计算或存在一定局限性。
(资料来源：上海新世纪资信评估投资服务有限公司官网)

三、国际评级机构的商业银行评级方法

(一) 标普银行评级框架

标普银行评级流程有两个关键步骤，即确定个体信用评估(SACP)，评估政府或关联机构的特殊支持。个体信用评估是在没有特殊外部支持的情况下对银行信用状况的分析。对于特殊外部支持，则需要分析外部支持的来源和外部支持的可能性。结合个体信用评估和外部支持分析，可获得发行人信用评级(ICR)。银行评级可以超出主权评级，但

这种情况极少,因此银行的 SACP 或 ICR 的级别一般不高于所在国家或地区的主权评级。标普是在主体评级的基础上,对债项进行评级,如图 7-2 所示。

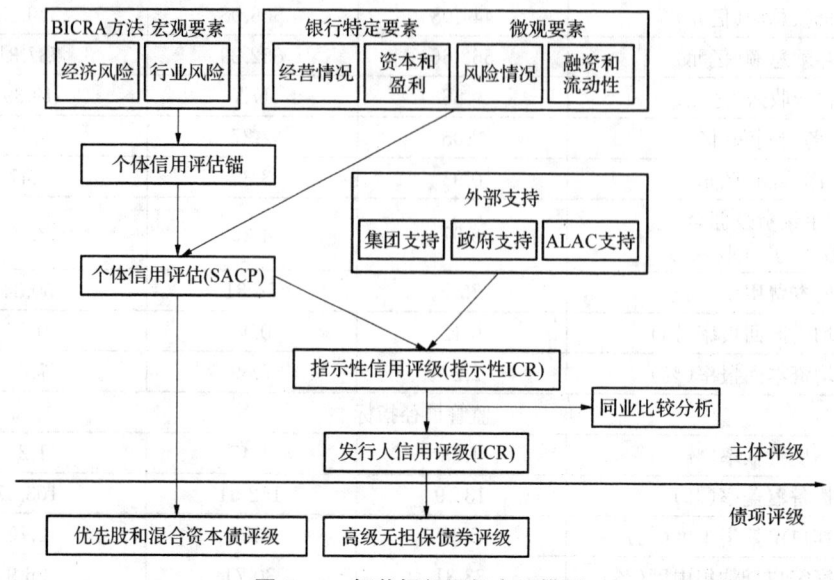

图 7-2 标普银行评级方法模型

(二) 穆迪银行评级框架

如图 7-3 所示,穆迪银行评级模型主要包括两部分:一是基础信用评估。主要从宏观因素和银行财务要素进行分析,并根据一些定性因素进行调整,形成基础信用评估级别,这些级别是用小写的字母符号表示。二是支持和结构化分析。这个阶段主要分析外部支持的情况,外部支持包括关联机构或者政府的支持,依据联合违约概率分析方法(JDA)进行分析。穆迪指出,若分析师或评级委员会认为由于银行业务模式的缘故,打分卡不能全面反映该银行的风险状况,他们可能会考虑调整现有指标或其他指标,前提是相关分析是通过全球性的比较,而并非仅限于对本地数据的比较。

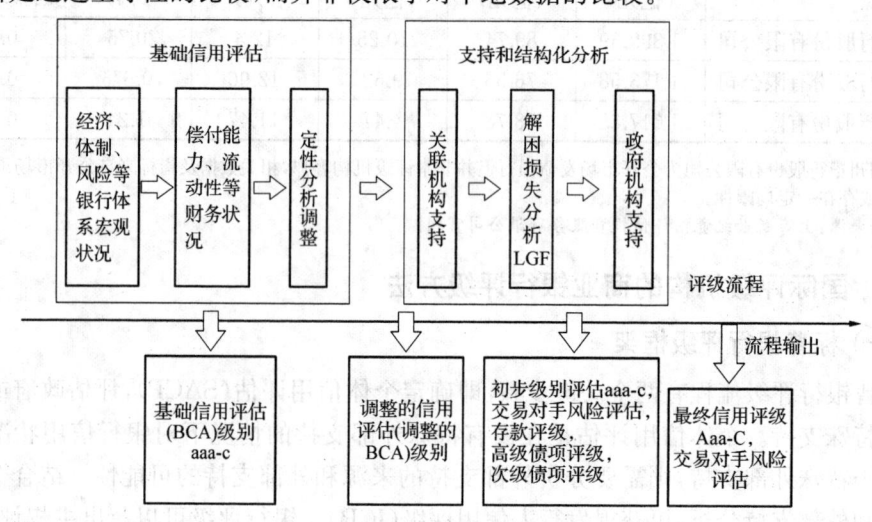

图 7-3 穆迪银行评级模型

第二节 保险公司信用评级

保险公司信用评级是监管部门、信用评级机构或保险公司运用一定的评级方法对保险公司的信用强度进行评估的程序与结果。从狭义上来说,保险公司信用评级是公正客观而专业的信用评级机构对保险公司信用强度进行评估的程序与结果。

信用评级机构在对保险公司信用强度进行评估时一般采用三步法:确定评级内容,收集评级资料,运用一定的评级方法进行评级并公布评级结果。不同的信用评级机构所采用的评级项目和评级方法是不一样的,本文在接下来的一节中将详细介绍。

下面介绍大公国际信用评级有限责任公司(简称大公国际)的保险公司评级方法。

一、保险公司信用评级框架

图7-4为大公国际保险公司信用评级框架。

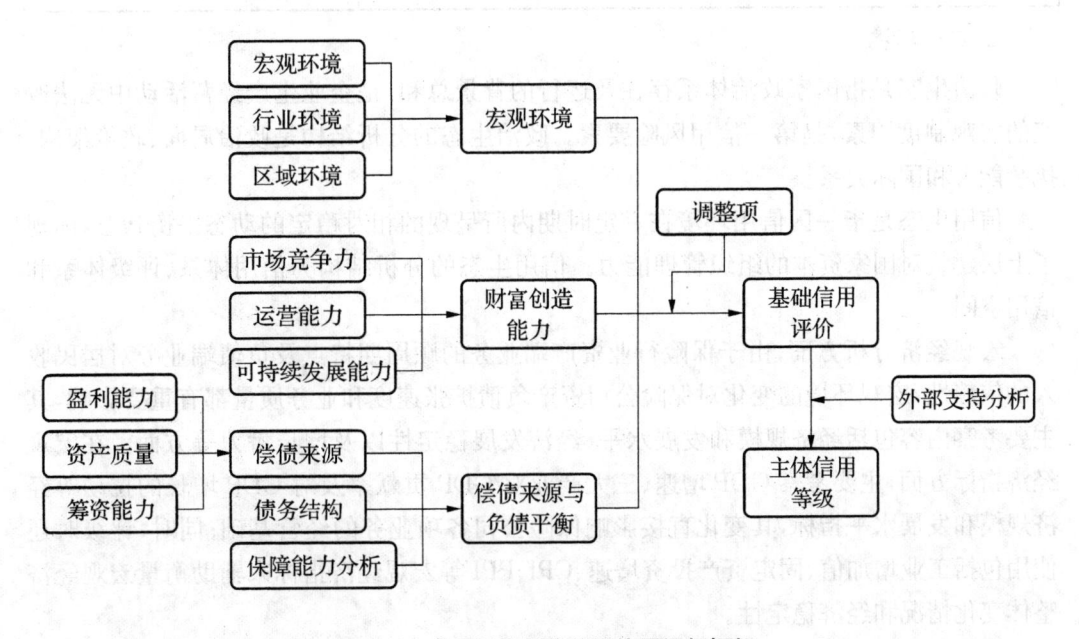

图7-4 大公国际保险公司信用评级框架

二、保险公司信用评级要素

(一)偿债环境

偿债环境分析在保险公司信用评级中处于基础地位,是保险公司财富创造能力、偿债来源和偿债能力分析的前提。

偿债环境下级要素及核心指标设置见表7-8。

表7-8　保险公司偿债环境核心指标

一级指标	二级指标	三级指标
宏观环境	政治生态	
	信用生态	
	宏观经济	经济规模和发展水平
		经济稳定性
		增长潜力
		货币政策
行业环境	行业监管	
	行业政策	
区域环境	区域社会发展与经济指标	人均地区生产总值
		居民可支配收入增速
	区域政策	

1. 宏观环境

政治生态是指国家政治体系存在及运行的背景总和,是企业生产经营活动中无法改变的宏观制度因素,是第一信用风险要素。政治生态的分析结构是政治局面、政策架构、执政能力和国际关系。

信用生态是指一国信用环境在一定时期内所呈现的相对稳定的动态平衡状态,体现了上层建筑对国家资本的组织管理能力。信用生态的分析结构为信用体系、评级体系和信用空间。

宏观经济分析方面,由于保险行业资产端业务的顺周期特点及负债端业务对居民收入的依赖性,宏观环境的变化对保险公司资产负债扩张速度和业务质量都有重要影响,其主要考察内容包括经济规模和发展水平、经济发展稳定性以及增长潜力等方面。在宏观经济指标方面,主要考察GDP增速、三大产业对GDP贡献率及对GDP增长的拉动等经济规模和发展水平指标,其变化直接影响保险公司各项业务的经营基础;同时,评级时还使用包括工业增加值、固定资产投资增速、CPI、PPI等宏观经济指标来辅助衡量宏观经济整体变化情况和经济稳定性。

货币政策是央行调节宏观经济发展的工具,对货币市场、固定收益投资市场、权益投资市场及不动产市场等保险资金运用领域均有重大直接影响,进而影响保险公司资产端投资业务的收益水平和风险水平;同时,货币政策的变化会导致资本市场流动性水平发生变动,进而影响保险公司资本市场融资规模和成本。因此,货币政策分析是保险公司偿债环境的重要分析内容。

2. 行业环境

对于保险公司行业环境的分析,主要包括行业监管和行业政策的分析,其中行业监管指的是监管体制和监管机制。

监管体制是指监管机构设置和管理权限划分,主要从监管机构和监管标准两个方面进行分析。监管机构方面,2018年3月,原中国银监会、原中国保监会的职责整合组建中国银保监会,同时原中国银监会和原中国保监会拟定银行业、保险业重要法律法规草案和审慎监管基本制度的职责划入中国人民银行。至此,加上2017年11月成立的金融稳定发展委员会,中国的金融监管框架由"一行三会"变成"一委一行两会"格局,有利于有效协调监管和防范系统性风险,弥补长期分业监管存在的不足。监管标准方面,我国形成了由《中华人民共和国保险法》等法律,《机动车交通事故责任强制保险条例》《农业保险条例》等行政法规,《保险公司股权管理办法》《保险资金运用管理办法》等部门规章及《中国保监会关于进一步完善人身保险精算制度有关事项的通知》《中国保监会关于强化人身保险产品监管工作的通知》等规范性文件构成的监管标准体系,保证了监管体制的完善和有效;此外,随着国家更加重视防控金融风险,原中国保监会自2017年4月起连续出台多个文件,对防范流动性、资金运用、战略、新业务、外部传递性、资本不实、声誉等风险以及保险业支持实体经济做出具体部署。总体而言,我国保险业监管不断加强和完善,为保险公司的稳健经营和保险行业的健康发展提供了重要的制度保障。

行业政策是指影响保险公司经营行为和风险控制等方面的规章制度和监管要求。在风险建设方面,涉及的政策包括流动性管理、偿付能力管理等;在业务发展方面,涉及的政策主要影响保险公司业务发展种类和方向。2014年8月,国务院印发《国务院关于加快发展现代保险服务业的若干意见》,提出了发挥保险风险管理功能、完善保险经济补偿机制、大力发展"三农"保险、拓展保险服务功能、推进保险业改革开放、加强和改进保险监管、优化保险业发展环境、完善现代保险服务业发展的支持政策等引导保险业健康发展的政策意见,保险业和保险公司发展面临新的重大机遇。

3. 区域环境

我国保险公司的业务开展范围严格受限于其经监管机构审批开设分支机构区域范围,而区域经济发展水平和居民收入水平是保险产品需求增资的最主要推动因素,因此评级时重点考察人均地区生产总值、居民可支配收入增速等区域环境指标;此外,区域政府及监管部门对当地保险行业的监管或扶持政策,也是当地保险产品供需的重要影响因素,因此相关分析也是评级的重要评判依据。

(二) 财富创造能力

财富创造能力是指保险公司的长期盈利能力,它是债务偿还的源泉和基石,与偿债环境共同构成影响保险公司信用水平的长期基础性要素。评级时需综合分析保险公司产品和服务竞争力和盈利能力对保险公司财富创造能力产生的影响。

财富创造能力下级要素、核心指标设置见表7-9。

表7-9 保险公司财富创造能力核心指标

一级指标	二级指标	三级指标
产品与服务竞争力	市场地位	保费收入市场份额
	业务发展水平	业务覆盖区域

续 表

一级指标	二级指标	三级指标
产品与服务竞争力	业务发展水平	优质渠道保费贡献度
		保费趸交占比（人身保险公司）
		退保率（人身保险公司）
	业务集中度	单一最大险种保费贡献度
		产品多样性
		销售渠道多样性
盈利能力	收入	营业收入
	盈利	成本收入比
		总资产收益率
		综合投资收益率

1. 产品与服务竞争力

保险公司主要业务包括负债端的保险业务和资产端的投资业务，保险公司销售保险产品，赚取保费，并根据精算规则计提形成保险责任负债；此后，对保险责任负债形成的保险资金进行运用，赚取投资收益。在业务开展过程中，保险公司主要通过损失（包括赔付、给付等）、利率、费用率等的实际发生水平与精算假设水平的差额实现盈利。保险公司负债端的保险业务是保险公司盈利的基础业务，是产品与服务竞争力分析的重点。

(1) 市场地位。

在保险公司业务竞争力方面，主要考察保险公司的保险业务整体及其主要险种的市场份额。一般情况下，相较其他保费收入核算口径，原保险收入是最直接体现保险公司通过自有保险渠道架构销售保障功能相对较强保险产品形成的保费收入的核算口径，其市场份额的大小是保险公司综合市场竞争力的最直接体现，因此主要通过考察原保费市场份额对保险公司的市场竞争力进行分析。

(2) 业务发展水平。

保险公司业务发展水平分析主要包括业务发展规模和业务发展质量两个方面。其中，业务发展规模首先取决于受评保险公司可销售保险产品的区域范围及该区域的保险产品消费能力，评级时主要对省（市）级分公司及下属机构进行定量分析，对经营区域居民消费能力进行定性分析。业务发展质量方面，保险公司保险业务质量是其盈利水平及其可持续性的重要保证，而个人代理等公司控制能力更强、销售产品盈利能力更强的优质保险产品销售渠道是销售优质产品的基础，因此评级时主要考察优质渠道的原保费收入贡献度。此外，对于期限相对更长的人身保险业务，还需定量考察人身保险业务的趸交业务占比、保单继续率、退保率等指标来分析人身保险业务产品和服务的竞争优势及其可持续性。

(3) 业务集中度。

保险业务的多样性是保险公司抵御市场变化、政策变化等带来的单一业务波动风险的重要保障,评级时主要考察保险业务多样性和销售渠道多样性。保险业务多样性主要通过定性衡量险种类别和定量分析其分布情况,如单一险种保费贡献度。销售渠道多样性主要指渠道类别的多样性。一般而言,越多样的险种分布及渠道架构,越有利于抵御外部因素变化对保险业务整体的冲击,越有利于保险业务的可持续性发展。

2. 盈利能力

保险公司盈利主要来自承保业务和投资业务,评级时主要利用营业收入、综合投资收益率、成本收入比、总资产收益率等定量指标考查保险公司的盈利能力。

综合投资收益率是保险公司期间各项已实现投资收益与期间保险资金运用总额均值的比值,是保险公司投资业务盈利能力的最直接体现。成本收入比是营业费用与营业收入之比,反映保险公司单位营业收入需要支出的成本,该比率越低,表明公司经营管理效率越高。总资产收益率是保险公司期间净利润与期间平均资产总额的比值,来考察保险公司保险业务及投资业务的整体盈利能力。

(三) 偿债来源与负债平衡

偿债来源与负债平衡是受评保险公司偿债能力的直接决定性要素,从不同维度体现保险公司偿债来源对债务的保障程度。偿债来源分为流动性偿债来源和清偿性偿债来源两个方面,分析内容主要包括盈利、债务状况、外部资金支持、资产、资本等偿债来源的规模、结构及充足性。

偿债来源与负债平衡分析要素、核心指标设置见表7-10。

表7-10 保险公司偿债来源与负债平衡核心指标

一级指标	二级指标	三级指标
流动性偿债来源	流动性偿债来源规模与结构	盈利
		负债规模与结构
		外部资金支持
	流动性偿债来源与负债平衡	新业务价值率(人身保险公司)
		综合成本率(财产保险公司)
		流动性覆盖率
		综合流动性比例
清偿性偿债来源	清偿性偿债来源规模与结构	资产规模、结构与质量
	清偿性偿债来源与负债平衡	综合偿付能力充足率
		核心偿付能力充足率

1. 流动性偿债来源

流动性偿债来源指保险公司债务链每一时点可用于偿付债务的偿债来源,主要考察盈利、负债规模与结构和外部资金支持等偿债来源规模、结构及其与负债的平衡关系。

盈利方面,盈利直接来自保险公司财富创造,净利润是反映保险公司盈利能力的基础指标,评级时主要关注保险公司的净利润规模及变化情况。保险公司盈利主要来自保险公司承保业务和投资业务的净收益,稳定增长的盈利水平是保险公司债务偿还的重要保障。尽管保险公司净利润与其偿付需求相比规模有限,且在正常营业的情况下无须用其偿付债务和保单持有人赔付。但是,利润直接反映了保险公司的财富创造能力及其经营风险的高低,并将直接影响资本充足水平,是其市场信心的保证。

负债规模与结构方面,主要考察保险公司的债务总体规模和债务结构情况。保险公司负债端资金来源主要包括保险责任负债及债券融资、卖出回购金融资产款等其他主动负债。保险责任负债方面,财产保险公司保险责任负债期限一般在一年以内,人身保险公司保险责任负债期限相对较长,但近年来,部分人身保险公司通过大量销售实际存续期限较短的保险产品获得资金,缩短了公司整体债务期限,导致公司短期偿债压力显著上升,不利于公司偿债能力的稳定性,因此通过对融资结构的定性分析来衡量此类偿债来源的稳定性对保险公司偿债能力分析具有重要作用。评级时主要通过考察保险公司的杠杆水平对债务规模压力进行分析,主要使用债务权益比率作为衡量的关键指标,债务权益比率水平越低,保险公司债务规模压力越小。债务结构分析方面,重点考察未来一年内到期负债占总负债比重,债务到期年限短或过于集中都将增大保险公司的短期偿债压力。保险公司的短期债务占比,该指标水平越高,表明保险公司一年内到期债务占比越高,短期偿债压力越大。

外部资金支持方面,主要关注保险公司利益相关方(控股股东、政府等)为其提供的实际资金支持。

流动性偿债来源与负债平衡主要考察保险公司在维持可持续经营能力时的债务偿还能力,体现了未来一定时期内保险公司流动性偿债来源的内部平衡。流动性来源对到期债务的覆盖能力越强,流动性还本付息能力越强。

保险公司流动性偿债来源与负债平衡主要是通过监管口径计算所得综合流动性比率和流动性覆盖率来衡量。其中,综合流动比率反映保险公司各项资产和负债在未来期间现金流分布情况以及现金流入和现金流出的匹配情况;流动性覆盖率是优质流动资产的期末账面价值与未来90天净现金流之比,反映保险公司在压力情景下未来一个季度的流动性水平。综合流动性比率和流动性覆盖率水平越高,说明保险公司流动性偿债来源对其短期债务支出的保障能力越强。

盈利对债务成本的覆盖方面,针对人身保险公司主要考察新业务价值率,针对财产保险公司主要考察综合成本率。承保业务是保险公司的核心业务,保险责任负债是保险公司的最主要债务构成,其债务成本主要为保单假设利率等保险业务开展成本,因此要考察保险公司的承保盈利对保险成本的覆盖能力。

2. 清偿性偿债来源

清偿性偿债来源是指保险公司各类资产可通过各种类型的转化形成偿债来源对全部债务的清偿能力,主要考察其资产的规模、结构、质量,以及资本充足性情况。

保险公司资产的最主要构成是保险业务开展形成的可运用保险资金总额,根据保险资金运用的大类资产划分规则可分为流动性资产、固定收益类资产、权益类资产、不动产类资产和其他金融资产。上述五大类资产的变现能力、投资回报水平和风险水平均各有不同,导致不同配置结构的保险资金对保险公司全部债务偿还的保障能力也各有差异,主要考察保险公司资产配置组合中的可量化市场风险和信用风险水平来判断保险公司资产的整体风险水平。另一方面,评级时也关注保险公司保险资金配置结构与其负债结构的匹配程度,一般而言,人身保险公司负债久期相对较长,因此资产配置中中长期固定收益类资产配置占比较大;而由于财产保险产品期限一般不超过1年,财产保险公司的负债久期相对较短,其资产配置结构中流动性资产以及变现能力较强的权益类资产和固定收益类资产的占比相对较高。

保险资本是保险公司吸收损失的重要防线,评级时主要从资本质量、增长趋势和充足性几个方面进行考察。保险资本积累有多种渠道,其中自身财富创造能力的长期有机增长是最稳固和最具可持续性的资本积累方式。资本充足性方面,选取监管要求的保险公司偿付能力充足水平指标作为核心指标,考察其持续经营或破产清算状态下可以吸收损失的财务资源对其各类可量化为资本要求的风险的覆盖水平,以衡量资本对各项业务可能发生损失的保障能力。资本越充足,说明其资本对各项业务损失的覆盖水平越高,保证其持续经营和顺利进行市场融资的能力越强。

偿债能力是基于对偿债环境、财富创造能力和偿债来源得到的分析结论,并形成初始级别,是下文调整项的调整基础。

(四) 调整事项分析

保险公司业务种类和业务模式多样,在综合考察得到统一可比的初始级别后,有时仍需要针对不同公司的特性进行一定的调整,来反映个体特殊性。因此,设立调整项来对保险公司的初始级别评定结果进行可比性调整十分重要,并在调整后得到受评企业的最终级别。调整时分析受评主体控股股东的信用支持能力和意愿给予定性打分。并通过分析政府支持意愿和政府支持能力两个方面来考查政府关联企业的外部支持情况。

此外,有极少部分保险公司所具有的特殊因素和突发性的、情节严重的、影响重大的特殊事件会增强或者弱化保险公司的信用质量,具有代表性的例子包括以下几个方面:

(1) 保险公司处于重大的改革之中,导致参考性较差。

(2) 相关法律条款的突然变化或监管准则和监管要求的突然变化导致保险公司主要业务开展受限。

(3) 保险公司管理层突然变动,或保险公司兼并与重组过程中出现产生重大影响的事项。

(4) 保险公司盈利对非经常性损益的依赖程度较高。

(5) 保险公司因合并报表原因导致业务规模及财务表现与本部实际情况发生较大偏离。

三、国际评级机构的保险公司评级方法

目前,国际信用评级公司在评价保险公司信用级别方面都积累了丰富的经验。下面主要介绍标准普尔、穆迪和 A. M. Best 公司的评级方法。

（一）标准普尔对保险公司信用评级的方法

标准普尔从行业风险、商业地位、管理和公司战略、经营业绩、投资、资本实力、流动性以及财务灵活性八个方面对保险公司进行评估（见表7-11）。

表7-11 标准普尔保险公司评级要素

评级要素	评级内容
行业风险	行业风险分析是调查保险公司所处的竞争环境,如其所承保的保单类型（险种、产品线或部门）以及该公司所在地区的特征。这类分析的目标是衡量该保险公司业务活动的盈利能力以及该盈利能力的持续性
商业地位	商业地位指的是保险公司的基本特征和竞争优势的来源,比如特许经营权、所有权结构以及销售能力等
管理和公司战略	管理和公司战略指的是管理层如何制定并执行战略。其中又包含四层含义:管理层如何制定目标,这些目标是否有悖常理;公司执行既定战略时的运营效率;公司对于财务风险的态度;高层管理团队的组成以及该团队的合作性
经营业绩	经营业绩是指一家保险公司把其优势转化为可持续利润的能力。此时,标准普尔对不同的公司采取了不同的处理方法。对于非寿险公司来说,标准普尔着眼于营业额的税前回报;对于人寿保险公司而言,由于人寿保险的长期性,则是注重税后回报
投资	在评估保险公司的投资时,标准普尔会调查其资产种类的分布情况、信用质量、流动性风险、利率风险、市场风险、资产组合多样化、资产负债管理以及风险对冲等。一般而言,对于非寿险公司,要求他们具有较为保守和高流动性的资产组合。对于年金和人寿保险公司而言,则可以接受更多的风险从而赚取更高的回报
资本实力	在评估资本实力时,标准普尔运用了一个衡量总资本的资本充裕度模型。这里的总资本是在调整了针对承保风险、准备金风险和其他商业风险的资产相关和信用相关风险之后的数值。当然,资本充裕度比率也只是判断资本充裕与否的一个参照点。标准普尔同样也会加入一些其认为适宜的量化和概念化之后的"强化指标"。例如,对于非寿险公司来说,标准普尔主要评估损失准备金的充足性和不确定性
流动性	流动性的评估是标准普尔近年来重视的一个方面。标准普尔设计了在正常情况下和金融紧张情况下的两种寿险公司流动性模型。在其分析中,流动性资产包括现金和短期投资、美国政府证券、投资级公共债券,以及非附属公众投资级优先股票。对于非寿险公司来说,标准普尔则考虑:相对于现金流出而言的承保现金流入、来自投资的现金流入、现金和短期投资的水平、在潜在巨灾背景下的流动性需求以及流动性的外部来源
财务灵活性	通过调查保险公司的资本来源是否足够履行其资本要求,标准普尔对保险公司的财务灵活性进行评估;资本要求包括可能会引发即时流动性需求或长期资本需求的情况。资本来源则包括正常的营运收益、短期和长期资本的获取能力以及再保险等

资料来源:栗芳.保险公司信用评级的方法分析[J].上海保险,2007(4):39-42.

（二）穆迪对保险公司信用评级的方法

穆迪对保险公司进行信用评级时是针对保险公司能否按时支付保单持有人理赔和保险责任的能力而做出的评估意见。为此,它们反映出当前的财务实力以及承受未来财务困难时期的能力。穆迪的方法涵盖重要的定性分析和定量分析,并包括经验丰富的分析师的评估意见。穆迪所考虑的定性因素与整体行业相关,也与被调查的特体公司相关联。

穆迪考虑的定性因素包括行业因素及公司因素。行业因素包括影响行业的趋势、整体经济环境、行业内的集中度、人口和竞争问题、金融行业的一体化和合并的影响、会计和监管环境。公司因素则包括组织结构、所有权以及公司管治、战略问题、管理素质、公司特许权、销售网络和产品特征等。

(三) A. M. Best 对保险公司信用评级的方法

A. M. Best 公司主要是对保险公司进行评级,其在 1906 年就开始对非寿险公司评级,在 1928 年开始对寿险公司评级。A. M. Best 在评价保险公司的信用等级时,主要是从公司的资产负债表实力、运营业绩以及业务概况三个方面进行综合的定性和定量分析。

资产负债表实力的评估是评估体系中最为重要的部分,A. M. Best 是从承保、财务和资产杠杆三个方面来分析的。承保杠杆来源于四个方面:当前承保保费、年金储蓄、再保险、损失准备金或保险责任准备金。其主要是衡量定价失误的风险、信用风险和对再保险的依赖程度、未偿付责任、未实现保费和准备金误差的风险。财务杠杆的分析主要是分析公司财务上是否保持了稳定。而资产杠杆则反映了投资盈余、利率以及信用的风险。除此之外,A. M. Best 还要计算资本充足性比率来为承保杠杆、财务杠杆和资产杠杆的衡量提供额外的评估。资本充足性比率是一家公司的可获得资本与其所必需的净资本的比率,所必需的净资本是用于支持该公司所面临财务风险所需要的资本金额。

A. M. Best 在分析经营业绩时则集中于与公司所持负债有关的收益的稳定性和可持续性。也主要是通过一些盈利能力指标来测试包括承保、投资、资本收益与损失以及整体运营收益等多个方面。

A. M. Best 评估时所考虑的业务概况是反映业务组合的风险程度、市场竞争地位以及管理层的深度和经验。这些因素有利于当前和未来的经营业绩,并因此能够影响长期的财务实力以及履行保单持有人保险责任的能力。主要的业务概况包括保险公司的风险的分散、收入的组成、市场竞争地位、管理层、保险市场风险、损失事件风险。

(四) 主要公司保险信用评级方法的比较分析

标准普尔所考虑的八个方面基本上均匀地覆盖了保险公司的方方面面,其中除了对资本充足性给予了非常高的重视之外,其他方面的重视程度基本上均等。穆迪在管理方面和外部环境方面采用了定性的分析,而把定量分析的重点仍放在资本充足性上。A. M. Best 与穆迪的做法相似,在管理方面和外部环境方面也采用了定性的分析。另外,A. M. Best 还专门增加了资本充足性比率来加强资本充足性的分析,增加了经营业绩方面的定量分析来进行补充。这些公司的评价体系实际上大同小异,但是于细微处才见其特征。从表 7-12 中可以看出,这三家公司的评价体系基本上都覆盖了投资、承保、管理、资本充足和外部环境等几个方面。特别的是,三家公司都对资本充足性给予了非常高的重视。但是,各家公司之间又有细微差别。

表7-12 三家评级公司信用评价比较

评价因素		标准普尔	穆迪	A. M. Best
投资能力		投资	资产质量和投资风险	资产负债表实力(资产杠杆) 经营业绩(运营比率)
承保能力		经营业绩	财务和运营杠杆 盈利能力	资产负债表实力(承保杠杆) 经营业绩(损失率)
资本水平	流动性	流动性 财务灵活性	资产负债管理及流动性	
	安全性	资本概况	资本充足性 准备金充足性 资产负债管理及流动性	资产负债表实力(财力杠杆) 资本充足性比率
管理水平		商业地位管理和公司战略	公司因素业务基础	业务概况
外部环境		行业风险	行业因素	业务概况

第三节 证券公司信用评级

对证券公司进行信用评级,是美国、欧洲及日本等发达国家早已普遍采用的规范证券公司运作、保护投资者利益的方法。惠誉国际评级有限公司以对金融机构评级见长,曾对诸如摩根士丹、J. P. 摩根、高盛、雷曼兄弟等世界最负盛名的券商进行评级。由于证券公司经营活动的特征(受市场变化的影响大,盈利具有不可预测性),对证券公司的信用评级相对于一般工业企业来说具有特殊性,而我国目前资本市场还未走出初期调整阶段,证券公司的运作与管理不可避免地掺杂有体制性因素,所以,对中国的证券公司评级比起其他发达国家来说更具有特殊性。

下面介绍中诚信国际信用评级有限责任公司(简称中诚信)的证券公司评级方法。中诚信充分吸收国外最先进的评级经验、技术以及方法体系,结合中国国情,开发出一套券商信用评级方法体系。

一、证券公司信用评级框架

中诚信国际评级方法与模型主要反映受评主体的个体信用状况,再考虑外部支持形成最终的信用评级结果。中诚信国际在综合衡量受评主体业务风险和财务风险的基础上,结合ESG因素、流动性评估等调整因素,给定受评主体的个体基础信用级别(BCA级别),再考虑特殊外部支持对其信用质量的提升作用得到模型级别,并由信用评级委员会评定受评企业的最终主体信用等级。评级模型中的各板块均包含一项或多项具体指标,指标结果经标准化处理转换为分值后,通过打分卡、矩阵等方式映射形成信用等级。单个指标的得分与企业信用等级不具有严格的对应关系,本方法与模型得出的信用等级仅作为信评委评定企业信用等级的重要参考,模型级别与最终级别之间可能存在差异。中诚信国际证券行业评级框架如图7-5所示。

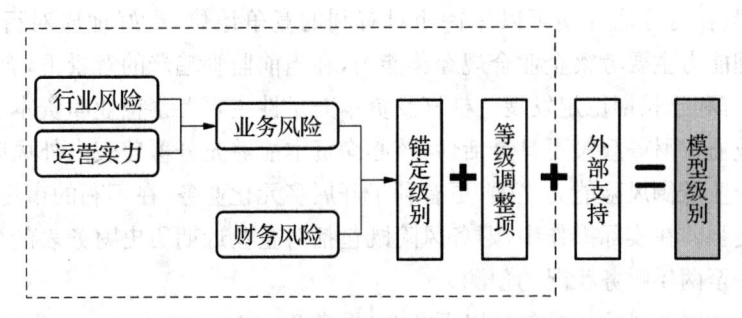

图7-5 中诚信国际证券行业评级框架

二、证券公司信用评级要素

(一) 行业风险

行业风险主要通过行业稳定性、进入壁垒、竞争格局及市场地位等行业特征指标,行业盈利能力及资本结构等财务表现指标,以及行业政策、行业发展阶段等因素对各行业的风险状况进行综合评估。行业风险得分高代表该行业信用风险程度低,更不容易受到不利经济环境的影响,一般表现为行业受经济周期影响程度较小、存在较高的进入壁垒、行业垄断性高、市场地位高、盈利能力强、资本结构稳健,行业整体处于上行周期或可受到来自政府的政策性扶持等。低风险行业中的企业更容易获得较高的信用等级。对行业风险因素的考量有助于实现企业信用水平的跨行业比较。

(二) 运营实力

运营实力主要评估受评企业的经营状况,往往通过分析企业的规模与市场地位、资源禀赋及资源控制力、研究能力、融资渠道与议价能力等得到结论。运营实力得分高通常代表企业在行业内处于领先地位,对风险有更强的抵御能力。证券行业的运营实力评估指标包括市场地位、业务多元化和业务竞争力。

1. 市场地位(权重50%)

市场地位能够较好地反映证券公司的业务经营能力,在证券行业加速分化的背景下,经调整的营业收入能够反映证券公司在行业中的市场地位,经调整的营业收入越高,证券公司的市场地位越高。

2. 业务多元化和业务竞争力(权重50%)

业务多元化程度越高的证券公司抵御风险的能力越强。通常情况下,大中型证券公司资本实力强、业务资质齐全,能够开展多元化的业务,营业收入结构均衡且收入规模较为稳定;而小型券商实力有限,多开展经纪或自营业务,对市场波动较为敏感,对单一业务依赖较大。业务竞争力主要考察证券公司各单项业务的市场排名情况,证券公司的业务种类较多,综合各单项业务排名情况,可以侧面反映出证券公司的综合竞争力。

(三) 财务风险

评级公司主要从盈利能力及盈利稳定性、风险管理能力、杠杆及资本充足性等方面评价受评企业的财务风险状况。其中,盈利能力及盈利稳定性是考察企业信用品质的重要因素,盈利能力及盈利稳定性较强的公司能够更好地从内部积累资本,具有较强的能力产生现金流,并且在行业低谷期可以保持相对有利的竞争地位,更好地应对行业周期的波动。风险管理能力主要考察企业合规经营能力,在当前监管趋严的背景下,企业合规经营能力越强,越有利于长期稳定发展。杠杆及资本充足性主要考察企业净资本和杠杆率,杠杆率低的企业通常财务政策更具灵活性,核心净资本能够充分覆盖表内外风险敞口;净资本实力强的企业抵御风险能力更强,更有利于开展多元化业务,在不利的市场环境下吸收损失的能力更强。在实际操作中,财务风险既包括对企业近期历史财务表的分析,也包括对企业未来一至两年财务状况的预测。

证券行业的财务风险指标包括以下几个(见表7-13):

表7-13 各项财务指标与得分的映射关系

评分	权重	7	6	5	4	3	2	1
平均资本回报率 (%,三年加权)	20%	[8,∞)	[5,8)	[4,5)	[2.8,4)	[2.3,2.8)	[1.8,2.3)	(-∞,1.8)
利润总额变动系数 (%,最近一年)	15%	[0,18)	[18,30)	[30,35)	[35,60)	[60,70)	[70,100)	[100,∞)
风险覆盖率 (%,三年加权)	20%	[320,∞)	[250,320)	[150,250)	[140,150)	[130,140)	[120,130)	(-∞,120)
净稳定资金率 (%,三年加权)	15%	[190,∞)	[170,190)	[140,170)	[130,140)	[120,130)	(110,120)	(-∞,110)
资本杠杆率 (%,三年加权)	10%	[50,∞)	[45,50)	[28,45)	[20,28)	[15,20)	(10,15)	(-∞,10)
净资本 (亿元,最近一年)	20%	[500,∞)	[300,500)	[135,300)	[70,135)	[35,70)	[15,35)	(-∞,15)

注:1. 如利润总额变动系数为负值,则直接为1分;2. 三年加权指标为历史三年数以2:3:5的权重进行加权平均;3. 风险覆盖率、净稳定资金率、资本杠杆率及净资本均为监管指标,且为母公司口径。

(1) 平均资本回报率。该指标从资本的角度反映了证券公司的盈利能力。较高的资本回报率反映了优秀的内部资本累积能力,能使证券公司股东权益增加,而不需依赖股东及资本市场,为证券公司的持续经营提供资本保障。同时,该指标的高低也从一定程度上反映了证券公司经营管理水平的高低。

(2) 利润总额变动系数。该指标可以反映证券公司应对周期性波动的能力,证券公司的经营情况与资本市场密切相关,且具有较强的周期性和波动性,证券公司若具有多元化的收入结构以及较强的风险管理能力,则该指标值较小,盈利稳定性较好。

(3) 风险覆盖率。风险覆盖率=净资本/各项风险资本准备之和。净资本指标是衡量证券公司资本充足性和资产流动性状况的一个综合性监管指标,是证券公司净资产中流动性较高、可快速变现的部分。各项风险资本准备之和是证券公司按照市场风险、信用风险、操作风险、其他风险等风险类型分别计算,且对不同类型产品设置不同计算比例。以上两者比例的大小反映出证券公司能否保持充足、易于变现的流动性资产,以满足紧急需要并抵御潜在的市场风险、信用风险、操作风险等,从而保证客户资产的安全。该比率越高说明证券公司承担风险的能力越大。

(4) 净稳定资金率。净稳定资金率反映了证券公司整体资产负债期限匹配程度,从中长期角度考量证券公司的资金来源和资金结构能否满足业务持续发展的需要。

(5) 资本杠杆率。资本杠杆率以证券公司核心净资本和表内外资产总额为基础设置,能更真实地从证券公司实际资本实力和经营活动的实际经营角度进行风险监控,利于在不同市场环境下证券公司的健康有序发展。

(6) 净资本。净资本是衡量证券公司资本实力的绝对值指标,包括核心净资本及附属净资本,是证券公司开展业务最稳定、最核心的资金来源,净资本越高的证券公司,其资本实力越强。

(四) 其他考量因素

除上述业务与财务因素之外,中诚信国际评级方法与模型还包括其他对评级有着重要影响的等级调整项,包括ESG因素、流动性评估等其他特殊调整。

(1) ESG因素则主要考察与信用风险相关的环境、社会、治理因素对受评企业抗风险能力的影响。ESG因素是一个广泛而动态的因素,各个行业面临的ESG风险敞口通常具有普遍性,但ESG因素对信用风险产生的影响往往具有主体特定性。同时,ESG因素对于企业信用风险的影响往往是负面的而非正面的,如因受到监管处罚或公司治理出现问题影响企业正常生产经营等,因此中诚信国际将ESG因素作为级别调整项,对于在环境、社会、治理的某一方面表现极差或者综合表现较差的企业向下调整其信用级别。

(2) 流动性反映的是受评企业短期内(通常在1个月之内)现金来源对现金使用的覆盖状况,反映了其能否及时获得充足资金以满足当期现金偿付的能力。从历史违约案例看,即使长期财务指标向好、盈利能力充沛的企业也可能由于短期的资金链断裂、流动性紧张而造成债务违约。中诚信国际对于证券公司的流动性评估主要参考流动性覆盖率指标,该指标是在压力情境下证券公司持有优质流动性资产与未来30天现金净流出量之比,该指标需大于等于100%,以确保证券公司持有充足的无变现障碍的流动性资产以应对未来一个月资金需求。当企业存在足以影响中长期信用状况的短期流动性风险时,中诚信国际会下调其信用级别。

(五) 外部支持

根据受评企业所处的行业特点和企业自身情况,在某些特定情况下,企业可以获得外部支持以避免危机时发生债务违约。中诚信国际对受评企业的外部支持重点考虑受评企业获得来自股东和政府的支持。本项主要考察受评企业能够获得的特殊性外部支持,而常规性、一般性的外部支持已经通过运营实力、财务风险等评级因素体现。

(1) 股东支持方面,中诚信国际主要从股东支持能力和支持意愿两个维度对其进行考量。股东支持能力包括股东经营实力和资源协调能力两方面,其中股东经营实力主要通过考察股东的企业性质、股东的行业地位、竞争能力和财务状况来衡量,并重点关注股东在扣除受评主体后的剩余可用实力。股东资源协调能力主要体现在股东协调银行等金融机构介入续贷的能力、股东协调当地政府或其他公司介入续贷的能力等方面。股东支持意愿主要包括企业对股东的重要性以及企业与股东的关联程度两方面；其中，中诚信国际主要通过考察企业在股东业务体系中的地位以及对股东的战略重要性等来判断其对股东的重要性；企业与股东的关联程度主要体现在股东对企业的管控情况、以往股东支持情况以及企业违约可能对股东造成的影响等方面。一般来说，股东实力雄厚，受评企业战略地位重要，且历史上获得较多股东支持，那么企业往往能获得一定支持提升的机会。

（2）政府支持方面，中诚信国际主要从政府支持能力和政府支持意愿两个维度对其进行考量。政府支持能力包括政府经营实力和政府资源协调能力两方面，其中政府经营实力主要考察区域经济环境、财政实力、地方政府债务状况及政府治理能力等方面；政府资源协调能力则主要体现为政府的行政级别、政府协调银行等金融机构介入续贷的能力以及协调其他政府或其他公司介入续贷的能力。政府支持意愿主要衡量受评企业对政府的重要性以及企业与政府的关联程度两方面，其中，中诚信国际主要通过考察企业对区域财政的贡献程度以及对区域经济发展的影响程度等来判断企业对政府的重要性；企业与政府的关联程度则主要体现在政府对企业的管控情况、以往政府支持程度及企业违约可能对地方政府信誉产生的影响等方面。一般来说，政府经济财政实力越强、债务负担越轻，受评企业业务公益性越强，历史上获得的政府支持越多，其获得支持提升的可能性就越大。

专栏7-2 中诚信国际2023年度招商证券股份有限公司信用评级报告

评级对象：招商证券股份有限公司

主体评级结果：AAA 稳定

评级观点

中诚信国际肯定了招商证券股份有限公司（以下简称"招商证券"或"公司"）突出的行业地位、品牌认可度高、财富管理业务实力较强、融资渠道多元化以及招商局集团有限公司（以下简称"招商局集团"）可为公司提供强有力支持等正面因素对公司整体经营及信用水平的支撑作用；同时，中诚信国际关注到，市场竞争日趋激烈、宏观经济总体下行对盈利稳定性带来挑战以及创新业务的拓展使公司面临新的风险等因素对公司经营及信用状况形成的影响。

评级展望

中诚信国际认为，招商证券股份有限公司信用水平在未来12~18个月内将保持稳定。

调级因素

可能触发评级上调因素：不适用。

可能触发评级下调因素：公司治理和内部控制出现重大漏洞和缺陷；财务状况的恶化，如资产质量下降、资本金不足等；外部支持能力及意愿大幅弱化。

正面

1. 业务结构均衡，多项业务均位于行业前列，行业地位突出，品牌认可度高。

2. 财富管理业务实力较强,股票基金交易市场份额提升,竞争力不断提升。

3. 建立了集股权、境内外债券、同业拆借及回购等融资工具于一体的融资平台,融资渠道多元化。

4. 作为招商局集团控股的唯一证券业务平台,获得招商局集团在资金、资源等方面的有力支持。

关注

1. 随着国内证券行业加速对外开放及放宽混业经营限制,公司面临来自境内外券商、商业银行等金融机构的竞争。

2. 宏观经济和证券市场的波动性对公司经营稳定性及持续盈利能力构成一定压力。

3. 创新业务及国际化的拓展对公司内部控制、风险管理水平和合规运营能力提出更高要求。

财务概况(见表7-14)

表7-14 财务概况表

招商证券	2020年	2021年	2022年
资产总额(亿元)	4 997.27	5 972.21	6 116.62
股东权益(亿元)	1 058.25	1 125.90	1 152.42
净资本(母公司口径)(亿元)	586.54	727.35	704.45
营业收入(亿元)	242.78	294.29	192.19
净利润(亿元)	95.04	116.58	80.79
平均资本回报率(%)	9.95	10.67	7.09
营业费用率(%)	39.84	37.61	45.00
风险覆盖率(%)	225.96	265.66	264.95
资本杠杆率(%)	17.38	15.24	13.39
流动性覆盖率(%)	278.45	294.70	210.95
净稳定资金率(%)	144.18	139.36	151.73
EBITDA 利息倍数(X)	2.73	2.53	2.04
总债务/EBITDA(X)	14.04	13.23	16.76

(资料来源:中诚信国际官网)

三、国际评级机构的证券公司评级方法

穆迪和惠誉国际在介绍证券公司评级方法之前,都考虑到了证券公司商业模式对其风险特征的影响,分别采用不同的评级因子和因子权重。穆迪将证券公司分成做市商和非做市商。穆迪的非做市商与惠誉国际评级方法中以投资顾问业务或者交易商间经纪业

务(Interdealer Brokers，IDBs)为主的证券公司含义基本一致。在因子权重设定方面,穆迪和惠誉国际存在较大差异:穆迪提前设定了每个因子以及各因子的风险权重,而惠誉国际不提前设定因子风险权重,认为因子的权重应该根据具体情形进行合理调整。从评级方法框架来看,穆迪和惠誉国际的分析框架与考察评级因子基本一致(见图 7-6)。区别在于:在定量分析中,穆迪设有偿债能力因子,而惠誉国际设有现金流因子,但由于两个因子所采用的指标基本一致,因此可以看作相同的评级因子;穆迪和惠誉国际在评级方法中均介绍了所采用的关键指标,相比较而言,穆迪所采用的指标比较确定,而惠誉国际对每个定量因子列出了较多供选择的指标,可选择余地较大。在定性分析中,惠誉国际将业务竞争力和多元化水平分析放在盈利能力和公司概况的分析中,并多了对控股股东因子的分析。

图 7-6 穆迪和惠誉证券公司评级方法框架

本章小结

1. 商业银行主体信用评级是在银行财务实力评估的基础上,考虑了不同程度和不同范围的外部支持因素,综合评估得出银行主体信用等级,反映了银行在获得第三方支持情况下的实际偿债能力。主要的评级要素有运营环境、运营价值、管理与战略、风险管理、财务状况和盈利及资本充足率等。

2. 保险公司的信用评级是指由评级机构运用科学的定性与定量分析方法,经过合理的评级程序,在全面分析保险公司所面临风险的基础上对保险公司如期、足额地履行所有保单的能力与意愿做出综合评估,并用一种简单的等级符号加以表示的活动。主要的评级要素有宏观环境、财富创造能力、偿债来源与负债平衡以及外部支持因素。

3. 中诚信国际评级方法与模型主要反映受评主体的个体信用状况,再考虑外部支持形成最终的信用评级结果。中诚信国际在综合衡量受评主体业务风险和财务风险的基础上,结合 ESG 因素、流动性评估等调整因素,给定受评主体的个体基础信用级别(BCA 级别),再考虑特殊外部支持对其信用质量的提升作用得到模型级别,并由信用评级委员会评定受评企业的最终主体信用等级。

思考练习题

1. 什么是金融机构信用评级?
2. 简述商业银行信用评级的评级思路及要素。
3. 商业银行资本充足率指标有哪些?
4. 简述保险公司信用评级的评级思路及要素。
5. 保险公司的流动性偿债来源主要有哪些?
6. 简述证券公司信用评级的评级思路及要素。

第八章

金融工具信用评级

■【开篇导读】

金融工具信用评级制度是社会信用体系的重要组成部分,金融市场的发展需要信用评级作为基础。金融工具信用评级是指信用评级机构根据科学的指标体系、采用严谨的分析方法,对某种金融工具(企业债券、商业票据、基金、股票等)按时偿付利息、本金、股利的意愿或者是对收益能力进行风险的综合测评,并按照约定符号进行列示的评估活动。信用评级经过近百年的发展,在揭示和防范信用风险、降低交易成本、扩大债券交易市场以及协助政府进行金融监管等方面发挥了重要作用,日益被投资者和监管机构所认同。本章我们主要介绍各类债券的信用评级、股票的信用评级、基金的信用评级。无论是外部信用评定还是内部信用评定,虽然在模型和标准方面存在一定的差异,但评级的基本逻辑主线都是相同的。

■【专业名词】

债券信用评级　短期债券评级　长期债券评级　可转换公司债券评级　城投公司城投债券评级　STARS　基金评级指标

■【本章学习目标】

- 掌握债券信用评级的定义,了解债券信用评级的基本内容;
- 掌握短期债券评级、长期债券评级的区别;
- 了解可转换公司债券和城投债券的评级方法;
- 了解股票信用评级的方法,能够分清普通股和优先股的评级区别;
- 了解基金信用评级的方法。

第一节　债券信用评级

一、债券信用评级概述

(一)债券信用评级的界定

债券信用评级作为资信评级制度的起源,是证券信用评级的核心内容。通过对债券信用等级的评估能够清晰地揭示债券发行主体的信用风险,不但有助于债券发行主体降低筹资成本,而且是债券投资者做出正确投资判断的重要依据,是目前在风险与收益之间做出正确选择的一种行之有效的通用方法。

所谓债券信用评级是由专业评级机构对发行主体发行的有价证券做出的信用风险等级评估行为,根据相关科学指标体系对发行主体发行的债务融资工具或金融产品违约的可能性及违约损失的程度进行评价,并利用简洁明确的字母数字符号进行列示的经济活动。债券信用评级通常按照违约概率的高低进行分级,其等级越高,表示违约风险越低,投资者所要求的报酬率相应也就越低;反之,信用评级等级越低,表示违约风险就越高,发行主体必将以较高的利率发行债券。依据发行机构的不同,债券可分为政府债券、金融债券和企业债券。由于政府作为最后担保人或隐性担保人,出现违约风险的可能性较小,政府债券和政府资助的企业债券一般不需要进行评级,而金融债券和企业债券是债券信用评级研究的重点内容。债券信用评级的主要评级对象及其内容如表8-1所示。

表8-1 债券信用评级的主要评级对象及内容

评级对象	具体内容
短期融资券	短期融资券是指具有法人资格的非金融企业在银行间债券市场发行的,约定在1年内还本付息的债务融资工具。发行短期融资券需报中国人民银行备案,由中国银行间交易商协会依据《银行间债券市场非金融企业债务融资工具管理办法》及中国人民银行相关规定对短期融资券的发行与交易实施管理
中期票据	中期票据是指具有法人资格的非金融企业在银行间债券市场按照计划分期发行的,约定在一定期限还本付息的债务融资工具
企业债	企业债是指企业依照法定程序发行、约定在一定期限内还本付息的有价证券。符合条件的具有法人资格的企业,在银行间债券市场面向所有投资人发行,有国家发展改革委根据《企业债券管理条例》进行发行管理
公司债	公司债是指公司依照法定程序发行、约定在1年以上期限内还本付息的有价证券。公司债在证券市场发行,发行主体为上市公司或符合发行的非上市公司,由中国证监会依据《证券法》和《公司法》进行管理
金融债	根据银监会定义,所谓金融债是指依据在中华人民共和国设立的金融机构法人在全国银行间债券市场发行的、按约定还本付息的有价证券。金融机构法人,包括政策性银行、商业银行、企业集团财务公司及其他金融机构
次级债	根据银监会定义,所谓次级债券是指固定期限不低于5年(包括5年),除非银行倒闭或清算,不用于弥补银行日常经营损失,且该项债务的索偿权排在存款和其他负债之后的商业银行长期债务
混合资本债券	混合资本债券是针对巴塞尔资本协议对于混合(债务、股权)资本工具的要求而设计的一种债券形式,所募资金可计入银行附属资本。与目前各家银行发行的次级债相比,混合资本债券具有较高的资本属性,当银行倒闭或清算时,其清偿顺序列于次级债之后,先于股权资本
非债券类信用评级	借款企业信用评级、企业综合财务实力信用评级、银行信用评级、机构信用评级、担保机构信用评级、财务公司评级、证券公司信用评级、信托公司评级、基金公司信用评级、租赁公司信用评级、集团公司信用评级、高科技企业信用评级、企业信誉评级

资料来源:根据大公国际网站公布的债券评级内容整理。

(二)债券信用评级的基本内容

根据普通债券的特殊性,债券的信用评级主要考虑债券发行主体的偿债意愿和偿债能力两方面,对偿债意愿和偿债能力的分析通常考虑债券发行主体的信用与融资项目的现金流状况。而影响债券发行主体信用的因素包括企业外部环境因素(宏观经济环境、产业发展趋势等)和企业内部因素(基本经营与竞争、战略与管理等);融资项目现金流分析主要考虑项目自身状况、项目资金风险和项目盈利风险。分析方法通常是定性和定量相结合,对债券发行主体未来偿债能力做出判断,预测债券发行主体违约的可能性以及违约的损失程度。债券信用评级的具体框架如图8-1所示。

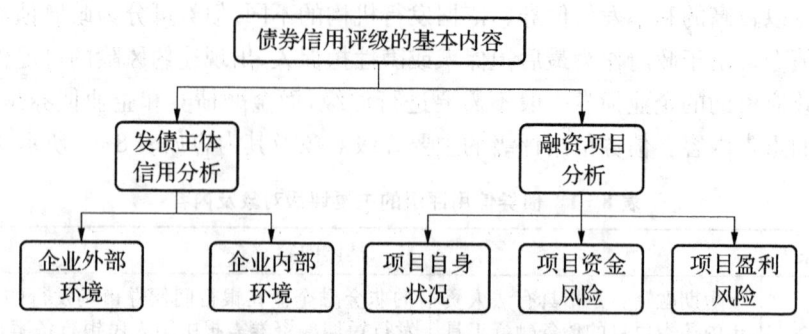

图 8-1 债券信用评级的具体框架

对发债主体的信用评级主要是分析受评对象的信用风险。主要考察受评对象的现金流量是否能为其债务提供充足的保障。下面从企业的外部环境、内部环境以及融资项目三个方面展开分析,通过定性与定量分析相结合的方法,从而判断受评对象的未来偿付能力,预测受评对象的违约可能性和违约的损失程度。

1. 企业外部环境

信用是经济发展到一定程度后产生和发展起来的,经济是信用的基础,不同的经济环境造就不同的信用状况,对发债主体经营的外部环境进行分析是企业信用分析的起点。而在这里对企业的外部环境分析主要从宏观经济环境和所处的行业环境两方面展开。

(1) 宏观经济环境。

在债券信用评级过程中,宏观经济分析主要侧重于国内宏观经济环境。通过把握宏观经济的运行机制及其发展趋势,从而对债券发行主体所在的行业状况和对利润波动的影响做出正确的判断。而宏观经济环境主要考察内容包括宏观经济形势与宏观经济调控政策(财政政策、货币政策和政府投资政策等)。分析宏观经济各种机制如何影响企业的偿债能力,最终对发债主体的违约概率做出相应的预测。

(2) 行业环境分析。

行业环境分析在信用评级中起到非常重要的作用,是理解企业经营模式和盈利模式的起点,是对企业经营环境和地位判断的基础,同时也是衡量其竞争力的基础。行业环境分析的最终落脚点是行业风险对企业信用质量的影响。而行业风险分析主要考察的因素包括行业政策、行业经济特征、行业所处的生命周期阶段以及行业内的竞争状况。

2. 企业内部环境

企业所处的宏观经济环境与行业环境对企业的信用等级评定都是间接性的影响,而企业自身的内部状况直接影响着发债主体的偿债能力以及偿债意愿。对企业内部环境的分析不仅要考虑企业经营状况以及所处的竞争地位、企业的内部战略与管理，还必须考虑企业的关联方交易情况以及企业的财务状况。

(1) 企业的经营与竞争状况。

企业基本经营状况分析的核心是分析企业在行业中的竞争力和竞争地位，企业的竞争力与竞争地位直接影响着其获利能力。不同的行业具有不同的核心竞争焦点，竞争力的差别直接导致企业信用地位方面的实质性差异。主要包括业务构成和产品结构、产业链等，主要考察指标有经营规模、可持续性和稳定性以及多样性等。

(2) 企业的战略与管理。

企业战略与管理的分析是评判资产质量以及经营质量的关键，主要内容包括企业战略、管理行为和决策对企业信用质量的影响。企业战略是一切管理活动的起点，主要包括总体战略、业务层战略和职能战略三个层面。良好的企业治理结构能有效提升绩效，从而降低违约风险。管理方面的评估主要侧重于管理层素质、管理风险评估、财务管理激进程度以及风险管理。

(3) 企业的关联方交易。

关联交易指的是公司或其附属公司与本公司直接或间接占有权益存在利害关系的关联方之间所进行的交易。明确关联方交易的类型以及形式，以及明确关联方是以股权关系为纽带还是以关键个人为纽带，主要分析要点包括分析关联交易对受评企业的影响以及受评企业对关联交易的依赖程度，对受评企业影响较大或受评企业依赖程度较高的关联方，还应分析其风险特征及其对受评企业的影响。

(4) 企业财务状况。

企业财务状况分析是以企业的财务报表为基础，通过财务数据揭示企业的信用风险。在分析企业的财务状况时不仅要分析财务报表还必须结合经营风险进行分析。评估企业财务风险和状况主要是借助于量化的方法，尤其是借助于各项财务比率，主要有趋势分析法、绝对分析法和比率分析法。分析的主要内容包括会计品质、财务政策、盈利能力与收益保障、资产构成和资本结构、现金流量充足性、财务弹性等方面。

3. 融资项目分析

对融资项目的分析主要是对投资项目的可行性研究报告进行技术、财务和国民经济的综合分析与评价，从而确定投资在多大程度上可以达到预期收益，以及是否可以达到预期收益的工作。通常情况下长期债券的发行主体是为了进行固定投资项目的投资而融资，因此对相关项目进行综合评估客观上就成为对债券信用进行分析的基本内容，同时也为最终的信用评级提供了科学依据。一般情况下，信用评级时对融资项目分析主要包含项目本身状况、项目资金风险以及项目的盈利能力三个方面。

此外，在考虑项目因素时还必须考虑关于项目的债券契约风险。所谓债券契约指的是债券持有者与发行公司签订的关于规定双方权利与义务的法律文件。在信用评级时，一方面需要评估担保人或担保物的信用和风险，重点考察担保的法律效力、担保的无条件性和不可废除性以及担保人的财务实力；另一方面要分析债券契约条款中是否有专项偿债基金的规定，以及计提金额是否充足或合理。

二、债券信用评级的方法

(一) 短期债券评级

1. 短期债券评级概述

短期债券指的是到期期限在一年以内的信用债券,包括短期融资券、到期期限在一年以内的中期票据、企业债和公司债。由于市场上绝大多数的债券都没有担保,尤其是短期融资券,所以投资者更加重视对发行主体及其所发行的短期信用债券的信用风险评估。短期融资券是目前短期信用债券市场的主力军,因此本书以短期融资券为代表分析短期信用债券的评级,其他短期债券的信用评级方法构建与短期融资券相类似。

短期融资券的到期时间短,相应的久期也较短,利率波动对其价格影响较小,价差收入也较小。目前短期融资券的绝大多数投资者的投资理念是:持有到期,收获票息。短期融资券的信用评级必须结合其投资交易现状,把握投资者的投资理念才能构建科学的评级方法体系。短期融资券的信用评级并不意味着对发行主体的长期信用分析,而是将重点放在发行主体的短期偿债能力和应对突发事件能力上,并将盈利能力、经营管理能力和成长发展潜力作为参考因素。

2. 短期债券评级的基本内容

短期债券的信用等级在一定程度上取决于发行主体的信用状况,因此短期债券信用评级需要深入分析债券发行主体的长期和短期信用状况及其变化情况。根据短期债券一年内还本付息的特点,在进行短期债券信用评级过程中尤其应侧重于债券的短期信用状况分析。

发行主体的信用状况分析如下:

(1) 资产流动性。

主要是考察发债主体的资产变现能力。一是侧重于分析企业的流动资产占总资产比重及其发展趋势;二是通过分析企业近三年的现金类资产(包括货币资金、应收票据和短期投资)、应收账款、存货、其他应收款等会计科目的发展状况,主要考察此类科目的总量、构成、增长率、质量(准备提取等)以及流动性(特征或期限分布、周转等)。通常情况下,企业的流动资产所占比重越高,现金类资产数量越大,应收款周转速度越快,企业的资产流动性就越好。

(2) 现金流。

主要是分析在短期债券存续期内企业的现金流动状况及其稳定性。现金流的分析侧重于企业近三年的经营活动、投资活动和筹资活动产生的现金流状况,可考察其流入与流出、净额及其构成、稳定性和变化趋势,并进一步分析其相关原因。所采用的方法是通过分析相关的财务数据的变化,并重点研究引起这种变化的内在原因以及判断其是否在未来持续存在的可能性,从而成为判断企业未来现金流状况的重要依据。分析内容包括经营预测、投资计划、负债预测及筹资计划等。一般而言,企业在发行短期债券时,会对其未来的现金流状况进行预测,比如投资计划、经营预测和筹资计划等,评级机构主要是对企业所提供的相关现金流量预测表的合理性做出评价。

(3) 短期偿债能力。

即考察企业以流动资产偿还流动负债的能力。企业的短期偿债能力通过分析流动比率、速动比率、现金比率得以体现。流动比率是流动资产与流动负债的占比分析,而现金比率主要关注同业比较、历史比较和预算比较分析。其中,同业比较主要包括同业先进水平、同业平均水平和竞争对手比较三类,而且进行同业比较分析的前提首先是如何确定同类企业,其次是如何确定行业标准。历史比较分析通常采用的是过去某一时点企业短期偿债能力的实际指标值,比较标准可以是历史最好水平,也可以是正常经营条件下的实际值,并与上年实际指进行对比分析。预算比较分析指的是对企业相关指标的本期实际值与预算值进行比较分析,采用的比较标准往往是企业偿债能力的预算标准,其中预算标准是企业根据经营条件和经营状况制定的目标。

(4) 债券发行概况及资金用途。

主要是对本期债券的基础情况进行分析,通常包括本期发行方案、本期募集资金的用途、短期融资券发行历史及兑付情况。分析的重点是考察发债主体发行短期融资券的真实意图。一般而言,如果企业短期内有较大的项目投资计划,企业有可能将融入的资金用于长期投资,所以要重点关注企业的资金用途;同时需要注意的是,发债主体可能利用一个主体发债,然后再通过内部资金调用转移使用。

(5) 短期债券偿债情况。

首先,从本期短期债券发行后对企业现有债务的影响角度而言,主要考察本期短期债券占现有短期债务的比例和对债务结构产生的影响,同时注意债券发行后企业的负债水平变化情况,以及本期债券发行后对企业再融资空间的相关影响。其次,考察企业财务实力对本期短期债券的保障能力。其中,主要关注现金类资产、债券偿还期内经营活动现金流入偿债倍数、现金流量净额偿债倍数等相关指标。其次需要对企业未来债务期限分布及对短期债券偿还安排的影响做出相应的判断,并要考虑季节性现金流变动对短期债券偿还安排的影响等。最后,还需要关注备用信用支持对短期债券偿还能力的影响。分析的重点主要包括企业的资本市场再融资便利程度,包括资本市场融资的历史、计划及其可能性;银行授信情况和银行对本期债券所做出的特别信用支持。

(二) 长期债券评级

1. 长期债券评级概述

一般情况下长期债券指的是偿还期限在 10 年以上的债券,但我国将偿还期限在 5 年以上的企业债券定义为长期债券。企业发行长期债券的主要目的是获取长期稳定的资金。长期债券可分为无担保债券和担保债券,其中无担保债券主要包括信用债券、次级债券和收益债券,而抵押债券是最常见的担保债券。

就长期债券的特点而言,首先企业必须在约定时间向债券持有人归还本金,以赎回债券,即具有偿还性;其次具有高度流动性,债券持有人急需资金时可随时转让变现;再次具有较强的安全性,能够避免市场价格波动引起价值损失风险,持有人的收益稳定、安全可靠;最后是具有较高的盈利性,持有人可按预先规定利率定期或到期领取一定的利息收入,其收益一般高于同期储蓄存款的利息收益。

2. 长期债券评级的基本内容

长期债券信用评级是基于企业主体长期信用分析进行的,评级分析不仅包括企业主体长期信用分析,还应包括债券状况分析、债券筹资项目分析、企业债券发行后可能对主体信用等级带来的影响分析以及债券保护条款分析等方面。

(1) 企业主体长期信用分析相当于对债券发行主体的主体评级,主要包括产业分析、企业基础素质分析、竞争能力分析、经营状况分析、管理状况分析、未来发展状况分析、财务状况分析等相关内容。

(2) 债券概况分析主要包括名称、发债规模、债券期限和利率、债券转化方式、债券发行目的等内容。

(3) 债券筹资项目分析包括项目的合法性和可行性、项目总投资概算及投资概算的调整情况、项目资金来源及到位情况(包括自有资金、银行贷款及其他资金等)、项目资金的落实计划及实际已落实情况、最新的项目进展、项目资金缺口及后续资金的解决途径等方面,还应对项目的经济效益、项目建成后对企业经营的影响进行分析。

(4) 企业债券发行后可能对主体信用等级带来的影响分析,主要是项目建成之后可能因为产能的变化,而对企业竞争能力、市场地位和盈利能力造成影响。还应分析债券发行之后是否对企业现有的债务结构、负债水平和再融资空间造成影响。

(5) 债券保护条款分析,指的是企业在发行债券时,为投资者所提供的特别保护措施,如规定债务偿还的优先顺序、第三方保证约定、建立偿债基金、设计利润分配方案、提供以自由资产的抵押、银行等提供融资便利和授信等。对于债券保护条款分析,主要分析判断其对债券信用登记的提升程度,并结合具体债券保护措施进行具体分析。

(三) 可转换公司债券评级

1. 可转换债券评级概述

可转换债券指的是债券持有人可以在规定的时间内按一定的转换比例和转换价格换取企业其他证券的特殊企业债券。可转换债券是在金融创新浪潮中出现的一种混合型的金融产品,是普通企业债券与期权的组合体,同时具有债券的安全性和股票的投资性。可转换债券的持有人可以在企业净收益和股息水平不高时,选择持有债券而获取固定利息,并对本金的安全性给予法律保障;同时也可以在企业净收益出现低幅度增长、股息水平提高时,将债券转换成股票获取较多的股息收益。因债券发行主体向持有人提供了相对优越的投资条件,所以往往可转换债利率水平要低于其他债券利率水平,从而企业能够以较低的发行成本获得长期资金,而且企业可以通过债转股方式将负债变成资本,不仅减轻了企业的还债压力,而且能够扩大资本规模。

可转债的发行成功以及后来的转股成功,关键在于对可转债确定一个合理恰当的发行价格和转股价格。可转债的理论价值,是指将可转债转股前的利息收益和转股时转股价值按适当的必要投资报酬率折成的现值。它不仅是发行方制定合理的发行价格和转股价格的重要依据,同样也是投资者评估该可转债投资价值的重要依据。可转换公司债券信用评级程序如图8-2所示。

第八章 金融工具信用评级

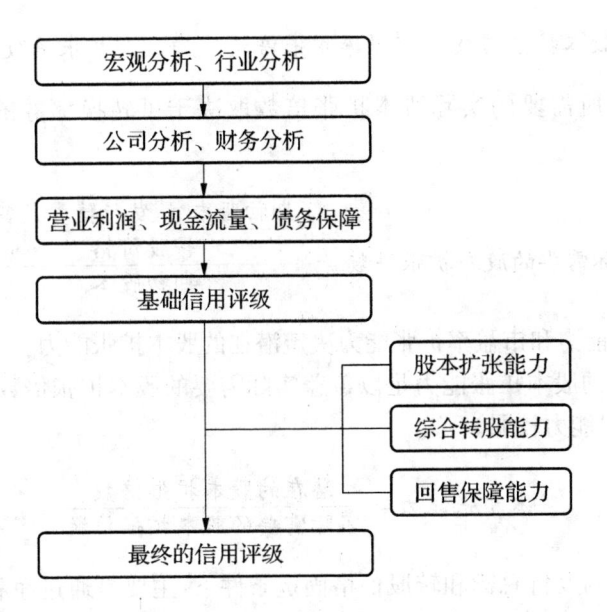

```
宏观分析、行业分析
        ↓
公司分析、财务分析
        ↓
营业利润、现金流量、债务保障
        ↓
基础信用评级 ──┬── 股本扩张能力
              ├── 综合转股能力
              └── 回售保障能力
        ↓
最终的信用评级
```

图 8-2 可转换公司债券信用评级程序

2. 可转换债券评级的基本内容

可转换债券是一种规定有转换条款、回售条款和赎回条款等主要内容，处于债券和股票之间的一个灰色地带。可转换债券的信用评级，主要从以下三个方面进行分析。

1) 股本扩张能力

主要是考察企业是否有能力吸收由债券转换成的股份，债转股的过程其实也是企业股本扩张的过程。评级机构通常所使用的评级指标是股本扩张倍数，在股票价格固定的前提下，股本扩张倍数是利润扩张倍数与市盈率扩张倍数的乘积。利润扩张倍数和市盈率扩张倍数越大，企业的股本扩张能力就越强，吸收债券转换成股票的能力就越强，债券就越有可能转换成股票，债务得以清偿，实有资本增加。

假定存在两种情况：一是待转股数量足够大且转股无摩擦，当股票市场价格高于转股价格时，意味着存在大量的债转股，股票市场供应量充足，股票价格就会回到转股价格，从而实现股价的无套利均衡；二是债券流通价格等于一级市场的发行价格，当股票价格高于转股价时，债券持有人仅能通过债转股获利，而不能通过出售债券获利。并定义：

$$股本扩张倍数 = \frac{期末股本数}{期初股本数} \quad (8.1)$$

$$净利润扩张倍数 = \frac{期末净利润数}{期初净利润数} \quad (8.2)$$

$$市盈率扩张倍数 = \frac{期末市盈率}{期初市盈率} \quad (8.3)$$

在股票价格固定条件下，股本扩张能力主要受利润扩张能力与市盈率扩张能力的影响。三者的关系可表示为：

$$股本扩张倍数 = 市盈率扩张倍数 \times 净利润扩张倍数 \qquad (8.4)$$

全部债券转股所需要的实际股本扩张倍数取决于可转换债券的发行总额和转股价格。

$$实际需要的股本扩张倍数 = \frac{\dfrac{期初股本 + 发行债券总额}{转股价格}}{期初股本} \qquad (8.5)$$

而净利润扩张能力和市盈率扩张能力决定潜在的股本扩张能力。

如果公司潜在的股本扩张能力足以覆盖实际需要的股本扩张倍数，则公司的转股能力较强。否则，转股能力较弱。

$$股本扩张能力 = \frac{潜在的股本扩张倍数}{实际需要的股本扩张倍数} \qquad (8.6)$$

在可转换债券的发行总额和转股价格固定条件下，主要是通过净利润扩张倍数和市盈率扩张倍数的分析预测企业的股本扩张能力，从而评估企业债券的转股能力。其中净利润扩张倍数可以通过财务分析和财务预测得到，市盈率扩张倍数则通过估计股票市场的整体市盈率以及该股票与市场市盈率的关系得到。但从长远角度而言，市盈率的扩张能力有限且不稳定。故而考察重点便是净利润的扩张能力，若企业具有较高的净利润扩张能力，则其股本扩张能力及扩张的持续性便较强，反之亦然。若净利润的扩张能力弱，而仅靠二级市场的市盈率扩张，企业的股本扩张能力相应也会比较弱，从而大大削弱转股方案的可靠性，除非降低转股价的市盈率，从而增强市盈率扩张能力。

在信用评级时，当净利润扩张能力占实际所需的股本扩张倍数在30%以下时，不考虑提高发债主体的信用级别；当净利润扩张能力占实际所需的股本扩张倍数在30%~60%时，可提高发债主体的信用级别；当净利润扩张能力占实际所需的股本扩张倍数在60%以上时，应该提高发债主体的信用级别。

2) 综合转股能力

主要是从可转换债券的有关规定条款角度出发，考察可转债的性质是更接近于债券还是股票。通常信用评级将企业的转股能力水平分为较强、一般、较弱三个等级，以此来衡量可转债信用等级的高低和风险程度的大小。主要包括债券期限与转换期限、转股价格与转换期限、转股价格及其修正条款、转股影响分析、回收保障能力等方面内容。

转股能力的高低主要取决于股本扩张能力，同时转股能力还受转股条款、赎回条款、回售条款、向下修正条款等因素的影响。本书通过可转换公司债券的基本条款分析和条款组合分析对转股能力的高低进行评估，如表8-2和表8-3所示。

表 8-2　基本条款分析

基本条款	转股能力		
	减弱	一般	增强
		选择转换	强制转换
	转股价不可修正		转股价可修正
	较高的转股价		较低的转股价
	可回售		不可回售
	不可赎回		可赎回

表 8-3　条款组合分析

条款组合	转股能力		
	较强(A)	一般(B)	较弱(C)
	强制转换 不可回售	强制转换 可回售 转股价不可修正	选择转换 可回售
	强制转换 转股价不可修正	选择转换 不可回售	选择转换 转股价不可修正
	强制转换 可回售 转股价可修正	选择转换 转股价可修正	选择转换 较高的转股价
	选择转换 转股价 比较低转股价可修 正赎回、可回售	选择转换 较低的转股价	

在分析基本条款对转股能力的影响时,假定可转换债券没有附加任何条款,从而在此基础上考虑相关条款对债券转股能力的影响。

(1) 强制转换安排的转股能力最高,能够保证到期债券全部转换为股票。

(2) 转股价可修正也会增强债券的转股能力,因为当市场状况较差时,通过下调转股价吸引债券持有者转股。而且我国向下修正条件设计一般先于回售条件,故而向下修正条款可以抵消回售条款的作用。

(3) 较低的转股价是吸引债券投资者购买,并促成转股的关键所在,较低的转股价可以增强债券的转股能力。

(4) 当市场状况不佳时,可回售条款会给予债券持有者取回本息的权利,从而削弱发行主体转股能力。

(5) 可赎回条款会给债券持有者造成压力,即当市场状况比较好时,发债主体可能会赎回债券,债券持有人应尽快转股。由此可见,赎回条款能够增强债券的转股能力。

3) 回售保障能力

主要体现为回售条款对企业现金流量的影响,回售条款对可转换债券形成特殊资金流出的需要。可转换债券评级主要是对有条件回售、无条件回售、同售准备率、回售保障系数等进行分析。有条件回售条款规定,在一定时期内企业股价连续低于转股价特定幅度时,债券持有人可以向发行主体售回债券以获取现金。无条件回售条款规定,在约定回售日发行主体应购回要求回售的可转换债券。无条件回售相当于发债主体提前归还债券本金,是一种或有负债,从而直接影响债券的资信质量,发行主体应提前做好准备,主要是设立回售准备金(包括基本准备金和临时准备金)。其中,基本回售准备金主要根据企业财务状况和回售发生的可能性而确定,主要考虑因素包括可能的回售金额、企业可承受的现金准备、企业的短期投资准备等,通常以流动性比较强的短期投资作为准备金。因有回售条款的债券有潜在的现金流出和流动性压力,只有具备充分有力的回售保障措施,才能使有回售条款的债券信用与无回售条款的债券信用相同;若回售保障措施不充分,将降低债券的信用等级。

评级的步骤:
第一步,按照不可转换债券评估债券信用级别。
第二步,考察股本扩张能力,计算净利润扩张倍数、市盈率扩张倍数和股本扩张倍数。
第三步,净利润扩张能力占股票扩张能力30%以下的,不考虑提高发行人信用级别;净利润扩张能力占股票扩张能力30%～60%的,可提高发行人信用级别;净利润扩张能力占股票扩张能力60%以上的,应该提高信用级别。
第四步,评估债券的综合转股能力,给出"较强""一般""较弱"的评价。
第五步,对于"较弱"的,信用等级不变;对于"一般"的,可适当提高信用等级;对于"较强"的,提高信用等级。
第六步,评估回售保障能力,包括回售准备措施,评估回售保障系数。
第七步,对于回售准备措施充分、回售保障系数较高的债券,保持原有信用评级;对于回售准备措施一般、回售保障系数一般的债券,可保持原有信用评级;对于回售保障系数较低、没有回售准备措施的债券,可适当降低原有信用评级。

信用评级原则如表8-4所示。

表8-4 信用评级原则

考察项目	评 价	信用评级
股本扩张能力	强	提高
	中	可提高
	弱	不变
综合转股能力	强	提高
	中	可提高
	弱	不变
回售保障能力	强	保持
	中	可保持
	弱	降低

专栏 8-1   朗新科技集团股份有限公司 2020 年公开发行可转换公司债券信用评级报告

受评主体：朗新科技集团股份有限公司

信用等级：AA

评级展望：稳定

债项概况：本次债券是朗新科技公开发行的可转换公司债券，债券每张面值为人民币100元，按面值发行。本次可转换公司债券无担保。

发债规模：不超过8亿元（含8亿元）

债券期限：6年

偿还方式：每年付息一次，到期一次还本

发行目的：用于项目建设及补充流动资金

主要财务数据与指标见表 8-5

表 8-5 主要财务数据与指标   单位：亿元、%

项　目	2019 年 9 月	2018 年	2017 年	2016 年
总资产	52.62	41.48	28.30	11.13
所有者权益	41.35	26.79	16.80	8.10
总有息债务	0.70	4.42	3.05	0.00
营业收入	12.84	26.72	11.82	7.50
净利润	5.81	2.99	1.57	1.22
经营性净现金流	2.38	0.20	−0.67	0.54
毛利率	40.36	32.01	38.49	48.36
总资产报酬率	11.34	8.55	6.21	12.52
债务资本比率	1.66	14.17	15.37	0.00
EBITDA 利息保障倍数（倍）	—	23.70	67.27	—
经营性净现金流/总负债	18.38	1.53	−9.21	19.31

（资料来源：大公国际资信评估有限公司官网）

（四）城投债券评级

1. 城投债券评级概述

城投债是指地方融资平台设立的城投公司发行的信用债券，城投公司偿还到期债券本息，而地方政府为其提供隐性担保，所筹集的资金主要是用于当地的公用事业建设项目和地方基础设施，城投债发行主体则主要享受地方政府给予的相关优惠政策并承担当地

政府的相关职能。城投公司根据当地政府决策进行基础设施和公用事业的建设、融资和运营,是经营和管理国有资产的主体,担当国有资产保值增值的责任和城市基础设施及市政公用项目的投融资平台。

而我国城投债并非一般意义上的市政债券,也不是一般的企业债券。首先,从企业制度角度而言,在《预算法》约束条件下,地方政府不是地方融资平台企业的实质控制人,无法成为企业的完全责任人,从而导致权责不匹配;其次,从企业经营角度而言,其主要经营业务呈规模经济效应,具有自然垄断的特性,往往难以直接进行市场化运作,财务收支通过政府传递,从而无法保证信息的完全透明,而且存在监管漏洞。

根据我国城投债的特殊性,发债主体的主营业务主要集中于长周期、盈利性差的公共基础设施或公益性项目,其盈利能力和经营效率不高,利润来源主要依靠地方政府的财政补贴,所以在对我国城投债进行信用评级时,不但要关注企业的自身偿债能力,还要密切关注当地政府的支持力度及信用能力。

2. 城投债券评级的基本内容

在城投债的信用评级中,一般情况下需要考察的内容主要包括城投公司自身因素、地方政府因素以及其他增信因素等,其信用评级的具体内容如表8-6所示。

表8-6 城投债券信用评级的内容

评级要素	
城投公司自身因素	净资产规模 资产负债率 本次发债占净资产比重 主要资产变现能力 营业收入现金率 盈利能力 未来经营性现金流及后续重大投资展望
地方政府因素	城投公司在发债当地的重要性(是否是唯一的政府融资平台,市级还是区级) 政府对城投公司的支持力度 区域经济特征及发展展望 地方GDP 地方综合财政收入 地方财政一般预算收入 上次发债规模/一般预算收入 上级补助收入/地方可支配财政收入 卖地收入的持续性 过去发债记录 募集资金投向(是否是公益事业,盈利前景如何)
其他增信因素	是否有担保或抵押物(考虑抵押比例,是1.5至3倍)

1) 城投公司的经营状况与财务实力分析

从规模角度而言,城投公司普遍存在经营性资产不足,而且往往固定资产和无形资产所占的比重很大;从经营角度而言,基础设施项目建设的期初需要较大的资金投资,且期限往往比较长,但其效益产出却很缓慢,因此城投公司的总周转能力一般都较弱,存在较大地资金流转风险,而企业能否到期还本付息主要取决于资金的流转情况。如果城投公司的资金周转问题无法在短期内得以解决,企业就可能面临由资金流转风险演变为偿债风险的困境。而一般面临偿债风险的企业都存在负债结构不合理、资金供给不足、受金融货币政策刚性制约影响较强等特征。因此,在衡量城投类企业债券的信用风险时,本部分选取公司规模、偿债能力和盈利能力三个方面的财务因素指标有实际的意义。

2) 公司规模

城投债的发行条件亦即企业债券的发行条件。因此城投债的发行条件主要受《公司法》《证券法》《企业债券管理条例》《国家发展改革委关于推进企业债券市场发展、简化发行核准程序有关事项的通知》(发改财金〔2008〕7 号)和《国务院关于加强地方政府融资平台公司发行债券行为有关问题的通知》等法规的约束,主要包括股份有限公司的净资产不低于人民币 3 000 万元,有限责任公司和其他类型企业的净资产不低于人民币 6 000 万元;累计债券余额不超过企业净资产(不包括少数股东权益)的 40%;最近三年可分配利润(净利润)足以支付企业债券一年的利息;发行主体偿债资金来源 70%以上(含 70%)必须来自公司自身收益,即公司主营业务收入和政府财政补贴收入的占比达到 7∶3 以上。由此可见,城投公司的规模是影响债券发行数量以及债券发行是否能成功的重要因素。

3) 偿债能力

企业是否具备现金支付能力和偿债能力是企业能否健康发展的关键。对企业偿债能力的考量,可以说是衡量一个企业债券能否进行投资的最重要因素,理应在债券信用评级中占有较大的权重。而企业偿债能力的评估最为主要关注的是短期偿债能力,因为短期偿债能力意味着企业可以直接变现用于清偿债务。但企业和投资者还需要关注的是长期偿债能力,因为长期偿债能力反映的是企业的财务弹性,不仅能揭示企业的资本结构和财务状况,还能对企业的筹资前景做出预测,所以选取资产负债率、本次发债占净资产的比重、最近三年筹资活动净现金流入净额之和/本次发债规模、未来经营性现金流及后续重大投资展望、主要资产变现能力作为反映企业偿债能力的指标是合理的。

4) 盈利能力

企业的盈利能力是企业信用的保障,但是城投公司的设立主要是地方政府为了筹措资金进行地方基础设施建设,不以获取最大利润为经营原则,收入的主要来源是政府补贴,所以衡量企业盈利能力可以通过考察企业是否有补贴收入及补贴收入的稳定性。

(1) 地方政府因素分析。

城投公司绝大部分经营业务均属于政府公益性项目,从而决定了城投公司大部分的项目资金需要地方政府的财政支持,因此,地方政府财政实力是对城投公司评级的重要考察点。其中所需考察指标包括一般预算收入、城投公司在发债当地的重要性(是否是唯一政府融资平台、市级还是区级)、政府对城投公司的支持力度、区域经济特征及发展展望、地方 GDP、地方综合财政收入、本次发债规模/一般预算收入、税收收入/一般预算收入、上级补助收入/地方可支配财政收入、基金收入的持续性、过去发债记录、筹集资金投向(是否是公益事业,盈利前景如何)等。

① 地方政府债务覆盖比例计算。

地方政府为地方融资平台提供隐性担保,故而通过地方政府债务覆盖比例的计算进行信用风险评估。并结合地方经济发展和财政收入的增长、弹性等因素对于债务覆盖比例进行修正。如果最终债务覆盖比例低于 2 倍,将不予增信,如果债务覆盖比例高于 3 倍,则给予提升一个级别的增信,2~3 倍的综合考虑。具体评级步骤如下:

步骤 1:计算地方政府债务覆盖比例。债务覆盖比例=(最近一年地方本级政府预算收入)×3/最近一年地方融资平台有息负债,假定有息负债平均偿债年限为 3 年,而且定义有息负债=短期借款+长期借款+应付票据。

步骤 2:计算修正比例。对于得分大于 7 分的地方政府给予 1.2 的系数提升,得分低于 4 分的区域给予 0.8 系数扣减。

最终隐性担保债务覆盖比例系数=地方政府债务覆盖比例×修正比例。

② 对评估结果进行修正。

采用地方政府债务覆盖比例修正评估结果的。非直辖市和省部级融资平台两者区域下融资平台数量较多,财政收入总量较大,利用上述评估方法存在较大的误差,所以采用直接分类归档方法对企业信用评估结果进行修正,具体如图 8-3 所示。

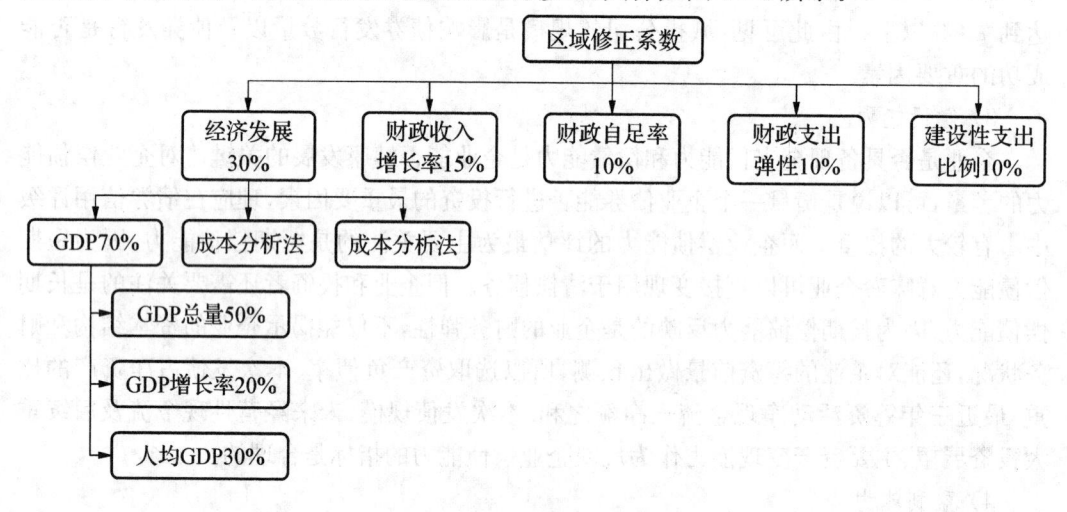

图 8-3 区域修正系数

(2) 其他增信因素。

城投债的发行主体是否有担保或抵押物也是衡量债券信用风险的重要因素。目前担保方式主要有担保公司担保、第三方企事业单位担保、股权质押、土地使用权抵押、流动性协议、回购协议和偿债基金。最有效的增信方式是担保公司担保,其次是股权质押和土地使用权抵押,分析时还需要考察股权的变现难易程度以及对应土地的流动性。第三方企事业单位提供担保的有效性需要分析债务人、担保人之间的业务相关性,而划拨土地使用权重点关注补缴土地出让准备金的可能性以及土地的流动性,偿债基金、回购协议、流动性协议等方式并不能达到信用增级的效果。省级平台和直辖市信用增信参数表如表 8-7 所示。

表 8-7　省级平台和直辖市信用增信参数表

区　　域	出资人	修正结果
直辖市	国资委/财政局	主体评级增加一级,原评级 AA+视情况是否增加
直辖市	其他政府机构	主体评级增加一级,原评级 AA+视情况是否增加
江苏、浙江、广东、福建	国资委/财政局	主体评级增加一级,原评级 AA+视情况是否增加
江苏、浙江、广东、福建	其他政府机构	不低于 AA
其他省份	国资委/财政局	不低于 AA
其他省份	其他政府机构	不低于 AA

专栏 8-2　2021 年第一期昆山城市建设投资发展集团有限公司债券信用评级报告

受评主体:昆山城市建设投资发展集团有限公司
信用等级:AAA
评级展望:稳定
债项概况:
注册总额:人民币 15 亿元
发行额度:人民币 8 亿元
债券期限:7 年
偿还方式:每年付息一次、分次还本
发行目的:项目建设及补充流动资金

主要财务数据与指标(见表 8-8)

表 8-8　主要财务数据与指标　　　　　　单位:亿元、%

项　目	2020 年 3 月	2019 年	2018 年	2017 年
总资产	375.36	378.96	365.93	343.91
所有者权益	132.31	129.33	124.73	119.26
总有息债务	179.23	172.20	166.45	143.65
营业收入	16.27	30.77	26.06	8.97
净利润	2.87	4.24	3.16	0.97
经营性净现金流	−8.22	−6.04	−12.68	16.06
毛利率	42.34	37.66	32.36	17.24
总资产报酬率	1.12	1.81	1.43	0.43
资产负债率	64.75	65.87	65.91	65.32
债务资本比率	57.53	57.11	57.16	54.64
EBITDA 利息保障倍数	—	6.47	4.19	2.10
经营性净现金流/总负债	−3.34	−2.46	−5.44	7.80

主要观点：

昆山城市建设投资发展集团有限公司(以下简称"昆山城投"或"公司")主要从事昆山市安置房等基础设施投融资建设业务。本次评级结果反映了昆山市经济发展水平很高，经济和财政实力很强，经济总量位居我国百强县首位，公司作为昆山市重要的基础设施建设投融资和开发建设主体，在安置房等基础设施投融资建设领域发挥重要作用，得到了昆山市政府多方面的有力支持，公司承担棚户区改造项目资金统贷统还业务，还款资金纳入政府财政预算，为公司业务开展提供良好保障；同时，公司应收棚改转贷款规模较大，期限较长，资产流动性一般，在建及拟建工程项目拟投资资金规模较大，未来存在一定的资本支出压力。

主要优势/机遇：

➢ 昆山市经济发展水平很高，经济和财政实力很强，经济总量位居我国百强县首位；

➢ 公司是昆山市重要的基础设施建设投融资和开发建设主体，在安置房等基础设施建设领域发挥重要作用；

➢ 近年来，公司得到昆山市政府在资金及资产注入和政府补贴等方面的有力支持，2019年以来，昆山市国有资产监督管理委员会办公室以货币方式增资合计30.17亿元，较好地缓解了公司流动性压力；

➢ 公司作为昆山市棚户区改造项目的转贷主体，承担棚户区改造项目资金统贷统还业务，还款资金纳入政府财政预算，为公司业务开展提供良好保障。

主要风险/挑战：

➢ 公司应收棚改转贷款规模较大，期限较长，资产流动性一般；

➢ 公司在建及拟建工程项目拟投资资金规模较大，未来存在一定的资本支出压力。

展望：

预计未来，昆山市经济稳定发展，公司作为昆山市重要的基础设施建设投融资和开发建设主体，在安置房及商品房建设和基础设施建设等领域仍处于重要地位，并持续得到昆山市政府的相关支持。综合考虑，大公对未来1~2年昆山城投的信用评级展望为稳定。

(资料来源：大公国际资信评估有限公司官网)

第二节 股票信用评级

一、股票信用评级概述

股票评级指的是通过对发行公司的财务潜力和管理能力进行评价从而对有升值可能的股票给予高评级的经济行为。通常股票评级是根据股票评级系数来确定，具体包括1.00~1.09(强力买入)、1.10~2.09(买入)、2.10~3.09(观望)、3.10~4.09(适度减持)、4.10~5.00(卖出)。评级的因素一般包括获利能力、股价波动性、股票的市场性、营运能力、短期偿债能力和财务结构等方面。

与股票质量相关的评估信息是投资者做出正确投资判断的重要依据,同时股票评级也有利于股票市场的正常运行。目前,我国信用评估机构中只有极少数机构开展对股票的评级工作。2007年9月,中国诚信证券评估有限公司成为我国首家按公司债券新的发行机制取得证券市场评级业务许可的评级公司,其主办的《中国证券评估》的专题研究组曾对1992年中国最活跃股票做了具有一定深度的计量分析,从实践中开创了股票评级的先河,但因其评级方法是原始的且影响面也较小,尚未得到社会的广泛认可,因而具有很大的探索性质。

股票投资的收益来源主要是两个方面:一方面是获取股利,另一方面是获取股价上涨的资本利得。股票评级立足于股东,影响股东收益的因素理应成为评级过程中的关注重点。

(1) 对上市公司的考核。

上市公司是影响股票价格变动的内在因素,对股票质量的评估也离不开对上市公司的考核。上市公司本身的发展状况不但决定股利水平的高低,而且在一定程度上影响着股票的市场属性。不同于债券评级,股票评级是以维护股东权益为出发点,对上市公司的分析理应更加侧重于上市公司的盈利能力、成长潜力以及相关股利政策。

(2) 股票市场交易情况分析。

对个股而言,其价格的涨跌情况在很大程度上由股票市场的整体走势所决定。故而股票市场的总体变化趋势成为股票评级的重要内容,同时必须考虑存在的系统风险。

二、股票信用评级的方法

(一) 普通股票的评级

1. 普通股评级概述

普通股指的是在公司的经营管理和盈利及财产的分配上享有普通权利的股份,代表满足所有债权偿付要求及优先股东的收益权与求偿权要求后对企业盈利和剩余财产的索取权。

2. 普通股评级的基本内容

普通股评级目前使用最为普遍的方法由标准普尔公司提出。标准普尔公司认为虽然影响股票品质高低的因素错综复杂,但最终结果都是反映在每股收益和红利上。而且长期历史数据显示,收益和红利与股票的品质有着密切的联系。从1956年开始标准普尔便根据收益和分红对普通股进行质量评级。经验表明,其评级结果与普通股的风险存在很强的相关性,谨慎投资者往往根据其评级报告结果做出股票投资组合的决策。本部分便以标准普尔的普通股评级方法为例介绍普通股评级。

标准普尔对普通股评级形成了两套评级系统,分别是以定性分析为主和以定量分析为主。收益和红利评级系统以及股票增值评价方法主要依赖于定性研究,侧重于分析股票的未来升值潜力。收益和红利评级系统有7个等级水平,其中三个等级 A+、A、A− 表示高于市场平均水平,B+ 表示等于市场平均水平,B、B−、C 表示低于市场平均水平,NR表示无法进行评级。标准普尔不对外国公司、投资公司和某些金融公司进行评级,D 表示重组中的公司。标准普尔的数据研究表明,A+级别的股票组合的市场表现超过标准普尔 500 指数 150 个基点,所有 A 等级的股票组合的市场表现超过所有 B 等级股票 400 个基点。

标准普尔以定性为主的评级系统主要是用简明的符号来表示上市公司收益和分红的成长性和稳定性。这种评级方法属于定量分析方法,主要是计算企业近 10 年以来每股收益和红利。采用 10 年为一个时间节点主要在于这个时间跨度基本能反映出企业在各种经济条件下的成长情况,覆盖企业的基本发展趋势。其分析具体内容如下:首先计算每股收益和红利的基本分数,然后用长期成长率、稳定性和周期性对基本分数进行调整,最后将经过调整的分数进行归类。每只股票最终类别的确定是经过大量有代表性的样本股票分析建立的评分等级得出的。这种定量分析方法也包含某些特殊情况:如果某公司在过去 10 年里未支付任何红利,那么它的评级级别不可能超过 A-级;如果某公司少支付一次优先股股利,那么该年的评级不会高于 C 级;如果某公司按时支付了普通股股利,即使产生了亏损,但它的评级不会低于 B-级;如果某公司申请了破产,它的评级级别自动降为 D。

1986 年 12 月 31 日,标准普尔推出综合性的以定性研究为主的普通股评级系统(Stock Appreciation Ranking System,STARS),该系统反映美国资本市场 1 500 家美国公司、250 家欧洲和亚洲公司股票未来 6 个月到 1 年的升值潜力,级别排列由 5 星(强力买入)至 1 星(卖出),同时对上市公司进行独立评估,并且提出明确买卖建议。与其他评级机构的普通股评级不同,STARS 是对企业未来潜在资本增值与分红前标准普尔 500 指数股票的预期业绩对比的评估。标准普尔 STARS 的等级及含义具体内容如表 8-9 所示。

表 8-9 标准普尔公司 STARS 的等级及含义

符 号	类 别	含 义
★★★★★	强力买入	预期表现大幅度超过标准普尔 500 指数且业绩优良的股票
★★★★	择机买入	预期表现大幅度超过标准普尔 500 指数且业绩中等的股票
★★★	持有	预期将和标准普尔 500 指数同步上涨的中等业绩股票
★★	规避	预期表现低于标准普尔 500 指数且业绩低于平均数的股票
★	卖出	预期表现大幅度低于标准普尔 500 指数且业绩最差的股票

资料来源:标准普尔公司官方网站。

标准普尔的 STARS 系统的评级方法将企业基本分析与技术分析、行业加权、合理流通量、激励机制分析相结合,采用多个指标评估企业的股票升值潜力。企业基本分析主要是通过收集企业财务报告等公开信息研究企业未来发展趋势、成本和收益水平等,从而估算企业未来三年每股收益增长率,分析企业管理团队的管理水平和企业的竞争环境、与客户和供应商的关系、行业进入壁垒、法律法规等;技术分析主要是计算企业内在价值、相对价值和风险评估。

(二)优先股评级

1.优先股评级概述

优先股是相对于普通股而言的,主要是指在利润分红及剩余财产分配的权利方面优于普通股。优先股是一种有固定股利的股票,既具有最基本的股权属性,又具有明显的债权特征,因此被归属为"混合证券"。优先股股票评级是证券评级机构对优先股发行人支付股息和适当的偿债基金的能力与意愿的一种评价。优先股股票的评级不同于债券的评级,因为优先股股票和债券有质的区别:优先股股东要在公司偿还了所有到期债务后才能得到红利;这种区别使得优先股的等级一般不能高于同一发行人的债券等级。

优先股评级是评估发行人对有期限的优先股准时支付股利及本金的能力与意愿。虽然法律上可以允许转移或延迟支付优先股股利,但此类评级注重的仍是准时支付股利的可能性。标准普尔公司对于优先股的评级主要是评估以下因素:发行公司支付优先股股利的能力与意愿;是否提供适当的偿债基金;发行优先股的性质与条款;公司破产、重整或其他会影响债权人权利的情形发生时优先股的地位受何影响。优先股评级被列属于混合债券评级,由于优先股具有股权类和债权类证券的双重特性,因此区别优先股和其他债券(包括高级和次级债券)与发行人的从属深度是决定优先股评级与高级或次级债券评级差别的主要思路。总的来说,在企业破产清算时,优先股的清偿顺序在所有债券之后、普通股之前,其回收率低于次级债券,因此一般情况下其评级应该低于次级债券评级。此外,在评级方法与财务比率的运用上,与一般信用等级评级较为显著的差异是优先股的评级尚需考虑优先股本身的发行余额,如果余额太大,可能意味着公司发放股利的能力将受到影响。

一般而言,对于优先股的评级,评级机构主要是根据优先股的类型判定其含有权益的比例,对发行人资本结构进行调整,采用调整后的财务比率评定发行人评级或高级无担保评级,并以发行人评级或高级无担保评级为基准进行下调,以此作为优先股的评级。主要方法是在主体评级(发行人评级或高级无担保评级)的基础上,根据回收程度的大小进行级别下调。一般来说,如果回收率较高,优先股评级在发行人评级基础上下调2个小级。如果回收率较低,优先股评级会在发行人评级基础上下调3个或更多个小级。

2. 优先股评级的基本内容

由于优先股具有"损失吸收""无久期"和"不持续支付"三个特征,这些特征对优先股的从属性及回收率有着重要影响。因此,优先股评级的主要评级要素便围绕上述三个特征,包括优先股含有的股权比例、剩余期限(有效期限)和法律条款(股息是否可无限期延期支付)三个主要评级要素。另外,不同信用等级和行业类型的发行人也对应不同程度的回收率,因此也是优先股评级需要考量的要素。国际三大评级机构,即标普、穆迪和惠誉的评级方法较为成熟,具有行业代表性。

(1)股权比例。

评级机构对优先股含有股权比例的认定,对评估其在发行人资本结构中的实际偿付顺序以及发行人现金流出能否覆盖优先股股息均有重要意义。例如,企业发行100亿的优先股,评级机构可能会将50亿视为债权类证券,50亿视为股权类证券。另外,股权和债权的划分实际上是对发行人资本结构进行调整,可能会对发行人评级或高级无担保评级造成影响,而从实际情况看,这种影响并不大。但考虑到这种影响,个别评级机构对优先股含有的股权占调整后的总股本的比例设定了上限。例如,DBRS将这一比例上限设定为20%,惠誉此前将这一比例上限设定为30%,但从优先股的实际发行情况看,划分到权益类的优先股很难达到这个上限,因此现在取消了这一上限。

从各家评级机构的评级方法来看,优先股含股权比例的多少实际上对其评级不直接产生影响,但从回收率角度来说,股权比例的不同会影响优先股评级基于发行人评级或高级无担保评级下调幅度的大小,特别是对于信用等级较低的发行人。

(2) 剩余期限(有效期限)。

判定优先股为股权类证券还是债权类证券的一个重要方法是看发行人是否有通过发行优先股进行长期融资的意愿。普通而言,优先股的有效期限越长,其股权性越大;反之,有效期越短,其债权性越大。所谓的有效期,一般来说是从优先股的发行日到发行人约定的赎回日之间的期限,但评级机构也会根据赎回日之前优先股股息的步升程度缩短优先股的有限期限,因为优先股股息步升越高,其发行人的赎回意愿就越大。例如,惠誉认为,如果优先股股息步升采用递增方式(如每年递增0.25%),当累积增幅达到或超过1%时将被视为有效到期日,并且将有效期限为5年作为判定优先股属于股权性或债权性的最低期限标准。

(3) 法律条款(股息是否可无限期延期支付)。

优先股不需要还本,只需要支付利息,因此对优先股股东来说,是否可以如期获得股息尤为重要。由于优先股具有可以减记或无限期延期支付股息的特性,因此有别于普通债券,带有股权性,特别是相比累积优先股,非累积优先股带有的股权性更强。即使两者的回收率没有明显不同,但从优先股投资人对股息的预期回报角度,非累积优先股对投资人的真实风险要大于累积优先股,因为累积优先股虽然可以无限期延长支付股息,但发行人必须在清算普通股息前支付拖欠的优先股股息,拖欠支付偿还期望高。因此,个别评级机构,如穆迪,对非累积优先股的评级一般会低于累积优先股评级一个小级。

虽然累积优先股股息可以无限期延期支付,但个别评级机构(如穆迪)认为,这种"无限期支付"应该加以限定,穆迪将这一期限限定为3年,DBRS限定为5年,超过期限的就将被视为构成类似于违约的拖欠支付,但有时也会根据企业管理情况进行判断。而对于非累积优先股,一旦发生股息减记,那么未来拖欠支付的概率就会变高,优先股评级下调的幅度也会越大。

3. 优先股评级过程

根据上述基本评级思路,优先股评级过程主要分为两步:第一步,进行股权认定;第二步,根据回收评级或违约损失评级结果,以发行人评级或高级无担保评级为基准下调级别。

(1) 股权认定。

根据不同发行人和含有不同条款的优先股所对应不同程度的违约率和回收率,评级机构会将优先股含有的股权和债权性质重新进行界定。从各家评级机构对于优先股含有股权比例的划定方式来看,有相同之处,即基本上是以1/4或1/2为单位划分股权和债权比例,但在具体的股权认定方法上,各家评级机构对不同类型或含有不同条款的优先股的股权认定有较大差异,主要是根据发行人类型和优先股的法律条款的不同来划分的。下面我们分别简单介绍一下各家评级机构对优先股股权认定的主要方法。

穆迪认为,对于投机级企业,其发行的优先股被视为100%股权证券,包括累积优先股和非累积优先股。对于投资级企业,穆迪采用"混合工具包"概念,根据不同条款性质对优先股的股权和债权比例进行划分。一般来说,穆迪认为非累积优先股的股权比例为75%,但银行发行的非累积优先股则为100%;累积优先股的股权比例为50%。

标普认为金融企业发行的优先股含股权的比例为33%或以下[房地产信托投资基金管理公司(REITs)发行的优先股的股权比例最高不超过25%],非金融企业发行的优先股含股权的比例为50%。

惠誉认定非累积优先股含100%股权,累积优先股含50%股权(REITs发行的优先股视为100%股权),但前提条件是优先股的有效期限在5年以上。如果优先股的有效期限小于5年,则优先股被视为含有100%债权。

(2)回收评级。

在对优先股的股权认定之后,评级机构会对发行的资本结构进行调整并使用调整后的财务指标对优先股进行回收评级(穆迪进行违约损失评级)。根据回收评级的结果,评级机构对非金融企业发行的优先股的评级以其发行人评级或高级无担保评级为基准进行下调,对银行发行的优先股的评级以不考虑外部支持影响的银行评级或发行人评级为基准进行下调。具体如表8-10所示。

表8-10 各家评级机构的优先股评级指引   单位:子级

	穆 迪	标 普	惠 誉
非金融企业	-2至-4	-2或-3	-2或以上
参考评级	高级无担保评级或企业家族评级(CFR)	发行人信用评级(ICR)	发行人违约评级(IDR)
银行	-2至-4	-2或以上	-2或以上
参考评级	高级无担保评级或银行存款评级(SACP)	银行独立评级(DR)	银行生存能力评级(VR)

从各家评级机构的优先股评级指引来看,一般情况下,对非金融企业发行的优先股评级在发行人评级或高级无担保评级的基础上下调2~3个小级,对银行发行的优先股评级在高级无担保评级或不考虑外部支持影响的银行评级基础上下调2~4个小级。对银行发行的优先股评级,各家评级机构使用的参考评级有所不同。例如,穆迪使用银行存款评级作为优先股评级的参考评级,因为穆迪的银行评级方法首先要确定银行存款评级,而大多情况下银行高级无担保评级和银行存款评级相同,因此穆迪选用了银行存款评级作为银行发行优先股的参考评级。其他评级机构中,标普、惠誉均使用不考虑外部支持影响的银行评级。不考虑外部支持影响的银行评级一般低于发行人评级或高级无担保评级,因此标普和惠誉对银行发行的优先股评级,实际上基于发行人评级下调的幅度要比非金融企业大。由于各家评级机构的评级产品不同,评级标准也有差别,因此各家评级机构对优

先股的评级不能进行横向比较。

优先股评级基于参考评级下调幅度的大小,主要是取决于评级机构对优先股回收程度大小的看法,回收程度越低,下调的幅度就越大。另外,由于发行人信用等级的下降,其违约风险越大,对于优先股来说,优先股被转换成普通股的可能性也越大。因此,标普在指引中明确区分发行人评级为投资级和投机级对应的优先股评级调整幅度,对于非金融企业,当主体级别为投资级时,优先股级别在主体级别的基础上下调2个小级别;当发行人级别为投机级时,优先股级别在主体级别的基础上下调3个小级别。对于金融机构,当发行人级别为投资级时,优先股级别在主体级别的基础上下调2~3个小级别;当发行人级别为投机级时,优先股级别在主体级别的基础上下调3个或更多个小级别。穆迪在其指引中也指出,如果高级无担保评级为Ba2级(相当于BB级)或以上,优先股的评级应低于高级无担保评级2个小级;如果高级无担保评级为Ba3级(相当于BB⁻级)或以下,优先股评级应低于高级无担保评级3个小级或更多。其他评级机构也基本参照发行人评级的等级类别确定优先股评级给予发行人评级的下调幅度,但实际上对发行人评级为投机级的发行人发行优先股进行评级的意义并不大,因为其优先股评级会很低,因此他们没有在指引中列明。

(3) 拖欠风险评估。

虽然回收评级可以反映普通债券的回收程度,但优先股却拥有别样的风险。基于回收评级指引没有区分累积优先股和非累积优先股,因为评级机构认为两者在回收方面没有明显的不同,但将这两种证券评定为同一水平,会低估两者之间的真实风险差异。

对于累积优先股,债务人可以在不触发违约(破产或重组)的情况下拖欠利息或股息的支付,而对于非累积优先股,债务人应付的利息或股息可以全部减记,在支付拖欠意义上与累积优先股有明显的不同。因此,我们引用穆迪的说法,将非累积优先股不偿付股息的风险称为拖欠风险。如果发行人可能触发这种所谓的拖欠风险,那么评级机构会在回收评级调整评级的基础上再下调1个小级。评级机构会给定一个标准,通常是采用财务指标,如发行企业连续三年亏损,但有时也会根据企业管理情况进行判断。如果发行人已触发拖欠风险,评级机构会再下调优先股的评级。而对于累积优先股,穆迪和DBRS分别将拖欠或累积股息的最大期限设定为3年和5年,超过的话也将下调优先股评级。

综上所述,国外优先股的基本评级方法比较简单,但优先股附加条款的多样性会增加评级方法的复杂性。与国外不同,我国目前的信用评级还是主要反映评级对象违约可能性的大小,对回收程度考量甚少,因此,我国评级机构开展的优先股评级也将重点反映违约可能程度。借鉴国外的评级方法和考虑我国信用评级行业情况,我国评级机构在制定优先股评级方法时,应该还是以定性为主;股权认定方法应该简单、粗略,不应过于复杂;可以忽略回收评级过程,简单地采取以发行人主体信用等级为基础进行等级下调2~3个小级;应充分考虑到不同法律条款对评级结果的影响。

第三节 基金信用评级

一、基金信用评级概述

在发达、成熟的基金市场中,基金进入市场都要进行信用评级,并要进行严格的规范化管理。基金的信用评级是指对基金资产安全程度的综合评级,是属于管理层监管范畴之外对基金的社会性监管,通常由独立的信用评级机构来完成。其主要手段是根据各种基金的盈利表现和资产安全性,对基金运作的整体情况做出综合的评判。

基金评级信用分析的主要内容包含五个方面:一是基金经营绩效分析,主要包括基金净资产的增值情况、投资回报率、基金资产构成等;二是基金投资政策与目标分析,包括设立基金的目的、投资政策及投资限制、投资政策的综合分析及相关产业的状况分析等;三是基金的投资组合与投资质量分析,主要包括基金投资组合明细分析、投资组合的合理性分析等;四是基金管理人的管理水平分析,考察总体实力、规模、经营条件、经营历史等;五是人员构成分析,主要考察其高级管理人员素质、员工素质、人员稳定性。

在基金评级过程中,定性分析与定量分析两种方法都要采用,但是以定性分析为主、定量分析为辅,定量分析为定性分析服务。基金信用评级是对被评基金未来偿债风险的评价,从本质上讲,基金信用评级是一种建立在客观基础上对基金的定性判断。

(一) 基金投资目标

一般来说,基金的投资目标主要分为两种,一种是成长型,另一种是收益型。成长型是以基金资产价值能够不断成长为主要目的,重视投资对象的成长潜力,此类基金风险较高,投资对象以股票投资为主。收益型基金则以追求投资的收益为主,重视投资对象的当期股利和利息,其投资对象以债券为主。主要采用市盈率(P/E)和市净率(P/BV)这两个指标来区分这两种类型:两个比率较大者为成长型,较小者则为收益型,居中者则为中间型。另外,基金可以根据其流通股股数规模分为三类:大型、中型、小型。

(二) 基金评级指标

1. 投资组合和投资质量

要考察基金现有资产的质量,可以分析年末基金持有的资产的质量,包括分析投资组合的 α 系数、β 系数、$R2$、均值、方差和夏普比率等,以及投资组合中股票和债券的比率和股票投资的行业分布。

2. 基金管理人的管理水平

基金管理人的管理水平主要有两方面:一是资产的管理控制能力,二是内部风险控制的能力。关于基金管理人的资产管理能力,主要考察的内容有:基金管理公司的名称、基金管理公司旗下的其他基金的基本情况。

3. 基金经营绩效

这一部分是基金评级的重点。基金的经营绩效在这里主要考察基金收益和风险。对基金收益和风险的考察,大体上沿用穆迪公司的排名思路。

(1) 基金收益。收益主要是指净资产的增加,采用的公式是:

$$Relative\ Return_i = \frac{Excess\ Return_i}{\frac{1}{n}\sum_{i=1}^{n} Excess\ Return_i} \tag{8.7}$$

$$Return_i = \frac{Netasset_{i,t} - Netasset_{i,t-1}}{Netasset_{i,t-1}} \tag{8.8}$$

$$Excess\ Return_{i,t} = Return_{i,t} - R_{bank} \tag{8.9}$$

其中,$Return_i$ 是基金 i 的收益率;$Netasset_{i,t}$ 是指基金 i 第 t 日的净资产;R_{bank} 表示 t 期的银行活期存款利率。

(2) 基金风险。可以按下列步骤计算基金风险,并用活期银行存款利率(和前面一样)代替 3 个月的国债利率作为无风险利率。

第一步:将基金每月净值增长率减去活期银行存款利率,得到基金每月相对存款的超额收益率,然后对考察期间数值为负的超额收益率求取平均值 R_1;

第二步:对所有同类基金进行同样的处理,求取所有同类基金的下行风险指标平均值,即 R_2。

第三步:将单个基金的下行风险指标除以同类基金下行风险指标的平均值,即 R_1/R_2,得到单个基金的相对风险指标,即 R_3。如果该指标高于 1.00,则表明该基金的风险比同类基金风险高,如果低于 1.00,则表明该基金的风险比同类基金的风险低。

(3) 相对经营绩效指数:相对经营绩效指数=相对收益-相对风险。

二、基金信用评级的方法

(一) 国外基金评级方法

在西方国家,基金评级以产业的形式独立存在,基金评级机构与股票评级机构、债券评级机构一起已成为资本市场信用评级的三大支柱。在基金业最发达的美国,基金评级机构在普及基金知识、倡导理性投资、监督基金公司和提高投资者信心等方面发挥了重要的作用。目前,全美国也是全世界最著名的三家基金评价公司是晨星公司、标准普尔公司和理柏公司,它们分别形成一套完善的基金业绩评价体系,并定期向外公布基金的业绩数据和评价等级。下面主要以这三个评价体系为例,介绍美国等西方国家基金业绩评价的方法和指标体系。

1. 晨星公司基金评级

晨星公司成立于 1984 年,是一家位于美国芝加哥的非上市的私人专业基金评级公司,目前已成为最具影响力的基金评级机构。晨星公司并不从基金评级中直接获取收入,其主要收入来自评级所衍生的数据服务,向金融咨询人员、投资管理公司、保险公司等机构投资者提供的资产管理分析软件的收费,投资顾问服务以及网上服务。

晨星公司基金分类体系及评级基准：

在进行五星评级之前，晨星公司首先将基金分类，然后对每只基金在其所属类别中的业绩进行评级。从1996年起，晨星公司又将基金分为四类：国内股票基金、外国股票基金、市政债券基金和应税债券基金。在这四类基金中，晨星公司又将各类基金细分，国内股票基金可分为大型价值型基金、大型成长型基金、大型混合型基金、中型价值型基金、中型成长型基金、中型混合型基金、小型价值型基金、小型成长型基金、小型混合型基金、贵金属基金、自然资源基金等；外国股票基金又可分为欧洲基金、拉丁美洲基金、新兴市场国家基金、太平洋基金（日本除外）、日本基金等；应税债券基金又可分为长期政府债券基金、中期政府债券基金、短期政府债券基金、长期公司债券基金、中期公司债券基金、短期公司债券基金、垃圾债券基金等；市政债券基金又可分为长期全国市政债券基金、中期全国市政债券基金、长期州市政债券基金、中期州市政债券基金等。

此外，针对不同生存期的基金，晨星公司采用不同的评级期间进行收益率调整。对于生存期等于或超过10年的基金，晨星公司对其最近3年内、5年内和10年的风险调整后的收益率分别进行评级；对于生存期介于10年和5年的基金，晨星公司对其最近5年和3年的风险调整后的收益率进行评级；对于生存期少于5年的基金，晨星公司对其最近3年内的风险调整后的收益率进行评级。

2. 标准普尔的评级系统

Micropal公司始建于1985年在1997年被标准普尔公司收购。目前有超过1 000家的基金管理公司在使用该公司的基金绩效评价服务，它是与晨星公司齐名的基金评价机构。该机构的评价程序如下：

第一步：业绩筛选。在不连续的3年中，将基金风险调整后的业绩与同类基金进行比较，大约有80％的基金从最初筛选中淘汰，剩余的20％才有资格进入下一步的评级程序。

第二步：会晤前对基金背景的审查。在参加会晤之前，标准普尔的分析师搜集所有与此基金相关的资料并进行细致的分析。对基金资料的调查主要涉及目前基金投资资产组合的价值以及未来发展前景、基金过去两年的年度与中期报告、基金管理团队的资料、目前股东的相关资料、基金的营销情况等。

第三步：面对面会谈以进行定性分析。标准普尔的两名资深专业分析师进行实地考察，对基金管理团队、资产组合管理者等进行评估并掌握团队、基金的一些特殊细节。

定性分析中包含三个方面：

（1）基金管理团队：公司的情况、投资文化、投资规则。

（2）资产组合管理者：管理者的投资能力、风格、风险的偏好程度等；投资方法的一致性与有效性；投资经验以及管理的基金数目、金额。

（3）基金细节问题：基金规模、资产组合的流动性、客户基础、成本。

第四步：标普星级评定。资深评级分析师在进行实地考察后将所有基金信息进行整理提交给评级委员会作为定性、定量综合评定的基础。标准普尔为了帮助投资者进行基金评估，以一只基金过去三年在同类基金中的相对表现为基础，开拓了一套标普基金星级评级体系。

(1) 相对业绩表现测算。将一只基金的业绩表现与同类基金的业绩情况进行比较,如果此基金在某月上涨率为 6%,而其同类基金在相同月份的表现为 4%,那么这只基金的相对表现是+2%,按此方法计算近 36 个月以来这只基金的相对表现。

(2) 基金相对表现的波动率。通过计算一只基金 36 个月以来相对表现的波动率来反映此基金与同类基金表现的一致性。一只基金的波动性越高,其在同类基金中表现的一致性则越差。

(3) 评级系数。评级系数为相对收益与波动率之比。这个比例的计算公式为:评级系数=(基金过去 36 个月的收益率-同类基金的平均业绩表现)/过去 36 个月以来基金相对表现的平均波动率。若某只基金的 R 比例越高,表明此基金在同类基金中的表现越出色,而且与同类其他基金的变动基本一致。

假设某种基金类别中有 100 只基金,那么标普基金星级的分布如表 8-11 所示。

表 8-11 标普基金星级的分布

★★★★★	前 10% 基金	10 只基金
★★★★	前 11%~30%	20 只基金
★★★	前 31%~50%	20 只基金
★★	前 51%~75%	25 只基金
★	最后 25%	25 只基金

第五步:对评级基金的持续跟踪。标准普尔对星级基金进行持续的监督,评估按时间段分为四个层面:每日新闻跟踪、每月业绩更新、每季度回顾评级程序、每年重新进行全面评级分析、调查被选中基金的投资吸引力;另外,标准普尔在收取一定费用的前提下对提出申请要求跟踪考察的基金进行价值增强评级。

如果基金管理者或者基金管理团队发生了重大变动,而标准普尔没有机会就此重大变动的影响对基金进行重新评估,则将此基金的评级结果列为"UR"(Under Review)。标准普尔的评级特色还体现为标准普尔根据设定的标准精选出不同组别中的基金进行进一步的深入跟踪。

3. 理柏公司基金评级

理柏公司是路透旗下的全资子公司,该公司专门为资产管理公司及媒体机构提供独立性全球集合投资信息,其中包括共同基金、退休基金、对冲基金等。理柏为世界著名基金研究及分析机构,其基金讯息涵盖全球 59 个注册地超过 140 000 个份额及逾 75 000 只基金,并为 20 个国家地区的认可基金提供免费 Lipper Leader 基金评级服务。

理柏公司的基金评级系统每个月都会进行更新,并且按照一年、两年、三年和综合的表现来对基金进行评级。该公司评级的基金需要具有至少一年的相关的价格数据,并且与其同类型的基金中也至少有 5 只也同时满足理柏公司进行评级的条件时,这只基金才可以进行评级。

在同种类型的基金中,排名前 20% 的基金为第 5 级,被评为"优"(Leader),之后均以 20% 为标准从而区分为第 4 级、第 3 级、第 2 级及第 1 级。目前在国内所推行的评估标准有四种,其中包括费用、总回报、稳定回报和保本能力。

在总回报上评为第 5 级的,即被评为"优"(Leader)的基金,反映在其所属基金分类中具有比较高的总收益。在稳定回报上归为第 5 级,即被评为"优"(Leader)的基金,反映在其所属基金分类中具有较好的稳定性和风险调整收益。

在保本能力上归为第 5 级的,即被授予"优"(Leader)的基金,反映在其所属资产类别(股票、混合资产或债券)中具有较高的保本能力。

在费用上归为第 5 级,即被授予"优"(Leader)的基金,反映在其所属基金分类中具有较低的总体费用率。

理柏基金评级是基于相对性的角度进行考虑的,而且并没有进行任何买入或卖出基金的建议。投资者应该清楚地认识到基金过去的表现并不能保证未来的收益。有些基金本身潜在的风险较大,虽然在评级中有可能归为"优",但是这并不意味这类基金是风险承受能力较低及投资目标较短期的投资者的选择。

(二) 我国基金评级方法

1. 中信基金评级体系

1) 评级体系的主要内容

中信基金评级体系采用与晨星十分相近的评级方法,对基金收益进行风险调整,确定基金绩效水平,按照同类基金的相对排名情况,赋予每只基金相应的星级。

2) 具体方法

(1) 基金分类。

依据基金投资的主要对象和投资目标,以及基金业发展实际情况,中信评级对基金类别只进行大类划分,对同一类别中的所有基金采用同一个业绩比较基准,然后以类为单位在各类基金内部进行星级评比。基金类别主要有:股票基金,投资或主要投资于股市的基金,包括价值型、成长型、平衡性、收入型、指数型等;债券基金,投资或主要投资于国债、金融债、企业债的基金,包括保本基金;平衡基金,投资于股市、债市和货币市场并根据市场环境调整组合的基金;货币市场基金,主要投资于短期债券、同业拆借、商业票据等货币市场工具的基金;指数基金,实行指数化或优化指数型投资的基金跟踪的相应指数。

(2) 评级标准。

采用五级评价标准,即将同类基金按照中信评级指标由高到低排序,根据相对排名将基金划分为 5 星、4 星、3 星、2 星和 1 星五个级别,并描述其业绩的优劣。中信评级理所当然地选择了中信综指和中信全债指数作为股票基金和债券基金的比较基准,这一点并不为选择其他指数基金做基准的基金所认同。因此以中信指数来评价采用其他基准的基金,结果难免会有所偏差。

此外,国际成熟的评级体系对运营时间较长的基金进行评价,而中信则把运营仅一年的基金纳入评级,引起许多成立时间短的基金的不满。

2. 银河证券基金评级

银河证券有限公司是我国最早开始进行基金评级评价研究的券商,它运用定性和定量两部分来对基金进行评级评价。其中,定量评价是运用基金以往的一些表现指标进行的评价,这些指标包括基金净值、回报率、收益率、波动性等指标体系;而定性评价主要是对基金发展过程中出现的一些现象或者问题进行解释,这通常是由专门的基金分析专家来进行的。银河公司进行评级的原理和以上两家机构的评级原理大致相同,主要采用收益评价指标、风险评价指标和风险调整后收益指标这三个指标来衡量。

1)基金分类

中国银河证券基金研究中心根据《证券投资基金法》《公开募集证券投资基金运作管理办法》和《证券投资基金评价业务管理暂行办法》制定了《中国银河证券基金分类体系(2015版)》,该分类体系按照基金招募说明书和基金合同约定的投资方向、投资范围、投资方法、业绩比较基准和基金风险收益特征等内容对我国的证券投资基金进行分类。同时对《中国银河证券基金分类体系一览表》中的不同类型基金的风险等级进行划分,按照三级分类体系展开。

划分为高风险等级基金类型的有标准股票型基金、普通股票型基金、标准指数型基金、增强指数型基金、股票型分级子基金(进取份额)、偏股型基金(股票上限95%)、灵活配置型基金(股票上限95%)等31个三级类别。

划分为中高风险等级的基金有偏股型基金(股票上限80%)、灵活配置型基金(股票上限80%)、股债平衡型基金等5个基金三级类别。

划分为中风险等级的基金有偏债型基金、普通债券型基金(二级)、可转债基金、债券型分级子基金(进取份额)、QDII债券基金等11个三级类别。

划分为中低风险等级的基金有普通债券型基金(一级A类)、普通债券型基金(可投转债A类)等6个类别。

划分为低风险等级的基金有股票型分级子基金(优先份额)、保本型基金、长期标准债券型基金、中短期标准债券型基金、指数型债券型基金、货币市场基金(A级)、货币市场基金(B级)等16个三级类别。

2)评级标准

目前,中国银河证券研究所基金研究中心确定了以下格式展示基金产品风险等级评价,具体示例如下:"高风险-标准股票型基金-1年-AAA"。高风险,代表基金产品在中国证监会基金销售适用性专用评价中是高风险等级产品;标准股票型基金代表基金产品在中国银河证券基金分类体系中的分类,我们直接显示这个类别的分类名称;1年,代表基金产品过去1年的评价期间,目前我们提供了过去1年、过去2年、过去3年、过去4年、过去5年、过去6年、过去N年的评价期间。AAA,代表基金产品在银河证券基金分类体系中具体的产品风险评价,我们把同分类中的基金按照中国银河证券基金风险评价值进行排序,风险评价值较低的前三分之一基金列示"AAA",代表这部分基金净值波动较小。风险评价值中三分之一基金列示"AA",代表这部分基金净值波动适中。风险评价值后三分之一基金列示"A",代表这部分基金净值波动较大。指数型基金只显示为"高风险-指数型基金",货币市场基金A级只显示为"低风险-货币市场基金(A级)",货币市场基金B级只显示为"低风险-货币市场基金(B级)"。

本章小结

1. 债券信用评级是由专业评级机构对发行主体发行的有价证券做出的信用风险等级评估行为,根据相关科学指标体系对发行主体发行的债务融资工具或金融产品违约的可能性及违约损失的程度进行评价,并利用简洁明确的字母数字符号进行列示的经济活动。

2. 短期信用债券指的是到期期限在一年及一年以内的信用债券,包括短期融资券、到期期限在一年以内的中期票据、企业债和公司债。而企业长期债券信用分析是在企业主体长期信用分析的基础上进行的,此外还包括债券状况、债券筹资项目分析、企业债券发行后可能对主体信用等级带来的影响及债券保护条款分析等方面。

3. 债券评级依据债券产品的不同分类包含可转换公司债券评级、城投债券信用评级和抵押债券评级。其中,可转债评级针对基础信用分析及转股可能性和影响展开分析;城投债评级考虑城投公司自身因素和地方政府因素及其他增信因素。

4. 基金评级机构与股票评级机构、债券评级机构一起已成为资本市场信用评级三大支柱。基金评级指标主要考虑投资组合和投资质量、基金管理人管理水平、基金经营绩效。

5. 世界最著名的三家基金评价公司是晨星公司、标准普尔公司和理柏公司,它们分别形成一套完善的基金业绩评价体系。随着我国投资基金规模的不断扩大,基金评价业发展迅速,中信等机构纷纷构建基金评级体系。

思考练习题

1. 简述债券违约率如何影响信用评级。
2. 试述债券信用评级对我国信用行业发展有何影响。
3. 简述债券信用评级的基本内容。
4. 简述短期债券和长期债权信用评级的区别。
5. 简述可转换债券信用评级的基本内容。
6. 简述普通股和优先股信用评级的区别。
7. 简述晨星公司基金信用评级的方法。

第九章

主权信用评级

■【开篇导读】

主权信用评级是衡量一个国家主权风险的重要指标，是基于一定的规则和方法，对主权国家履行其对外偿付义务的能力和意愿而进行测量与评价，并用一系列具有特殊意义的符号来表示其评级结果。主权信用评级的基础是一个国家的整体信用价值，主权信用评级在衡量各国的主权风险、决定政府及国内企业的海外融资成本、揭示海外投资的主权风险方面起着非常重要的作用。在信息不对称的条件下，随着各个国家海外融资和国际投资的日益增多，对主权评级的需求也越来越多，尤其是欧债危机爆发以来，主权信用评级逐渐成为人们关注的焦点。主权信用评级具有重要的市场价值，可以影响主权政府在全球金融市场募集资金的能力，同时对发达国家和发展中国家金融市场健康和稳定也会产生巨大影响。本章主要介绍主权信用评级的界定、分类及其意义，分析主权信用评级的具体评级方法和评级要素，介绍国际评级机构的主权信用评级。

■【专业名词】

主权信用评级　本币评级　外币评级　主动评级　被动评级　长期主权信用评级　短期主权信用评级

■【本章学习目标】

- 掌握主权信用评级的相关概念；
- 了解国际主要信用评级机构对主权评级的方法；
- 了解国际三大信用评级机构主权评级的差异。

第一节　主权信用评级概述

一、主权信用评级的界定

主权信用评级，也被称为国家信用评级，评级对象为主权政府，对主权国家参与国际经济活动所产生的信用风险进行研究，相对于企业、金融机构和各种资产的信用评级，主权信用评级是信用评级机构的一项特殊业务。目前主权信用评级市场中最具影响力的信用评级机构是美国的三大信用评级机构，即穆迪、标准普尔和惠誉。三大评级机构对主权信用评级的界定极为相似，认为是对政府相对信誉的评估，是一个国家总体资信情况的总体评价，包含偿还债务的能力和意愿两层含义。随着经济全球化的深入，主权风险是企业和金融机构开展海外投资业务不得不面对的一个重要问题。最早研究主权信用评级的学者 Cantor 和 Packer 认为,主权信用评级是对主权风险的评估,而主权风险是因主权政府未能偿付其债务而造成的风险,其实质等同于主权国家的违约风险。其定义包含三层:一是表明偿付意愿的重要性,认为偿付意愿是影响主权风险的首要因素。与企业违约风险相比,主权国家发生债务违约通常是因缺乏偿付意愿而并非没有偿付能力。二是强调赔偿的有限性,主权国家发生债务违约,债权人可能得不到任何补偿,或仅得到法律意义上的补偿。三是主权国家作为最终担保人,故而主权国家的债务没有外在的有效担保。

对于主权信用评级含义的理解,可以界定为:主权信用评级是对主权信用风险进行排序,并在此基础上的违约及评级下调的风险。主权风险排序时考虑违约概率、预期亏损以及可能的评级行动和警告。主权信用评级与企业信用评级在评级标准与难度等方面存在巨大的差异,相对于企业信用评级,主权信用评级具有以下特点:各大评级机构的主权信用评级的评级结果有较大的分歧,而且评级的难度更大,同时主权信用评级具有公共产品的特征。

二、主权信用评级的分类

主权信用评级是对主权国家偿还债务的能力和意愿进行评估的行为。一般主权信用评级可分为:本币评级和外币评级、长期评级和短期评级、主动评级和被动评级。

(一) 本币评级和外币评级

根据主权国家债务是以本币计价还是以外币计价而分为本币评级和外币评级,所谓本币评级是评价主权国家偿付以本币计价债务的能力和意愿,而外币评级则是判断主权国家偿付以外币计价债务的能力和意愿。20 世纪 90 年代,穆迪和标准普尔开始对信用度较高的国债发行政府进行外币评级。通常情况下一个主权政府的收入都是以本币计价的,所以在偿还外币债务时需要先将本币资产兑换为外币,但本币与外币的兑换过程并不受国家或政府控制,在评定外币债券信用等级时就必须考虑其相应的兑换风险。通常情况下,主权政府的本币债券信用等级不低于其外币主权信用等级,但如果主权政府具有较强的对外偿付能力,且内债规模较大,其本币评级也可能低于其外币评级。

(二) 长期评级和短期评级

长期评级是主权信用评级的一个重要的内容,是对一个主权国家中长期金融债务偿还能力的评定。通常在国家主权债务中,长期债务的占比最大。因此,长期主权信用评级尤为重要。而短期评级是对发债人和短期债券的短期评级,是对发债人偿还短期金融债务(即原始到期日不超过 12 个月的债券)能力的评定。早在 1971 年和 1975 年,穆迪和标准普尔就开始发布国家信用短期评级,1995 年惠誉国际也发布了这样的评级。其中,惠誉国际和穆迪公司的短期评级来源于它们的长期评级。

(三) 主动评级和被动评级

根据评级对象是否主动要求获取评级,将主权信用评级分为主动评级和被动评级两种类型。评级机构的被动评级方式是信用评级业务中最具争议性的问题之一。被动评级是信用评级机构在没有正式接受发行人委托的情况下所进行的信用质量评估。相反,如果发行人正式委托评级机构进行风险评估,并支付费用的评级方式,就是主动评级。在被动评级中,接受评级的对象不需要支付评级费用,这种评级通常不是基于非公开信息,或受评实体和评级机构之间其他形式的合作进行。在主权信用评级领域,直到20世纪90年代初期,评级机构才开始转变评级方式,由被动评级转变为主动评级。信誉良好的国家利用主权信用评级获取信用资源,信用一般的国家为进入国际资本市场,也必须接受主动评级。

三、主权信用评级的意义

信用是世界经济的载体和调速器,主权信用评级对主权信用能力的判断在一定程度上决定了一个国家在世界信用体系中的地位。同时,主权信用评级会影响世界发展的格局。因此,在国际信用评级体系中,主权信用评级是核心,主权信用评级的高低会对一个国家和国际产生重要的影响。

(一)主权信用评级对国家发展的影响

1. 主权信用评级关系国家职能的履行

20世纪的两大里程碑事件对国家职能的重心转移具有决定性意义。一是货币发行不再与黄金储备相挂钩,从而使国家根据需要直接调节信用规模成为可能。当今时代下,国家对经济的组织管理更加倚重财政和货币政策的运用,以调节宏观市场需求方式为主导,而其实质是国家对社会信用总规模的调控。二是和平与发展成为人类社会的主题,国家与国家之间的经济竞争成为世界经济竞争的主流。政府运用信用资源管理国家经济,提升国家竞争力就成为国家的主要职能。而由于通过当期财政收入和发行货币调节信用需求有极大的局限性,举债成为履行国家职能的重要手段。一个国家的举债能力取决于该国的主权信用等级,较高的信用等级可以直接提升对信用资源的控制能力,使国家具有更大的实施经济发展战略的主动性,国家负债能力日益演变为对国内外信用资源的掌控能力和经济发展的驱动力之一。因此,对主权信用能力的评级直接影响国家职能履行。

2. 主权信用评级决定国家的融资成本

具备信用评级是主权债务国进入国际资本市场的先决条件,成熟的资本市场更加倾向于向经过信用评级的债务人进行投资,因此,主权信用评级等级较高将直接降低主权国家在国际资本市场上的融资成本,增加投资者对主权债务国的投资信心。国际上大多数的金融投资机构,如主权基金和养老金都无法投资3A级以下的政府债券。以我国为例,我国在国际金融市场上发行债券的定价一般是在美国国债利率的基础上加点得到的,具体加点多少由财政部和国际投资者协商决定,在协商的过程中主权信用评级是协商的基础。一般情况下,主权评级等级越高,加点越少;主权信用评级等级越低,加点越多。同时,受"主权信用评级封顶"原则的限制,主权债务国私人部门对外发行债券价格低廉,从而使得外国投资者从私人部门的业务成长中获得高额利润,也会增加主权国家的融资成本。

3. 主权信用评级影响国家金融安全

在金融开放的环境下,国际资本跨国流动十分便利,当主权信用评级出现明显波动时,被评级国家的金融资产价格将出现严重跳水,引发资本大规模的外逃,最终威胁被评级国家金融市场的稳定和安全,因而主权信用评级会直接影响主权国家的金融安全。

专栏9—1　亚洲金融危机和欧债危机期间的"主权评级危机"

　　1997年至1998年,标普、穆迪、惠誉国际三大评级公司前后发布60多次降级通告,下调包括泰国、马来西亚、新加坡、印度尼西亚、韩国、日本、中国内地、中国香港、中国台湾、印度、俄罗斯及部分拉丁美洲国家的主权信用评级,其中有10多次引起区域性股市震荡,对大部分国家、地区的股市和外汇市场造成严重冲击。印度尼西亚、马来西亚、俄罗斯、巴基斯坦等由于多数重要债券级别被降为垃圾级,因而陷入严重信贷危机。更严重的是,主权信用评级调整对各国、各地区的经济产生的负面影响存在长期效应,不同程度地抑制了东亚各国、地区经济复苏的速度。

　　2009年11月,希腊政府宣布2009年的财政赤字预计占GDP的13.7%,公共债务占国内生产总值的比重将升至113%。出于对希腊政府偿债能力和再融资能力的担心,惠誉国际降低了希腊主权信用评级的等级,由此引发了国际金融市场的剧烈动荡。以希腊主权债务危机为触发点,欧洲各国政府的财政赤字问题逐渐浮出水面。与希腊经济结构和债务比重相似的葡萄牙、意大利、爱尔兰、西班牙等国家的主权债务偿付能力和再融资能力受到质疑。

（资料来源：网络资料整理）

（二）主权信用评级对国际发展的影响

1. 主权信用评级关系国际资本流动

债务国的债务偿付能力是影响国际资本流动的关键因素,偿付能力强说明投资的安全性好。主权信用评级向国际投资人提供了发达国家正面的债务偿付能力信息,使这些欠缺内生偿债能力的国家过度占有国际信用资源,导致资本流动的安全性下降,世界经济发展不均衡,影响全球经济的可持续发展。

2. 主权信用评级关乎国际信用关系稳定

国际信用关系稳定标志着国际信用体系运转正常,国际信用关系遭受破坏则会导致国际信用链条断裂和信用危机爆发。解决主权信用风险信息不对称是维护国际信用关系稳定的必要条件。从投资人的利益出发,按照信用风险形成的客观规律,公正、科学地揭示主权信用风险,则评级信息可以起到风险预警作用,有利于形成稳定的国际信用关系,推动世界经济的良性发展。从本国或集团利益出发,用某种意识形态和价值观去判断国家风险,必然得出违背客观实际的结论,错误地判断某些主体的信用风险,加剧风险信息不对称,误导国际资本流向,将破坏国际信用关系的稳定。

3. 主权信用评级影响国际金融体系的安全

国家主权评级可以威胁国际金融体系。主权信用评级决定一个国家的国际信用资源,即国际融资能力。投资者多是基于评级信赖进行投资,主权国家也是基于其主权信用评级而调整其外部融资。近20年以来,从东南亚危机到墨西哥危机,从次贷危机到欧洲金融市场恐慌,全球金融危机一再重演,且爆发频率不断加速,各国政府的宏观经济管理面临巨大挑战,迫使人们对主权信用评级剧烈波动以及金融体系安全进行深入反省。2008年的国际金融危机中,国际评级公司给予众多有毒债券较高的评级,对国际金融市场的投资形成误导,加剧了整个金融体系的系统性风险,最终造成全球金融危机的爆发。同时,自2010年4月以来,欧洲希腊、西班牙、爱尔兰以及葡萄牙四国主权信用评级被大幅度下调,导致四国金融市场出现动荡,并引起欧洲金融市场波动。

第二节 主权信用评级的方法

一、主权信用评级的评级流程

根据标准普尔、穆迪和惠誉三大国际评级机构公布的相关主权信用评级流程可知,主权信用评级的流程一般共分为五步:第一步是发起评级。如果是主动评级,评级程序从主权发行人的评级要求开始,评级机构与主权政府将会签订正式的协议,指派分析师并开始收集数据,一旦签署付款条款,发行人就被分配给首席分析师,同时备用分析师会支持其工作。第二步是尽职调查。评级机构与主权政府合作,进一步收集信息,用于第三阶段的风险分析,首席分析师负责领导分析工作,并组织与发行人的会议。第三步是分配评级。当数据收集与分析完成后,首席分析师将评级建议公式化,并起草初步的评级报告提交给评级委员会,评级委员会拥有最终的评级决定权,评级委员会做出决定后通知受评主权政府评级结果,主权政府得到通知后有机会提出上诉。第四步是公布评级结果。评级结果是通过新闻媒体和评级机构网站向公众公布,评级机构通知发行人评级决定以及支持该结论的主要考虑因素,并持续监控受评主权的经济情况与政治局势。第五步是评级机构对受评主权的持续监察,由首席分析师负责。首席分析师、常务董事和董事如果认为政治经济、财政金融和其他信息可能会影响到发行人的信用时,可以启动评级审查,对评级系统的审查至少一年进行一次,相当于评级流程的再次启动。主权信用评级程序的主要步骤如图9-1所示。

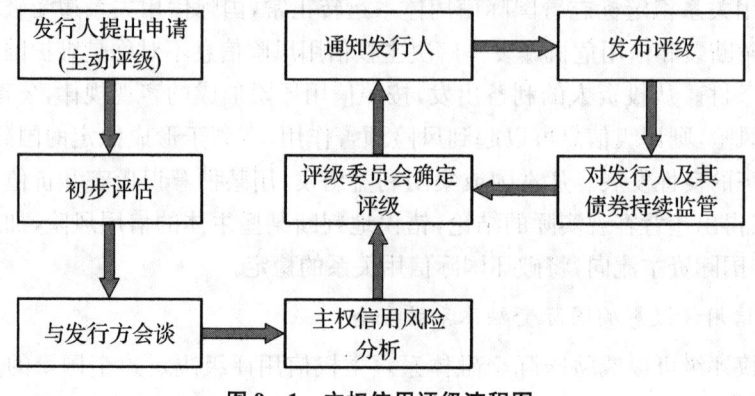

图9-1 主权信用评级流程图

二、主权信用评级的方法

国际上对主权信用评级的研究主要分成两种,定性分析模式和定量分析模式。目前,定量分析模型在整个主权信用评级中发挥着重要的作用。

(一)定性分析模型

主权风险的定性分析是通过对构成主权风险的主要因素进行信息和数据的采集,由国家或专业机构进行分析,从而得出对目标国所存在主权风险的评定结果。定性分析模式常用的分析方法有清单分析法、结构定性分析法和德尔菲法。

1. 清单分析法

清单分析是指将有关的各种指标和变量系统地排列成清单,并根据其重要性赋予权重,然后进行比较、分析、评定分数的方法。该方法实质上就是通过将国家风险分级化,来评估国家风险发生的概率。清单中的各指标变量一般包括对一国经济和财政等因素的分析,对资源、文化、经济发展战略、进出口贸易等经济因素的分析,对国际收支、国际储备和支付能力的分析,对政局的稳定性等政治因素的分析。

2. 结构定性分析法

结构定性分析法是根据国家风险评估报告和部分经济统计资料,对不同国家的国家风险进行比较的一种方法。其中包括对一国经济和财政政策等政策因素的分析,对自然资源、劳动力资源、文化、技术水平、经济发展战略、资金能力、商品市场和进出口贸易等经济因素的分析,对国际收支、外汇储备和支付能力的分析,对政局的稳定性、政策的连续性和对世界应变能力等政治因素的分析。

3. 德尔菲法

德尔菲法本质上是一种反馈匿名函询法。其大致流程是:在对所要预测的问题征得专家的意见之后,进行整理、归纳、统计,再匿名反馈给各专家,再次征求意见,再集中,再反馈,直至得到一致的意见。

具体是指由各方面专家分别独立地对一国风险做出评估,然后将评汇总后又发回给各专家,由各专家进一步修正原评估。经过反复进行多次修正,专家间的评估差距不断缩小,最后达到比较一致的评估。德尔菲法汇集了各方面专家的智慧,一般应用在确定指标权数阶段。

(二)定量分析模式

这些模式主要有政治风险模型、Probit 模型和 Logit 模型、主成分分析模型、VaR 风险管理方法、Monte Carlo 模拟法、因素分析法、回归分析法、判别分析法、线性概率模型等。定量分析的一般过程是先设置风险因子,并对每一风险因子设定一定风险值,按照每一风险值的各自权重,求得加权风险值,便是一个国家的主权风险分值。下面将介绍几个重要的模型。

1. 主成分分析模型

主成分指标也称为综合指标,它是原来多个指标的线性组合,能够反映原来多个指标的信息,但各综合指标之间互不相关。主成分分析在统计学上就是降维处理技术。比如,我们可以将复杂的主权风险简化为社会风险、经济风险、金融风险三大主要成分。假定有 i 个样本,每个样本共有 p 个变量描述,这样就构成了 $i \times p$ 阶的数据矩阵。

$$R = \begin{bmatrix} X_{11} & X_{12} & \cdots & X_{1P} \\ X_{21} & X_{22} & \cdots & X_{2P} \\ \cdots & \cdots & & \cdots \\ X_{i1} & X_{i2} & \cdots & X_{ip} \end{bmatrix} \quad (9.1)$$

若使这些较少的综合指标既能尽量多地反映原来较多指标所反映的信息,同时它们之间又是彼此独立的,则这些综合指标(新变量)选取的最简单办法就是取原来变量指标的线性组合,调整组合系数,使新的变量指标之间互相独立且代表性最好。

如果记原来的变量指标为 $X_1, X_2, \cdots, X_p$,它们的综合新变量指标为 $Z_1, Z_2, \cdots, Z_m$ ($m \leqslant p$),则:

$$\begin{aligned} Z_1 &= L_{11}X_1 + L_{12}X_2 + \cdots + L_{1P}X_P \\ Z_2 &= L_{21}X_1 + L_{22}X_2 + \cdots + L_{2P}X_P \\ &\cdots \\ Z_m &= L_{m1}X_1 + L_{m2}X_2 + \cdots + L_{mP}X_P \end{aligned} \quad (9.2)$$

在式(9.2)中,系数 L_{ij} 由下列原则决定:

(1) Z_i 与 Z_j ($i \neq j$, $j = 1, 2, \cdots, m$) 不相关;

(2) Z_i 与 Z_j ($i \neq j$, $j = 1, 2, \cdots, m$) 是各自现行组合中方差最大者。

2. Logit 模型分析法

与多重差异分析相对应,Logit 分析的核心是多重贝努利试验,以确定一国可能发生债务重组事件的概率。Chine 在 1984 年依据 Logit 分析对跨国信贷的国家风险进行了分析,认为跨国信贷供给减少会加速债务重组发生的概率,较高的名义利率反映了较高的通货膨胀,也会使借款国家面临债务问题。具体的分析模型如下:

$$Z_t = a_1 DSR_{t-1} + a_2 DSM_{t-1} + a_3 G_t + a_4 Y_t + a_5 (h(CAX)_{t-1}^2) + a_6 \left| \frac{PD_{t-1}}{X_{t-1}} \right| + a_7 A_{t-1} + a_8 S_{t-1} + a_9 GEX_t + a_{10} L_t \quad (9.3)$$

式中,Z 表示债务重组状况;

DSR 表示偿债率;

RSM 表示储蓄与进口的比率;

G 表示国内经济增长率;

Y 表示本国收入水平;

CAX 表示经常账户赤字与商品及劳务的出口比率;

P 表示通货膨胀;

D 表示总外债；

X 表示出口；

A 表示分期率；

S 表示国内储蓄与 GNP 的比率；

GEX 表示出口增长率；

L 表示全球信用的充裕程度；

t 是指当年的资料；

$t-1$ 则是指前一年的资料。

这样，发生债务重组的概率便是：

$$P = \frac{P_1}{1+e^{-2}} \tag{9.4}$$

设 P^* 为临界值，则当 $P > P^*$ 时，将会发生债务重组事件；当 $P < P^*$ 时，说明该国不会发生偿债困难。

3. 政治风险模型

在前面的模型分析中只涉及了经济因素或者说经济变量，没有考虑到政治风险。政治风险是主权风险的重要影响因素。政治风险模型主要包括政治风险敏感性分析和不稳定性模型。

(1) 政治风险敏感性分析。

政治风险计量的难度要比经济风险和金避风险计量的难度高得多，较常用的计量方法是把政治风险涉及的因素罗列出来，然后对各个因素按照这个国家的实际情况进行划分，再按照各个因素设定的权重得到总体政治风险水平。

政治敏感性分析就是对政治风险中的社会结构因素关系的计量描述。政治风险体现在作为政治风险因素的"社会结构"之中。识字率越高，人均国民财富也越高，政治风险则越低；反之，政治风险则越高。为此，可以假设国民识字程度从 1 到 10，100% 识字率计量为 10，文盲为 1；人均 GNP 也可以假定分值从 1 到 10，如达到 1 万美元以上的为 10 分。通过将两个政治风险因素作为互相影响的变量，得出政治风险敏感性分析模型。

该敏感性分析模型的可靠性取决于政治风险因素划分、因素的采用以及对其打分加权的准确性。政治敏感性分析模型需要使用许多假设，实施起来有相当的难度。

(2) 政治不稳定性模型。

1987 年，Citron 和 Nickelsburg 创立的政治不稳定性模型，将经济因素和政治因素较好地结合来考察主权风险的大小。

其分析思路是，设定政策目标约束函数：

$$x = \begin{cases} f = f(G, D, r) \\ PG + ED = P(X-M) + TPY + E\Delta R \end{cases} \tag{9.5}$$

式中，G 为国内支出；

ED 为债务支付；

r 为政治不稳定性;
E 为汇率;
PG 为国内物价水平;
X 为出口;
M 为进口;
T 为税率;
R 为国际储备;
Y 为国民收入。

在 r 值较高即政治非常不稳定的情况下,对 $f(G,D,r)$ 最大化的结果将会是对外国信贷者的支付少于或等于 ED,从而发生债务重组事件,不利于跨国信贷的债权银行。

三、主权信用评级的评级要素

主权信用评级的目的,是衡量一国政府本币或外币债务违约的风险,以及政府及时偿还债务的能力和意愿。从广义上而言,主权信用评级中使用的经济变量主要用于评估以下几个方面的内容:国内经济表现、一国的对外头寸、其偿还外部债务的能力和外部发展的影响。三大评级机构在主权信用评级时使用的评级要素基本相同,主要包括政治因素、经济实力、金融因素、财政状况、外部因素。在主权信用评级的各个要素中,政治因素是基础和根本,对经济发展起到导向作用。其次,一个国家的经济实力决定其创造经济资源、获得稳定资金收入的能力,经济实力强的国家更容易应对各类内外部危机的挑战。再次,金融因素又直接作用于经济实力,进而影响财政状况,最终制约政府的信用水平。最后,财政状况和外部因素对主权信用状况具有直接影响,稳定和充足的财政收入是保证政府及时偿还到期债务的必要条件,外部因素制约政府的偿还能力。

(一) 政治因素

政治因素是影响主权信用水平的最根本因素,即使经济因素可能在主权信用水平中起更核心的作用,政治因素仍然是不可忽视的。政治因素包括一个政策的连续和稳定性、国家治理水平、国家安全水平等,通过传达稳定的公共金融、提高经济增长和应对经济、政治变动来影响一个主权的信用基础。

1. 政策的连续性和稳定性

政策的连续性和稳定性是国家形成政治、经济和社会秩序的前提。合理的秩序提高了人们对未来的可预见能力,便于政府和民众从长远的角度规划未来发展,对经济长期持续增长具有显而易见的积极作用。一个主权国不愿或难以偿债经常是一些政治因素的变化引起的,如国家制度变革或领导权的剧烈变动。因此,主权风险分析还包含对每个国家政治体制的研究,如领导权集中程度、政治稳定性等。

2. 国家治理水平

国家治理水平是衡量一个国家政府质量的重要标准。一般来说,只有治理水平比较高的国家才有可能进行比较高效的宏观调控,而高效的宏观调控是一国拥有比较高的主权信用评级的基础。国际上通用的评价标准是世界银行编制的"国家治理指数",考察对象包括以下几个：

（1）话语权和问责。

它用以测量一个国家公民能够参与选择政府，以及言论自由、结社自由、新闻自由的程度。

（2）政治稳定性与杜绝暴力。

它用以测量人们对于政府是否可能被合法或非法组织通过非宪法手段或暴力手段（包括恐怖主义）动摇或推翻的估计。

（3）政府有效性。

它用以测量公共服务的质量、公务员的质量、对政治压力的独立性、政策制定与执行的质量、政府承诺执行这些政策的可信度。

（4）监管质量。

它用以测量政府制定和执行稳健的政策和法规与促进私人部门发展的能力。

（5）法治。

它用以测量社会成员信任并遵守社会规则的程度，尤其是社会的诚信（合同执行）、律法的实施质量，以及发生犯罪和暴力的可能性。

（6）遏制腐败。

它用以测量借助公共权力谋取私利的程度，包括轻微和严重的腐败行为，以及特权阶层和私人利益集团对国家的"俘获"。

3. 国家安全状况

一般来说，政治安定是一国主权信用水平的最基本保障。国家安全状况考察在发生突发或异常事件时可能对政府还款能力和意愿造成的影响。无论是国外的标准普尔、穆迪等，还是国内大公国际评级机构，都特别重视一国安全水平对于整体政治水平的影响。国际安全状况主要考察三个方面的内容：

（1）国家安定状况。

国家安定是国家信用的基础，连年争战的国家不可能保证自己在国际信贷市场的公信力，也不会有国家愿意将资金借给这样的国家。如果国家在国际上面临比较严重的政治威胁，那么该国政府的军费支出自然会比较高，当然，可能用于偿还国际债务的资金就会大打折扣，主权信用水平会受到很大的负面影响。这是因为当地区冲突或是战争的风险较大时，会严重地影响该国的偿债可能性。从国际外债的违约历史来看，战争因素是造成违约的一个非常重要的因素。

（2）人口、环境、资源的变化。

人口的剧烈增长以及环境的不断恶化都有可能危及一国的国家安全水平。这些不利因素不但增加了一国的大量支出，而且会产生负效益，这样的国家面对国际债务时自然会力不从心，从而严重影响主权信用评级水平。

（3）国际关系。

在当前各国的政治和经济联系加强，在单个国家抵御波及广泛的经济和金融危机能力不足的情况下，国际环境的分析尤为关键，特别是那些在资源、政治影响、地理位置等方面具有某种战略意义的国家。考察一国的国际环境，要全面评估国家的外交政策和取向、该国的国际地位、与重要国际组织的关系、与地区和世界大国的关系及与周边国家的关系、对外援助和接受外援的数量与潜在可能性、国际冲突等涉及国家安全的事件等。

(二) 经济实力

经济实力是衡量一个国家在未来创造经济资源的能力,能否为政府财政提供可预期的稳定的资金收入来源,这也暗含了对经济应对各类冲击能力的考察。经济实力强的国家更容易化解各类内外部危机的冲击,能够保证创造的总资源及财政资源处于稳定的增长路径;相反,经济实力弱小的国家对此却无法保证。从创造用于偿还债务资源能力的角度,评估一国整体经济实力的指标主要包括经济规模和经济发展水平、经济结构和产业结构、经济绩效等方面。

1. 经济规模和经济发展水平

经济规模和经济发展水平主要反映一国现有的经济实力。经济规模较大的国家通常内部市场广阔,经济多样化程度高,经济更加稳定。因此,在外部环境变化时有较强的应对能力,并在发生危机时更容易得到外部金融援助。高收入国家通常拥有先进的社会保障体制和基础设施,以及完善的资本市场和金融部门。这类国家政治和社会稳定性较高,同时能够在经济困难时迅速从国内和国外融资,因此发生债务违约事件的概率较低。在经济规模和经济发展水平方面主要关注 GDP 相关指标。

(1) GDP 总量。

该指标是经济规模的主要衡量指标。一般来说,经济总量较大的经济体具有更强的抗风险能力。而通过 GDP 指标还能计算出一个国家的经济增长水平。这一指标与主权信用风险之间的关系表现为:较高的且相对稳定的实际 GDP 增长率对应于较低的主权风险。如果 GDP 变化幅度较大,那么风险水平也较高。这是因为 GDP 变化幅度过大,直接反映了经济发展处于不稳定状态之中。

(2) 人均 GDP。

该指标主要是衡量经济发展水平的高低。决定一个国家信用质量的最根本因素就是一个国家的经济实力。如果一个国家具有很强的经济实力,则表现为这个国家的财富创造能力很强,人均收入水平很高,这个国家抵御外部风险,如自然灾害及国际市场波动的能力就很强。首先,人均 GDP 与一个国家的社会稳定和工业化程度有一定的内在联系。除了依靠资源发展的国家外,大多数工业化国家的人均 GDP 都能反映其社会的发展水平。

其次,人均 GDP 虽然与人均收入有一定的差异,但却是人均收入和生活水平的物质基础。因此,人均 GDP 越高的国家,其潜在的税基就越大,政府的税收收入就越高,偿债能力也越强。

2. 经济结构和产业结构

经济结构和产业结构是一国经济发展的基础。在分析国家经济规模和衡量经济发展水平的同时,要结合该国的经济结构和产业结构,通过对经济结构和产业结构的分析,可以了解和判断一国经济发展的现状和发展后劲。如果一个国家经济过分依赖一种产业,当这种产业衰退时,就会造成偿债能力的下降。例如,欧债危机中,欧元成员国的经济增长过度依赖金融信贷和投资,过度依赖易受经济危机影响严重的周期性产业。一方面使这些国家的经济增长难以持续;另一方面使政府产生对财政来源过于乐观的预期,继而维持较高的财政支出,等到经济遭遇危机时,政府就会面临收入减少而支出难以削减的困境,最终陷入债务深渊。经济结构的考察主要包括经济增长动力结构、资源禀赋结构、产业结构、科技投入水平、储蓄率与投资率、经济增长方式的可持续性等方面。其中产业结构分析、产业竞争分析等为分析的重点。产业结构分析主要关注:产业结构是否合理、产业多元化程度以及对外贸易开放度。对外贸易开放度的提高能够改善一国宏观经济政策质量,引进、模仿和吸收贸易往来国的先进技术等,都使得对外贸易开放度通过影响本国要素使用效率而最终影响经济增长。不过,需要注意的是,如果该比率过高,说明其经济增长对外贸较依赖,经济增长对世界经济的变动也较敏感。过高的外贸依存度对经济的稳定有较大影响,一旦出口下降,对国民经济就将造成较大的影响。

3. 经济绩效

经济绩效是经济运行的一种表现形式,也用以评估政府的宏观经济调控措施的效果好坏,它间接反映了经济实力的高低。经济规模、收入水平较高的国家并不一定表现出较优异的经济绩效。但经济绩效表现不佳将对居民和投资者的信心造成较大冲击,并会抑制经济的进一步发展。在经济规模和收入水平相当的国家中,进一步对它们的经济绩效进行比较很有必要。同时,在对国家进行跟踪评级和展望时,考察经济绩效的变化、发展是必需的,特别是在总债务增长速度不变的情况下,经济增长放缓会导致债务负担度的显著提高。对经济绩效主要关注的是实际 GDP 增长率、失业率、通货膨胀率等。

(三) 金融因素

金融因素决定一国经济的发展水平和发展状况。金融体系的不断深化发展能够保障资金的合理配置,为经济发展提供动力,进而影响政府的财政实力,最终制约政府的信用水平。金融因素分析包括金融规模、金融结构和金融稳定性等方面的内容。

1. 金融规模

金融规模主要是通过金融机构和金融市场的发育程度来判断一国金融发展水平。金融规模适度增长有利于实体经济发展。金融机构通过信用创造和信用扩张,推动投资和消费需求,成为实体经济的基础要素。金融市场方面则主要针对该国股票市场和债券市场等。如果国内金融市场,特别是债券市场发育水平较高,政府相对有能力去维持较高的债务水平,在出现各种危机时,融资选择空间更大,抗风险能力更强。考察金融规模时,主要包括三个方面:① 金融综合指标,如金融资产总量、金融相关率、货币化比率及其变化;② 各类金融机构的指标,包括规模与效率等,如金融系统存款/GDP、私人信贷/GDP 和金融机构的营利性指标、运营指标;③ 各类金融市场的指标,如信贷市场、债券市场、股票市场、金融衍生品市场的规模性指标等。

2. 金融结构

金融结构是指构成金融总体各个组成部分的规模、运作、组成与配合状态,是金融发展过程中的内在机制决定的,它体现了一国金融发展质量的高低。合理的金融结构通常能够满足多元化的主体需求,促进经济的发展。一个国家在金融发展初期,通常会表现出金融市场规模的扩大、金融结构单一，无法满足多元化市场的需求，所以金融结构的调整势在必行。因此，考察金融结构重点是关注一国是否具有多元化的金融机构体系、多样化与多层次的金融市场体系和种类丰富的金融工具体系。但这种判断不是简单地肯定某一种金融结构是最优的，如金融机构主导型或是金融市场主导型等，而是必须结合一国的现实需求，来评估该国金融结构是否符合该国经济发展的客观需求。

3. 金融稳定性

金融本身的高风险性及金融危机的连锁反应使得对金融体系评估成为评估金融实力的重要因素。金融稳定性主要考察金融法律框架、金融机构和金融市场的运行状况。

(1) 金融法律框架。

金融法律框架主要是指金融监管和信用信息服务体系的建立。有效的金融法律监管可以降低金融风险的发生，确保金融的安全运行，增强其金融实力。信用信息服务对金融体系的重要性是由信用经济条件下信息严重不对称决定的。随着金融发展信用工具不断创新，债务链条复杂化，信用信息不对称问题在金融体系中愈演愈烈，导致信用成本和交易成本上升，金融风险加剧。

(2) 金融机构和金融市场的运行状况。

金融机构和金融市场的运行状况直接影响金融体系的稳定性，从而影响一国的偿付能力。金融机构的稳定性主要是考察金融机构的安全性，它主要是从金融市场价格变动和交易规模的扩张是否与实体经济的发展相协调来判断其稳定性的。

传统上，由于银行体系的稳定经营对一国经济乃至社会和政治稳定具有特殊重要意义。金融机构的稳定性重点考察银行的不良信贷规模，从而推断出中央政府为此可能承担的或有债务或直接债务的规模。这是因为银行的坏账具有一定的外部效应和公共性，银行坏账的积聚会引发银行危机，甚至是金融危机。而政府的角色不仅仅是一个经济主体，它更多还是要承担社会的公共责任。在银行因坏账发生危机时，政府出于全局考虑往往会将这些债务承担下来，因此银行的债务负担就直接转嫁给政府。当这种转嫁的债务超出了政府的承受能力后，就会发生主权债务危机。

金融市场的稳定性是一个十分复杂和较难评估的领域。2008年的全球金融危机表明，由于美国和西欧的影子银行系统将大量的有毒资产转移出表外，金融风险的规模很难从银行的资产负债表中反映出来，而金融市场的透明度很差，特别是当场外交易市场缺乏管理，杠杆化率偏高，规模急剧膨胀时，一旦资产价格下降，杠杆反转，流动性将迅速消失而引发风险。因此，在进行金融市场稳定性分析时，首先要判断金融市场的制度是否完善；其次是判断金融市场的透明度和杠杆化率，金融市场的总体规模与实体经济的匹配程度等；最后，密切关注交易工具的价格走势或相关指数的波动性，以此来衡量货币市场、股票市场、外汇市场、债券市场及衍生品市场的稳定性。同时，要关注不同类型市场之间存在的市场风险的传染效应。

此外，货币政策也是重要的金融因素之一。货币政策的首要职责是为经济运行提供稳定、高效的宏观环境，促进经济稳定与增长。货币政策的作用主要是通过变动货币供应量，实现对总需求的管理，防止经济过热或经济萎缩对实体经济产生危害。

(四) 财政状况

财政实力是衡量一国政府的债务存量状况和未来发展趋势以及政府拥有的用于偿还债务的财政资源的充足性。同时,要衡量除税收之外政府是否具有其他稳定和畅通的资金来源渠道。财政状况是决定政府能否到期按时偿还债务的最直接因素。对财政的硬性预算约束可以在一定程度上反映政府履行承诺的可信性及对未来债务发展路径的稳定性预期。尽管对财政状况的分析以定量分析为主,但只有结合对财政体制、财政收入和支出结构的定性分析,才能对政府债务的未来发展趋势得出正确判断。

1. 财政收入水平和收入结构

稳定和充足的财政收入是保证政府能够偿还到期债务的必要条件,而能否获得稳定和充足的财政收入主要依赖该国是否具有一个公平和有效的税收制度,以及对于税收的监管是否严格。税基广、税率低的税收制度既可以促进私人部门的生产积极性,又可以加大税收的弹性,并使税收政策的空间加大。但如果税收制度僵化、征税困难,财政收入则很难在短时间内得到改善。对财政收入水平和收入结构的分析,主要关注的是税收政策、税收在财政收入中的占比、税收规模及财政收入的多样化程度。

2. 财政支出水平和支出结构

并非全部财政收入都能用于对政府债务的支付,需要结合财政支出规模和结构进行分析。如果财政支出中的经常性支出占很大比例,则希望依靠削减支出来减轻债务负担的余地就很小。并且,有效的财政支出计划可以通过对公共基础设施建设和教育的投资,来创造未来的持续性繁荣。政府对预算管理的政策取向对财政支出会产生重要影响。软的预算约束加上扩张性的财政政策会导致支出增加,加重短期内的债务负担。对财政支出的分析主要关注的是财政总支出占 GDP 的比重、财政日常支出规模、财政支出的债务支付状况等。

3. 财政余额

财政是盈余还是赤字是政府财政状况的直接反映,并在很大程度上决定了一国政府未来债务规模是减少还是增加。经常性财政赤字的国家往往债务规模较高。初级财政余额(总收入与不包括利息支付的总支出的差额)表示当年是否需要发新债来偿还利息支出,在判断债务的未来发展走势时,考察初级财政余额比财政余额更有意义。财政余额的分析主要关注的是财政赤字水平、财政余额占 GDP 的比重、初级财政余额占 GDP 的比重等。

4. 现有债务和未来债务预测

债务规模的大小、债务期限结构直接关系到一国的偿债压力。公共部门(中央银行、国有企业和金融机构)债务、国家担保债务以及地方政府债务等都有可能变成政府负债。一旦这些债务出现偿付困难,将可能增加政府债务负担。例如,2008 年金融危机的爆发正是源于金融体系内部风险较大,进而导致金融体系的不良资产比率提高,使整个金融体系偿债能力受到威胁。为应对危机,各国政府纷纷为金融体系注入流动性或增加国家担保债务等,这些措施将增加政府债务负担,加重政府的偿债压力。因此,对债务存量进行分析不仅要关注它的现有规模,而且要通过分析期限和利率结构,来考察其未来发展趋势。对于未来债务发展趋势,可以通过考察现有债务存量状况和初级财政余额进行判断。

专栏9-2　　　　　　　　惠誉调降美国主权信用评级

2023年8月1日,国际评级机构惠誉(Fitch)将美国长期外币发行人违约评级(IDR)从"AAA"下调至"AA+","负面评级观察"调整为"稳定展望"。

根据惠誉发布的公告,降调评级的直接理由有三个方面:第一,未来3年预计财政情况恶化;第二,高额且不断增长的政府债务负担;第三,过去20年来(美国财政)治理能力相对于"AA"和"AAA"评级同行的削弱,特别体现在反复出现的债务上限危机以及拖延到最后时刻的解决方案。

继2011年之后,美国信用评级再度遭到主流机构调降,其财政恶化和债务负担是主因。2011年8月5日,世界三大评级公司之一标准普尔将美国长期主权信用评级从"AAA"下调至"AA+",主要基于对美国财政的担忧:一是已经通过的"财政整顿提案"缺乏对中期债务动态的认真对策;二是美国的决策和政治体制的有效性、稳定性和可预见性在一定程度上正在削弱;三是国会两党的财政政策迥异,国会和政府达成协议并迅速稳定政府债务的能力不容乐观。时隔12年后,美国评级再度被惠誉下调,主要理由仍是与财政相关。此前,惠誉曾在5月下旬率先将美国评级置于负面观察名单,指出其在债务上限问题上采取了边缘政策。

(资料来源:中国经营报,2023年8月14日)

(五) 外部因素

外部因素主要包括外债规模和结构、国际收支、货币的稳定性。

1. 外债规模和结构

举债是一种发展经济的手段,即使像美国这样的世界头号超级大国也有巨额债务在身。举债的主要目的是:增加国内投资,发展国内经济基础设施和提高生产力;通过举借新的债务偿还旧债;弥补国际收支赤字;临时性举债渡过金融危机。发展中国家的实践表明,严重依赖外国资本提供国内投资所需要的资金是发展中国家的普遍特征。例如,在亚洲金融危机中,为了弥补经常项目的巨额逆差,泰国大举借入外债,不仅外债规模迅速扩大,而且外债结构严重失衡。1992年,泰国外债为396亿美元,1996年增加到930亿美元,相当于GDP的50%,平均每一个泰国人负担外债1 560美元。其中,短期外债占45%左右。私人部门大量境外举债,企业与银行机构的资产负债结构币种错配,而且以外币短期债务为主,并将其用于本国非贸易部门尤其是房地产的长期投资。当泰国货币被迫贬值而利率上升时,债务负担加重,引发了流动性和清偿力问题。

因此,在主权评级中,要考察外债规模是否适度和外债结构是否合理。外债的适度规模是指在一个既定的经济规模和经济结构中,借多少债才能既保证国民经济稳步、协调地发展又保证外债的偿还以及外资源源不断地流入以满足经济持续发展的需要。外债的适度规模的实质是外债使用的经济效益问题。这里包括以下三个方面的要素:外债与经济结构的协调和经济增长；外债使用的直接效益和间接效益以及宏观效益和微观效益；外债的按期如约偿还等。在国际上，衡量一国所借外债规模是否适度的主要指标包括负债率、债务率、偿债率和外债增长速度并有相应的衡量标准。2009年欧债危机中，希腊、爱尔兰、意大利、西班牙和葡萄牙五国政府的债务水平远高于人们的预期。2009—2012年欧洲五国政府债务总额及政府债务占GDP比重如表9-1所示。

表9-1 2009—2012年欧洲五国政府债务总额及政府债务占GDP比重

单位：百万欧元

年份	希腊 政府债务总额	占GDP比重(%)	爱尔兰 政府债务总额	占CDP比重(%)	意大利 政府债务总额	占GDP比重(%)	西班牙 政府债务总额	占GDP比重(%)	葡萄牙 政府债务总额	占GDP比重(%)
2009	299 685	129.7	104 544	64.8	1 769 254	116.4	565 082	53.9	141 055	83.7
2010	329 515	148.3	144 164	92.1	1 851 252	119.3	644 692	61.5	162 473	94.0
2011	355 172	170.3	169 226	106.4	1 907 392	120.8	736 468	69.3	185 241	108.3
2012	303 918	156.9	192 461	117.6	1 988 658	127.0	883 873	84.2	204 485	123.6

资料来源：张林坤. 欧债危机产生根源的国际政治经济学分析[D]. 郑州：郑州大学，2013.

外债结构合理是指在根据经济建设对外汇的实际需要和具体要求、国际资本市场行情及其发展趋势等，对外债结构的各个要素的构成比例进行合理配置、优化组合，以达到降低成本、减少风险、保证偿还的目的。外债结构包括利率结构、期限结构、币种结构、借款方式结构、种类结构、发行体结构等。1997年发生的亚洲金融危机中，除宏观经济状况外，短期债务问题是导致泰国和韩国出现金融危机的最重要因素。

2. 国际收支

国际收支是外币债务偿还的基础和来源。国际收支包括经常项目、资本项目和外汇储备三部分。一般来说，外汇储备增加有利于一国偿还国际债务能力的提升，从而降低国家风险，稳定主权评级水平。但也不尽然，过高的外汇储备也有可能对经济发展产生负面效果。例如，一国资本项目的外汇流入很大，而经常项目处于赤字水平，也有可能导致偿债能力下降，从而增加国家风险。在主权国的国际收支平衡表中，资本账户所反映的是资本的流出入情况；而经常账户则能够比较好地反映出该国的偿付能力。在对经常账户进行分析时，账户盈余、赤字以及它们的变化情况、累计情况、总体规模及其变化趋势都是分析的重点。此外，经常账户差额与GDP之间的比率，是一个具有重要意义的分析指标。在主权信用评级过程，对国际收支的分析需要把外债、出口创汇能力、经常账户差额以及外汇储备等指标综合起来进行分析、研究。从一定意义上看，国际债务形式属于将其他国家的储蓄转化为本国的投资。其目的就是增加国内投资，用于发展本国基础设施和生产力的提高。当然也以这种形式来偿还该国的旧债，以及弥补国际收支赤字，甚至用于非常时期的非常用途。如果在外债管理方面出现问题，会产生外债结构失衡、币种错配等问题。这些问题会加重债务负担，从而导致流动性问题和清偿力问题。

3. 货币的稳定性

货币币值是否稳定是一国抗风险能力的直接表现。在进行主权风险分析时就需要分析一国汇率政策走势、汇率波动状况、汇兑的保障程度等。通常，一国汇兑风险的大小可以用银行体系的外币资产占银行体系总资产的比重表示。外币存款比率高说明对本币没有信心，本币抗冲击能力弱。1997年7月2日，泰国央行宣布放弃实行了14年之久的美元联系汇率制度，改行自由浮动汇制。泰铢当日应声而贬20%，随后波及菲律宾、马来西亚、印度尼西亚，经济状况良好的新加坡也未能幸免。8～9月，整个东盟地区汇市、股市大幅滑落。10月17日，中国台湾"央行"为保卫新台币而损失50亿美元后，突然放弃前期坚决捍卫新台币汇率的政策，从而将中国香港推至金融风波的中心，其联系汇率制受到猛烈攻击。18～28日，港股狂跌三成，市值减少1 517亿美元，其中28日恒生指数跌1 400余点，创单日跌幅历史纪录，累及华尔街及欧洲、拉丁美洲股市。11月，世界第十一大经济体韩国的金融机构问题频传，大企业集团接连破产，韩元下跌一半多，整个国家陷入"破产境地"，不得不向国际货币基金组织（IMF）求救。因此，货币币值的稳定性影响一国金融的稳定性，进而影响其对外偿付能力。

专栏9-3 2023年度中华人民共和国澳门特别行政区信用评级报告（摘要）

主体信用评级结果：AAAg/稳定

评级观点：中诚信国际评定由中华人民共和国澳门特别行政区（以下简称"澳门特区"或"特区"）主体沪用等级为AAAg，评级展望为稳定。中诚信国际认为，澳门特区政府长期保持财政盈余，无存量政府债务且具备充足的财政储备，对外偿付实力及制度实力很强构成对当前信用级别的有力支撑。但同时关注到澳门特区经济增长及经常账户收支高度依赖博彩业发展对主体信用构成的下行压力。

评级展望：中诚信国际认为，中华人民共和国澳门特别行政区信用水平在未来12～18个月内将保持稳定。

调级因素

可能触发评级上调因素：不适用。

可能触发评级下调因素：澳门特区博彩业遭受较大的外部冲击并致使特区财政及对外偿付实力明显下降。

正面

- 澳门特区政府长期保持财政盈余，无存量政府债务且财政储备充足。
- 国际收支长期保持盈余，外汇储备充裕且对外净债权规模很大，对外偿付实力很强。
- 澳门特区制度实力很强，政府财政体制及法律体系完善，政府稳定性很强。

关注

- 经济结构单一且经济增长及经常账户收支高度依赖博彩业，经济增长率波动很大。
- 非博彩业对经济增长贡献度较低，非博彩业亟待进一步发展。

数据概况(见表9-2)

表9-2　2019—2023F年澳门特区主要数据

澳门特区	2019	2020	2021	2022	2023F
人口(百万)	0.70	0.70	0.70	0.70	0.70
人均GDP(美元)	81 005.0	37 106.0	45 344.0	34 493.0	62 857.0
名义DGP(十亿美元)	55.0	25.0	31.0	24.0	44.0
人均GDP(PPP,美元)	125 027.0	57 667.0	71 857.0	55 209.0	—
实际GDP增长率(%)	−2.6	−54.3	23.5	−21.5	78.0
通货膨胀(CPI,%)	2.6	−0.9	1.0	2.5	2.4
一般政府财政余额/GDP(%)	12.6	2.7	2.3	3.6	4.9
一般政府利息支出/政府收入(%)	0.0	0.0	0.0	0.0	0.0
一般政府债务/GDP(%)	0.0	0.0	0.0	0.0	0.0
政府利息支出/财政收入(%)	0.0	0.0	0.0	0.0	0.0
经常账户余额/GDP(%)	33.8	14.9	5.7	5.6	21.0
(经常账户余额+净FDI)/GDP(%)	42.9	−18.9	8.3	16.3	25.0
外汇储备(十亿美元)	22.21	25.14	26.66	25.97	28.68

(资料来源:中诚信国际官网)

第三节　国际评级机构主权信用评级

一、标准普尔主权信用评级

(一)评级框架

标准普尔公司采用定性分析方法与定量研究相结合的模式对主权信用进行评级,定量分析方法,主要针对主权国家经济运行的有效性、银行的或有债务和国家财政情况;而定性方法评判则针对的是主权国家的政治因素和政府行为。根据2011年6月标准普尔发布的主权信用评级方法,其主要的评级框架和步骤如图9-2所示。

第一步,根据标普的扣分标准,对债务国的政治因素、经济因素、外部因素、财政因素和货币因素五项因素分别进行定性及定量扣分,每项因素分数在1至6分,1分为最高,6分为最低。其中,政治、经济两项归于政经方面,外部、财政和货币三项归于灵活性及政策表现方面。第二步,将五项因素分数加权相加,并适当地微调后,确定债务国的外币主权信用评级。第三步,根据其他因素进行调整,最终确定一国的本币主权信用评级。

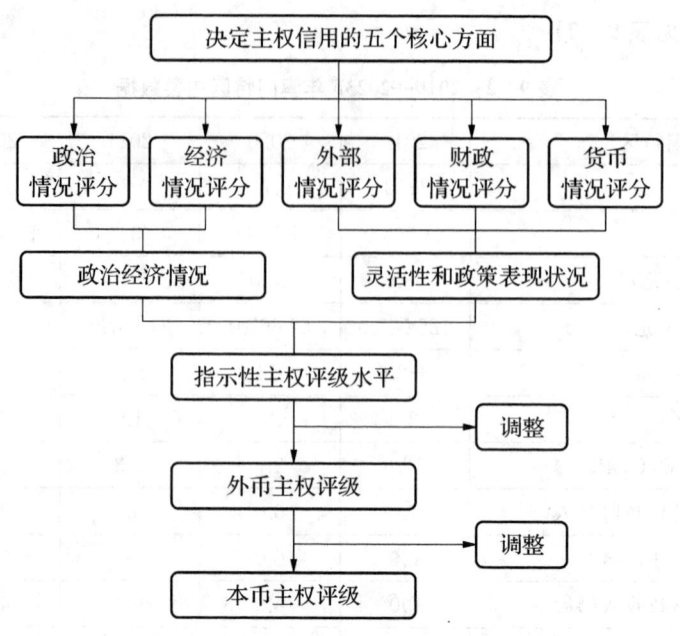

图 9-2 标准普尔主权评级方法框架图

(二) 评级要素

标准普尔公司于 2012 年年初公布的《全球信贷门户评级指引》文件中阐释了它们在评级过程中主要关注的要素,主要是对政府及时履约的意愿和实力造成影响的要素。标准普尔在评估主权信用风险时关注了 5 类基本影响要素,分别是:国家经济结构和发展预期,对经济类别的度量;财政政策的弹性、政府承担的债务,对财政情况类别的度量;货币弹性,对货币情况的度量;外部流性以及国家在国际投资中的地位,对外部环境评分的度量;政治风险、体制效率,对国家政治状况进行度量。标准普尔公司主要从 9 类角度度量主权信用风险,具体是:国际收支平衡、政府承担的债务、货币稳定度、经济发展、政治风险、外部流动性和外债、政府财政政策、国家经济结构。

二、惠誉国际主权信用评级

(一) 评级方法

惠誉公司的主权信用评级方式是通过测评动因来分析主权信用,动因包括履约的意愿及能力、结构性趋势及周期性变化。相比前两家评级机构的评级模式,惠誉将政策制定者的价值评价、政策持续性的经验估计也考察在内。该机构使用对被评级国家的政治人物进行统一的问卷调查,又称作互动合作性的评价模式,调查问卷主要的目的是通过在问卷调研的过程中观测能够影响政治、经济环境的政治类别,逐步构建结构框架来对被评级国家的履约能力和债务结构进行衡量;然后通过研究国家货币政策的适应水平、制定政策的制度以及政策一致性的影响因素,来对国家的政策加以评判;衡量被测评国应对外部经济冲击的承受能力,主要使用国家劳动力市场的灵活性;度量国家政治风险;另外,还会涉及通过考察诸如经济发达程度和在国际市场中占有率的广度,对国家在国际市场中贸易层面的风险进行度量。

(二) 评级要素

惠誉的主权风险分析是通过定性和定量分析手段,针对债务支付意愿和支付能力的综合性考量。此外,考虑到政府和公共部门对一个国家经济的指导性作用,以及主权和政策行动对经济表现的重大影响力,惠誉主权评级综合考量一个国家的财政实力和主权行为。惠誉公司的主权信用评级考虑的因素主要包括以下 14 类:人口,教育和结构性因素;劳动力市场分析;产出和贸易结构;私营部门活力;供求平衡;国际收支;中期经济增长约束;宏观经济政策;贸易和对外投资政策;银行和金融;外部资产;外部负债;政治和国家;国际地位。

三、穆迪主权信用评级

穆迪强调主权评级并不是一个政府的信用价值的直接评估,而是对公共部门和私人部门的偿债能力的评估。穆迪把主权信用评级分为两个部分:

政府债券评级(Government Bond Rating),致力于衡量一国政府对其本国或者外国货币的债务进行违约的可能性。它将同时考虑该国及时偿还其债务的能力和意愿。

主权上限指南(Ceilings and Guidelines),旨在评估在一国政府干预可能对该国内其他经济主体偿债能力的影响。它包括外币转移风险评估,即外币存款和偿债可能会被政府限制的风险。本币存款上限反映了当一国支付系统崩溃或关闭时,该国货币当局支持本国银行应对危机的能力。本地货币指南指的是在衡量一个国家的宏观经济数据、金融发展和经济结构的基础之上,定居在该国的发行人可获得的信用等级的最高评级。

(一) 穆迪主权信用评级模式

在穆迪公司看来,对信用风险的评级不可能通过单一的定量模型将所有导致某一政府信用违约的影响因素都考虑进去。这就表明依据各种定量因素所确定的数量模型方法,是不可能完全体现出政治、经济、金融、外交以及社会因素之间的复杂作用及其影响过程。也正是这些众多的影响因素的综合作用,决定着一个国家的主权信用风险水平的高低。这些决定因素有的能够量化,有的则无法量化或者现有技术无法实现对其的量化。这就使得在进行主权信用评级时,评级机构必须或者不得不从定性与定量方面加以综合性分析评估。为此,穆迪公司采取了分步骤评级模式。

1. 对主权国家的经济实力和体制实力进行评估

危机实际上考验着经济系统的抗风险能力或者系统的弹性,表现为该国在面临经济、金融危机或政治动荡的冲击时,在不以牺牲本国人民收入和财富的条件下,愿意且能够承担其债务的程度。从根本上说,这标志着一个国家的经济实力和体制实力。

首先,一个国家的经济实力,主要体现在该国的人均 GDP、经济的多元化程度和经济系统稳定性方面。在主权信用评级分析中,人均 GDP 是国家经济系统抗冲击能力的最佳指标,以购买力平价为基础,对人均 GDP 进行的测量及获得的结果,能够比较准确地反映一个国家居民生活水平。此外,为了全面评估一个国家的经济实力,还需要考虑其他因素。穆迪公司相应地设置了一种多元化指标体系,如衡量经济规模性指标、反映经济发展波动性指标、体现经济运行发展的结构性指标等,最后对这些指标进行综合性评估并得出相应的评级结果。根据不同的结果,将整个国家经济实力分为五个等级,即极高、高、中等、低、极低。

其次,信用评级机构对国家体制实力方面的评估主要内容包括知识产权方面、政府行动的效率、政府政策可预测性和透明度、政治措施目标的社会接受程度等,这些因素一方面影响着国家对合约的履行情况;另一方面影响着一个国家,在债务偿还能力和意愿发生反方向变化时,该国的体制能够发挥在多大程度的制约作用。穆迪公司在评估国家制度实力时同样分为五级,即从极高到极低,考察国家体制所具有的治理效能和国家体制在紧急情况下的限制作用。

2. 对主权国家政府的财务稳健性进行评估

穆迪公司选用动态分析方式结合政府对特定事件所产生的风险敏感性分析。整个稳健性分析主要针对两个因素展开,一是政府的财务实力;二是政府对事件风险的敏感性。首先,对主权国家政府债务进行分析,进而判断该国财政的脆弱性,对主权国家政府的财务实力(债务偿还能力)与稳定性进行量化。一个政府的偿债能力体现在该国政府拥有的资金总量以及动用资源的数量及能力上。由于政府债务存在期限结构,穆迪公司设计并运用了两种分析工具,即政府资产负债表工具和国际收支平衡分析工具。前者主要用来分析主权国家在受到某种外部冲击所导致债务突然性增加的可能性,后者用来分析该国受到外部冲击的可能性大小并由此产生的各种问题。

其次,建立主权国家政府关于特殊事件的敏感性分析,考量政府对影响其发展以及行为的特殊事件的反应程度。穆迪公司通过构建主权国家政府反应函数,来确定本国债务是否会因为经济、金融或政治等领域的变化而出现不利的变化。政府的敏感性越高,表明该主权国家与外部联系越为紧密,该国债务越容易受到外部冲击而出现恶化情况。

3. 确定主权评级

将这两种分析评估的结果综合起来,从而获得政府财务稳健性水平的预测,并根据这一分析预测结果确定或修正被评估国在评级标准中的位置,从而确定最终评级。

(二) 评级要素

穆迪公司评级国家的主权信用风险时,除了国家政府的履约意愿和能力,更衡量了私营部门及公共部门的履约能力。机构主要从4个方面对风险进行评级,分别是:对突发事件的应对能力、政府体制、金融财务状况、经济情况。公司的定量方法主要关注了国家的金融、经济层面,定性方法则更专注国家的主权能力。

四、国际金融刊物主权信用评级

日前,国际上对主权国家风险进行评估的国际金融性刊物,主要是《欧洲货币》(*Euro Money*)和《机构投资者》(*Institutional Investor*)。这些刊物运用各自的分析方法,对世界各国的国家风险进行分析评估,并定期发布其评级结果,这两家国际性杂志对世界各个主权国家的国家风险分析,是通过编制相关的指数和风险等级指标来完成的。

(一) 欧洲货币指数

该指数是由《欧洲货币》杂志社推出的。它的编制过程是通过在每一年度由该杂志社邀请世界上著名的经济学家、政治风险家和银行家,对世界各个国家和地区的国家风险,进行综合性分析、研究和评估,并依据评估结果对这些受评国家进行排名。该指数是在

1979 年首次推出的,推出这一指数最初的动因是因为国家债务发行方面的需要。当时一些国家在发行国家债券时需要参考相关国家以及国际货币市场上的利率水平,从而确定其发行量与发行日期。通常把被评估国的债务期望利率与伦敦银行同业贷款利率水平之间的价差作为基准加以确定。但是,随着发展,该杂志在国家风险评估方面引入了新的方法并且编制了新的指数。

从新指数的编制来看,《欧洲货币》选择运用了九种经济指标,并且将这九种经济指标划分为分析性、信用和市场三种类型指标,再通过一定方式的换算计算出不同指标取值,由此获得加权分值,如此计算出最后的总分数,并依据这个最终得分对各个国家进行排名。一般来说,得分越高表明国家风险越小;反之则国家风险越大。

(二)《机构投资者》风险等级指标

国际著名金融刊物《机构投资者》为了分析评估世界各国的国家信用风险,特别推出了国家信用等级表。该信用等级表,从过去每两年出版一次,已经改为如今的一年出版两次。该信用等级表也是《机构投资者》杂志社对世界上 75~100 个大型金融机构所进行的调查研究结果。可以说,它直接反映了国际各大银行金融机构对世界各国信誉的评定。这一结果的表达形式采用了百分制,即 0~100 分。其中 0 表示一定存在违约,100 则表示没有违约的可能性。此外,从评估模式来看,它所选用的是主权国家信用风险打分模型,该模型通过对世界各个国家的关键性经济变量分析计算,然后将计算结果转化 0~100 的得分。这种模型分析的具体步骤如下:

步骤一:选择关键变量。在大多数情况下,研究人员可以选择 40 多种变量。但是,综合来说,国家风险概率模型中常用的变量主要包括偿债比率(DSR)、进口比率(IR)、投资比率(INVR)、出口收入方差(VAREX)和国内货币供应增长率(MG)。

步骤二:构建模型。在各种关键变量选择基础上,构建多重差异模型。也就是说,通过关键经济变量与重新安排概率之间的相关关系,构建国家风险的模型。这个模型杯为多重差异模型。

$$P = F(DSR, IR, INVR, VAREX, MG)$$

步骤三:设定国家风险程度组。在完成第一个步骤之后,接下来就只对受评国家进行分组。一般情况是将被评估国家分为两个组:

P1=否(主新安排组)

P2=是(非重新安排组)

接下来通过统计的方法,识别最重要变量,这个变量能够准确且有效地识别或区分重新安排与非重新安排。一旦确定了关键性变量,接下来就是确定该变量的权重。在完成上述步骤之后,就需要发挥识别模型的功能和作用,通过将各种关键性变量的观测值代入模型计算出最终的结果。

五、三大信用评级机构评级的比较分析

虽然三大评级机构的评级产品具有相似性,但其在评级定义、评级符号、评级方法和评级检验上却存在较为明显的差异。然而,正是由于这些差异性的存在,投资者才能够借助不同的评级体系多方位获取信用风险信息,进而进行多角度信用风险检验来加强风险

管理。总体来看,三大评级机构的评级存在以下三个方面的不同:

第一,评级定义不同。三大评级机构给出的信用评级,都是其对评级主体履行财务承诺能力的意见或观点,而并非对评级主体市场价值的判断。其通过信用评级,意图向市场传递债务违约的可能性,并向投资者提示风险。

第二,评级方法不同。三大评级机构在对公司和主权国家进行信用评级时,其考察因素大致相同。在公司评级时,主要关注公司的市场地位、财务状况、财会制度、现金流及管理模式等市场经济因素对公司履行债务契约能力的影响。而在对主权国家进行信用评级时,主要关注政治体制、宏观经济状况、金融市场及银行系统稳定性等宏观因素对主权信用的影响。此外,三大评级机构的信用评级方法还表现出定性与定量分析的权衡。特别是在针对主权国家进行的主权信用评级方面,相比于穆迪,标准普尔和惠誉更多地依赖定量分析,即对具体经济金融指标的模型分析来得出最终评级结果。然而,过多的定量分析必然会造成对不同国家政府间基于经济政治体制差异而导致的经济指标差异的忽视;而过多的定性分析则又必然会注入更多的主观因素,从而削弱信用评级结果的客观性。

第三,评级检验不同。穆迪、标准普尔和惠誉都以公司已有的债券发行人数目或债券面值为计算基数,并按加权平均方式计算,其基础数据都是公司无担保债券的信用等级,穆迪的样本基期为1990年,标准普尔为1981年,惠誉为1970年。在具体分析方法的选取上,三大评级机构则有所不同:穆迪和惠誉采用了动态群组法,标准普尔采用的则是静态池法,这一点进一步表现在撤销调整上。穆迪公司根据原始群组计算违约率,有无对撤销信用等级进行调整则不明确;标准普尔公司根据静态池计算违约率,对边际违约率计算中的撤销信用等级进行调整;惠誉公司根据原始群组计算违约率,对边际违约率计算中的撤销信用等级进行调整。

专栏9-4　　主权信用评级与欧债危机

欧债危机,即欧洲主权债务危机,是指自2009年以来在欧洲部分国家爆发的主权债务危机,欧债危机是美国次贷危机的延续和深化。回顾这场席卷世界上最大经济集团的债务危机,不难发现处处充斥着三大国际评级机构的身影(见表9-3)。虽然欧债危机的种子早已深埋于希腊等国家,但是这场危机开始为世人所关注的标志性事件却与评级机构的参与分不开:希腊的主权信用等级在2009年年底短短的两周时间内遭到三大评级机构先后降级。具体地,惠誉首先对希腊的主权评级发难,于12月8日调降希腊主权等级一档至BBB+,12月16日,标普亦针对希腊做出与惠誉相同的评级修改,穆迪紧随前两者之后于22日将希腊长期资信等级降至A2。在调降希腊评级的同时,三大评级机构都同时维持希腊评级前景为负面展望,希腊也因此而成为10年来欧元区首个遭主权信用降级的国家,由此拉开了欧债危机的序幕。

表9-3　欧洲主要国家的主权评级和评级展望

下调国家	前　次	最新/展望	未调国家	前　次	最新/展望
法国	AAA	AA+/负面	德国	AAA	AAA/稳定
奥地利	AAA	AA+/负面	荷兰	AAA	AAA/负面

续表

下调国家	前 次	最新/展望	未调国家	前 次	最新/展望
意大利	A	BBB+/负面	芬兰	AAA	AAA/负面
西班牙	AA−	A/负面	卢森堡	AAA	AAA/负面
葡萄牙	BBB−	BB/负面	比利时	AA	AA/负面
斯洛文尼亚	AA	A+/负面	爱沙尼亚	AA−	AA−/负面
斯洛伐克	A+	A/负面	爱尔兰	BBB+	BBB+/负面
马耳他	A	A−/负面			
塞浦路斯	BBB	BBB/负面			

一开始,由于主流观点认为希腊经济体量较小,发生债务危机影响处于可控范围之内,三大评级机构先后下调希腊主权评级并没有立刻引起欧盟和市场足够的重视。然而事实证明部分其他欧元区国家亦面临与希腊类似的窘境:葡萄牙以及经济体量位列欧元区第四的西班牙也都面临严重的财政赤字问题,市场对债务问题的担忧在欧元区内迅速蔓延发展。2010年4月23日,希腊正式向欧盟和国际货币基金组织申请外部救助,标普迅速将希腊的主权评级降至投机级。与此同时,欧元和欧洲股市大幅下跌,相关危及国家主权债券收益率亦呈不断上升趋势。德国等欧元区内的龙头国家也难以避免地受到连带影响:德国的工业品很大一部分是出口至欧元区内其他国家,受制于这些国家经济不景气导致的国内需求疲软,德国的经济难免受到拖累——2008年四季度至2009年四季度,德国增长率持续同比负增长。

在希腊请求经济援助后,虽然一系列救助计划相继通过,但是由于救助条款相对严苛,欧盟等机构的决策机制冗长,希腊的财政危机并没有得到很快解决。一波未平一波又起,欧元区第三大经济体意大利的形势也开始不容乐观,频频遭到评级机构的降级。评级下调对意大利国债市场产生了显著的影响,其长期主权债务在2011年11月25日当天的收盘价创纪录地达到7.26%。此外,由于投资者预期欧元区整体经济走弱,部分核心国家也深受债务危机的影响,比如2011年11月15日法国长期国债收益率报收3.68%,同期德国国债收益率仅为1.78%,两者的利差为1999年来最高纪录。

2011年12月5日,标普将15个欧元区国家的主权评级列入负面观察名单,六个3A级最高信用的国家(德国、法国、荷兰、奥地利、芬兰和卢森堡)也都全部包括在内,显示出欧债危机不断向欧元区核心国家蔓延的趋势。这之后,标普又将欧洲金融稳定基金和欧盟整体的信用评级亦列入负面观察名单,并且在2012年1月13日当天,连降了9个欧元区国家的信用评级(见表9-4),引发金融市场的严重担忧。

其中,法国、奥地利、马耳他、斯洛伐克和斯洛文尼亚被下调一个评级。其中法国、奥地利丧失AAA评级而下调至AA+,并维持负面的展望评级,意味着两国主权评级还有被进一步调降的风险。意大利、西班牙、葡萄牙和塞浦路斯被下调两个评级。其中葡萄牙被下调至垃圾级的BB。德国、荷兰等7国则得以保留原有评级。

由于主权评级频频遭降,在欧债的整个发展过程中,众多欧债国家的金融机构——特别是银行的资信评级也被下调,对所在国家金融市场、政治稳定甚至欧盟整体都造成了巨大的冲击。

表9-4 欧债危机过程中部分欧洲国家评级变动情况

开 端	惠誉、标普和穆迪先后下调希腊主权评级
	☆2009年12月8日,惠誉下调希腊主权评级至BBB+,前景展望为"负面" ☆2009年12月16日,标普下调希腊主权评级至BBB+ ☆2009年12月22日,穆迪将希腊评级下调一档至A2,评级展望为"负面"
发 展	葡萄牙、西班牙等危机显现,德国等龙头国家开始感受到影响
	☆2010年1月11日,穆迪警告葡萄牙若不控制赤字将下调其评级 ☆2010年2月5日,西班牙股市大跌6%,为15个月来最大跌幅 ☆2010年3月24日,惠誉将葡萄牙的主权信用评级下调至AA− ☆2010年2月4日,德国预计2010年预算赤字占GDP的5.5%
升 级	三大评级机构下调希腊主权评级至垃圾级
	☆2010年4月23日,希腊正式向欧盟与IMF申请援助 ☆2010年4月27日,标普下调希腊评级至垃圾级,葡萄牙和西班牙亦遭降级 ☆2010年6月14日,穆迪连降希腊评级四级至投机级 ☆2011年1月14日,惠誉下调希腊主权信用评级至BB+级,"负面"展望 ☆2011年3月7日,穆迪将希腊国债评级降至B1,评级前景为"负面" ☆2011年3月29日,标普将希腊主权信用评级由BB+下调至BB−
蔓 延	危机不断扩散,意大利等国家主权评级遭降
	☆2011年3月24日,惠誉下调葡萄牙主权信用评级至A− ☆2011年9月20日,标普降意大利的主权评级下调一档至A,"负面"展望 ☆2011年10月7日,惠誉降意大利的长期主权信用评级由AA−下调至A+,将西班牙的长期主权信用评级由AA+下调至AA−,均为"负面"展望 ☆2011年10月7日,穆迪将比利时Aa1级的主权评级置于可能调降的名单之中 ☆2012年1月6日,惠誉将匈牙利主权信用评级从BBB−下降一个等级至BB+。至此三大评级机构均已将匈牙利的主权信用评级降至投机级
持续发酵	更多的欧元区国家和机构面临评级下调危险
	☆2012年1月13日,标普下调9个欧元区国家的长期信用评级,法国和奥地利失去AAA最高评级,葡萄牙、意大利和西班牙被分别下调两个级别 ☆2012年2月27日,标普将EFSF评级前景降至"负面",并将希腊主权评级从CC下调至SD,即选择性违约 ☆2012年7月16日,穆迪下调了13家意大利金融机构评级

标准普尔下调欧元区主权信用评级的原因

在此次欧债危机中,标普下调欧元区多国主权信用评级主要基于两大因素:政治或政策因素和外部风险因素。

从政治或政策因素而言,标普认为,最近几周欧洲决策者采取的政策措施不足以彻底解决欧元区持续性的系统性压力。这些压力包括信贷环境紧缩,国债收益率走高,政府和居民同时努力寻求去杠杆化,经济增长前景不佳,欧洲各国之间存在长期、公开的分歧等。鉴于欧元区存在广泛和深刻的金融危机,且欧洲决策和政治机构的有效性、稳定性、预见性不强,因此标普决定下调部分欧元区国家政治情况评分。

从外部风险因素而言,标普认为,特定国家再融资成本居高不下的可能性增大,且这些国家融资能力和经济增长前景或将进一步恶化,融资环境可能继续承压。因此,标普决定下调上述国家的外部风险因素评分。

而标普首次下调欧元区核心国——法国的 AAA 评级,其重要原因在于法国经济与金融基本面恶化。由于高油价、日本地震和欧元区外围国债务危机等各种因素的冲击,法国经济自 2011 年二季度以来的复苏力度持续走软。同时,由于法国银行业对外围国家的风险敞口巨大,其债务违约风险不断加剧,加大了其资本金压力,甚至可能造成法国政府不得不将部分银行国有化以解救危机。此外,法国经常项目长期处于赤字状态,容易与财政赤字造成相互强化、相互影响的恶性循环。经济衰退和金融压力导致法国财政的收支压力加剧,债务比例和财政赤字屡屡突破警戒线。

(资料来源:大公国际资信评估有限公司官网资料整理)

本章小结

1. 主权信用评级是信用评级机构基于一定的规则和方法,对主权国家履行其对外偿付义务的能力和意愿进行测量与评价,并用一系列具有特殊意义的符号来表示其评级结果。在国际信用评级体系中,主权信用评级是核心,主权信用评级的高低会对一个国家和国际发展产生重要的影响。

2. 主权信用评级包括三个方面:本币债券、外币债券和货币可兑换性;反映长期、短期主权信用评级;评级观察和评级展望,以评估不同时期的偿债能力及中长期信用状况变化趋势等。

3. 主权信用评级方法包括定性分析方法和定量分析方法,以及目前著名的国际信用评级机构模式。定量分析主要包括主成分分析模型、Logit 模型分析法和政治风险模型等。

4. 主权信用评级涉及五个要素:政治因素、经济实力、金融因素、财政状况和外部因素。

5. 国际三大评级机构的主权信用评级存在评级定义、评级方法和评级检验的不同。

思考练习题

一、简答题

1. 简述主权信用评级的基本分类。
2. 试述主权信用评级的方法及要素。
3. 试比较国际三大信用评级机构的主权信用评级方法。
4. 结合实际,阐述一国主权信用评级调整会对该国造成什么影响。

二、思考题

选出几个你感兴趣的国家,查找国内外著名信用评级机构对这些国家的评级,观察国家主权信用评级结果会不会因为评级机构的不同而不同。思考是什么原因造成了这种不同。

第十章

个人信用评级

■【开篇导读】

　　个人信用评级是信用评级体系中的重要内容之一。个人信用评级不仅用于个人信用卡申请、个人消费信贷等方面,未来还将被用于更加广泛的社会交往活动中,了解对方的信用评分或许将成为一种社会风气。个人信用评级是社会信用体系建设中十分重要的基础环节。个人信用评级的数据来源于个人征信,技术手段则是个人评分模型,基于互联网、数据挖掘和大数据分析是其重要的时代特征。

■【专业名词】

　　个人信用　个人信用评级　个人信用报告　个人信用体系　中国人民银行征信中心　个人征信机构　经验判断法　信用评分法　FICO评分系统　芝麻信用分

■【本章学习目标】

- 了解个人信用评级的含义及作用;
- 熟悉个人信用报告的内容;
- 能够解读个人信用报告;
- 熟悉我国个人信用体系;
- 掌握个人信用评级的具体方法。

第一节　个人信用评级概述

一、个人信用的含义

　　个人信用指的是基于信任,通过一定的协议或契约提供给自然人(及其家庭)的信用,使得接受信用的个人不用付现就可以获得商品或服务,它不仅包括用作个人或家庭消费用途的信用交易,也包括个人在社会交往、工作商务等方面表现出来的全面的信用肖像,包括基本诚信素质、价值取向的诚信度,遵守国家法规、行业规则、民间惯例等的合规度,在经济活动中诚实交易与履约的践约度。

　　个人信用信息数据是开展征信服务的基础和前提,能否合法地取得本国或本地的各种真实的个人信用相关数据,并对外提供对这些数据的分析和处理结果是个人征信机构开展征信业务的基本条件;个人信用报告是全面记录个人信用活动,反映个人信用状况的文件,是个人征信的基础产品;个人信用评估是指通过使用科学严谨的分析方法,综合考察影响个人及其家庭的内在和外在的主客观环境并对其履行各种经济承诺的能力进行全面的判断和评估,它是对个人履约能力和履约意愿的综合评价。个人信用评估在实践中表现为个人信用评分或个人信用评级,个人信用评分(评级)是征信机构利用数学和统计的方法,根据个人的履约历史记录、个人资产的价值等信息对其信用状况进行的量化评价,属于个人征信的增值产品。

专栏 10-1　　　　　德国人如何管理个人信用

如果你身在德国,想要去贷款或者租房子的话,通常会被要求提供一下 Schufa 码。Schufa 是德国的个人信用记录,记录有关个人信用的数据,并能够出示有关个人信用的评分以及个人信用证明。目前在德国有权收集并提供 Schufa 的是一家名为 Schufa Holding AG 的企业。公司的主要业务是通过收集与企业和消费者个人信用有关的所有信息,并用科学的方法加以分析评估,向顾客提供信用报告和信用评估风险指数,Schufa 占领了德国个人信用市场的 90% 以上。

而 Schufa 并不是每个人都有的,像芝麻信用分是与淘宝或者支付宝账号绑定类似,Schufa 同样需要注册账号才能够激活,目前有两种激活的方式。一种是在德国银行开户。无论是中国境内的德意志银行(Deutsche Bank)还是德国境内的任何一家银行,账户激活的瞬间,Schufa 的第一条记录就产生了。而之后办理的其他个人银行账户、信用卡信息以及任何有关信用的记录(包括逃票和合同欠费)都会被 Schufa 记录。

除了 Schufa,德国的征信公司还包括 Creditreform、Buergel 等,这些公司主要收集与企业和消费者个人信用有关的所有信息,并用科学的方法加以分析评估,建立庞大的信用数据库,所提供的服务产品主要是信用报告和信用风险指数。它与包括联邦银行信贷登记中心系统、地方法院工商登记簿、破产法院破产记录、地方法院债务人名单等在内的公共信用信息系统形成了完善的信用管理体系。

因此,在德国,个人信用管理可真不能算是一件小事,它会影响到你的升学、就业,甚至租房、买车、贷款等方方面面,马虎不得。

(资料来源:网络资料整理)

二、个人信用评级的含义

个人信用评级,又称个人信用评分,是指信用评级机构依据一定的评级方法和评级模型,在对个人信用数据进行全面收集、深度分析的基础上,以简单的符号或文字对其信用行为进行评价和预测。当代的学者在个人信用评级领域所达成的共识包括三个方面:第一,衡量个人的信用水平应该不仅仅局限于个人的财务消费水平、资产负债状况、社会地位等方面,还应该包括其历史还款记录、公检法记录等方面,以此来达到评估的全面性和综合性。第二,个人征信机构应该将信用评估模型和指标定量化,做到可以以一定分值来衡量个人信用程度高低,而不是一种模糊不清的界定,如"信用优秀""信用良好"等形式。第三,个人信用评估应该是历史静态信息和当前动态信息的结合,并能对未来一定时间段的个人信用状况做出合理的预判或警戒。

三、个人信用评级的作用

个人信用评级是指在经济生活中管理、监督和保障个人信用活动的一整套规则、政策和法律的总和,其主要目的是为证明、解释和查验自然人信用情况提供依据,并通过一系列法规、制度来规范个人信用活动当事人的信用行为,提高守信意识,为建立良好的市场经济运行秩序提供制度保障。

(一)个人信用评级是社会主义市场经济体制的内在要求

信用是现代市场经济的一个基本构成要素,现代市场经济不仅有着完备的信用形式、发达的信用工具,而且有着健全的信用制度和规范的信用关系,社会主义市场经济同样要以发达的信用和完善的信用制度为基础。发达信用的一个重要特征是信用"极致"到个人。这是因为,在社会经济生活中,个人是最基础的行为"单位",企业、政府等都可以看成是建立在某种契约基础上由个人结成的组织,其各种行为活动都是通过个人的行为来实现的。随着市场经济的发展,个人的经济活动会在多个层面以多种方式表现出来,这些都需要完善的个人信用评级的支持。因此,建立个人信用评级,将作为市场重要主体的个人信用进行准确的评价和披露,有助于提高个人的践约和守信程度,进而提高全社会的信用程度,促进市场经济体制的完善。

(二)个人信用评级是维持市场经济秩序的重要保障

目前,牵涉个人不良信用记录的现象已经深入我国经济生活和社会生活的各个方面,如恶意购房贷款、恶意助学贷款、信用卡恶意透支、手机恶意欠费等,这些事件严重破坏了市场经济秩序。个人信用评级通过严格的法律制度和社会准则,以及由此形成的道德规范,对每个人形成种种外部约束力,使违背诚实信用者终生受害,使违约所带来的损失远远大于收益,从而使个人信用成为全社会共同遵守的信用准则。另外,政府对市场交易规则的制定和秩序的维护、个人所得税的征收、经营性收入的征税以及整个社会的稳定运行,都需要个人信用评级对社会个体的内在约束。因此,个人信用评级的建立,成为我国社会信用管理体系所面临的紧迫课题。

(三)个人信用评级是扩大内需的迫切要求

经过十多年的快速发展,我国信用消费取得了长足进步,但是总体上讲,信用消费在我国社会消费中占比较低,且结构失衡,发展不尽如人意。为了有效拓展信用消费,从体制建设层面来讲,必须不断完善各种规章制度,保证信用消费的健康有序发展。完善信用体系建设,我国信用评级机制缺失、信用监督机构不健全,除房贷、车贷等需要对消费者进行较为深入的信用考察外,其他小额消费贷款均承担较高的信用风险,拖欠信用卡账单、拖欠助学贷款等情况比比皆是。政府层面应大力推动信用平台建设,使全民信用可查,使信用消费资格的认定变得简单、准确、快捷,针对违反信用的人员要加强管理,一旦故意拖欠或拒不偿还贷款,应从市场、道德、法律等方面有根据地给予严厉处罚。

(四)个人信用评级有利于提高政府执行社会经济管理职能的效率

我国公安、工商、人事、税务等政府部门和机构掌管着大量社会信息,其中很大一部分和个人信用行为有关,是个人信用的基本素材。但是,由于个人信用评级建设滞后,相关的法律制度不健全，这些信息资源不能在社会实现共享，没有得到充分利用。许多有价值、相互关联的信息在各部门相互分割的职能活动中被忽视乃至浪费掉了。如果把做在政府各部门的个人信用信息交由信用中介机构进行专业分析和管理，并通过法律规定的正常渠道进行综合利用，将可以大大提高政府各部门的工作效率。比如银行根据个人信用状况可以迅速决定是否贷款并自动监督贷款的使用和收回；法院可以全面衡量涉案当事人的信用情况；人事部门可以据此选贤任能等。

第二节 个人信用评级的内容

一、个人信用评级的一般内容

个人征信的主要内容包括个人基本信息、个人信贷信息、个人赊购与缴费信息、行政机关记录的公共记录信息、其他与个人信用相关的信息这几大方面。个人基本信息包括个人的职业信息、家庭成员信息、个人身份信息等内容，这是个人征信所需要的基本信息。个人信贷信息是个人通过金融机构或住房公积金管理中心等机构进行贷款业务所形成的个人信贷信息。个人赊购与缴费信息是个人与商业机构、公用事业服务机构发生的赊购关系，如水费、电费、物业费等信息。公共记录信息主要是指个人在行政机关、行政事务执行机构、司法机关在行使职权过程中，个人与这些机构发生关系而形成的记录。其他与个人信用有关的信息覆盖面比较广泛，包括个人在日常生活、工作、学习过程中的多种信用信息。目前，我国的个人征信服务主要是为银行的贷款业务提供信息支撑。随着我国信用社会的建设与个人信用体系的完善，个人征信报告将会广泛应用于社会招聘、商业赊欠、信用交易等多个领域。个人也可以通过信用报告审视自身的信用历史，规范自身的信用行为。

二、个人信用评级内容的载体——个人信用报告

（一）个人信用报告的一般内容

个人信用报告是个人征信系统提供的最基础产品，它记录了客户与银行之间发生的信贷交易的历史信息，只要客户在银行办理过信用卡、贷款、为他人贷款担保等信贷业务，他在银行登记过的基本信息和账户信息就会通过商业银行的数据报送而进入个人征信系统，从而形成客户的信用报告。

个人信用报告中的信息主要有六个方面：公安部身份信息核查结果、个人基本信息、银行信贷交易信息、非银行信用信息、本人声明及异议标注和查询历史信息。公安部身份信息核查结果实时来自公安部公民信息共享平台的信息。个人基本信息表示客户本人的一些基本信息，包括身份信息、婚姻信息、居住信息、职业信息等内容。银行信贷交易信息是客户在各商业银行或者其他授信机构办理的贷款或信用卡账户的明细和汇总信息。非银行信用信息是个人征信系统从其他部门采集的、可以反映客户收入、缴欠费或其他资产状况的信息。本人声明是客户本人对信用报告中某些无法核实的异议所做的说明。异议

标注是征信中心异议处理人员针对信用报告中异议信息所做的标注或因技术原因无法及时对异议事项进行更正时所做的特别说明。查询历史展示何机构或何人在何时以何种理由查询过该人的信用报告。

(二) 中国人民银行个人信用报告

1. 中国人民银行征信中心

2006年3月，中国人民银行设立中国人民银行征信中心，作为中国人民银行直属事业单位，专门负责金融信用信息基础数据库（征信系统）、动产融资统一登记公示系统、应收账款融资服务平台的建设、运行和管理。征信中心注册地为上海市浦东新区，内设23个部门以及上海资信有限公司、中征（北京）征信有限责任公司、中征（天津）动产融资登记服务有限责任公司3家所属公司，并在全国31个省（市、自治区）和5个计划单列市设有征信分中心。

目前，中国人民银行征信中心已经建设成为世界规模最大、收录人数最多、收集信息全面、覆盖范围和使用广泛的信用信息基础数据库，基本上为国内每一个有信用活动的企业和个人建立了信用档案。截至2020年年底，11亿自然人的征信数据被征信系统收录，其中，有信贷记录的自然人达6.1亿人（见图10-1）。

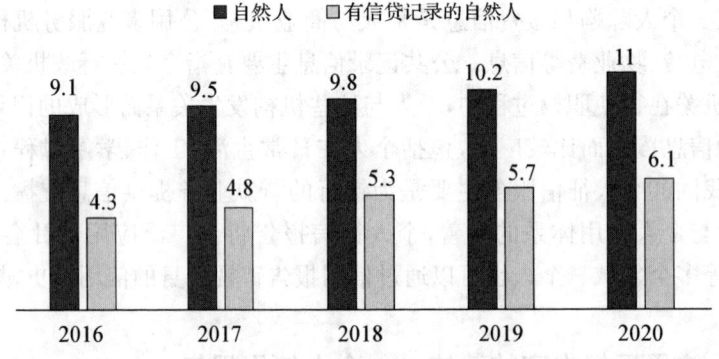

图10-1 2016—2020年中国人民银行征信系统收录人数情况（单位：亿人）

数据来源：中国人民银行征信中心。

2. 个人信用报告的使用

个人信用报告的使用目前仅限于商业银行、依法办理信贷的金融机构（主要是住房公积金管理中心、财务公司、汽车金融公司、小额信贷公司等）和人民银行，消费者可以向征信中心、征信分中心以及当地的人民银行分支行征信管理部门等查询机构提出查询本人信用报告的书面申请。查询者只需填写"个人信用报告本人查询申请表"，同时提供有效身份证件供查验，并留身份证件复印件备查。根据使用对象的不同，个人征信系统提供不同版式的个人信用报告，包括银行版、个人查询版和征信中心内部版三种版式，分别服务于商业银行类金融机构、消费者和人民银行。不管是商业银行、消费者还是人民银行，查询者查询个人信用报告时都必须取得被查询人的书面授权，且留存被查询人的身份证件复印件。全国所有商业银行分支机构都能接入并查询任何个人在全国范围内的信用信息。根据《个人信用信息基础数据库暂行管理办法》的规定，商业银行仅在办理如下业务时，可以向个人征信系统查询个人信用报告：

（1）审核个人贷款、贷记卡、准贷记卡申请的；

（2）审核个人作为担保人的；

（3）对已发放的个人信贷进行贷后风险管理的；

（4）受理法人或其他组织的贷款申请或其作为担保人，需要查询其法定代表人及出资信用状况的。

经过中国人民银行征信中心的多次审慎变更，已可为征信信息需求者提供一份内容完备的个人信用报告。

3. 个人信用报告的内容

个人信用报告的主要内容包括个人基本信息、信息概要、信贷交易信息明细、公共信息明细、本人声明、异议标注及查询记录七个部分。根据服务对象的不同可对上述内容增减，形成不同版式的信用报告。

（1）个人基本信息由身份信息、配偶信息、职业信息和居住信息组成，反映个人信息主体的身份概况、婚姻状况、职业状况和居住状况。报告使用者可以将其与个人信息主体自己提交的基本资料进行信息交叉比对，也可用于判断个人信息主体的生活状况和职业稳定性。

（2）信息概要反映个人信息主体的信用信息概况，由信贷交易信息概要、公共信息概要、查询记录概要组成，反映个人信息主体的信贷历史结构，以及当前负债、逾期历史、后付费业务欠费、负面公开记录总体情况，可以帮助报告使用者快速了解个人信息主体的信用情况。

（3）信贷交易信息明细是信用报告的核心内容，由被追偿信息、非循环贷账户、循环额度下分账户、循环贷账户、贷记卡账户、准贷记卡账户、相关还款责任信息和授信协议信息组成。反映个人信息主体在信贷领域的当前负债、近 5 年的历史还款记录、或有负债以及获得的授信情况等，帮助报告使用者全面了解个人信息主体履约意愿和履约能力。

（4）公共信息由欠税记录、民事判决记录、强制执行记录、行政处罚和奖励记录、住房公积金参缴记录、执业资格记录等组成。反映个人信息主体履行法定义务情况、涉诉涉案情况、资质情况等。

（5）本人声明主要描述个人信息主体对信用报告内容做出的说明和解释。个人信息主体可向征信中心邮寄申请材料添加本人声明，或携带身份证原件前往所在地的人民银行分支机构提交申请材料。

（6）异议标注是针对个人信息主体有异议的信息所做出的标注，提示信息使用者被标注的信息存在异议，且正在调查中。异议标注是保护个人信息主体合法权益的有效手段之一。

（7）查询记录主要展示个人信息主体最近两年内被机构因贷款审批、信用卡审批、融资审批、担保资格审查、保前审查等用途查询的记录明细，以及个人信息主体本人发起查询的查询记录明细。个人信用报告中的不良信息自不良行为或事件终止之日起保留 5 年。正面信息是个人信息主体的信用财富，一直展示在信用报告中。

专栏10-2　个人信用报告(个人样板)

报告编号：2016080303000014210351　　报告时间：2016-08-03 09:30:15
姓名：张三　　证件类型：身份证　　证件号码：110124197506232452　　已婚
其他证件信息：护照G300234234/军人身份证M09876893

信贷记录

这部分包含您的信用卡、贷款和其他信贷记录。金额类数据均以人民币计算，精准到元。

信息概要

	资产处置信息	垫款信息
账户数	1	3

	信用卡	贷款 购房	贷款 其他	其他业务
账户数	8	4	5	8
未结清/未销户账户数	4	2	3	7
发生过逾期的账户数	4	2	2	4
发生过90天以上逾期的账户数	4	1	1	1

	为个人	为企业
相关还款责任账户数	1	3

注：
1. 逾期记录可能影响对您的信用评价。
2. 购房贷款，包括个人住房商业贷款、个人商用房(包括商住两用)贷款和个人住房公积金贷款。
3. 发生过逾期的信用卡账户，指曾经"未按时还最低还款额"的贷记卡账户和"透支超过60天"的准贷记卡账户。

资产处置信息

2012年3月12日，东方资产管理公司接收债权，金额为11 000 000元。截至2014年11月11日，余额为920 000元，最近一还款日期为2015年12月11日。

垫款信息

1. 2012年2月2日以来中国人寿保险公司累计代偿金额80 000元。截至2014年9月9日，余额70 000元，最近一次还款日期为2014年10月10日。
2. 2013年2月2日以来富登融资租赁担保公司累计代偿金额400 000元。2016年1月已结清。

信用卡

发生过逾期的贷记卡账户明细如下：

1. 2004年8月30日中国建设银行北京分行发放的贷记卡(人民币账户，卡片尾号：

0001)截至2010年10月,信用额度10 000元,已变成呆账,余额500元。

2. 2004年8月30日中国工商银行北京分行发放的贷记卡(人民币账户,卡片尾号:0002)。截至2016年7月,信用额度50 000元,余额5 000元(含未出单的大额专项分期余额4 000元),当前有逾期。最近5年内有11个月处于逾期状态,其中5个月逾期超过90天。

3. 2010年4月1日中国民生银行信用卡中心发放的贷记卡(人民币账户,卡片尾号:0003),2015年12月销户。最近5年内有7个月处于逾期状态,其中3个月逾期超过90天。

4. 2014年3月,该机构声明:该客户委托××公司偿还贷款,因开发公司不按时还款导致出现多次逾期。

透支超过60天的准贷记卡账户明细如下:

1. 2005年6月30日中国银行北京分行发放的准贷记卡(人民币账户,卡片尾号:0999)。截至2016年7月,信用额度10 000元,透支余额5 000元,当前透支超过60天。最近5年内有6个月透支超过60天,其中3个月透支超过90天。

2. 2006年3月10日上海浦东发展银行北京分行发放的准贷记卡(人民币账户,卡片尾号:0022),2015年12月销户。最近5年内有20个月透支超过60天,其中16个月透支超过90天。

从未逾期过的贷记卡及透支未超过60天的准贷记卡账户明细如下:

1. 2005年6月30日中国光大银行北京分行发放的贷记卡(美元账户,卡片尾号:0222)。截至2016年7月,信用额度6 800美元,余额5 000美元(含未出单的大额专项分期余额4 000美元)。

2. 2005年7月30日中国光大银行南京分行发放的贷记卡(美元账户)。截至2016年5月,信用额度6 800美元,已使用额度5 000美元。

3. 2006年7月1日招商银行发放的准贷记卡(人民币账户,卡片尾号:1111),2009年12月销户。

4. 2007年6月30日中国光大银行北京分行发放的贷记卡(人民币账户,卡片尾号:2122)。截至2016年7月尚未激活。

贷款

发生过逾期的账户明细如下:

1. 2008年8月30日中国农业银行北京发放的600 000元(美元折人民币)住房贷款(其他机构转入),2028年8月30日到期。截至2016年7月,余额为572 750元,当前有逾期。最近5年内有1个月处于逾期状态,没有发生过90天以上逾期。

2. 2008年9月30日中国农业银行北京分行发放的100 000元(人民币)汽车贷款,2018年8月30日到期。截至2016年7月,余额为72 750元,当前无逾期。最近5年内有2个月处于逾期状态,没有发生过90天以上逾期。

从未逾期过的账户明细如下:

1. 2010年5月8日北京银行金融街支行发放的200 000元(人民币)住房贷款,2029年5月8日到期。截至2016年7月,余额50 000元。

2. 2012年5月8日中信银行知春路支行发放的100 000元(人民币)个人经营性贷

款,2019年5月8日到期。截至2016年7月,余额50 000元。

3. 2013年4月15日福特汽车金融公司发放的100 000元(人民币)汽车贷款,2013年4月15日到期。截至2016年7月,余额50 000元。

4. 2011年9月10日招商银行金融街支行发放的300 000元(人民币)住房贷款,2015年12月已结清。

其他业务
发生过逾期的账户明细如下:

1. 2005年10月20日建元资本(中国)融资租赁有限公司办理的500 000元(人民币)融资租赁业务,2020年10月20日到期。截至2011年11月,已变成呆账,最近一次还款日期为2010年11月25日,余额150 000元。

2. 2005年9月22日建元资本(中国)融资租赁有限公司办理的500 000元(人民币)融资租赁业务,2020年9月22日到期。截至2016年7月,余额400 000元,当前无逾期。最近5年内有3个月处于逾期状态,没有发生过90天以上逾期。

3. 2006年10月20日中信证券公司办理的500 000元(人民币)约定购回式证券交易,2007年10月19日到期。截至2008年1月,已变成司法追偿,最近一次还款日期为2007年10月15日,余额150 000元。

4. 2009年9月22日海通证券公司办理的500 000元(人民币)约定购回式证券交易,2010年9月21日到期。截至2016年7月,余额500 000元,当前有逾期。最近5年内有1个月处于逾期状态,没有发生过90天以上逾期。

从未逾期过的账户明细如下:

1. 2014年9月29日建元资本(中国)融资租赁有限公司办理的10 000元(人民币)融资租赁业务,2019年12月28日到期。截至2016年6月,余额2 000元。

2. 2015年1月12日建元资本(中国)融资租赁有限公司办理的50 000元(人民币)融资租赁业务,2016年7月已结清。

3. 2015年6月29日中信证券公司办理的80 000元(人民币)股票质押式回购交易,2018年6月28日到期。截至2016年7月,余额80 000元。

4. 2015年7月12日国泰君安证券公司办理的50 000元(人民币)约定购回式证券交易,2016年7月已结清。

相关还款责任信息

1. 2009年3月2日,为赵四(证件类型:身份证,证件号码:420105198503242420)在中国建设银行金融街支行办理的个人住房商业贷款承担相关还款责任,责任人类型为保证人,相关还款责任金额50 000元(保证合同编号:100022233)。截至2016年7月5日,个人住房商业贷款余额30 000元。

2. 2010年5月20日,为李三(证件类型:身份证,证件号码:420105197503202424)在中国农业银行信用卡中心办理的贷记卡承担相关还款责任,责任人类型为保证人,相关还款责任金额50 000元。截至2016年7月20日,贷记卡余额20 000元。

3. 2012年3月2日,为赵四(证件类型:身份证,证件号码:420105198503242420)在建元资本(中国)融资租赁有限公司办理的约定购回式证券交易业务承担相关还款责任,责任人类型为其他,相关还款责任金额50 000元。截至2016年7月5日,约定购回式证券交易余额30 000元。

4.2009年3月2日,为北京某公司(证件类型:机构信用代码,证件号码:12011819008808)在建设银行北京分行办理的固定资产贷款承担相关还款责任,责任人类型为应收账款债务人,相关还款责任金额200 000元。截至2015年5月25日,固定资产贷款余额30 000元(人民币)。

非信贷交易记录

这部分包含您最近6年内的非信贷交易记录。金额类数据均以人民币计算,精确到元。

后付费记录

机构名称:中国电信北京分公司	业务类型:固定电话后付费	记账年月:2016年7月
业务开通日期:2012年6月28日	当前缴费状态:欠费	当前欠费金额:550
机构名称:中国电信北京分公司	业务类型:移动电话后付费	记账年月:2016年6月
业务开通日期:2013年1月31日	当前缴费状态:正常	当前欠费金额:0
机构名称:北京自来水公司	业务类型:自来水费	记账年月:2016年6月
业务开通日期:2014年1月31日	当前缴费状态:正常	当前欠费金额:0

公共记录

这部分包含您最近5年内的公共信息。金额类数据均以人民币计算,精确到元。

欠税记录

主管税务机关:北京市东城区地税局	欠税统计日期:2016年7月
欠税总额:500	纳税人识别号:CN12485442333

民事判决记录

立案法院:北京市	案号:(2015)京民-初字第00056号
案由:房屋买卖纠纷	结案方式:判决
立案日期:2016年1月	判决/调解结果:被告张三赔偿
诉讼标的:房屋买卖纠纷	原告李四人民币420 000。
诉讼标的金额:500 000	判决/调解生效日期:2015年4月
立案法院:北京市西城区人民法院	案号:(2016)京民-初字第00116号
案由:—	结案方式:判决
立案日期:2015年1月	判决/调解结果:被告张三赔偿
诉讼标的:房屋买卖纠纷	原告王五人民币500 000。
诉讼标的金额:700 000	判决/调解生效日期:2016年4月

强制执行记录

执行法院:北京市西城区人民法院	案号:(2015)京民-初字第01041号
立案日期:2015年6月申请	结案方式:执行结案
执行标的:房屋	案件状态:执行完毕
申请执行标的金额:420 000	已执行标的:房屋
结案日期2015年8月	已执行标的金额:420 000

信用评级

续 表

公共记录

行政处罚记录

处罚机构:北京市东城区地税局	文书编号:地税罚字〔2015〕第 7 号
处罚机构:北京市东城区地税局	行政复议结果:维持原判
处罚内容:扣缴税款	
处罚金额:5 000	
生效日期:2015 年 8 月	截止日期:—
处罚机构:湖南省建设管理服务中心	文书编号:HN0923456-CF
处罚内容:扣缴税款	行政复议结果:—
处罚金额:5 000	
生效日期:2015 年 8 月	截止日期:2018 年 12 月

查询记录

这部分包含您的信用报告近 2 年内被查询的记录

机构查询记录明细

编号	查询日期	查询机构	查询原因
1	2016 年 7 月 15 日	中国工商银行	贷后管理
2	2015 年 12 月 10 日	中国农业银行	贷款审批
3	2015 年 2 月 12 日	中国农业银行	担保资格审查
4	2015 年 2 月 10 日	建元资本	融资审批
5	2015 年 2 月 1 日	平安财险	保前审查

个人查询记录明细

编号	查询日期	查询机构	查询原因
1	2016 年 7 月 25 日	本人	本人查询(互联网个人信用信息服务平台)
2	2015 年 11 月 23 日	本人	本人查询(互联网个人信用信息服务平台)
3	2015 年 10 月 10 日	本人	本人查询(商业银行网上银行)
4	2015 年 9 月 2 日	中国人民银行营业管理部	本人查询(临柜)

说 明

1. 除查询记录外,本报告中的信息是依据截至报告时间个人征信系统记录的信息生成,征信中心不确保其真实性和准确性,但承诺在信息汇总、加工、整合的全过程中保持客观、中立的地位。

2. 本报告仅包含可能影响您信用评价的主要信息,如需获取您在个人征信系统中更详细的记录,请到当地信用报告查询网点查询。信用报告查询网点的具体地址及联系方式可访问征信中心门户网站(www.pbccrc.org.cn)查询。

3. 您有权对本报告中的内容提出异议。如有异议,可联系数据提供单位,也可到当地信用报告查询网点提出异议申请。

4. 本报告仅供您了解自己的信用状况,请妥善保管。因保管不当造成个人信息泄露的,征信中心将不承担相关责任。

5. 更多咨询,请致电全国客户服务热线 400-810-8866.

(数据来源:中国人民银行征信中心)

第三节　个人信用体系

一、个人信用体系的含义

个人信用体系是指根据居民的家庭收入资产、已发生的借贷与偿还、信用透支、发生不良信用时所受处罚与诉讼情况,对个人的信用等级进行评估并随时记录、存档以便信用的供给方决定是否对其贷款和贷款多少的有关管理与制度的总和。个人信用体系包括个人信息调查、个人信用调查、个人信用咨询、个人信用评价以及个人信用的延伸管理。在征信国家,个人信用体系早已完备,但在我国,个人信用体系正在逐步完善中。

个人信用体系就是一套详细记录消费者历次信用活动的登记查询系统,这是在社会范围内构建发达的信用消费经济的基础,也是目前大力提倡的金融生态环境建设的支柱之一。个人信用体系作为社会信用体系的基础,近几年来,其重要性已日益凸显出来。

二、个人信用体系的内容

(一) 个人信用登记体系

首先要明确纳入体系的信用数据范围,通常包括银行、保险、证券、房地产、医疗、商业、治安、交通等方面的数据。最佳的方式就是"一人一生一卡一号"制,但在电子设备支持达不到的情况下,可先设一个单独的个人信用账户来记录用户的信用情况。

(二) 信用数据评价体系

信用数据收集起来后最终要提供给用户的是简单明了、易懂的信用产品,而不是密密麻麻的原始数据。目前评价方法有评分和评级两种,各有利弊。最重要的是在全国范围内有一个统一科学的评价体制,避免出现地区间或不同的征信机构间的评价标准出现冲突。

(三) 信用监督管理体系

信用监督管理体系主要包括隶属于政府的监管机构、商业化的信用中介机构和在全社会范围内参与消信用产品和提供信用数据的各个部门。而要使这诸多部门在个人信用经济中扮演好自己的角色,最主要的是要靠完善的法律法规的保障。

(四) 风险防范体系

风险防范体系包括信用风险警戒体系指标、信用风险的转嫁体系及风险担保基金和再保险基金等,把风险扩散化,使损失最小化。

(五)失信惩戒体系

通过失信惩戒体系的建立,要在全社会范围内形成一种震慑力,对失信行为要给予处罚,并且其恶性信用记录应该在较长的时间内不予删除,并对社会公开,以制约其以后的经济活动。

专栏 10-3　　浙江省社会信用体系建设"十四五"规划

根据国家和浙江省委、省政府关于社会信用体系建设的决策部署和要求,以及《浙江省国民经济和社会发展第十四个五年规划和二〇三五年远景目标纲要》制定,《规划》提出了"十四五"期间浙江省社会信用体系建设的指导思想、发展目标、主要任务和保障措施,是指导今后五年浙江省信用建设工作的重要依据。

(一)总体要求

总结我省"十三五"时期社会信用体系建设情况及存在的问题,提出"十四五"期间信用工作的指导思想和发展目标。

(二)主要目标

以数字化改革为统领,全面建成信用"531X"工程2.0版,建成科学化指标体系、精准化信用监管体系、多层级评价和法治化联合奖惩体系,迭代提升全省一体化智能化公共信用信息平台,加快形成行政信用分级监管机制、信用保障市场畅通机制和信用赋能社会有效治理机制,着力打造以"两省两高地"为标志的信用浙江升级版,实现主体全覆盖、数据归集优、社会应用好,全社会信用环境明显改善,全省社会信用体系建设继续走在全国前列。

(三)主要任务

提出建成信用"531X"工程2.0,形成信用分级监管、信用保障市场畅通、信用赋能社会有效治理等三大机制和实施信用建设十大工程等主要任务。

1.以建成信用"531X"工程2.0版为重点,打造信用数字化建设先行省

围绕打造信用"531X"工程2.0,构建数字化供给和应用完整信用链,全方位支撑数字化改革。

主要包括构建数字化信用运行机制,健全科学化公共信用指标体系;构建数据双向开放共享体系,构建多层级信用产品体系;打造全省公共信用总枢纽完善互联互通信用网络体系。

2.以建成信用分级监管机制为重点,着力推进全国一流营商环境建设

健全事前信用承诺,推广分级分类信用监管,规范信用联合奖惩,助力简政放权、放管结合、优化服务改革,提升政府监管和政务服务水平,持续优化营商环境。

主要包括:健全信用承诺机制,提供便利政务服务;完善信用监管机制,实施科学高效监管;规范信用奖惩机制,维护市场主体权益。

3.以建立信用保障市场畅通机制为重点,加快构建新发展格局

通过全力推动生产、流通、消费、金融财税等环节(领域)信用建设,全面增强市场循环畅通能力,推动形成全方位全要素、高能级高效率的双循环格局。

主要包括加强生产环节信用建设;加快流通环节信用建设;拓展消费环节信用建设;创新金融财税领域信用建设。

4. 以建立信用赋能社会有效治理机制为重点,加快推进省域治理现代化

通过运用信用手段,聚力提升基层治理、网络空间等重点领域治理能力和社会主体自律自治意识,助力推进省域治理现代化。

主要包括提升基层治理领域信用智能预警水平;加强网络空间领域信用综合治理;加强生态环境保护领域信用建设;加强社会民生保障领域信用建设;加强教育、科研、知识产权领域信用建设;提升社会治理自律自治水平。

5. 以实施信用建设十大工程为重点,打造"信用浙江"升级版

通过实施信用建设十大工程,以行政、社会和市场等领域为重点,推进信用应用向全域拓展,全面实现我省社会信用体系建设整体提质,迈入高质量发展新阶段。

主要包括实施信用数字化提升工程;实施诚信政府表率工程;实施重点机构人群诚信提升工程;实施社会诚信环境提升工程;实施乡村诚信建设提升工程;实施信用服务市场培育工程;实施信用长三角一体化工程;实施信用试点建设工程;实施信用素养提升工程;实施权益保障提升工程。

(四)保障措施

1. 组织保障:完善社会信用体系建设工作机制
2. 制度保障:健全社会信用制度体系
3. 人才保障:加强专业人才队伍能力建设和基础人才培养
4. 资金保障:加强政府财政保障和社会资本投入

(数据来源:光明网,2021年6月7日)

三、我国个人信用体系

我国个人征信体系建设起步较晚,2013年3月起才施行《征信业管理条例》。目前,我国建立了"政府+市场"双轮驱动发展体系,逐步构建金融信用信息基础数据库(简称"央行征信系统")和市场化征信机构协同发展、互相补充的发展格局。

(一)政府主导下的央行个人征信中心

中国人民银行设立中国人民银行征信中心,作为直属事业单位专门负责企业和个人征信系统(即金融信用信息基础数据库,又称企业和个人信用信息基础数据库)的建设、运行和维护。根据央行征信中心的性质和功能,按照国际对征信模式的分类,央行征信中心属于公共征信模式。

央行个人征信系统具有以下两个特点。

1. 信息规模最大、应用最广

征信系统已经建成世界上规模最大、收录人数最多,采集银行信贷信息最全、覆盖范围最广的全国性信用信息基础数据库,基础数据库基本上为国内的每一个具有信用活动的个人建立了信用档案。央行个人征信系统立足社会的融资规模口径,系统已经接入了所有商业银行、财务公司、信托公司、租赁公司、资产管理公司以及部分小贷公司

等,另外部分保险公司也开始接入,基本覆盖全国各类放贷机构。截至2023年9月末,金融信用信息基础数据库收录11.64亿自然人信息和1.27亿户企业和其他组织信息,建成人工窗口、自助查询机、网上查询等多元查询渠道,前9个月日均查询量约1 400万次。个人征信系统采集的信息主要是以商业银行信贷信息为主。为全面反映个人的信用状况,央行积极推动工商、税务、法院等公共信息纳入征信系统,采集的信息包括行政处罚与奖励信息、社保缴存和发放信息、公积金缴存信息、缴税和欠税信息、法院判决和执行信息、企业资质信息与环保处罚信息等。这些信息既有正面的信息,也有负面的信息。

2. 征信产品与服务不断创新

央行个人征信中心的征信产品不断丰富创新,逐步形成个人信用报告、个人信用信息概要和个人信用信息提示为核心并以个人信用报告为主的基础产品体系;另外形成以个人信用报告数字解读和个人业务重要信息提示为代表的增值产品体系。

个人信用报告主要应用于信贷审批与贷后管理,同时也广泛用于政府资格审查、依法履行职能等方面,成为反映个人信用行为的"经济身份证"。增值产品体系中,个人业务重要信息提示是利用个人征信系统即时更新的数据,并按周将各机构用户的本机构中的"好客户"在其他机构发生各类不良信息主动推送给相关机构用户总部。个人信用报告数字解读则是利用个人征信系统的信贷数据(包括借款及还款的情况,但不使用收入、地区、年龄等任何个人基本信息),使用统计建模技术开发出来的个人信用风险量化服务工具,主要用于预测放贷机构个人客户在未来一段时间内发生信贷违约的可能性,并以"数字解读"值的形式展示。

(二)市场化的个人征信系统

市场化征信机构满足多元征信需求。人民银行先后批设了百行征信有限公司和朴道征信有限公司2家个人征信机构,截至2022年8月末,百行征信、朴道征信分别覆盖4.96亿人、1.57亿人,提供服务38.59亿次、10.13亿次,实现个人非贷海量替代数据全面共享应用。此外,截至2022年8月末,在人民银行分支机构备案的企业征信机构136家,已实现企业注册登记等公开信息的全覆盖;全国备案评级机构55家,标普、惠誉等知名外资评级机构以独资形式进入中国市场。

专栏10-4　　　　　　　　我国市场化个人征信机构

2018年2月22日,中国人民银行向百行征信有限公司下发首张个人征信业务牌照。百行征信由中国互联网金融协会持股36%,芝麻信用、腾讯征信等8家个人征信机构各自持股8%。两年之后,朴道征信有限公司于2020年12月获得第二张个人征信牌照,由北京金控持股35%,京东数科持股25%,小米持股17.5%,旷视科技持股17.5%和北京聚信持股5%。以上两家征信机构整合大数据下个人信用信息,覆盖范围更广,征信成本更低,对央行个人征信系统起到了很好的补充作用,对完善我国个人征信体系具有重要意义。

从上述两家个人征信机构的股东构成来看(见表10-1),包括淘宝、京东等大型电商平台,QQ、微信等常用通信工具,互联网金融平台以及独立第三方的征信机构,做到对金融领域以外其他个人征信信息的整合汇总。市场化征信机构的发展弥补了央行征信在正规金融机构以外数据方面的不足,真正实现"政府+市场"双轮驱动的征信行业格局。

表10-1 持牌市场化个人征信机构组成情况

个人征信机构	下发牌照时间	股东构成及持股比例
百行征信有限公司	2018年2月	中国互联网金融协会(36%)、芝麻信用管理(8%)、鹏元征信(8%)、腾讯征信(8%)、中智诚征信(8%)、中诚信征信(8%)、拉卡拉信用管理(8%)、北京华道征信有限公司(8%)以及深圳前海征信中心股份有限公司(8%)
朴道征信有限公司	2020年12月	北京金融控股集团有限公司(35%)、京东数字科技控股股份有限公司(25%)、北京小米电子软件技术有限公司(17.5)、北京旷视科技有限公司(17.5%)、北京聚信优享企业管理中心(5%)

· 数据来源:中国人民银行网站和企查查。

第四节 个人信用评级的方法

一、个人信用评级方法中的理念

目前的个人信用评级方法,就是在对个人信用状况全面考察的基础上,根据统一的评级指标体系和相应的评级程序,对其在各种商业往来、合作中履行承诺条件的兑现状况以及信誉程度所进行的全方位评价。此外,还必须实时监控影响个人信用质量的重大事件,及时调整对个人的信用评级结果。一般认为,不同的等级符号代表了不同的违约概率。

个人信用评级理念主要包括以下几个方面:第一,定性与定量分析相结合,以定性分析为主,定量分析作为定性判断的重要依据。定量与定性都量化为分值,并与级别相对应。第二,注重分析个人信用记录,对个人的信用品质予以重点关注。第三,注重个人的还贷风险分析——对个人抵押物、固定资产、金融资产、无形资产、个人所在单位及其所处行业均进行深入调查和分析。第四,注重个人现金流量分析,判断个人偿还债务本息的能力。第五,进行个人财务报表数据真实性分析,在与个人沟通的基础上采用实际合理的数据。

二、个人信用评级一般方法

信用评级普遍采用信用评分法,简单地说,就是运用一定的公式和规则,评估客户的信用价值(可信度)的方法。传统的信用评分模型就是将预先通过统计方法确定的权重分别乘以申请人主要信用特征指标的原始得分,由此产生出一个信用分数。最常用的信用评分用来预测信用申请者准时且足额偿还信贷的可能性,如果评分的分值比分界值高,那么申请人即得到许可。信用评分模型可以从服务商那里购买,也可以根据自己拥有的信用数据开发。信贷机构往往将购买一般性的模型作为一种权宜之计,待他们自己积累了充足的样本数量,就会根据自己的顾客样本构建自己的系统。

有些信用评分专注于对这个灰色地带的信用消费者群体进行细分。这是由于在激烈的市场竞争下,信用评分极低的信用申请者早已被排除,而信用评分极高的也早已被各个授信机构竞相争夺,信用需求已得到满足,各种信用供给者需要从获得中等评分的潜在客户群体中挑选合适的授信目标,因而对中间地带的信用消费者进行细分的评分模型是十分必要的。进行近乎连续的细致的信用评分不能仅仅依靠消费者偿债、公共记录、专业和雇用记录来简单地排除有明显不良记录者,更需要在此基础上进一步详细地分析消费者的消费行为,包括所属的消费者群体、年龄段、消费规律、偏好、习惯等,一个科学的信用评分模型需要建立在对消费者群体的长期或阶段性跟踪、区域调查和大量的数理统计分析的基础上。

(一) 经验判断法

经验判断法是一种定量分析和定性分析相结合的传统的预测方法。每一位评审人员所掌握的知识水平、经验教训是有差异的,而经验判断法就是基于此差异的存在之上,甚至可以仅凭自己的直觉来对消费者的信用水平进行评估。其通常被称为"信用的5C法",即个人品质、能力、资本、担保品、条件。个人品质主要包括个人基本情况分析和个人生活稳定性分析,比如申请人在同一个地方是否连续居住了很多年,或在同一个单位是否不间断地工作了很长时间等,被认为时间越长,稳定性就越高,贷款的发放也就越安全。能力主要看个人收入的高低、自身负债水平大小等反映资产负债情况的分析和计算。而资本就主要分析两个方面:个人的货币资金等流动资产的水平和有无房产、车产等固定资产的水平。担保品就是申请人申请贷款提供的房产、存单等不同种类担保品。要预测担保品的价值及其价值的今后变化趋势,考虑到将来若将担保品收回或折为现金的难易程度等。条件则主要指政治、经济、市场的竞争等外部环境,它有可能影响消费者将来正常归还贷款的能力。它是商业银行的评审人员在无法也不可能获知申请人全部个人资料的情况下,基于自己多年的实践经验和对申请人未来发展能力的个人判断来预测。

(二) 信用评分法

信用评分法就是运用一定的公式和规则评估客户的信用价值(可信度)的方法。传统的信用评分模型就是将预先通过统计方法确定的权重分别乘以申请人主要信用特征指标的原始得分,由此产生出一个信用分数。最常用的信用评分用来预测信用申请者准时且足额偿还信贷的可能性,如果评分的分值比分界值高,那么申请人即得到许可。信用评分模型可以从服务商那里购买,也可以根据自己拥有的信用数据开发。信贷机构往往将购买一般性的模型作为一种权宜之计,待他们自己积累了充足的样本数量,就会根据自己的顾客样本构建自己的系统。

专栏10-5　　　　　　　　　　杭州"钱江分"

2017年,杭州成为全国首批社会信用体系建设示范城市之一,2018年获评首批守信激励创新试点城市并着力打造"信用免押金城市",同年11月16日,杭州正式对外发布:在杭州工作或生活且年满18周岁的市民,无论户籍归属,都将拥有自己的城市个人信用分——"钱江分"。2019年6月28日,2.0版"钱江分"正式上线,根据信用建设"全省一盘棋"的工作思路和"531X"工程的总体部署,将浙江省自然人公共信用评价信息作为一项基础性指标纳入模型,"钱江分"的评价指标由原来5个维度变更为包含基本信息、遵纪守法、社会用信、商业用信、利社会行为、公共信用评价的6大维度,变更后约97.8%用户分值上涨,平均上涨11.2分。截至2020年11月29日,"钱江分"已有超302万人授权开通,近3 255万人次查询使用,已上线应用场景近30项,涉及医疗卫生、交通出行、住房租赁、旅游生活、商业购物等公共服务及便民生活领域,创新了"信用+互联网+场景"的惠民应用模式,累计优惠额度超过2.7亿元。只要个人信用足够好,"钱江分"就会足够高,市民就可在杭州享受更便利的生活和更优质的服务。

2019年,杭州市提出打造"最讲信用的城市",与南京、武汉、苏州、郑州共同成立了城市信用联盟,首次尝试推进跨区域信用分互认和应用场景互通。依靠较高的"钱江分",可在南京享受公共出行优惠;在武汉,可免押金办理图书借阅证实现信用借书,还可凭借"信用住"享受酒店免押服务;在苏州,可以折扣购买苏州通转转卡,享受合作景点免排队、免预约服务,此外,还可享受购买苏州文创产品、特色伴手礼等各类产品的折扣优惠;在郑州,则可以享受"信易行"预约专车、附近车辆优先响应等服务。疫情防控期间,为充分发挥社会信用体系建设助力复产复工、全面提振社会消费的作用,2020年4月,全国首个城市信用分互认通平台在杭州上线,杭州与厦门联合发布市民城市信用分跨城市互认机制,厦门也成为2020年首个与杭州实现城市分互认的城市。在浙江省政府数字化转型框架下,结合"健康码"的成功经验,杭州作为浙江省个人"信用码"试点城市之一,于2020年4月30日联合衢州率先推出好用易懂、全省通行的个人"信用码",推动在公共服务、便民生活等领域广泛应用,实现"一码在手、便利我有"。杭州市民可通过杭州市民卡App、钱江分微信小程序授权后,查询展示本人的"信用码"。目前,杭州已先后与厦门、宁波、衢州等城市建立信用互通,并已与湖州、嘉兴、绍兴、黄山等其他杭州都市圈成员城市达成了共识,实现了城市信用分互认和信用应用场景互通。越来越受到市民认可的钱江分,开始走出杭州,走向长三角乃至全国。

(资料来源:秦光远,吕晓萌.个人信用分的国际比较分析[J].征信,2022)

1. 美国的个人信用评分系统

美国的个人信用评分系统,主要是Fair Isaac company推出的,FICO评分系统也由此得名。一般来讲,美国人经常谈到的"你的得分",通常指的是你目前的FICO分数。而实际上,Fair Isaac company公司开发了三种不同的FICO评分系统,三种评分系统分别由美国的三大信用管理局使用,评分系统的名称也不同(见表10-2)。

表10-2 FICO评分系统种类

信用管理局名称	FICO评分系统名称
Equifax	BEACON
Experian	Experian/Fair Issac Risk Model
TransUnion	FICO Risk Score, Classic

Fair Isaac 公司所开发的这三种评分系统使用的是相同的方法,并且都分别经过了严格的测试。即使客户的历史信用数据在三个信用管理局的数据库中完全一致,从不同的信用管理局的评分系统中得出的信用得分也有可能不一样,但是相差无几。这主要是由于三家信用管理局的信用评分模型是在相互独立的基础上开发的,可能导致同样的信息以不同的方式进行存储,这种微小的差异会最终带来分数上的不同。

1) FICO 评分模型的因素

FICO 评分模型中所关注的主要因素有五类,分别是客户的信用偿还历史、信用账户数、使用信用的年限、正在使用的信用类型、新开立的信用账户。这五类因素在信用评分中的权重如图 10-2 所示。

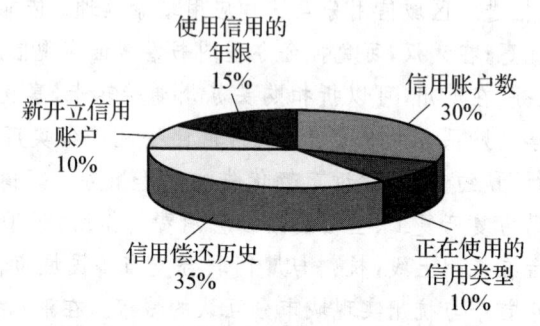

图 10-2 FICO 评分模型主要因素的权重

(1) 信用偿还历史。

影响 FICO 得分的最重要的因素是客户的信用偿还历史,大约占总影响因素的 35%。支付历史主要显示客户的历史偿还情况,以帮助贷款方了解该客户是否存在历史的逾期还款记录,主要包括以下三个方面:

① 各种信用账户的还款记录,包括信用卡(如 VISA、Master card、American Express、Discover)、零售账户(直接从商户获得的信用)、分期偿还贷款、金融公司账户、抵押贷款。

② 公开记录及支票存款记录,该类记录主要包括破产记录、丧失抵押品赎回权记录、法律诉讼事件、留置权记录及判决。涉及金额大的事件比金额小的对得分的影响要大,同样的金额下,越晚发生的事件要比早发生的事件对得分的影响大。一般来讲,破产信息会在信用报告上记录 7~10 年。

③ 逾期偿还的具体情况,包括逾期的天数、未偿还的金额、逾期还款的次数和逾期发生时距现在的时间长度等。例如,一个发生在上个月的逾期 60 天的记录对 FICO 得分的影响会大于一个发生在 5 年前的逾期 90 天的记录。据统计,大约有不足 50% 的人有逾期 30 天还款的记录,大约只有 30% 的人有逾期 60 天以上还款的记录,而 77% 的人从来没有过逾期 90 天以上不还款的,仅有低于 20% 的人有过违约行为而被银行强行关闭信用账户。

(2) 信用账户数。

该因素仅次于还款历史记录对得分的影响,占总影响因素的 30%。对于贷款方来讲,一个客户有信用账户需要偿还贷款,并不意味着这个客户的信用风险高。相反,如果一个客户有限的还款能力被用尽,则说明这个客户存在很高的信用风险,有过度使用信用的可能,同时也就意味着他具有更高的逾期还款可能性。该类因素主要是分析对于一个客户,究竟多少个信用账户是足够多的,从而能够准确反映出客户的还款能力。

(3) 使用信用的年限。

该项因素占总影响因素的15%。一般来讲,使用信用的历史越长,越能增加FICO信用得分。该项因素主要指信用账户的账龄,既考虑最早开立的账户的账龄,也包括新开立的信用账户的账龄,以及平均信用账户账龄。

据信用报告反映,美国最早开立的信用账户的平均账龄是14年,超过25%的客户的信用历史长于20年,只有不足5%的客户的信用历史小于2年。

(4) 新开立的信用账户。

该项因素占总影响因素的10%。在现今的经济生活中,人们总是倾向于开立更多的信用账户,选择信用购物的消费方式,FICO评分系统也将这种倾向体现在信用得分中。据调查,在很短时间内开立多个信用账户的客户具有更高的信用风险,尤其是那些信用历史不长的人。

该项因素主要包括新开立的信用账户数,系统将记录客户新开立的账户类型及总数;新开立的信用账户账龄;目前的信用申请数量,该项内容主要由查询该客户信用的次数得出,查询次数在信用报告中只保存两年;贷款方查询客户信用的时间长度;最近的信用状况,对于新开立的信用账户及时还款,会在一段时间后,提高客户的FICO得分。

(5) 正在使用的信用类型。

该项因素占总影响因素的10%,主要分析客户的信用卡账户、零售账户、分期付款账户、金融公司月账户和抵押贷款账户的混合使用情况,具体包括持有的信用账户类型和每种类型的信用账户数。

2) FICO评分说明

FICO评分系统得出的信用分数范围在300~850分。分数越高,说明客户的信用风险越小。但是分数本身并不能说明一个客户是"好"还是"坏",贷款方通常会将分数作为参考,来进行贷款决策。每个贷款方都会有自己的贷款策略和标准,并且每种产品都会有自己的风险水平,从而决定了可以接受的信用分数水平。一般地说,如果借款人的信用评分达到680分以上,贷款方就可以认为借款人的信用卓著,可以毫不迟疑地同意发放贷款。如果借款人的信用评分低于620分,贷款方或者要求借款人增加担保,或者干脆寻找各种理由拒绝贷款。如果借款人的信用评分介于620分和680分之间,贷款方就要做进一步的调查核实,采用其他的信用分析工具,作为个案处理。

2. 我国个人信用评分系统

1) 中国人民银行个人信用分

2020年1月19日,央行正式上线第二代个人征信系统。二代个人征信采集规范为个人基本信息、个人借贷交易信息、个人担保交易信息及通用报文抵质押合同信息四项,采集的内容覆盖个人客户的基本信息及家族关系信息、借贷账户情况、获得授信情况、借贷账户特殊事件、报送机构为个人客户提供的表外担保信息、信贷业务涉及的抵质押合同、抵质押物信息共9种信息记录。二代征信规则与一代相比扩大了借贷业务的采集范围,同时,在个人基本信息部分新增家族关系信息记录、个人证件有效期信息记录和个人证件整合信息记录,还增加授信协议信息和抵质押合同信息,使采集报文更全面完整。

2020年新版个人信用报告中,央行首次增加"个人信用分",分值区间为0~1000分,分值越高表明信用越好、违约率越低。个人版信用报告包含个人基本信息、信息概要、信贷交易信息明细、公共信息明细、本人声明、异议处理、查询记录七个部分,最常用的是信贷交易信息明细与查询记录,其中信贷交易明细还包含资产处置信息、保证人代偿信息、贷款、贷记卡、准贷记卡、担保信息,而银行主要看重的是个人在信贷交易中是否按时还款、是否存在逾期、逾期了几次等信息来初步判断个人信用情况;查询记录主要是在贷款或申请信用卡时,放贷机构要了解信用报告在何时因何被查看,如果近期申请人的信用报告被多家机构频繁查询而未被放贷,那么银行或其他放贷机构就会认为申请人短期内十分缺钱,违约的可能性比较大,风险比较高,在放贷时会慎重考虑。除此之外,过马路闯红灯、拖欠水电煤气费等都可能记入央行征信,但央行征信目前主要应用于经济金融活动。

2) 芝麻信用分

芝麻信用(Zhima Credit)是阿里巴巴集团蚂蚁金服旗下第三方信用评估及信用管理机构,属于民间征信系统,旨在构建简单、平等、普惠商业环境。该机构运用云计算、机器学习等领先科技客观呈现个人和企业的商业信用状况,涵盖日常生活的方方面面。与芝麻信用类似的还有腾讯征信、前海征信等征信机构,芝麻信用只是诸多民间征信中的一员。

(1) 芝麻信用的评分因素。

芝麻信用数据模型所采用的数据维度多达几万个,这些维度大致可分为五个类型:分别是身份特质、履约能力、信用历史、人脉关系和行为偏好(见图10-3)。同时按各维度的重要性设置权重,分别为5%、20%、35%、15%和25%,并根据不同权重设置分值。

① 身份特质:不仅包括年龄、性别、职业、家庭情况、婚姻状况、收入水平等基本个人情况,也包括从公安、工商、法院等公共事业部门获得的个人信息资料,今后还可能包括互联网行为习惯等用于推测个人性格的数据。

② 履约能力:包括享有各类信用服务并确保及时履约,如信用卡张数、银行卡类型、笔均额度、租车租房信息、水电煤气费等,还包括网购、转账、理财等消费情况及稳定性、消费层次等。

③ 用户信用历史:过往信用账户还款记录及信用账户历史;黑名单信息,如是否有过作弊交易行为、欺诈行为和公检法不良记录等。

④ 人脉关系:好友的信用等级、人脉圈的活跃度、粉丝数;通过转账关系、校友关系等作为评判一个人信用依据之一。

⑤ 行为偏好:在购物、转账、理财、缴费等活动中的偏好及稳定性。

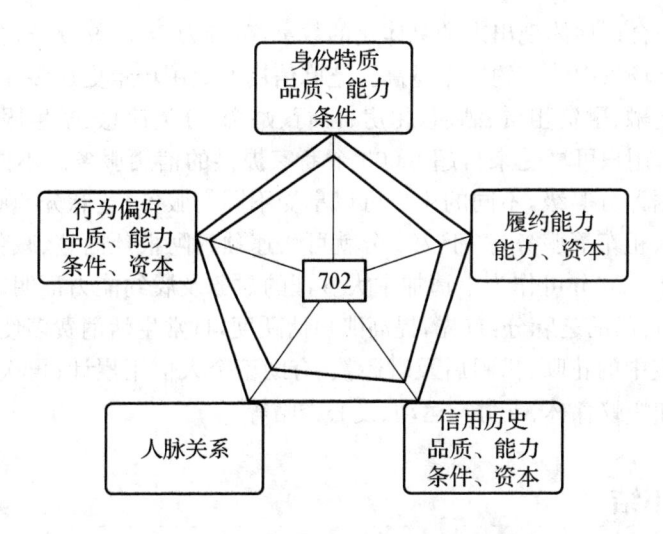

```
              身份特质
              品质、能力
                条件

  行为偏好                        履约能力
  品质、能力                      能力、资本
  条件、资本
              [702]

       人脉关系         信用历史
                      品质、能力
                      条件、资本
```

图10-3 芝麻信用模型的数据维度

在芝麻信用评分模型中,信用历史最为重要,而比重最低的是人脉关系维度,另外三个维度对分数的影响也不尽相同。通过这五大维度,建立了可以更加准确地刻画个人消费者信用的模型。芝麻信用评分模型的五大维度与传统的5C信用模型主要区别在于芝麻信用有人脉关系维度,5C模型有抵押(Collateral)这一指标,而其他四个维度与5C模型的另外四个指标都有一定的交叉。例如,身份特质的信息可以提供有关个人消费者的品质、条件和能力等信息;信用历史和行为偏好都可以提供个人消费者的资本、品质、条件和能力等信息;而履约能力则可以体现个人消费者的资本、能力等信息。

专栏10-6　　　　我国8家个人征信机构信用维度比较

企业名称	个人信用评估维度
芝麻信用	身份特质、行为偏好、信用历史、人脉关系、履约能力
腾讯征信	消费、财富、安全、守约
考拉征信	履约能力、身份属性、信用记录、社交关系和交易行为
前海征信	互联网热门新数据、传统金融业务数据
中诚信征信	身份属性、履约能力、信用记录、社交关系和交易行为
鹏元征信	个人基本信息、银行信用信息、个人缴费信息、个人资本状况
中智诚征信	个人信用活跃度、履约能力、信用历史、身份特质、信用消费能力
华道征信	基本身份、个人背景、经济实力、信用记录、生活习惯

(2)芝麻信用评分说明。

芝麻信用分是依照用户守约记录、行为积累、资产证明、身份证明、人脉关系5个维度,对个人进行综合评估体现出来的具体化的数字,范围为 350～950 分,分值越高代表在商业、生活等各类场景中的守约概率越高。芝麻信用的应用场景更加多元化,目前已经覆盖信用卡、消费金融、融资租赁、酒店、租房、出行、婚恋、分类信息、学生服务、公共事业服务等上百个场景,用户可享受来自超 6 000 个商家提供的信用服务。不同的分数体现不同信用情况,根据评分等级,不同的用户可以享受不同的服务,芝麻分 600 以上就可以享受免押金住酒店、租车等服务,高于 700 分就可快速预约阿根廷面签、减免申请拉脱维亚签证的材料,高于 750 分可作为申请加拿大签证的财务及履约能力证明。用户可以从以下三个方面提升自己的芝麻分:首先,提高账户活跃度,日常生活消费多使用支付宝付款;其次,使用支付宝中的花呗、借呗后及时还款,有助于个人信用累计;再次,参加支付宝里面的公益活动,如蚂蚁森林、支付宝运动、爱心捐赠等。

本章小结

1. 个人信用指的是基于信任、通过一定的协议或契约提供给自然人(及其家庭)的信用,使得接受信用的个人不用付现就可以获得商品或服务,它不仅包括作个人或家庭消费用途的信用交易,也包括个人在社会交往、工作商务等方面表现出来的全面的信用肖像,包括基本诚信素质、价值取向的诚信度,遵守国家法规、行业规则、民间惯例等的合规度,在经济活动中诚实交易与履约的践约度。

2. 个人信用体系是指根据居民的家庭收入资产、已发生的借贷与偿还、信用透支、发生不良信用时所受处罚与诉讼情况,对个人的信用等级进行评估并随时记录、存档以便信用的供给方决定是否对其贷款和贷款多少的有关管理与制度的总和。

3. 信用评级普遍采用信用评分法,简单地说,就是运用一定的公式和规则,评估客户的信用价值(可信度)的方法。传统的信用评分模型就是将预先通过统计方法确定的权重分别乘以申请人主要信用特征指标的原始得分,由此产生出一个信用分数。最常用的信用评分用来预测信用申请者准时且足额偿还信贷的可能性,如果评分的分值比分界值高,那么申请人即得到许可。

思考练习题

一、选择题

1. 中国人民银行征信中心成立于(　　)年。
 A. 1998　　　　B. 2003　　　　C. 2005　　　　D. 2007
2. 信用报告记录的是客户(　　)的信用活动。
 A. 现在　　　　B. 未来　　　　C. 过去　　　　D. 不知道
3. 美国三大信用管理局信用评分普遍采用(　　)。
 A. Altman 的 Z 值　B. FICO 模型　　C. 特征值模型　　D. 资本资产模型

二、简答题

1. 简述个人信用评级的含义。

2. 简述个人信用评级的作用。
3. 简述个人信用报告的一般内容。
4. 如何查询和阅读个人信用报告?
5. 个人信用评分涉及哪几类要素?
6. 美国FICO个人信用评分系统和中国芝麻信用评分系统的区别。

三、思考题

查阅自己的征信报告或者芝麻信用报告,为自己按评分方法做简单的评级。你的信用优秀吗?优秀的信用报告可以为你带来什么样的便利?

参考文献

[1] 吴晶妹.资信评级[M].北京:中国人民大学出版社,2006.
[2] 洪玫.资信评级[M].北京:中国人民大学出版社,2006.
[3] 毛振华,阎衍.信用评级前沿理论与实践[M].北京:中国金融出版社,2007.
[4] 李曙光.个人信用评估研究[M].北京:中国金融出版社,2008.
[5] 李振宇,等.资信评级原理(修订版)[M].北京:中国方正出版社,2009.
[6] 李力.信用评级[M].北京:知识产权出版社,2010.
[7] 关键中.国家信用评级新论[M].北京:中国金融出版社,2011.
[8] 郝智慧.资信评级[M].北京:中央广播电视大学出版社,2011.
[9] 陈勇阳.信用评级——理论与实务[M].北京:清华大学出版社,2011.
[10] 向晖.个人信用评分组合模型研究与应用[M].北京:经济科学出版社,2012.
[11] 谢多,冯光华.信用评级[M].北京:中国金融出版社,2014.
[12] 诺伯特·盖拉德.国家信用评级世纪评述[M].孙森,张瑜,郭娜,译.大连:东北财经大学出版社,2014.
[13] 叶伟春.信用评级理论与实务[M].2版.上海:格致出版社,2015.
[14] 高杰英.信用评级理论与实务[M].北京:中国金融出版社,2016.
[15] 陈树元.信用评级[M].北京:中国金融出版社,2016.
[16] 冯光华.信用评级理论与实务[M].北京:中国金融出版社,2019.
[17] 中国银行间市场交易商协会教材编写组.信用评级理论与实务(上册、下册)[M].北京:北京大学出版社,2020.
[18] 吕柏中.信用评级中的量化研究方法与应用[M].北京:中国财政经济出版社,2021.
[19] 张丽.我国财产保险公司信用评级研究[D].长沙:湖南大学,2010.
[20] 刘伊婉.论加强我国信用评级体系建设的对策[D].北京:首都经贸大学,2010.
[21] 成程.国家主权信用评级指标体系的优化研究[D].长沙:湖南大学,2011.
[22] 李林林.关于国家风险与主权信用评级的研究[D].北京:中国社会科学院研究生院,2013.
[23] 吕莎莎.基于神经网络的基金评级结果质量检验[D].杭州:浙江工业大学,2013.
[24] 马林影.金融危机中美国信用评级机构行为分析及监管改革研究[D].长春:吉林大学,2014.
[25] 沈佳.欧元区国家主权信用评级对国债市场影响——基于欧债危机视角[D].上

海:复旦大学,2013.

[26] 李明霞.基于层次分析法的中小企业财务风险评价研究——以环利公司为例[D].石家庄:河北经贸大学,2015.

[27] 马子甲.我国寿险公司信用评级研究[D].保定:河北大学,2015.

[28] 周永林.基于模糊综合评判的可信度评估模型及方法研究[D].成都:电子科技大学,2016.

[29] 孙雯琦.基于Logistic模型的商业银行个人信用贷款风险控制研究[D].杭州:浙江大学,2016.

[30] 朱才广.我国个人征信发展模式研究——以芝麻信用与央行征信为例[D].广州:暨南大学,2016.

[31] 胡晓丽.主权信用评级结果的影响因素研究——基于三大评级机构的结果比较[D].大连:大连理工大学,2014.

[32] 王秋龙.基于Logit模型的我国信用债市场的信用风险研究[D].成都:西南财经大学,2018.

[33] 阮钊.我国信用评级行业监管现状及政策建议[D].北京:对外经济贸易大学,2019.

[34] 周子涵.基于多分类的个人信用评分模型研究[D].苏州:苏州大学,2020.

[35] 王文丽.信用监管对信用评级质量的影响研究[D].开封:河南大学,2020.

[36] 李光跃.金融领域反腐败对债券信用评级质量的影响[D].开封:河南大学经济学院,2022.

[37] 朱云鹏.高评级债券违约案例分析——以紫光集团有限公司为例[D].保定:河北金融学院,2022.

[38] 苏倩.中国人民银行个人征信监管保护研究——以乌兰察布地区为例[D].呼和浩特:内蒙古大学,2022.

[39] 夏天飞.基于KMV模型的我国主体信用评级质量研究[D].北京:中央财经大学,2022.

[40] 姜琳.美国FICO评分系统述评[J].商业研究,2006(20):81-83.

[41] 栗芳.保险公司信用评级的方法分析[J].上海保险,2007(4):39-42.

[42] 陈俊伶.我国上市公司信用风险度量研究——基于KMV模型与Logit模型的融合[D].东北财经大学,2012.

[43] 李丹,伦杭,聂逆,等.国际三大评级机构信用评级定义及方法研究[J].征信,2013(8):47-50.

[44] 郭濂.国际三大信用评级机构的比较研究[J].中南财经政法大学学报,2015(1):36-39,131.

[45] 孙红,张国柱,罗红光,等.国际三大评级机构主权信用评级模式的经验及启示[J].征信,2015(5):59-62.

[46] 蒋彧,高瑜.基于KMV模型的中国上市公司信用风险评估研究[J].中央财经大学学报,2015(9):38-45.

[47] 陈晓红,杨志慧.基于改进模糊综合评价法的信用评估体系研究——以我国中小上市公司为样本的实证研究[J].中国管理科学,2015(1):146-153.

[48] 詹明君.中国信用评级机构研究——基于竞争机制和声誉机制的视角[D].东北财经大学,2016.

[49] 马建平.信用评级制度国际经验及对我国的启示[J].西部金融,2018(11):46-49.

[50] 吉富星.国际主权信用评级的功能异化与应对策略[J].经济纵横,2018(4):141-144.

[51] 巴曙松,蒋峰."违约潮"背景下的信用风险测度研究[J].湖北经济学院学报,2019,17(6):5-13+127.

[52] 郭婷玉,刘慧瑶,朱烨婷.互联网金融背景下个人征信体系的发展与完善——以芝麻信用为例[J].市场研究改革与发展,2020(6):30-31.

[53] 高明.国际视角下的银行信用评级比较研究[J].征信,2020(1):56-63.

[54] 李鸿禧.企业信用评级的国际经验与方法研究[J].新金融,2020(1):54-58.

[55] 郝雨时,周格旭.从国际视角看我国信用评级市场的发展及完善[J].浙江金融,2021(10):60-67.

[56] 秦光远,吕晓萌.个人信用分的国际比较分析[J].征信,2022(6):56-63.

[57] 艾仁智,李为峰.三大评级机构的国际化发展历程及启示[J].债券,2022:83-87.

[58] 申佳琦.从永煤事件看我国信用评级机构存在的问题[J].中国商界,2023:110-111.

[59] 简尚波.中国本土信用评级机构"走出去"发展研究[J].西南金融,2024(1):18-28.

[60] 中国银行间市场交易商协会:《中国债市场信用评级年度报告》,2008—2018.

[61] 张琼斯.中国人民银行:提升征信体系供给能力和运行质效[N].上海证券报,2023-11-15(002).

[62] 欧阳剑环.中国人民银行:进一步建设完善覆盖全社会征信体系[N].中国证券报,2022-10-11(A02).

[63] 中国人民银行.信贷市场和银行间债券市场信用评级规范,2006-11.

[64] 上海新世纪资信评估投资服务有限公司.新世纪评级总论,2014.

[65] 中国银行间市场交易商协会网站:www.nafmi.org/

[66] 中国银河证券网站:https://www.chinastock.com.cn/

[67] 远东资信网站:www.sfecr.com/

[68] 联合资信评估有限公司网站:www.lhratings.com/

[69] 中诚信国际网站:www.ccxi.com.cn/

[70] 大公国际资信评估有限公司网站:www.dagong-credit.com/

[71] 中债资信评估有限责任公司网站:www.chinaratincom.cn/

[72] 东方金诚国际信用评估有限公司网站:www.dfratings.com/

[73] SEC网站:www.sec.gov/

[74] 上海新世纪资信评估投资服务有限公司网站:www.shxsj.com/
[75] 标普公司网站:www.standardandpoors.com/
[76] 穆迪公司网站:www.moodys.com/
[77] 惠誉公司网站:www.fitchratings.com/
[78] 巴塞尔银行监督委员会.巴塞尔协议Ⅱ,2004-6.
[79] 中国人民银行.信贷市场和银行间债券市场信用评级规范,2006-11.
[80] 刘贵生,孙天琦.格尔木市八家信用社市场退出的案例研究——从CAMEL金融安全网络框架的分析[J].金融研究,2007(07):175-190.
[81] 李烨.宾州中央公司的末路[J].新理财,2009:88-89.